Colette Livermore

Wenn Gottes Kinder schweigen

Buch

1972 verlässt Colette Livermore ihr Zuhause und tritt in den Orden der Missionarinnen der Nächstenliebe ein. Ihr neuer Name lautet Schwester Tobit, und sie arbeitet in den ärmsten Regionen der Welt, um Menschen in Not zu helfen. Das Leid, das sie dort erlebt, ist unermesslich, aber trotzdem zieht sie Kraft und Zuversicht aus ihrem Leben, denn sie weiß, dass es ihre Bestimmung ist, anderen zu helfen.

Was Colette jedoch nicht ertragen kann, ist die Strenge und Unerbittlichkeit, die innerhalb des Ordens herrscht. Und so entscheidet sie sich nach elf Jahren, Mutter Teresas Orden der Missionarinnen der Nächstenliebe zu verlassen.

Für Colette bedeutet das nicht nur, ihre Bestimmung und ihren Glauben zu verlieren – sie steht vor dem Nichts, muss sich ein ganz neues Leben aufbauen. Sie wird Ärztin und findet so ihren eigenen Weg, anderen Menschen in Not zu helfen.

Autorin

Colette Livermore kam 1954 in Sydney zur Welt. Mit siebzehn hätte sie ein Medizinstudium beginnen können, entschied sich aber dafür, stattdessen Mutter Teresas Orden der Missionarinnen der Nächstenliebe beizutreten, nachdem sie einen Film über deren Arbeit mit den Armen gesehen hatte. Als Nonne wurde sie Schwester Tobit genannt und diente in den elf Jahren, die sie dem Orden angehörte, in Indien, Hongkong und im Outback Australiens. Nachdem sie 1984 im Alter von dreißig Jahren den Orden verlassen hatte, nahm sie das Medizinstudium auf und machte schließlich ihren Abschluss an der University of Queensland. Seitdem hat sie in Australiens Northern Territory gearbeitet, wo die Verzweiflung der Aborigines und anderer Menschen in den abgelegenen Gemeinden sie zutiefst berührt hat. In Aileu, Osttimor, arbeitete sie mit Einheimischen und den Schwestern des Maryknoll-Ordens in deren Klinik im Kampf gegen Tuberkulose, Mangelernährung und Infektionskrankheiten. Heute lebt und arbeitet sie als praktische niedergelassene Ärztin in Australien.

Colette Livermore

Wenn Gottes Kinder schweigen

Warum ich meinen Orden verließ
und wie ich Barmherzigkeit fand

Roman

Aus dem Englischen
von Elfriede Peschel

blanvalet

Die Originalausgabe erschien 2008 unter dem Titel »Hope Endures«
bei William Heinemann, Random House Australia Pty Ltd, Australien

FSC
Mix
Produktgruppe aus vorbildlich
bewirtschafteten Wäldern und
anderen kontrollierten Herkünften

Zert.-Nr. SGS-COC-001940
www.fsc.org
© 1996 Forest Stewardship Council

Verlagsgruppe Random House FSC-DEU-0100
Das FSC-zertifizierte Papier *Holmen Book Cream*
für dieses Buch liefert Holmen Paper, Hallstavik, Schweden.

1. Auflage
Deutsche Erstausgabe Oktober 2010 bei Blanvalet, einem Unternehmen
der Verlagsgruppe Random House GmbH, München.

Redaktion: textinform, Gerhard Seidl
Umschlaggestaltung: HildenDesign, München, unter Verwendung
eines Privatfotos von Colette Livermore
NB · Herstellung: sam
Satz: Buch-Werkstatt GmbH, Bad Aibling
Druck und Bindung: GGP Media GmbH, Pößneck
Printed in Germany
ISBN: 978-3-442-37489-2

www.blanvalet.de

Für Mama

Dein Leben verebbt,
die Bindeglieder der Erinnerung stottern,
ein geteiltes Leben verflüchtigt sich.
Wir nehmen ausgiebig Abschied,
während du in die Nacht treibst.

Pat Livermore (12. Juni 1928 – 13. Juli 2008)
Die Liebe stirbt nie.

Inhalt

Prolog

Die Seligsprechung

Im Alter von siebzehn Jahren sah ich eine Fernsehdokumentation über Mutter Teresa von Kalkutta, die man dabei zeigte, wie sie, getragen von starker, praktischer Liebe, auf die Bedürfnisse der Armen einging. Sie hieß *Something Beautiful for God* und änderte mein Leben. Ich entschloss mich, an der Seite von Mutter Teresa zu arbeiten.

Dreißig Jahre später stand ich, verwirrt und den Tränen nah, auf dem hinteren Teil des Petersplatzes in Rom inmitten der fröhlichen Pilgerschar, die dorthin gereist war, um Zeuge der Seligsprechung von Mutter Teresa zu werden. In einiger Entfernung, vor der Menschenmenge, wogte dort, wo die Schwestern der Missionarinnen der Nächstenliebe oder MNs, wie sie genannt werden, sich versammelt hatten, ein Meer blau-weißer Habits. Elf Jahre lang war ich eine von ihnen gewesen. Ich überlegte, was schiefgegangen war.

Die Anwesenden brachen in Jubelrufe aus, als ein riesiger, goldgerahmter Wandteppich mit dem Bild der lächelnden »Saint of the Gutters« in ihrem ikonografischen Sari über dem Eingang der Basilika entrollt wurde. Mitgerissen von der Menge und der Musik, freute ich mich für Mutter Teresa. Ihr ganzes Leben lang hatte sie danach gestrebt, eine Heilige zu werden, und jetzt, 2003, sechs Jahre nach ihrem Tod, war es so weit.

Ich hatte alles, was ich zu geben hatte, gegeben, um Mutter Teresas Ideal, »Christus im Gewand der Notleidenden zu dienen«, zu entsprechen, ihren Orden jedoch 1984 desillusioniert verlassen. Meine jugendlichen Überzeugungen und Ideale hatten der Realität dieses Lebens nicht standzuhalten vermocht.

Der Platz vor St. Peter war festlich geschmückt. Über den dreihunderttausend Menschen, die sich versammelt hatten, Mutter Teresas Leben zu feiern, flatterten unzählige Fahnen: Die indische Trikolore in Safran, Grün und Weiß, der schwarze Doppelkopfadler Albaniens, der in einen blutroten Himmel flog, und die strenge rot-weiße Flagge Polens waren am häufigsten zu sehen. Indien und Kalkutta waren sechzig Jahre lang Mutters Heimat gewesen; Albanien, ihr Geburtsland; Polen, das Land ihres Papstes, der, gebrechlich und kaum des Sprechens fähig, sich nun mühte, seine Freundin seligzusprechen, ehe der Tod auch ihn holte.

Gesänge, Lieder und Gebete wurden in vielen Sprachen angestimmt – Latein, Bengali, Arabisch, Albanisch, Englisch, Französisch …

»Ich dürste nicht nach Wasser, ich dürste nach Liebe.«

»Jesus ist es, der in sich selbst den Hunger der Armen, ihren Durst und ihre Tränen spürt.«

Mutter Teresas Lehren hatten sich in meinen Geist eingebrannt, und sie warfen sowohl Licht als auch Schatten auf mein Leben. Auf diesem Platz beschloss ich, meine Geschichte zu schreiben. Es wäre unaufrichtig gewesen, weiterhin zu schweigen.

1

Auf dem Weg zu Mutter Teresa

»Es ist die Liebe, die uns schützt
und Obdach gewährt – nicht Mauern.«
Anonymus

Mamas erstes Kind, Gabrielle, starb am Weihnachtstag 1950 bei der Geburt. Vier Jahre später kam ich auf die Welt. Als der Priester Wasser über mein kindliches Haupt spritzte, wurde ich auf den Namen Colette getauft. Von diesem Zeitpunkt an durchdrangen mich die Geschichten und Werte der Katholiken. Als Kind hielt ich sie alle für glaubwürdig.

Ich wuchs zusammen mit meinen zwei jüngeren Brüdern, Tony und Rodney, in Leeton auf, einer ländlich gelegenen Stadt im Murrumbidgee-Bewässerungsgebiet von New South Wales. Das flache Dürregebiet rund um unsere Stadt war durch eine Reihe von Dämmen, Wehren und Bewässerungskanälen fruchtbar gemacht worden. Unsere Region brachte Weintrauben, Zitrus- und Steinfrüchte hervor, aber auch Reis. Die Reismühle und die örtliche Konservenfabrik, wo meine Mutter eine Weile in der Obstklassifikation gearbeitet hatte, waren lokale Wahrzeichen. Mein Vater, ein großer schlanker Mann, sprach leicht schleppend und spuckte große Töne, verbrachte aber die meiste Zeit im Bowlingklub von Leeton, dessen Manager er war.

Kurz bevor ich in die Schule kam, zogen wir aus unserem gemieteten Haus hinter dem Hydro Majestic Hotel im Herzen von Leeton aus und auf eine Obstplantage am Stadtrand. Dad hatte Vereinbarungen getroffen, dass Mama für Bill, einen Junggesellen und Zimmermann, kochte und putzte und wir dafür mietfrei in einem abgetrennten Bereich seines großes Ziegelhauses wohnen konnten.

An unser neues Zuhause grenzten vorn ein Garten mit Duftrosen und hinten ein weitläufiger Obstgarten mit Aprikosen- und Zitrusbäumen. Auch Weinreben gediehen hinter dem Haus mit süßen weißen und roten Trauben, die über ein rechteckiges Gestell gezogen waren und so einen Außenraum und Schattenplatz schufen. Im Sommer war es dort kühl und schattig, und im Herbst wurde daraus ein bunter Blätterteppich. An den Wochenenden kümmerte Bill sich um seine Obstbäume und seinen Garten.

»Möchtest du für mich den Traktor steuern?«, rief er, während er sich am Schuppen seine Gummistiefel anzog. Wenn die Bewässerungspumpe erst mal stotternd zum Leben erweckt war, schäumte Wasser wie flüssige Schokolade durch die Kanäle, die wir gegraben hatten. Es machte mir großen Spaß, hinten auf seinem Kleintransporter zu sitzen, wenn wir zum Schwimmen oder Angeln an den von Eukalyptusbäumen gesäumten Murrumbidgee-Fluss fuhren. Ich genoss es, den Wind in meinen Haaren zu spüren, und manchmal fing ich auch eine Forelle oder einen Wels, aber meistens verfing sich meine Angelschnur in einem Ast unter Wasser.

Unserem Haus gegenüber lag die Gemeindewiese, auf der die Jackson-Jungs Fußball spielten. Dort wurde auch alljährlich am 12. Juni, in der Cracker Night, die mit Mamas Geburtstag zusammenfiel, ein Freudenfeuer entzündet. Die Flammen züngelten brüllend nach oben und warfen einen Funkenregen in den Nachthimmel. Römische Lichter, Kanonenschläge, Chinaböller, Raketen und Wunderkerzen knallten, wirbelten, krachten und rauschten himmelwärts.

Im Busch neben diesem gerodeten Gebiet schimmerte und schillerte das rosa Gefieder prächtiger Vögel. Jungs vom oberen Teil der Straße machten mit Steinen und Armbrüsten Jagd auf sie. Ich fragte mich, warum sie solch schöne Geschöpfe töten wollten. Den Keilschwanzadlern sah ich gerne zu, wenn er am Himmel kreiste, und ich war am Boden zerstört, wenn sie von unwissenden Menschen, die Angst vor ihnen hatten, getötet und an den Zäunen aufgehängt wurden.

Bekleidet mit meinem breitkrempigen Schulstrohhut und mit meiner Büchertasche unterm Arm machte ich mich auf meinen langen Schulweg, der über einen schmalen Pfad durch Weingärten, über den Bewässerungskanal an der Reismühle und an Bills Werkstatt vorbei in die Stadt führte. St. Joseph's Primary School lag auf der anderen Seite der Eisenbahnlinie, ein paar Straßen unterhalb der Überführung. Das Auto hatte Papa, und es gab keine Buslinie in unsere Gegend.

Mein Vater war weitgehend abwesend, was mir ganz angenehm war, denn in seiner Gegenwart empfand ich immer etwas Angst. Wenn er spätnachts aus dem Bowlingklub nach Hause kam, pflegte er die Einnahmen am Fußende des Betts meiner schlafenden Mutter fallen zu lassen. Erwartungsgemäß wurde sie davon wach, um sie zu zählen und die Buchführung zu machen, damit diese für den nächsten Tag fertig war. Papa schlief immer bis zehn Uhr morgens und fuhr dann mit quietschenden Reifen und in einer Staubwolke zur Arbeit. Selbst an den Wochenenden sahen wir ihn kaum.

Wenn meine Eltern sich im Haus anschrien, kauerte ich mich mit meinen Brüdern vor dem Haus zusammen. Mama wollte, dass er weniger von seinem Lohn im Klub ausgab. Ich sorgte dafür, dass die Jungs ruhig blieben und Ärger aus dem Weg gingen. Mama war eine fröhliche, schwatzhafte Person, die für ihre Einkäufe eine Ewigkeit brauchte, weil sie mit jedem sprach, der ihr über den Weg lief. Ihre Kinder schützte sie wie eine Löwin, ließ aber um des lieben Friedens willen zu, dass Papa sie schikanierte. Während des Kriegs hatte Papa in Burma und Neuguinea gekämpft, und das hatte womöglich Spuren hinterlassen. Der ANZAC-Kampftag war mir immer verhasst, weil Papa dann noch mehr trank als sonst.

Bald sollte Mama ihr fünftes Kind bekommen. Papa setzte sie einfach auf den Stufen des Leeton Hospitals ab, als bei ihr die Wehen einsetzten. Doch als wir alle von Judys Geburt hörten, schien auch Papa sich zu freuen, denn er sprang auf den Tisch, um zu feiern. Ein paar Wochen später jedoch hörte ich ihn und einen anderen Mann eine lautstarke Auseinandersetzung führen. Damals begriff ich noch nicht, worum es ging, aber Papa hatte eine Affäre mit der Frau des zornigen Besuchers gehabt, während Mama schwanger war. Bald darauf verließ Papa uns.

Ich weinte, als Mama sagte, wir müssten Leeton verlassen und zu ihren Eltern nach Nowra ziehen, einer Stadt am Ufer des Shoalhaven-Flusses an der Südküste von New South Wales. Warum wir wegziehen mussten, verstand ich nicht, aber Mama meinte, es wäre nicht rechtens, weiterhin bei Bill zu wohnen, nachdem Papa nicht mehr da war.

Ich lag in der obersten Koje unseres Schlafwagenabteils und starrte auf die Schatten, die über die Milchglasscheibe huschten, während der Zug durch die Dunkelheit brauste. Trübselig überlegte ich, wie das Leben bei meinen Großeltern wohl aussehen mochte, aber schließlich schlief ich ein, weil ich dem einlullenden Rhythmus der Fahrgeräusche nicht widerstehen konnte. Am nächsten Morgen erreichten wir den Bahnhof von Moss Vale, wo Mamas Bruder John uns erwartete.

Wir quetschten uns mit unserem Gepäck in sein Auto – zwei Erwachsene und vier Kinder – und begannen unsere mehrstündige Fahrt nach Nowra. Zuerst fuhren wir durch das flache weite Weideland um Moss Vale, aber bei Fitzroy Falls veränderte sich die Landschaft, und wir tauchten in die kühlen Wälder des Morton-National-Parks ein, wo sich der Yarrunga Creek achtzig Meter tief durch eine Schleuse in den Kangaroo und das darunterliegende Eukalyptus-Tal ergießt. Langsam fuhren wir in engen Haarnadelkurven, die in den dicht bewaldeten Berg gesprengt waren, hinunter in das von Wolken verhangene Kangaroo Valley, wo friesische Kühe faul im Schatten weidengesäumter Bäche wiederkäuten. Diese üppige Landschaft war so anders als die flachen, heißen Ebenen rund um Leeton. Wir fuhren durch die Sandsteinbogen der imposanten Hampden Bridge und dann hoch zum Camberwarra-Pass, wo Onkel Johns Kühler überkochte, sodass wir, während der Motor abkühlte, die Aussicht genießen konnten. Mama war nervös.

»Ich möchte, dass ihr euch im Haus eurer Großeltern anständig benehmt. Keine Kämpfe! Kein Geschrei! Kein Herumgerenne! Kapiert?«

Wir nickten alle niedergeschlagen.

John hupte, um unsere Ankunft in der Worrigee Street 6 anzukündigen; Großmama erschien auf der Veranda und eilte über die Treppe auf uns zu. Großvater Bertie folgte etwas langsamer. Wir umarmten und küssten uns.

Großmamas Augen hefteten sich auf Judy, unseren Neuzugang.

»Ist sie nicht hübsch?«, sagte sie und sah Mama dabei an. »Auf jeden Fall die ganze Mühe wert.« Nachdem sie das kleine Bündel mit Küssen bedeckt hatte, trug sie Judy an der Seite von Mama durch den Vordereingang. Bertie lächelte dem Rest von uns zu und zerzauste sich sein Haar, als wir ihm ins Haus folgten, wo es nach einem Abendessen aus dem Backofen und Möbelpolitur roch.

Nachdem ich Leeton so abrupt hatte verlassen müssen, fiel es mir schwer, mich mitten im Trimester in meiner neuen Schule in Nowra einzugewöhnen. Mama hatte weder die Zeit noch das Geld gehabt, mir eine neue Uniform zu kaufen, und ich fühlte mich in meiner Schulkleidung aus Leeton fehl am Platz. Es war September, als ich in die neue Klasse kam, und man feierte das Geburtstagsfest Unserer lieben Frau. Die Nonne hatte allen Schülern gesagt, sie sollten einen Blumenstrauß mitbringen, um ihn vor die Marienstatue zu stellen, aber da wir gerade erst angekommen waren, hatte ich die Nachricht nicht erhalten. Die Nonne führte mich vor der ganzen Klasse vor: »Du bist das einzige Mädchen, das zum Geburtstag der Muttergottes keine Blumen mitgebracht hat«, sagte sie und stieß mir dabei mit einem Finger gegen die Brust. »Liebst du deine Mutter nicht? Oder hast du ein so unfruchtbares Haus, dass dort keine Blumen im Garten wachsen?«

Ich hatte keine Ahnung, dass sie von Maria als unserer Mutter sprach, und fragte mich, entschlossen nicht zu weinen, was sie wohl meinen mochte und was das mit Mama zu tun hatte, die ich sehr liebte. Wäre ich doch noch in Leeton, dann hätte ich Rosensträuße aus Bills Garten mitbringen können. Am liebsten wäre ich aus diesem Klassenzimmer gerannt, heim zu Bill, dem Obstgarten und dem von Bäumen gesäumten Murrumbidgee-Fluss.

Im Gegensatz zu meinen Schwierigkeiten in der Schule kam ich mit meinem Großvater Bertie gut aus und schaute ihm manchmal zu, wenn er in seinem Buchhaltungsbüro saß und mit seinem Finger über vierstellige Zahlenreihen glitt, die er schneller zusammenaddierte als jede Maschine. Bertie war klein, kämmte sein dünnes graues Haar mit Brylcreem zurück und hatte seine Brille immer so weit zur Nasenspitze vorgeschoben, dass er darüber hinwegzugucken schien. Gartenarbeit liebte er, und ich entfloh oft der Enge des Hauses, um ihm im Garten zu helfen, so wie ich Bill im Obstgarten von Leeton geholfen hatte.

Mama erzählte uns, dass Bertie zornig geworden war, als

sein jüngster Sohn Toby vor einigen Jahren seine Karriere in der Wirtschaft drangegeben hatte, um Franziskanerpriester zu werden. »Er wirft sein Leben weg«, sagte mein Großvater. »Es ist unnatürlich, dass diese Männer alle zusammenleben.«

»Er glaubt, dass es Gottes Wille ist«, verteidigte Großmama ihn.

»Wenn er sich schon von uns lossagt, dann will ich auch nichts mehr mit ihm zu tun haben«, empörte sich Bertie.

Die Kirche hatte zähneknirschend zugestimmt, dass Bertie, ein Methodist, Großmama in der katholischen Kirche heiratete, vorausgesetzt all ihre Kinder würden als Katholiken heranwachsen. Mama erzählte, dass ihr Eltern nicht wie üblich während der Messe am Altar getraut worden waren, sondern sich mit einer kurzen Zeremonie in der Sakristei hatten bescheiden müssen, die normalerweise als Umkleideraum des Priesters diente – als wäre die »gemischte Ehe« einer Katholikin und eines Protestanten schändlich und gefährlich.

Bertie hatte seinen Teil der Abmachung eingehalten und all seine Kinder auf katholische Schulen geschickt, aber als Toby wegging, um Priester zu werden, war das zu viel für ihn. Und auch das Christentum, der Glaube, den beide Männer auf unterschiedliche Weise ausübten, vermochte diese Kluft nicht zu überbrücken. Bertie starb, ohne jemals wieder ein Wort mit Toby gesprochen zu haben.

Manchmal brachte Mama ihre Mutter mit dem Auto zu dem von Nebel umhüllten Mönchskloster, St. Anthony's in Robertson, wo Toby sich auf ein Leben als Franziskanerpriester vorbereitete. Ein riesenhafter Mönch von fast zwei Metern öffnete uns die Tür, und wir mussten dann lange in der Kapelle warten, bis Toby seine Gebete beendet hatte. Die Uhr tickte, die Rosenkranzperlen rasselten, und Mama bedachte uns mit finsteren Blicken, wenn wir zu atmen wagten. Wenn Toby dann später die Eiscreme aß, die Großmama ihm mitgebracht hatte, imitierte er einige der Brüder und brachte uns damit zum Lachen. Er erzählte uns, wie lächerlich es war, immer wieder um so einfache Dinge wie eine Zahnbürste bitten zu müssen, und dass man erst eine neue bekam, wenn die alte schon fast keine Borsten mehr hatte.

Anfang 1963 kaufte Mama mit Omas und Berties Unterstützung ein Haus, das etwa fünf Kilometer außerhalb von Mittagong, dem Tor zu den frostigen Southern Highlands lag, von Nowra etwa anderthalb Stunden entfernt. Das Haus mit seinen grünen Linoleumböden wurde mithilfe eines Ölofens beheizt. Hinter dem Haus gab es einen Hof, über den ein paar Schuppen, ein Hühnerhof und ein Gemüsegarten verteilt waren. Wir hatten eine Ziege, die wir an einem langen Strick an einem Metallpfahl festbanden, damit sie uns nicht durch den Zaun ausbrach. Während eines Gewitters wäre Mama beinahe vom Blitz getroffen worden, als sie versuchte, die Ziege in einen Unterstand zu zerren.

Mama gab sich alle Mühe, das heruntergekommene Haus auf Vordermann zu bringen. Tony und ich klatschten Farbe auf den Sockel der Außenwände, während Mama aufs Wellblechdach stieg, um es rot anzustreichen. Als ihre Höhenangst überhandnahm, versicherte ich dürre Neunjährige ihr: »Keine Sorge, Mama, ich werde dich auffangen.«

»Halt einfach nur die Leiter fest!«, schrie sie.

Zusammen mit meinen Brüdern spielte ich in den Schluchten rund um unser Haus, in denen es Wombatbaue gab, die so groß waren, dass eine kleine Person hineinkriechen konnte. Tagsüber versteckten sie sich meist vor uns darin, aber manchmal erhaschten wir einen Blick auf das kräftige Hinterteil des Beuteltiers, wenn es in einem Hagel aus Schmutz und Steinen ein neues Zuhause grub, oder wir sahen eins am frühen Morgen oder späten Nachmittag herumtapsen. Im Frühling schwankten die roten, runden Blütenköpfe der Waratah-Büsche über uns, wenn wir auf dem Weg zu unserem von Sandsteinfelsen gesäumten Schwimmplatz waren. Judy war noch zu klein, um uns auf unseren Buschexpeditionen zu begleiten, aber wir setzten sie auf die Schaukel im Hof oder schoben sie auf ihrem Dreirad auf einem zementierten Weg seitlich vom Haus hin und her.

Mama bekam von Papa kein Geld und hatte Mühe, uns zu versorgen, vor allem solange Judy noch ein Kleinkind war. Sie versuchte von zu Hause aus, ihre Dienste für Sekretariats- und Schreibarbeiten anzubieten, aber sehr erfolgreich war sie damit nicht. Gelegentlich kam Bill in seinem roten Lieferwagen von Leeton zu uns hochgefahren, und ich räumte dann mein Zimmer für ihn. Er nahm uns mit an den Strand gleich südlich von Nowra, eine Fahrt von zwei Stunden, und machte dort Fotos von uns, wie er das auch schon in Leeton getan hatte. Da wir selbst weder eine Kamera noch einen Wagen besaßen, war es für uns wie Urlaub, wenn Bill auftauchte. Über die Weihnachtsferien lud Bill Tony und mich auf seine Obstplantage ein, wo er uns beibrachte, mit dem Traktor zu fahren und Bewässerungsgräben zu ziehen. Wir halfen ihm beim Aprikosenpflücken und schleppten die Segeltuchsäcke, die fast so groß waren wie wir.

Manchmal fragte ich mich, ob Bill vielleicht unser »Vater« werden würde, aber nach Auffassung der Kirche war Mama immer noch mit Papa verheiratet, obwohl er uns verlassen hatte. Sie hat nie wieder geheiratet, weil die Kirche es nicht erlaubte. Bertie überredete Mama, die Scheidung einzureichen, um Papa auf diese Weise zu zwingen, Unterhalt für uns Kinder zu zahlen, aber es funktionierte nicht. Papa war verschwunden und trug nicht zu unserer Erziehung bei.

An Sonntagen gingen wir zu Fuß in die Stadt, um die Messe zu besuchen. Mama schob Judy im Kinderwagen über die Steigungen des Hume Highways, während der Rest von uns über den Kies am Straßenrand stapfte.

Wir waren bodenständige Katholiken. Die Gewissheiten des Glaubens waren über Generationen weitervererbt worden: Lebe ein gutes Leben, und du wirst am Jüngsten Tag auferstehen und ewig leben. Unser Glaube gab uns Rituale, die »Freitags-Fisch-Identität«, und ein Sinngerüst, an dem wir unser Leben festmachten. »Was du tust, ist wichtiger als das, was du zu glauben behauptest«, brachte Mama uns bei. Aus einem unerfindlichen Grund war es unserer Familie ein wenig peinlich, über Religion zu sprechen, obwohl Mama mich, wie sie sagte, nach einer Heiligen benannt hatte.

Als meine Schwester Gabrielle bei der Geburt gestorben

war, war Mama am Boden zerstört gewesen. Sie bekam eine Brustdrüsenentzündung und durfte in ihrem Schmerz nicht einmal die kleine Leiche sehen. »War sie missgestaltet?«, hatte sie die Krankenschwester gefragt. »Wohin hat man sie gebracht?« Keiner gab ihr eine Antwort. Nichtsdestotrotz bat Mama die Klarissinnen, für sie zu beten, denn sie wünschte sich verzweifelt, noch ein Kind zu bekommen, und als ich zur Welt kam, nannte Mama mich Colette – nach der Heiligen, die den Orden der Schwestern reformiert hatte und die, wie man sagte, unter schwierigen Umständen geboren worden war.

1965 wurde Mama Leiterin der Donkin Memorial Nursery School in Moss Vale, etwa acht Kilometer von Mittagong entfernt. Ihr Arzt hatte ihr eine Referenz ausgestellt, und damals benötigte man keinerlei besondere Qualifikation, um Vorschulkinder zu betreuen. Wir kauften einen blauen Morris Minor aus zweiter Hand, damit sie zur Arbeit fahren konnte, wo sie sich mit einer Hilfskraft um etwa dreißig Kinder zu kümmern hatte. Judy, inzwischen achtzehn Monate, war alt genug, um mit Mama in den Kindergarten zu gehen, während Rod, Tony und ich mit dem Bus den Weg zu unserer Schule in Mittagong zurücklegten.

Da Mama so lange im Kindergarten bleiben musste, bis auch das letzte Kind abgeholt worden war, kam sie eines Tages erst sehr spät nach Hause, und ich hatte schon angefangen, Tee für uns zu machen.

»Ich habe mir keine großen Sorgen gemacht, Mama; ich wusste nicht, wie ich den Rasenmäher hätte anmachen sollen, wenn du länger nicht zurückgekommen wärst.«

»Sei nicht albern«, erwiderte Mama, »natürlich würde

ich zurückkommen. Ich musste eine Stunde lang warten, bis Mrs Johnson endlich Brian abholte. Ihr Wagen war liegen geblieben.«

Etwa ein Jahr darauf zogen wir alle um in ein Haus in Moss Vale, von wo aus sich Mamas Arbeitsstelle und unsere neue Grundschule zu Fuß erreichen ließen. Es war Winter, und wir verbrachten die erste Nacht im neuen Haus ohne Heizung, in graue Decken gehüllt. Als wir mit Kerzen in der Hand das vordere Schlafzimmer betraten, schrien wir alle, als eine Fledermaus aus der Dunkelheit herabstieß. In der folgenden Nacht scharten wir uns um den lodernden Kamin im Wohnzimmer, wo wir es bei eingeschalteter Beleuchtung warm hatten und uns sicher fühlten.

Hinter dem Haus erstreckte sich ein zweitausend Quadratmeter großes Wäldchen aus Terpentinkiefern, in denen eine Elsterfamilie wohnte. Am Morgen weckten sie uns mit ihrem Trällern. Während der Nistzeit stürzten sie sich auf jeden, der unsere Straße entlangging, und die Leute mussten Stöcke oder Eimer über ihre Köpfe halten, doch uns ließen sie in Ruhe. Nach einiger Zeit brachten die Altvögel dann die jungen Elstern auf die Wiese unter der Wäscheleine, um uns einen Besuch abzustatten.

Nach der Schule fingen meine Brüder und ich mit Bindfaden und Fleischbröckchen Yabbies, kleine Flusskrebse, in einem Bach hinter dem Haus, kletterten auf die Terpentinkiefern und bauten Baumhäuser. Manchmal fuhren wir mit den Fahrrädern auch bis zu den fünfzehn Kilometer entfernten Fitzroy Falls. Wir hüteten eine Milchkuh, kümmerten uns um den Garten und suchten in den Koppeln auf der anderen Straßenseite nach Pilzen und Brombeeren.

Wir Kinder zogen außerdem einige verwaiste Kälbchen auf, gaben ihnen die Flasche oder steckten unsere Finger in die Milcheimer, um sie dann daran saugen zu lassen. Unser Gemeindepriester, Vater Higgins, gab uns eine Jerseykuh, die wir zu melken lernten. Mit einer alten roten Zentrifuge, die Mama bei einer Haushaltsauflösung erstanden hatte, trennte sie die Sahne von der Milch, aus der sie dann auch Butter machte.

Bertie starb. »Er ist im Himmel«, sagte Großmama, aber sie weinte doch viel. Ich war sehr traurig, aber mit meinen elf Jahren war es mir nicht erlaubt, Mama zu seiner Beerdigung unten in Nowra zu begleiten. Großmama kam zu uns und wohnte in der Einliegerwohnung, die seitlich an unser Haus gebaut war. Sie brachte einen Teil ihrer Möbel aus Nowra mit, darunter auch ein großes Sideboard aus Holz, ihr Versteck für ihren Vorrat an Karamellbonbons. An einer Wand hing ein Gemälde von Albert Namatjira mit geisterhaften Wüstengummibäumen und fernen, blauen Bergen. Sie brachte uns Canasta bei und backte Zitronenkuchen mit Baiserhaube. Als sie später gebrechlicher wurde, kümmerte Mama sich um sie und brachte ihr das Essen, meist von einem oder auch mehreren von uns Kindern begleitet. Deshalb verletzte es Mama auch sehr, als sie mitbekam, wie Großmama ihren Freundinnen erzählte: »Ich bin hier die ganze Zeit allein. Keiner besucht mich!« Offenbar hatte sie unsere häufigen Besuche vergessen.

Nachdem Großmama zu uns gezogen war, kam mein Onkel Toby, der am Padua College in Kedron lehrte, alljährlich an Weihnachten zu uns zu Besuch. In einem Jahr hatte er kurz vor den Ferien einen einwöchigen Kurs in elterlicher Erziehungsarbeit absolviert und wollte Mama nun einige Tipps geben.

»Du kannst gerne übernehmen! Wenn du schon so ein Experte bist!« Sie hatten eine Auseinandersetzung, weil ich den Rasen mähte. Normalerweise stritt Mama sich nicht mit Toby, weil er Geistlicher war.

Als ich ins Highschool-Alter kam, besuchte ich den Dominikanerinnenkonvent an der Hauptstraße von Moss Vale. Die von Bäumen gesäumte Einfahrt führte zu einem zweistöckigen Steingebäude und endete in einem Wendekreis um eine Statue des heiligen Dominik. Meine Freundin Liz war das einzige Mädchen in meiner Klasse, das auch in der Stadt wohnte. Die anderen Schüler wohnten im Internat oder kamen aus den verschiedenen Gegenden des Distrikts mit dem Bus. Weil Mama sich das Schulgeld nicht ganz leisten konnte, half sie dabei, Bücher in der Bibliothek zu katalogisieren, tippte für die Nonnen die Universitätszulassungen und erledigte andere Sekretariatsarbeiten, wie sie das auch während unserer Grundschuljahre getan hatte. Außerdem arbeitete sie weiterhin im Kindergarten und machte für Beer's Reparaturwerkstatt die Buchführung.

1969, als ich fünfzehn Jahre alt war, landeten Astronauten auf dem Mond. Die Schwestern öffneten die Ziehharmonikaabtrennung zwischen den Klassenzimmern der Unterstufe, und die ganze Schule versammelte sich, um die verschwommenen Fernsehbilder in Schwarz-Weiß von Neil Armstrong und Buzz Aldrin anzuschauen, die wie Kängurus auf dem Mond herumsprangen.

Später nahmen wir im Religionsunterricht dann bei einer schwarz verschleierten Nonne im weißen Habit die

Auferstehung der Muttergottes durch. Für mich schien das weit hergeholt zu sein – Maria, die einfach so in den Himmel aufstieg, ohne jedes Antriebsmittel. Ich meldete mich: »Schwester, als die Muttergottes in den Himmel aufgenommen wurde, wohin kam sie dann im körperlichen Sinn?«

Die Schwester beäugte mich argwöhnisch und fragte: »Was meinst du damit?«

»Nun, wenn Maria in den Himmel aufstieg, wo landete sie dann? Wohin ging ihr Körper? Kreiste sie wie die Astronauten?« Unterdrücktes Gelächter in der Klasse.

Die Schwester war ärgerlich. »Setz dich und hör auf, derart lächerliche Fragen zu stellen.«

Normalerweise war mein Betragen gut, und ich lernte eifrig, aber ich löste einigen Unmut aus, weil ich mich mit meinen Lehrern auseinandersetzte. Aus dem Französischunterricht wurde ich verwiesen, weil ich der Schwester widersprach, die uns beibrachte, dass Mauritius eine Kolonie Frankreichs sei, so wie Australien eine Kolonie Großbritanniens war. Ich erinnerte die Schwester daran, dass Australien keine englische Kolonie mehr war, und wurde daraufhin auf den Flur hinausgeschickt, wo ich bis zum Rest der Stunde ausharren musste. Schwierigkeiten bekam ich auch, weil ich bei »God Save the Queen«, unserer damaligen Nationalhymne, hartnäckig sitzen blieb.

Nach dem Verständnis der Kirche waren wir eine »kaputte Familie«, und ich litt an den üblichen Unsicherheiten eines vaterlosen Kindes aus einer Familie mit geringem Einkommen. Ich besaß weder die Kleider noch das Selbstvertrauen, um mit einigen der Internatsschüler in Wettstreit zu treten, und so war ich bei Tanzveranstaltungen und Ausflügen immer gehemmt. Doch es war eine kleine Schule, und ich kam ganz gut zurecht. Zusammen mit Liz, eine »Tagwanze« wie ich, hatte ich unter den Internatsschülerinnen viele gute Freundinnen. Die Internatsschülerinnen suchten immer nach Wegen, die Beschränkungen und die Reglementierungen des Klosterlebens zu umgehen. Tag für Tag hielt der Priester vom Chevalier College in Bowral die Morgenmesse für die Nonnen ab. Während die Nonnen beschäftigt waren, versteckten die Internatsschülerinnen Briefe hinter den Radkappen des priesterlichen Autos, die so zu den Jungs seiner Schule gelangten. Er fuhr nach Hause, ohne zu wissen, dass er Cupidos Postbote war. Die Internatsschülerinnen baten mich auch, ihnen für ihre mitternächtlichen Feste besondere Lebensmittel zu besorgen, weil ihre Besuche in der Stadt streng reglementiert waren. Ich war froh, helfen zu können, denn schließlich waren es meine Freundinnen, und es hatte auch etwas Abenteuerliches, sich einigen Regeln zu widersetzen. Ich glaube, die Schwestern wussten recht viel von dem, was sich da abspielte, drückten aber ein Auge zu. Wenn die Internatsschülerinnen ihren Ausgehtag hatten, kamen sie zum Essen zu uns nach Hause, und während der Ferien fuhr ich mit zu ihnen an Orte wie Tumut oder Canberra. Mit Bren ging ich zum Reiten auf ihren Bauernhof in Tumut und besuchte Denise, eine Diplomatentochter, deren Mutter wunderbar gewürzte Speisen und chinesisch gebratenes Schweinefleisch kochte, eine Abwechslung von meiner Ernährung, die aus »Fleisch und zwei Gemüsesorten« bestand. Abgesehen von hin und wieder Fish and Chips an Freitagen aß unsere Familie nie außer Haus.

Musik bedeutete mir sehr viel, und so arbeitete ich in einer Hundezucht für Cockerspaniels, um mir Taschengeld zu verdienen und ein Tonband leisten und die Gebühren für meinen Schwimmklub zahlen zu können. Ich fütterte die Hunde und reinigte ihre Zwinger, die aus alten Straßenbahnwagen bestanden. In den kalten Wintern des südlichen Hochlands musste ich das Eis aufbrechen, das sich auf ihren Wassernäpfen gebildet hatte, damit sie am Morgen etwas trinken konnten. Miss Harper, die Besitzerin, schenkte mir Peggy, eine Cockerspaniel-Hündin, die mir überallhin folgte und eine großartige Freundin war, auch wenn sie sich manchmal in Kuhmist wälzte und unsere Schuhe versteckte, sodass wir frühmorgens schon in Panik gerieten.

Meine Brüder kamen in die Highschool aufs Chevalier in Bowral, damals eine katholische Schule nur für Jungs, Judy kam auf die Schule von St. Paul's. Der handwerklich sehr begabte Tony reparierte alles und schlug mich beinahe beim Schach, Rod durchstöberte Schrottplätze nach alten Fernsehern und Lautsprechern, die er dann wieder funktionsfähig machte. Immer wieder stieg er aufs Dach, um die Antenne in verschiedene Richtungen zu drehen, während die kleine Judy ihm aus dem Fenster zurief, ob ein Bild zu sehen war oder nicht.

Schwester Frederick, unsere junge Religionslehrerin, forderte uns auf, über den Krieg in Vietnam, das Leid der Armen und andere soziale Fragen zu diskutieren. »Stellt euch vor, ihr wärt in einem anderen Land geboren, wo eure Familie sich nur mit Müh und Not über Wasser halten kann«, sagte sie.

»Aber wir können doch nichts dafür, Schwester, wo wir geboren werden«, warf ich ein, weil ich Schuldgefühle hatte, in einem »glücklichen Land« aufzuwachsen.

»Nein, das nicht, aber du kannst die Chance nutzen und das Beste aus den Fähigkeiten machen, die du mitbekommen hast, und etwas davon zurückgeben«, erwiderte sie. Ihr Mitgefühl berührte mich und motivierte mich, nachzudenken, welchen Beitrag ich zu leisten vermochte.

Meine Schulfreundinnen, Evelyn aus Laos und Peggy und Agnes aus Neuguinea, erzählten uns Geschichten aus ihren Heimatländern, wo die Menschen litten, weil Armut und Krieg herrschten.

Wir saßen in Grüppchen zusammen, lauschten den Songs von Leonard Cohen und Bob Dylan und diskutierten angeregt, was wir nach der Highschool anfangen würden. Meine Wand hing voller Friedensposter. Ich las über einen Arzt, Tom Dooley, der in Vietnam mit verletzten und verwaisten Kindern gearbeitet hatte, doch als junger Mann an Krebs gestorben war. Ich bewunderte ihn und wollte eine ähnliche Arbeit leisten.

Als wir bei Schwester Frederick Hitler und den Holocaust durchnahmen, erfuhren wir von den Gaskammern und sahen drastische Bilder von Massengräbern. Am meisten erschreckte mich die Geschichte von den Nazis, die aus menschlicher Haut Lampenschirme machten.

»Schwester, warum erlaubt Gott den Menschen, derart grausame Dinge zu tun?«, fragte ich.

»Gott gab uns den freien Willen, und einige Menschen entscheiden sich dafür, Böses zu tun.«

»Aber wieso lehrt man uns, die andere Wange hinzuhalten? Etwas derart Böses müssen wir doch bekämpfen? Und was ist mit den Kindern, die in Vietnam vom Napalm verbrannt werden, und dem Hunger in Afrika. Streikt Gott?«

»Das Böse kam mit der Ursünde in die Welt und damit auch Gewalt und Unordnung. Wir tun, was wir können. Unser Glaube gibt uns die Hoffnung, dass am Ende alles gut werden wird; das Gute wird sich durchsetzen. Im Reich Gottes wird alles zum Rechten gewendet, das Leid wird vorübergehen, aber die Liebe wird für immer bestehen.«

Obwohl ich viel über das Leid in der Welt nachgedacht habe, war ich bis zum letzten Jahr auf der Highschool nicht sehr religiös. Im Zeugnis wurde ich gerügt: »Colette scheint weltliche Fächer wichtiger zu finden als christliche Lehre.« Das war ein fairer Kommentar. Ich genoss die Schule und machte viel Sport. Ich war der Mittelpunkt des Netball-Teams unserer Schule, und an Wochenenden traten wir gegen die anderen Schulen an. Unsere Schule verfügte über drei Sportteams oder Häuser, und ich war Vizekapitän des Sienese oder grünen Teams. Wenn die Internatsschülerinnen an den Wochenenden ihren Ausgehtag hatten, ging ich mit ihnen in Bernie's Café, um dort einen Becher seiner berühmten Eiscreme aus Malzmilch zu genießen. Zu Jungs hatte ich nicht viel Kontakt, und die Tatsache, dass ich eine reine Mädchenschule besuchte, isolierte mich von den anderen Teenagern in der Stadt.

Als ich siebzehn war, musste Mama wegen eines kleinen gynäkologischen Eingriffs ins Bowral Hospital, bekam dort aber unerwartet eine heftige Blutung. Großmama und wir vier Kinder warteten darauf, dass sie aus dem Operationssaal kam, doch die Ärzte riefen mich allein in einen weißen keimfreien Raum, um mir mitzuteilen, dass ihr Herzschlag während der Operation ausgesetzt habe und sie noch nicht außer Gefahr sei. Da Mama mich als ihre nächste Angehörige angegeben hatte, sagten sie mir, sie wüssten nicht, in welcher Verfassung sie sein werde, wenn sie aufwache, weil ihr Gehirn eine Zeit lang ohne Sauerstoff gewesen war. Weinend kam ich aus dem Zimmer.

»Keine Sorge, sie wird schon wieder«, tröstete Großmama mich. Aber ich war wütend und lief weg, weil ich dachte, sie wolle mir falsche Hoffnungen machen.

Als wir endlich zu ihr ins Zimmer durften, war Mamas Gesicht aschfahl und ihre Lippen trocken. Doch obwohl sie an vielen Maschinen und Schläuchen angeschlossen war, konnte sie nach Wasser verlangen.

Sie konnte sprechen! Wir waren sehr erleichtert.

Am nächsten Tag starb unser kleines schwarz-weißes, von Hand aufgezogenes Kälbchen an Durchfall. Tony und ich schaufelten sein Grab aus und hofften dabei die ganze Zeit, dass Mama nicht auch sterben musste. Es waren Ferien, aber ich lief durch die Schule in der Hoffnung, eine der Schwestern zu sehen, die mir nahestanden. Ich wollte mit ihnen über Mama und meine Ängste reden, dass es womöglich keinen Gott und kein Leben nach dem Tod gab. Ich dachte, Mama würde sterben und für immer von uns gehen und uns allein zurücklassen. Aber obwohl die Nonnen während der Ferien der Schülerinnen im Kloster lebten, öffnete niemand auf mein Klingeln. Meine Freundin Liz war nicht in der Stadt, und sämtliche Internatsschülerinnen waren nach Hause gefahren. Die anderen Kinder wollte ich mit meinen Ängsten nicht beunruhigen. Ich hatte niemanden zum Reden und fühlte mich sehr allein. Ich war mir keinesfalls sicher, dass es einen Gott gab.

Großmama hatte keinen Führerschein, aber einer unserer Nachbarn fuhr uns, sodass wir Mama jeden Tag besuchen konnten. Langsam ging es ihr besser. Sie erzählte uns, dass sie während der Operation in einem Winkel des Operationssaals gewesen war, auf sich selbst herabgeschaut hatte und den Arzt hatte sagen hören: »Holt sie zurück! Holt sie zurück!« Der Arzt tat ihre Erfahrung jedoch als Unsinn ab und meinte, sie habe gehört, was die Schwestern sich erzählten, aber Mama war sich absolut sicher, dass sie auf sich herabgeschaut hatte, und sie beschrieb die Szene und was alle sagten. Das brachte mich zum Nachdenken darüber, was geschieht, wenn wir sterben.

Manchmal nahm unsere Familie das Abendessen vor dem Fernseher ein. Ich sah Bilder von verhungernden Kindern in Biafra, Nigeria. Und ich brauchte keine Kirche, die mir sagte, dass es falsch war, selbst so satt und voll zu sein, während sie so leer waren und hungerten. Immer wieder fragte ich mich, warum manche Menschen in ein Leben in Armut geboren waren und manche in eins des Überflusses. Ich versuchte, einen Sinn für das Leiden zu finden, wanderte nachts umher und blickte mit der Frage, ob es einen Gott gab, hoch zu den Sternen. Es musste einen geben, dachte ich, damit die Welt einen Sinn bekam.

In meinem Schlafzimmer hingen Glaskristalle vor dem Fenster und brachen das Licht zu farbenprächtigen Regenbogen, die über meine Wand tanzten. Vielleicht verwies die außerkörperliche Erfahrung von Mama auf eine verborgene Dimension des Lebens. So wie die Farben im Licht durch

Kristalle sichtbar und die Geräusche um uns herum durch ein Transistorradio hörbar gemacht werden, könnten wir womöglich mit der richtigen Ausrüstung Gott wahrnehmen.

Als ich mit Freunden auf einem Musikfestival in einem kühlen bewaldeten Tal der Galston-Schlucht kampierte, wo ein gerodetes Gebiet am Fuße eines Abhangs als natürliches Amphitheater diente, schwang mein Körper im Einklang mit der Musik, die mir von einem Lebenslied erzählte, das nur gesungen zu werden brauchte.

Zu diesem Zeitpunkt war ich weit davon entfernt, Nonne zu werden, obwohl Jenny, eine Freundin von mir, vorhatte, den Dominikanerinnen beizutreten. Ich bewunderte einige der Nonnen an der Schule, aber sie gehörten für mich zum Establishment.

»Glaubst du nicht, dass die Kirche das Feuer der Evangelien verloren hat?«, fragte ich Jenny. »Was wurde aus: ›Verkaufe alles, was du hast, und gib's den Armen, so wirst du einen Schatz im Himmel haben, und komm und folge mir nach!‹ (Lukas 18,22). Sämtliche Orden besitzen viel Land und Geld. Sie sind reicher als die Menschen, von denen sie unterstützt werden.«

»Das musst du praktischer sehen, Colette. Die Schwestern können dich wohl kaum neben der Straße unterrichten!«

Als ich mich dann im letzten Highschool-Jahr auf meine Abschlussprüfungen vorbereitete, sah ich den Film, der die Geschichte der Mutter Teresa zeigt, *Something Beautiful for God,* produziert von Malcolm Muggeridge, einem agnostischen britischen Journalisten. Muggeridge war Mutter Teresa zum ersten Mal begegnet, als er sie für das britische Fernsehen interviewte, was sich als schwierig herausgestellt hatte, da sie nur knappe Antworten gab und persönlichen Fragen gänzlich auswich. Doch das Interview stieß auf unerwartete Resonanz in der Öffentlichkeit, und Muggeridge nahm 1969 Mutter Teresas Einladung an, sich selbst von ihrer Arbeit in Kalkutta zu überzeugen und einen Film darüber zu drehen. Er konvertierte daraufhin zum Christentum und produzierte den Film, der mich dazu bewegte, einer religiösen Berufung zu folgen. Wie der Film erzählt, war 1948, als die Staaten Pakistan und Bangladesch von Indien abgetrennt wurden, Westbengalen in Aufruhr. Mutter Teresa trat durch die Tore der Schulanstalt Saint Mary's in Kalkutta, wo sie Geografie lehrte, hinaus auf die wimmelnden Straßen, um den Mittellosen beizustehen, die unbeachtet auf den Gehwegen starben. Sie spürte einen »Ruf innerhalb eines Rufs«, sich um Christus im »Gewand der Notleidenden« zu kümmern.

Die Idee eines mitfühlenden, praktischen Dienstes an den Armen faszinierte mich. Dieser Film stellte für mein Leben einen Wendepunkt dar. In erster Linie hatte ich danach gestrebt, als Medizinstudentin an einer Sydneyer Universität angenommen zu werden. Am Vorabend der Prüfungen beschloss ich jedoch, dass ich keine Zeit zu vergeuden brauchte, indem ich Ärztin wurde. Es schien mir so einfach zu sein – die Menschen hatten Essen nötiger als komplexe medizinische Fürsorge. Mutter Teresa lebte bei den Armen und diente ihnen, also beschloss ich, mich ihr anzuschließen. Nachdem ich diesen Entschluss gefasst hatte, legte ich meine Prüfungen dennoch ab und war dabei viel entspannter, weil es nicht darauf ankam, welche Noten ich erhielt, und erzielte dabei ein recht gutes Ergebnis.

Obwohl ich eine Klosterschule besucht hatte, wusste ich wenig über die inneren Abläufe und Einschränkungen des religiösen Lebens. Ich wollte mich Mutter Teresas Gruppierung anschließen, weil ich glaubte, sie würde die Ungerechtigkeit beseitigen. Ich stand kurz davor, Nonne aus Versehen zu werden.

Nachdem ich die Dokumentation gesehen hatte, las ich einen Artikel in der *Catholic Weekly* über einen Zweig von Mutter Teresas Orden, die Missionarinnen der Nächstenliebe, die in Bourke, dem Outback von New South Wales arbeiteten. Überrascht, dass sie einen Konvent in einem so reichen Land wie Australien unterhielten, schrieb ich an Schwester Felicity, eine Bengalin, die in dem Zeitungsartikel vorgestellt wurde. Sie antwortete mir überaus aufmunternd und brachte mich in Kontakt mit Schwester Regina, der Lehrerin für die Novizinnen in Melbourne. Wir schrieben uns gegenseitig, und Schwester Regina bat mich, sie in Mona Vale zu treffen, wo sie bei Verwandten auf ihrem Weg von Bourke nach Melbourne übernachtete. Schwester Regina, eine kleine energische Frau mit Brille, begrüßte Mama und mich warmherzig und erzählte uns Geschichten über ihre eigene Reise, die sie von Malta nach Kalkutta geführt hatte, um dort dem Orden in seiner Anfangszeit beizutreten, als dieser aus gerade einmal hundert Schwestern bestand.

»Jetzt gehören fast tausend Schwestern zum Orden«, berichtete sie. »Wir haben viele Häuser in Indien, aber auch einige in Übersee in Ländern wie Venezuela, Jordanien, England und Italien.« Ihre Begeisterung war ansteckend.

Als sie dem Orden beigetreten war, hatte Regina in einem Sterbeheim in Kalkutta gearbeitet und sich um die Menschen gekümmert, die man von der Straße holte. Sie erklärte, wie die Missionarinnen der Nächstenliebe ausgebildet wurden.

»Die Ausbildung geht in drei Stufen vor sich: Das Postulat dauert sechs Monate. Es dient der Einführung in den Orden. Während dieser Zeit wirst du gewöhnliche Kleidung tragen und mit einer der Schwestern zusammenarbeiten. In Melbourne besuchen wir die alten Menschen bei sich zu Hause oder in ihren Heimen, arbeiten mit den Immigrantenfamilien aus den Hochhaussiedlungen und kümmern uns um die Alkoholiker und die Obdachlosen. In Indien und anderen Zentren, wo Englisch nicht die erste Sprache ist, wird während der sechs Monate ein grundlegenderes Training durchgeführt, das wir Aspirantur nennen. Es ist eine Zeit, in der die Mädchen kommen und sich informieren können, was es heißt, in der Gemeinschaft zu leben, und um Englisch zu lernen, unsere gemeinsame Sprache. Dieses Ausbildungsstadium haben wir in Australien nicht.

Auf das Postulat folgt dann das erste Jahr des Noviziats, eine Zeit intensiver Ausbildung. In dieser Zeit wird man dir das Haar abschneiden …«

Ich musste lachen und schaute Mama nervös an. Die Vorstellung, kahl zu sein, gefiel mir nicht, aber Schwester Regina schien es nicht zu bemerken.

»Du wirst ein weißes Habit und einen Sari tragen«, fuhr sie fort. »Im ersten Jahr verrichten die Novizinnen nicht viel Arbeit draußen. Es ist eine Zeit des religiösen Studiums und der inneren Klausur. Im zweiten Jahr ist die Hälfte des Tages der Arbeit und die andere Hälfte dem Studium gewidmet. Danach wirst du dein erstes Gelübde für ein Jahr ablegen, das dann gemäß Kirchenrecht fünf Jahre lang jährlich um ein Jahr verlängert wird, aber nach unserem Verständnis eine Verpflichtung fürs ganze Leben ist. Fünf Jahre nach dem ersten Gelübde findet ein weiteres Ausbildungsjahr statt, das wir Tertianum, die dritte Stufe, nennen, und danach legst du dein endgültiges Gelübde ab, wahrscheinlich in Kalkutta.«

»Wenn sie so lange durchhält!«, warf meine Mutter ein.

»Ich glaube, sie verfügt über das, was nötig ist, um Gottes Ruf treu zu sein. Du weißt ja, wie es im Evangelium steht: ›Wer seine Hand an den Pflug legt und sieht zurück, der ist nicht geschickt für das Reich Gottes.‹ (Lukas 9,62) Egal, in welchem Stadium du dich befindest, wenn Er dich ruft, gehörst du Ihm zeit deines Lebens.«

Schwester Regina legte für mich das Datum fest, an dem ich nach Melbourne kommen sollte, um dem Orden beizutreten – den 6. Januar 1973.

Meine Mutter konnte meine Entscheidung nicht begreifen und versuchte, als wir von diesem Treffen nach Hause fuhren, vernünftig mit mir darüber zu reden. »Du könntest viel nützlicher sein, wenn du erst eine Ausbildung als Ärztin oder Krankenschwester machst, und wenn du dann austreten solltest, hättest du wenigstens etwas, worauf du zurückgreifen kannst.« Ich weigerte mich zuzuhören. Ich musste so bald wie möglich beitreten. Das war es, was ich tun wollte.

Meine Freundinnen konnten es nicht fassen, dass ich die Chance ausschlug, Medizin zu studieren. Wir hatten geplant, alle zusammen auf die Universität in Sydney zu gehen, wenn wir das Glück hatten, Stipendien zu bekommen.

Meine Lehrer und der Rest meiner Familie hielten meine Entscheidung für töricht. Sie fanden, dass Mutter Teresas Schwestern schlecht ausgebildet waren und untergeordnete Arbeit verrichteten.

»Du wirfst dein Leben weg«, warf Onkel John mir vor.

»Das sagst du aber über Toby nicht«, erwiderte ich.

»Das ist was anderes. Er ist Priester in einem richtigen Orden. Du wirst als jedermanns Fußabtreter enden.«

Je mehr Gegenwind ich bekam, umso entschlossener wurde ich.

Wie immer zur Weihnachtszeit kam Toby zu uns und brachte über die Feiertage einige seiner Schüler mit, darunter auch Paul, der in meinem Alter war und ein Freund der Familie geworden war. Wir unternahmen gemeinsame Ausflüge in den Busch, und ich erzählte ihm, dass ich mich Mutter Teresa anschließen wollte. Er sagte nicht viel und verschwieg mir auch, dass er ebenfalls vorhatte, zu den Franziskanern zu gehen, was er ein paar Monate später auch tat. Vielleicht stand sein Entschluss damals noch nicht fest.

Schwester Regina hatte mir eine Liste von Dingen gegeben, die ich zum Eintritt in den Orden benötigte: drei Blusen mit Kragen, weiß oder blau mit kurzen Ärmeln, zwei blaue Strickjacken, ein Paar Gummilatschen, ein Paar Winterschuhe, drei Röcke, drei Garnituren Unterwäsche und Socken. Außerdem benötigte ich zwei Bücher: die Bibel und *Die Nachfolge Christi* von Thomas a Kempis, einem Mönch des vierzehnten Jahrhunderts. In diesem Band fanden sich einprägsame Kapitelüberschriften wie »Wir sollen uns selbst verleugnen« und »Wandle vor Gott in Wahrheit und Demut«. Toby meinte, es stehe für eine altmodische Form der Spiritualität. »Warum wartest du nicht noch eine Weile, Colette? Geh auf die Universität. Lerne erst das Leben ein wenig kennen und entscheide dich dann.« Ich war enttäuscht. »Ich dachte, dass wenigstens du mich verstehst, Toby. Ich bin mir sicher, dass ich damit Gottes Ruf nachkomme. Mein Herz schlägt nicht mehr für die Medizin.«

2

Noviziat

»Mit deinem Hab und Gut hilf den Armen und wende dich auch nicht von einem einzigen ab, dann wird sich das Angesicht des Herrn auch von dir nicht abwenden.«

(Das Buch Tobias 4,7)

Ich umarmte Mama, Judy, Tony und Rod am Bahnsteig des Bahnhofs von Moss Vale. Ein Pfiff ertönte, und der Zugbegleiter senkte seine Fahne, als ich mit meiner kleinen Tasche einstieg. Ich konnte Mama weinen sehen, während ich durchs Fenster winkte. Sie hielt ein kurzes Stück weit Schritt mit dem Zug, dann verschwand sie aus meinem Blickfeld. Ich war jung und naiv und hatte, weil ich geschützt von den Zwängen des Katholizismus und den Werten einer konservativen Stadt auf dem Lande aufgewachsen war, kaum Lebenserfahrung.

Der Zug kam mit Verspätung in der Spencer Street Station in Melbourne an. Ich hatte nicht viel geschlafen, weil ich vor Aufregung und Vorfreude hellwach war. Zum Glück hatte ich Schwester Regina bereits kennengelernt, sodass ich mich nicht einer vollkommen neuen Situation stellen musste. Zwei Schwestern, in ihren weißen Saris mit den blauen Borten nicht zu übersehen, kamen, um mich abzuholen. Schwester Regina erkannte mich sofort. »Willkommen, Colette. Das ist Schwester Augustine, unsere Oberin in Melbourne.«

Wir fuhren zu einem einstöckigen weißen Haus, das als Ausbildungszentrum oder Noviziat für die Missionarinnen der Nächstenliebe in Australien diente. Eingebettet in die Häuserreihen von George Street, Fitzroy, einem Arbeitervorort von Melbourne, lag es direkt neben der Federal Trolley and Truck Company. Jenseits der Straße fertigte eine andere Fabrik Kartonagen und Papier. Ich folgte Schwester Regina durchs Eingangstor in den Vorgarten und auf die von Hecken begrenzte Veranda. Anders als die eindrucksvollen Klöster anderer Orden, oftmals große Gebäude mit angelegten Gärten und hohen Mauern, unterschied sich dieses Haus von den anderen nur durch eine Statue der Muttergottes in einer Ecke der Veranda.

Im Gebäude selbst erreichte man die Zimmer von der Diele aus. Wenn man durch die Eingangstür trat, befand sich zur Linken eine Kapelle mit Matten auf dem Fußboden, keine Stühle. Ein Kruzifix mit den Worten »MICH DÜRSTET« hing an der Wand hinter dem Altar. Die Schwestern machten am Eingang einen Knicks, wenn sie an der Kapelle vorbeikamen, also tat ich es ihnen nach. Aufgeregt betrachtete ich meine neue Umgebung und versuchte, alles in mich aufzunehmen. Auf der anderen Seite der Diele befand sich ein Salon, in dem Gäste empfangen wurden. Ein Vorhang grenzte die Quartiere für elf Schwestern ab – drei schlafsaalartige Zimmer mit Metallbetten und kleinen, hineingezwängten Schränken. Straff gespannte blaue Bettüberwürfe bedeckten die dünnen

Matratzen. Es gab keine sonstigen Möbel oder Schmuckgegenstände.

Ein mehrgeschossiges Mietshaus ragte hinter dem Haus in die Höhe und warf einen langen Schatten auf das Kloster. Den Hinterhof hatte man zubetoniert, doch es fiel noch ausreichend Sonnenlicht ein, um einen Weinstock zum Blühen zu bringen. Er wuchs über gespannte Drähte, sodass die Hälfte des Hofs im Schatten lag, was mich an die kühle Weinlaube erinnerte, in der wir uns bei Bill in Leeton so wohlgefühlt hatten.

Das Waschhaus bestand aus einem großen, eingemauerten Kupferkessel mit einer Feuerstelle darunter. Schwester Regina erklärte, es werde dort allmorgendlich Feuer gemacht, damit wir heißes Wasser fürs Bad hatten. Zu Hause hatten wir auch einen Kupferkessel gehabt, diesen aber hauptsächlich zum Wäschewaschen benutzt. Etwa einmal im Monat benutzten die Schwestern ihn auch zum Auskochen ihrer Habits und Saris und gaben dann etwas Wäscheblau dazu, um das Ergrauen zu verhindern. Eine Waschmaschine gab es nicht, nicht einmal eine alte Wringmaschine. Eins der Zimmer, das Schwester Regina ein »Badezimmer« nannte, war ein rechteckiger Raum mit einem Zementboden und einem Abflussloch in der Mitte. Weder ein Duschkopf noch sonst irgendwelche Installationen befanden sich dort. Schwester Regina erklärte, dass man, um zu baden, etwas heißes Wasser mit unserem eigenen Metalleimer aus dem Kupferkessel holte, mit kaltem Wasser aus dem Hahn mischte und es dann mit einer Milchpulverdose über uns schüttete. In einem der Badezimmer gab es eine konventionelle Dusche, aber diese durften wir nicht benutzen. Vermutlich wurde es so gemacht, um Wasser zu sparen, oder weil man es in Indien so machte, aber ich wusste bereits, dass man es nicht hinterfragte.

An der Rückwand des Hauses standen Eimer aufgereiht, alle mit einer schwarzen Ziffer und einem ebensolchen Kreuz darüber versehen. Die Schwester sagte, dass wir diese für alles benutzten: Waschen, Baden, Hausarbeit. Mein Eimer wartete dort schon auf mich, mit der Ziffer 4 gekennzeichnet, dazu die passende Seifendose, ebenfalls mit einer 4 darauf.

Im hinteren Teil des Hauses befanden sich das Refektorium der Novizinnen und der Studiersaal, ein langer, rechteckiger Raum mit großen Tischen. Es gab weder einen Kühlschrank noch Fernsehen, Radio oder elektrische Geräte in diesem spartanischen Haus.

Alles war ordentlich und reglementiert, ein Kontrast zu meinem unordentlichen Zimmer zu Hause. Fromme Darstellungen der »Muttergottes« – der Gesegneten Jungfrau Maria – und des »Heiligen Herzens«, ein Jesus mit weiblichen Zügen, dessen nach außen verlagertes Herz von Dornen umgeben war, schmückten die ansonsten kahlen Wände.

Während ich auf meine drei Mitnovizinnen wartete, bekam ich ein Frühstück aus lustigen runden, flachen Pfannkuchen, die *chapattis* genannt wurden. Betty, ein zu Scherzen aufgelegtes, aufgeweckt wirkendes Mädchen etwa meines Alters, kam als Erste in Begleitung ihrer Eltern Les und Kathy. Plötzlich fühlte ich mich mit meinem blauen Auge und einer Schürfwunde im Gesicht, die ich mir bei einem Sturz von einem Motorrad zugezogen hatte, als ich dieses am Wochenende vor meinem Eintritt in den Orden mit meinen Vettern ausprobiert hatte, ein wenig gehemmt.

»Hallo«, begrüßte ich Betty.

Sie lächelte mich an. »Woher kommst du?«

»Aus Moss Vale in den Southern Highlands von New South Wales. Und du?«

»Ich habe mein ganzes Leben in Melbourne verbracht.«

Bettys Kleider waren gut geschnitten und modisch und entsprachen Schwester Reginas Beschreibungen unserer Garderobe nur ganz entfernt. Ich trug einen »schmutzig« grauen Rock bis übers Knie, dazu eine blaue Bluse. Ich wünschte, ich hätte mir ein wenig mehr Lässigkeit bei der Interpretation der Kleidervorschrift erlaubt.

»Stellt eure Taschen hier auf den Tisch«, wies Schwester Regina uns an. Es war mir peinlich, dass sie unsere Habseligkeiten inspizierte.

»Betty, es werden nur drei Kleidergarnituren benötigt. Diese hier kannst du deiner Mutter mitgeben, wenn sie dich besuchen kommt.« Betty verdrehte die Augen.

»Das brauchst du nicht, Colette«, sagte Schwester Regina, als sie in meinen Kulturbeutel herumkramte. »Seife, ein Kamm, Zahnbürste und Zahnpaste sind alles, was nötig ist.«

Da trafen Eileen und Sophia ein, unsere anderen beiden Gefährtinnen, und wir bekamen eine kurze Verschnaufpause. Sie waren älter und hatten schon etwas gearbeitet. Eileen kam aus Brisbane, während Sophia wie Betty aus Melbourne stammte.

Schwester Regina wandte sich an uns alle: »Anfangs wird

es hart sein, aber von heute an möchte ich, dass ihr euch in Schweigen übt.«

Betty und ich sahen uns an. Wir waren uns nicht sicher, was damit gemeint war, und es erschloss sich uns erst später, als ich meine Sachen ordentlich in das mir zustehende Fach einräumte. Betty lag auf dem Bett, aß einen Apfel und schwatzte mit mir. Da kam Schwester Regina unerwartet herein. »So ist das hier nicht üblich, Schwestern!«

Betty sprang auf. Wir waren die »Schwestern«, an die sie sich wandte.

»Schweigen bedeutet, dass ihr zwischen den Mahlzeiten nicht sprecht. Wir gehen auch nur während der Ruhezeiten in die Schlafräume und essen nur zu den Mahlzeiten. Ist das klar?«

»Jawohl, Schwester«, erwiderten wir einsichtig.

Wir mussten uns auch an die Glocke gewöhnen. Ein Glockenschlag ertönte für die Mahlzeiten oder für die abendliche Erholungszeit, fünf Schläge für das Gebet oder die Messe. Dann gab es noch ein kompliziertes Geläute für die Gebete des *Angelus* am Mittag und um sechs Uhr abends, und das *De Profundis* oder Totengebet um sieben Uhr abends. Der Glocke musste sofort Folge geleistet werden, auch wenn wir mitten in einer Arbeit waren. Die Schwester sagte uns, es sei wie der Ruf Gottes.

Am späteren Vormittag machte Schwester Regina uns mit Schwester Christine bekannt, die uns während unseres Postulats beaufsichtigte und sich um uns kümmerte. Sie war gerade von ihrer Arbeit in der Obdachlosenunterkunft für Männer in der Gore Street 101 zurückgekehrt, die von den Missionarinnen der Nächstenliebe unterhalten wurde.

Sie war eine stille Frau aus Bihar im Norden Indiens und machte einen etwas ängstlichen Eindruck, nun die Verantwortung für derart aufmüpfige Mündel zu bekommen.

Unsere Gemeinschaft in der George Street setzte sich aus fünf Novizinnen, Schwester Regina, uns vier Postulantinnen und Schwester Christine zusammen. Obwohl wir zusammenlebten, hatten wir unterschiedliche Speiseräume und Schlafsäle. Andere richtige Ordensmitglieder, die man als Professen bezeichnete, lebten in einem anderen Haus ein Stück weit die George Street hinunter. Sie hatten ihre ersten oder endgültigen Gelübde abgelegt und trugen einen Sari mit einer blauen Borte im Gegensatz zu den Novizinnen, die rein Weiß trugen. Die Professen unterhielten das Heim für obdachlose Männer, besuchten die Benachteiligten und gaben während der für religiöse Unterweisung freigehaltenen Zeit katholischen Schülern an den Staatsschulen Religionsunterricht. Außerdem verbrachten die Schwestern täglich drei Stunden im Gebet und kümmerten sich um die Reinigung ihrer Räumlichkeiten und das Kochen. Sie hatten am Donnerstag ihren freien Tag, der ihnen für zusätzliche Gebete, Ruhe und häusliche Aufgaben zur Verfügung stand.

Während einer kurzen Zeremonie am ersten Abend überreichte Schwester Regina uns allen ein kleines Kreuz, das sie uns eigenhändig an unsere Blusen heftete. Wir sangen Hymnen, die unserer Hingabe an Gott Ausdruck verliehen, und Schwester Annette, eine der Novizinnen, las uns die Geschichte aus dem Lukas-Evangelium von dem reichen jungen Mann vor, der sich weigerte, all seinen Besitz aufzugeben, um Christus nachzufolgen. Schwester Regina legte uns diese Geschichte aus und erläuterte, anders als der junge Aristokrat seien wir alle darauf vorbereitet, alles, was wir waren, und alles, was wir hatten, aufzugeben, um Jesus zu folgen. Sie bestätigte das Versprechen Christi, das es keinen gibt, »der ein Haus oder Frau oder Brüder oder Eltern oder Kinder verlässt um des Reiches Gottes willen, der es nicht vielfach wieder empfange in dieser Zeit und in der zukünftigen Welt das ewige Leben« (Lukas 18,29–30).

Nach den Gebeten aßen wir zusammen mit der ganzen Gemeinschaft. Nachdem Schwester Regina die Worte »Gelobt sei Jesus Christus« gesagt hatte, ein Satz, der den MNs erlaubte zu sprechen, klatschten die fünf Novizinnen in ihren weißen Saris und riefen »Willkommen«. Während der sich anschließenden Erholung führte Schwester Jasmin einen traditionellen Tanz aus der Region Kerala in Südindien vor, der symbolisierte, wie man sich Gott darbrachte. Sie bewegte sich anmutig und wurde dabei vom Gesang der anderen Novizinnen und dem Gebimmel der Glöckchen begleitet, die an ihren Füßen befestigt waren.

Die Mitglieder der Gemeinschaft der Missionarinnen der Nächstenliebe kamen aus vielen Ländern mit unterschiedlichstem Hintergrund. Selbst die indischen Schwestern sprachen verschiedene Sprachen und hatten unterschiedliche Ess- und Tanztraditionen. Die Schwestern Patience und Karina stammten aus Bihar, einem Staat in Nordindien; die Schwestern Jocelyn und Jasmine aus Kerala im Süden. Nur Schwester Annette war Australierin aus der kroatischen Gemeinde in Blacktown. Alle anderen Novizinnen stammten aus Indien und waren nach Australien geschickt worden, um dort den Kern des Ausbildungshauses zu bilden. Unsere Novizinnen befanden sich außerdem in verschiedenen Stadien der Ausbildung. Schwester Patience und Schwester Jasmin waren am Ende ihres zweiten Jahres und sollten im Mai 1973 ihr erstes Gelübde ablegen; die Schwestern Karina, Annette und Jocelyn hatten gerade erst mit dem zweiten Jahr begonnen und würden sich im Mai 1974 zum Orden bekennen.

Der Gemeinschaftsraum für uns Postulantinnen befand sich neben der Küche, wo wir üblicherweise getrennt von den anderen aßen und unsere Freizeit verbrachten, außer an Donnerstagen und Sonntagen, wenn wir zusammen mit den Novizinnen und Schwester Regina unsere Mahlzeiten einnahmen und uns unterhielten. Wir lernten, vor dem Mittagessen und Abendessen und während der Erholungszeit zu schweigen, bis die Oberin das Codewort »Gelobt sei Jesus Christus« sprach.

Anfangs verhielt Schwester Christine sich uns Postulantinnen gegenüber zurückhaltend und scheu, denn wir waren widerspenstiger und rechthaberischer als die indischen Schwestern, und unsere Akzente waren für sie nur schwer zu verstehen. Wir übernahmen den indischen Singsang und indische Ausdrücke, um uns klarer verständigen zu können. »Als ich zum Orden kam, war es anfangs sehr schwer«, erklärte Schwester Christine. »Ich musste in der Gemeinschaft Englisch sprechen – und Bengali, wenn ich nach draußen ging, um in der Gegend von Kalkutta zu arbeiten. Ich konnte weder die eine noch die andere Sprache.«

»Welche Sprache hast du gesprochen, Schwester?«, erkundigte sich Betty.

»Meine Muttersprache ist Hindi. Es fiel mir schwer, irgendjemand in Kalkutta zu verstehen. Ich kam mir vor wie im Kindergarten, selbst unsere Schrift ist eine andere.«

»Aber gab es nicht andere Schwestern aus deinem Staat, mit denen du dich hättest unterhalten können?«

»Doch, aber Mutter Teresa ließ das nicht zu. Sie wollte, dass wir alle Englisch sprachen und uns nicht in Sprachgrüppchen aufteilten.«

»Das muss sehr schwer gewesen sein«, meinte Betty mitfühlend. Uns Postulantinnen fiel es auch ohne Sprachprobleme schon schwer genug.

»Ja, das Leben war hart, und ich hatte großes Heimweh, aber ich hielt durch. Nachdem ich einmal mein Zuhause verlassen hatte, gab es für mich kein Zurück mehr.«

Da der Orden größer wurde, mussten die indischen Schwestern sich daran gewöhnen, in Häusern auf der ganzen Welt Dienst zu tun. Schwester Christine war in ihrer Zeit als MN mehrmals sehr krank gewesen und wäre fast an Cholera gestorben. Ihr Leben war mit unserem in Australien nicht zu vergleichen.

Langsam gewöhnten wir uns an den Rhythmus eines Lebens als Missionarin der Nächstenliebe. Zu Hause hatten die Kookaburras in den Terpentinkiefern immer höflich bis zur Morgendämmerung gewartet, ehe sie mich mit ihrem Gelächter aufweckten, aber hier läutete die Glocke um zwanzig vor fünf.

»Lasst uns den Herrn loben!«, intonierte die Ruferin. Wir sprangen aus den Betten und fielen sofort auf die Knie.

»Dank sei Gott«, lautete die Antwort, selbst für diejenigen unter uns, die keine Morgenmenschen waren. In der Dunkelheit des Schlafraums kleideten wir uns schweigend unter einem Laken neben dem Bett an.

Sechs Monate später, als wir Novizinnen waren, trugen wir um unsere Taillen und unsere Arme Ketten aus Draht mit nach innen gerichteten Stacheln auf der Haut. Doch selbst diese verfehlten ihren Zweck, mich während der Meditation wach zu halten. Ich konnte nicht so beten, wie Schwester Regina es uns beigebracht hatte: »Lest den Abschnitt, stellt euch vor, ihr wärt dort in der Szene aus dem Evangelium, und dann hört, was Jesus euch für euer tägliches Leben zu sagen hat.« Ich halte mich nicht für sehr fantasiebegabt, und diese Art des Betens kam mir künstlich vor. Es war mir unmöglich, mich darauf zu konzentrieren, und es gelang mir auch nicht, eine bequeme Haltung auf dem Boden zu finden. *Wenn ich doch nur zuerst eine Tasse Tee trinken könnte,* überlegte ich. *Das würde mich wach machen.*

Die ganze Gemeinschaft ging zur Messe, betete den Rosenkranz, der aus sieben Folgen von zehn »Gegrüßet seist du Marias« bestand, die wir hersagten und dabei der Freudenvollen, Leidvollen und Ruhmvollen Mysterien von Christi Geburt, Tod und Auferstehung gedachten. Die aus Blausteinen gebaute Gemeindekirche von All Saints Fitzroy war weit weg. Wenn die Messe zu Ende war, rezitierten wir laut Gebete mit der Bitte, würdig zu werden, den Armen zu dienen, die in Armut und Hunger lebten. Wir sprachen auch das Friedensgebet des heiligen Franziskus: »O Meister, hilf mir, dass ich nicht danach verlange, getröstet zu werden, sondern zu trösten, verstanden zu werden, sondern zu verstehen, geliebt zu werden, sondern zu lieben. Denn wer gibt, der empfängt. Wer verzeiht, dem wird verziehen. Wer stirbt, der wird zum ewigen Leben geboren.« Zum Frühstück aßen wir schweigend vier *chapattis,* während eine von uns laut aus einem Erbauungsbuch oder Mutters Briefen vorlas. Die Regeln erlaubten es uns nicht, selbst zu entscheiden, wie viel wir essen wollten.

Ich lernte schon bald, meine Kleider in meinem Metalleimer zu waschen und zu duschen, indem ich denselben Eimer und eine Milchdose verwendete. Die Hausarbeit verrichteten wir auf den Knien und in Eile, wobei wir die gleichen Eimer benutzten und einen Lumpen.

Die verschiedenen häuslichen Aufgaben wechselten jeden Monat nach dem Rotationsprinzip. Jede Schwester säuberte ihren Bereich und übernahm dazu die Pflichten, die mit diesem Teil des Hauses verbunden waren. So übernahm beispielsweise die Küchenfrau das Kochen; wer für die Kapelle zuständig war, legte das Ornat zurecht und richtete den Altar für die Messe und das stundenlange Abendgebet vor dem Heiligen Sakrament her, das man Anbetung nannte. Andere Gemeinschaftsaufgaben wechselten wöchentlich. Ein Dienstplan legte fest, wer die Glocke läuten, wer bei den Mahlzeiten vorlesen, die Tür öffnen und ans Telefon gehen sollte, wer bei Tisch bediente und das Gebet leitete. Die meisten dieser Aufgaben wurden von den Novizinnen übernommen, aber wir Postulantinnen hatten unsere eigenen Vorleser und Serviererinnen.

Schwester Christine musste ständig ihren Finger an ihre Lippen legen, um uns ans »Schweigen« zu erinnern, doch als wir uns einmal in den Alltag eingefunden hatten, verloren wir auch unser Bedürfnis zu sprechen. Das Leben war vorhersehbar. Der Zeitplan regelte es. Die Glocke zum Mittagessen läutete um ein Uhr, und ich musste erscheinen – es war Gottes Wille.

Vier Tage in der Woche ging ich um halb neun mit Schwester John, einer Professe aus Südindien, zur Arbeit. Wir besuchten die Alten, die in von der Stadt gemieteten Räumen lebten. Die anderen Postulantinnen besuchten andere Viertel oder arbeiteten in der Unterkunft Nummer 101. Keine MN, egal welchen Grad sie innehatte, ging allein irgendwohin, und wir mussten auf dem gemeinsamen Weg laut den Rosenkranz beten. Weil ich lieber still war und nicht gern angestarrt wurde, fühlte ich mich unwohl, wenn wir laut in überfüllten Bussen oder an Verkehrsampeln beteten. Schwester John gab manchmal nach, aber erst wenn wir alle fünfzehn Dekaden des Rosenkranzes gebetet hatten. Erst dann konnten wir unseren Weg fortsetzen.

Unsere Besuche führten uns in private Heime mit winzigen, übel riechenden Zimmern, in denen Betten mit von Urin durchtränkten, halb vergammelten Matratzen standen, die in der Mitte durchhingen. Schwester John und ich besuchten Vince, einen ausgemergelten Mann mit grauem Stoppelbart, der in einem solchen Zimmer mit Blick auf die Trambahnlinie wohnte. Wir kannten ihn, weil er manchmal im Asyl in der Gore Street gegessen hatte, ehe er ein eigenes Zimmer fand. Vince rasierte sich nur selten, und seine Kleider starrten vor Schmutz. Die Luft in seinem Zimmer war schwer von abgestandenem Urin und dem Tabakgeruch seiner Selbstgedrehten. Die Schwester zeigte mir, wo ich seinen Nachttopf in der allgemeinen Toilette ausleeren konnte, und dann fingen wir an, sein Zimmer zu säubern. Es war Schwerarbeit, bis wir uns durch die Schmutzkruste durchgeschrubbt hatten und das Blumenmuster und die grüne Farbe des Linoleums wieder zu erkennen waren.

Arbeiten wie diese – Putzen und persönliche Dienstleistungen – wurden »die Demutsarbeit der Gesellschaft« genannt und waren Teil von Mutter Teresas Ideal, aber auch der Grund dafür, weshalb meine Familie mich gewarnt hatte, dass ich niedrige Arbeiten würde verrichten müssen. Im Lauf der Wochen schloss Vince uns auf seine schroffe Art in sein Herz und wartete schon auf unseren Besuch. Später wechselte er sogar manchmal die Kleidung, damit wir seine Wäsche in den Waschsalon bringen konnten, doch ein Bad schien er nur selten zu nehmen.

»Hallo, Vince! Wie geht's?«, fragte ich ihn immer.

»Nicht schlecht, Schwester. Nicht schlecht. Haben Sie mal Feuer für mich?«

Dann zündete ich ihm seine Zigarette an und machte den ersten Zug, damit sie richtig glomm. Er hatte ein Feuerzeug, aber seine Hände zitterten, und er brachte keinen Funken heraus.

»So, das hätten wir.«

»Danke.«

»Und diese Woche Glück mit den Pferden gehabt?«, erkundigte sich Schwester John.

»Ne. Vielleicht nächste Woche.«

Wir lernten viele Bewohner solcher Zimmer kennen und halfen ihnen auf die unterschiedlichste Weise. Manche waren zu zittrig, um sich zu rasieren, für manche mussten wir die Einkäufe erledigen oder putzen. Wir besuchten und lernten auch viele Einwandererfamilien aus den Hochhauswohnungen hinter uns kennen, die mit uns in der Gemeinde von All Saints den Gottesdienst besuchten. Einige der in diesen Hochhäusern in einem neuen Land gefangenen Menschen, dessen Sprache sie nicht sprechen konnten, litten unter der Auflösung des Familienlebens. Es gab mehrere Selbstmorde.

Am Tag vor einem unserer Besuche dort war eine Frau aus dem sechzehnten Stockwerk gesprungen. Die Menschen standen aufgeregt in Grüppchen vor dem Haus.

»Ich habe gesehen, wie die Frau sich am Geländer hochgezogen hat. Dann hat sie sich einfach rückwärts fallen lassen«, sprudelte eine Vierzehnjährige los, als wir kamen.

»Es war ein schrecklicher dumpfer Schlag«, ergänzte ein älterer Mann. »Dann hörte man die Sirenen, Polizei, Krankenwagen. Es dauerte eine Weile, ehe das Blut endlich weggewaschen war.«

Damals konnte ich nicht begreifen, wie ein Mensch jegliche Hoffnung verlieren konnte und sterben wollte, aber je reifer ich wurde, umso klarer wurde mir, dass die Versprechungen der Evangelien nicht immer eingehalten wurden. Es gab Menschen, die liebten, ohne Liebe zu empfangen, gaben, ohne etwas zurückzubekommen, Gutes taten und es mit Bösem vergolten bekamen. Das Leben konnte grausam sein. Einmal die Woche übernahmen die Ausbildungsschwestern die Arbeit im Asyl Gore Street 101, damit die Professen einen freien Tag hatten. Die Schwestern gaben dort täglich für etwa hundert arbeitslose Männer Essen aus und unterhielten außerdem Unterkünfte für etwa dreißig von ihnen. Die meisten Stammkunden waren Alkoholiker, bei denen der Genuss von mit Methylalkohol versetzter White Lady manchmal Löcher in die Magenwand gebrannt hatte. Manche hatten auch psychische Probleme. Die Mehrheit war alt und krank. Sie waren ein Ärgernis, wenn sie nach einer Sauftour in den Gassen und Abflussrinnen rund um Fitzroy herumlagen – im betrunkenen Zustand war es ihnen nicht erlaubt, ins Haus Nummer 101 zum Essen zu kommen. Wenn wir dort arbeiteten, kochten wir, putzten, machten die Betten und unterhielten uns mit Stammbewohnern, für die das Asyl ihr Zuhause war. Jimmy etwa hatte ein Holzbein und saß, sofern es ihm gut ging, immer in der Küche, wo er Gemüse putzte und den Abwasch machte. Andere Bewohner halfen bei Zimmermanns- oder Malerarbeiten. Manchmal jedoch fluchten sie oder betranken sich. Ein Mann, der wütend war, weil man ihn ausgesperrt hatte, stieß mich einmal so heftig, dass ich auf den Fußweg stürzte.

Es fiel mir schwer, mich ans Stadtleben mit seinem vielen Beton und der Enge anzupassen. Manchmal flüchtete ich im Geiste auf die Regenwaldpfade um Fitzroy Falls und das Panorama von Manning Lookout. Ich liebte den Busch, die kühle Stille, die nur der schrille Ruf des Grauschopf-Wippflöters oder das Geschrei der Elstern unterbrach. Ich liebte die von Farnen gesäumten schönen klaren Bäche, in denen sich Felsen türmten, und das Tosen der Wasserfälle und das freudige Erschrecken, wenn sich ein Lyrebird zeigte oder ein Großfußkänguru durchs Unterholz huschte. Bei solcher Schönheit ging mir das Herz auf, und ich war in Hochstimmung. Aber ich musste mich an geteerte Straßen, Graffiti und Beton gewöhnen.

Wenn die morgendliche Arbeit erledigt war, sah unser Zeitplan vor, dass wir bis halb eins wieder im Kloster waren. Schwester John kam ein paar Mal zu spät, und deshalb erlaubte Schwester Regina mir, eine Uhr zu tragen, damit wir pünktlicher wurden. Wir hatten Mittagsgebete und Gewissenserforschung, bei der wir den bisherigen Tag Revue passieren ließen, um zu sehen, inwieweit unsere Gedanken, Worte, Taten und Motive unseren am Morgen gefassten Entschlüssen gewachsen waren. Jeden unserer Fehler schrieben wir in unser *Prüfungsbuch* für die spätere Beichte.

In katholischen Schulen forderten die Nonnen uns Kinder auf, ein oder zwei Mal im Jahr zur Beichte zu gehen, aber hier im Kloster wurde von mir erwartet, mir genügend Sünden für die wöchentliche Beichte einfallen zu lassen, obwohl für eigenwillige Aktivitäten ohnehin kaum Gelegenheit war. Anfangs wusste ich gar nicht, was ich den Priestern sagen sollte, aber Schwester Regina lehrte uns, unsere Gedanken, Worte, Taten und Motive ständig zu hinterfragen. Sie gab uns zu verstehen, dass die Pharisäer, die gut zu sein glaubten, weil sie Gutes taten, eigentlich viel schlimmer waren als alle anderen, denn sie waren Heuchler – sie lebten nur tugendhaft, um bewundert zu werden. Bis zu diesem Punkt in meinem Leben war ich im Umgang mit meinen Mitmenschen ganz unbefangen gewesen, aber jetzt begann ich, mich zu fragen, ob ich eingebildet war – und Gutes tat, nur um die anderen Menschen zu beeindrucken. Zu meinen wöchentlichen Sünden gehörten freundliche Handlungen, um andere zu beeindrucken; dass ich innerlich wütend und aufgebracht war, nachdem ich öffentlich gerügt worden war; und Untreue gegenüber Gottes Ruf, weil ich den Gedanken hegte, den Orden zu verlassen und mich meinen Freundinnen an der Universität anzuschließen.

Nach dem Gebet begaben wir uns ins Refektorium, sprachen das Tischgebet vor den Mahlzeiten, ergriffen schweigend unsere Blechteller und nahmen dann unseren Platz auf den Bänken ein, wo wir eine kurze religiöse Lesung hörten. Wer dran war, stellte das Mittagessen, für gewöhnlich Reis und Curry, ans Kopfende des Tisches, und dann bediente jede Schwester sich selbst. Zum Essensdienst gehörte auch, dass man jeder Schwester an ihrem Platz Wasser in ihren Becher einschenkte. Sobald Schwester Christine »Gelobt sei Jesus Christus« gesagt hatte, hörte man Gelächter und Geplauder, während wir aßen und unsere morgendlichen Erfahrungen austauschten.

»Vor dem Champion's Pub lag ein blutender Mann auf dem Fußweg«, erzählte ich.

»Was ist ihm passiert?«, fragte Betty.

»Ich weiß nicht – vielleicht wurde er zusammengeschlagen. Ihm kamen große geleeartige Blutklumpen aus dem Ohr und seinem Hinterkopf, und er war bewusstlos. Er war gut gekleidet, keiner von der Straße. Da sich keiner seiner annahm, gingen Schwester John und ich zu ihm und versuchten, die Blutung an seinem Hinterkopf mit einem Taschentuch zu stillen. Ich ging in den Pub und bat den Geschäftsführer, einen Krankenwagen zu rufen, aber ich glaube nicht, dass er es gemacht hat, denn wir warteten an die zwanzig Minuten, aber er kam nicht. Es war frustrierend, weil das Krankenhaus und die Einsatzstelle der Krankenwagen nur ein paar Straßen weit entfernt waren.«

»Was habt ihr also getan?«, erkundigte sich Schwester Christine.

»Nun, es war an der Ecke gleich neben den Verkehrsampeln, und so viele Autos hielten dort an. Wir versuchten, zwei Taxis aufzuhalten, aber beide weigerten sich, uns mitzunehmen. Wir waren in großer Sorge, denn er blutete heftig und verdrehte die Augen. Wir klopften bei einigen Autos an die Fensterscheiben und baten sie, uns die paar Häuserblocks bis zum Krankenhaus mitzunehmen, aber keiner war bereit dazu.«

»Es ist schrecklich, einen Mann einfach verbluten zu lassen«, sagte Sophie.

»Ja. Aber endlich kam einer der Italiener, die wir aus den Hochhauswohnungen hinter uns kennen, mit seiner Tochter vorbei. Anfangs verweigerte auch er seine Hilfe, willigte dann aber doch ein, den Mann in die Notaufnahme zu bringen. Die Sanitäter halfen uns, ihn vom Rücksitz zu holen und auf eine Trage zu legen. Seinen Namen kannten wir nicht. Der Arzt meinte, er habe einen Schädelbruch. Wir werden ihn morgen besuchen und nachsehen, ob er wieder bei Bewusstsein ist.«

»Vielleicht hättet ihr euch aufteilen sollen, Colette. Wenn eine bei dem Mann geblieben wäre, hätte die andere selbst den Krankenwagen rufen können.«

»Ja, vielleicht, Schwester, aber Schwester John meinte, wir sollten zusammenbleiben. Wir gingen ja auch davon aus, dass der Krankenwagen jeden Moment kommen musste.«

Nach einer halben Stunde, die wir fürs Mittagessen hatten, sprachen wir das Dankgebet und verfielen wieder in Schweigen. Wir sollten gesammelt sein und nicht in Gedanken zu Familie, Freunden oder anderen Lebensformen abschweifen. Wir spülten unseren eigenen Teller und das Besteck und nahmen dazu eine der Servierschüsseln her. Anstatt eines Spülmittels verwendeten wir die Asche vom Feuer unter dem Kupferkessel.

Nach dem Mittagessen hatten wir eine halbe Stunde Ruhepause, während der wir uns hinlegen sollten, aber nicht lesen oder etwas anderes tun durften. Nach einer Weile gewöhnte ich mich daran und machte ein kurzes Nickerchen.

Am Nachmittag erteilte uns Schwester Regina im Refektorium der Postulantinnen in zwei Kursen Unterricht in der Heiligen Schrift und in der Lebensweise der Missionarinnen der Nächstenliebe. Sie war immer gut gelaunt, aber auch recht unverblümt und streng, hatte hohe Maßstäbe und Ideale und konnte einem eine vernichtende Standpauke über Eitelkeit, Faulheit oder Ungehorsam halten.

Von Schwester Regina erfuhren wir, dass Mutter Teresa in den ersten zwanzig Jahren ihres Lebens eine Nonne des Loreto-Ordens gewesen war. 1609 ins Leben gerufen, sollte das vom heiligen Ignatius inspirierte Loreto-Institut Frauen eine neue Form religiösen Zusammenlebens bieten. Maria Ward, eine Engländerin, versuchte einen Orden zu bilden, der es seinen Schwestern erlaubte, als Erzieherinnen unabhängig vom Kloster zu sein und sich in der Welt engagieren zu können. Das kirchliche Klima des siebzehnten Jahrhunderts vereitelte ihre Vision, aber ihr Ideal wurde 1821 in Dublin von Frances Ball, einer Irin, wieder aufgegriffen. Sie gründete die Gemeinschaft der Loreto-Schwestern, um Frauen zu unterrichten. Frances nahm den Namen Mutter Teresa an, und der Erzbischof von Dublin überließ ihr Rathfarnham House als Noviziat, wo auch Mutter Teresa von Kalkutta hundertsieben Jahre später als Novizin ihre Ausbildung erhalten sollte.

Mit Ende dreißig litt Mutter Teresa zunehmend an der Armut, welche die von Mauern umfriedete Highschool umgab, in der sie in Kalkutta Kinder der Mittelschicht unterrichtete. Als sie im September 1946 unterwegs nach Darjeeling war, überkam sie das übermächtige Gefühl, dass Gott sie rief, um mit den Ärmsten der Armen auf den Straßen von Kalkutta zu leben und zu arbeiten. Indem sie sich den Benachteiligten zuwandte, glaubte sie, Gott in der Gestalt der Armen, der Hungrigen, der Nackten und der Obdachlosen zu dienen, gemäß den Worten Christi: »Denn ich bin hungrig gewesen, und ihr habt mir zu essen gegeben. Ich bin durstig gewesen, und ihr habt mir zu trinken gegeben. Ich bin ein Fremder gewesen, und ihr habt mich aufgenommen. Ich bin nackt gewesen, und ihr habt mich bekleidet. Ich bin krank gewesen, und ihr habt mich besucht. Ich bin gefangen gewesen, und ihr seid zu mir gekommen … Wahrlich ich sage euch: Was ihr getan habt einem von diesen meinen geringsten Brüdern, das habt ihr mir getan.« (Matthäus 25,35–36,40)

Obwohl Mutters Hauptquelle der Inspiration die Evangelien waren, so teilten ihre großen Zeitgenossen in der Hindu-Tradition, Tagore und Gandhi, ein vergleichbares Mitgefühl für die Armen und lehrten wie sie, dass Gott sich in den Hilflosen und Armen offenbare. Tagore, der Nobelpreisträger der indischen Literatur, der 1941 starb, sagte, dass Gott nicht in prachtvollen Gewändern herausgeputzt und auch nicht in Tempeln anzutreffen sei, sondern sich in Lumpen kleide und so die Gesellschaft der Allerärmsten, der Einsamsten und der Verlorenen suche (Gitanjali X, XI). Wir sangen Hymnen, die auf englischen Übersetzungen seiner Gedichte beruhten.

1948, zwei Jahre, nachdem Mutter den Ruf bekommen hatte, konnte sie schließlich den Loreto-Orden verlassen, um in die gefährlich brodelnde Stadt einzutauchen, die Kalkutta damals war. Mutter hatte warten müssen, während kirchliche Autoritäten ihre Entschlossenheit und die Echtheit ihrer Berufung auf den Prüfstand stellten. Schließlich wurde ihr erlaubt, das Habit der Loreto-Schwestern abzulegen und den schlichten bengalischen Sari mit der blauen Borte anzuziehen, der zum Erkennungszeichen von Mutter Teresa und ihren Missionarinnen der Nächstenliebe werden sollte. Im selben Jahr wurde sie indische Staatsangehörige, und Gandhi fiel einem Anschlag extremistischer Hindus zum Opfer. Schwester Regina berichtete, die Loreto-Schwestern hätten Mutter Teresa oft als gewöhnlich und kränklich beschrieben, aber ich fand, dass die Möglichkeit, ihren Traum Wirklichkeit werden zu lassen, sie stark, charismatisch und unverwüstlich machte. Als sie die Freiheit bekam, konnte ihr Potenzial sich entfalten.

Nachdem Rom ihr den Dispens gewährte, machte Mutter eine sechsmonatige Ausbildung bei Krankenschwestern in Patna an den Ufern des Ganges, gute dreihundert Kilometer nordwestlich von Kalkutta. Dann kehrte sie nach Kalkutta zurück, wo sie im Slum eine Schule aufmachte.

Vater Henry, ein Jesuit, machte Mutter mit Michael Gomes, einem christlichen Laien bekannt, der ihr die freie Nutzung der Räume im obersten Stockwerk seines Hauses anbot, die nicht mehr benutzt wurden, weil seine Brüder und deren Familien während der Teilung nach Pakistan gezogen waren. Nachdem sie dort etwa sechs Monate allein gelebt hatte, schlossen sich ihr mehrere junge Frauen aus ihrer früheren Schule St. Mary's in einem Vorort von Kalkutta an. Die Erste, die zu ihr kam, war Subashini Das, die Mutters Taufnamen Agnes erhielt.

Mutter Teresa, eine gebürtige Albanerin, sprach fließend Bengali und Hindi. Sie begann, Kranke und Sterbende, die schon von den Ratten angenagt worden waren, von der Straße zu holen, und kämpfte darum, für diese einen Platz zu finden, wo sie gepflegt werden konnten. Schließlich kam sie in einem nicht genutzten Pilgerheim unter, das dem Tempel der schwarzen hinduistischen Todesgöttin Kali angeschlossen war. Einige Männer reagierten wütend darauf, dass eine christliche Nonne einen Teil von Kalis Tempel okkupierte, und bedrohten Mutter und ihre Schwestern, aber andere traten für sie ein. »Wenn du mit deiner Frau und deinen Schwestern hierherkommst und dich um diese Leute kümmerst, dann werden wir Mutter bitten zu gehen!« Sie blieb.

Nach dem Unterricht beteten wir eine Stunde lang. Für die abendliche Anbetung stellte Schwester Regina das Heilige Sakrament oder geweihtes Brot in die Monstranz, einen goldenen Ständer, der wie die Sonne geformt und von Öllampen und Blumen umgeben war. Mutter Teresa wies oft darauf hin, dass Jesus unser Brot wurde, hilflos und unbelebt. Wir hingegen sollten Ihn in Seiner Fügsamkeit durch unseren Gehorsam nachahmen. In der von Weihrauch geschwängerten Kapelle knieten wir uns auf unsere Matten und beteten den Rosenkranz, dessen aus Grassamen handgearbeitete Perlen klackernd durch unsere Finger liefen. Dann beteten wir etwa zwanzig Minuten lang schweigend. Das war mir die liebste Zeit.

In der zweiten Hälfte der Stunde klopfte die Oberin, die die Uhr beaufsichtigte, auf den Boden, und wir erhoben uns alle, um unser Brevier zu beten. Ehe das Heilige Sakrament wieder in das Tabernakel zurückgestellt wurde, hielt die Schwester die Monstranz hoch, während wir uns tief über den Boden beugten und mit unserer Stirn den Fußboden berührten. Nach dem abschließenden Hymnus verließen wir die Kapelle und legten unsere nummerierten Gebetsbücher ordentlich zurück aufs Regal. Um sieben Uhr abends läutete die Glocke. Wir knieten nieder, wo wir uns gerade aufhielten, und rezitierten den hundertdreißigsten Psalm für all diejenigen, die gestorben waren: »Aus der Tiefe rufe ich, Herr, zu dir …«

Beim Abendessen war nach einer kurzen frommen Lesung Sprechen erlaubt. Weitere Gebete folgten im Anschluss. Abends in der Ruhepause plauderten wir, während wir unsere Kleider flickten oder Gemüse für den nächsten Tag putzten. Sobald wir Novizinnen waren, würden wir lernen, Rosenkränze und mit Draht und Zangen die Büßerketten herzustellen.

Fünf Monate nach unserer Ankunft wurden wir Novizinnen und bekamen eine Einführung in die Praxis der Disziplinierung nach dem Abendessen. Dazu gehörte, dass wir uns in den Badezellen Schläge in einer vorgeschriebenen Anzahl mit einem geknoteten Seil auf die nackten Schenkel verabreichen mussten. Schwester Regina erklärte, diese Praxis helfe uns, das Leid Christi und der Armen zu teilen und dabei selbst bessere Menschen zu werden. Einige Jahre später beschloss ein Kapitel – die weltweite Zusammenkunft von Schwestern –, dass körperliche Buße freiwillig sei, aber Mutter meinte, dies käme einer »Entscheidung, es zu tun« gleich.

Ich fand diese Praxis eigenartig, ja sogar abweichlerisch, aber Schwester Regina erklärte, körperliche Buße werde von vielen Heiligen angewandt, um die Geißelung Christi nachzuahmen, Selbstbeherrschung zu erlangen und eine Wiedergutmachung unserer Sünden zu erreichen. Unter den Missionarinnen der Nächstenliebe war es während meiner Zeit im Orden eine Routineübung, der wir uns alle unterwarfen.

Ein paar Wochen nach unserem Eintritt erhielten Betty und ich Nachricht über unsere Immatrikulationsexamen. Wir hatten beide Commonwealth-Stipendien erhalten, wenn auch erst in einem Jahr. Ich hatte einen Studienplatz für Medizin an der University of New South Wales bekommen, aber ich lehnte das Angebot ab, obwohl es seit meinem vierzehnten Lebensjahr mein Wunschtraum gewesen war. Zu Beginn und am Ende jeden Tages, vor dem Frühstück und nach der abendlichen Erholungspause, fassten wir uns an den Händen und gingen im Gänsemarsch an Schwester Christine – oder welche Oberin wir gerade hatten – vorbei. Sie legte in einer Geste des Segens und der

Autorität ihre rechte Hand auf unsere gesenkten Häupter. Das Abendgebet beendete den Tag, und danach sprachen wir, neben unseren Betten kniend, noch zehn »Vaterunser« mit ausgestreckten Armen und baten Gott, uns Beharrlichkeit für diesen Lebensweg zu geben.

Dies war der grobe Umriss meines Lebens für die Dauer von elf Jahren. Einmal in der Woche verrichteten wir keine Arbeit außer Haus, sondern »schliefen aus« bis Viertel vor sechs, und einmal im Monat verbrachten wir einen ganzen Tag in Sammlung und Gebet. An diesem Tag sprachen wir auch nicht während der Mahlzeiten, bekamen zusätzlich Zeit für Gebet und Ruhe und lauschten den Worten eines Priesters, der uns ansonsten die übliche wöchentliche Beichte abnahm.

Mutter Teresa kam während der fünf Jahre, die ich in Melborne war, mehrmals nach Australien. Sie war klein, gebeugt und hatte ein faltiges Gesicht mit einem strahlenden Lächeln sowie einen stählernen Willen. Wir verehrten sie wie eine Heldin, und ihr Wort war Gesetz. Meine erste Begegnung mit ihr hatte ich 1973, einen Monat, nachdem ich mich dem Orden angeschlossen hatte, als sie dreiundsechzig und ich achtzehn war. Kardinal Knox hatte sie zu einem Eucharistischen Kongress nach Melbourne eingeladen. Obwohl der Hauptsitz in Kalkutta war, verbrachte sie viel Zeit auf Reisen in alle Welt, um die Schwestern in den diversen Ländern zu besuchen, neue Häuser zu eröffnen und auf die verschiedenen Einladungen zu reagieren, wo sie auf Versammlungen sprach oder Preise entgegennahm.

Zusammen mit Schwester Augustine und einigen der

Professen, die sie vom Tullamarine Airport abgeholt hatten, traf Mutter eines Abends spät im Noviziat ein. Wir bereiteten ihr einen begeisterten Empfang mit Blumengirlanden, Gesang und Klatschen. Sie blieb kurz bei uns, dann ging sie mit den Schwestern Regina und Augustine zum Haus der Professen hinunter. Diese erwarteten sie schon vor dem Gebäude, um sie willkommen zu heißen, und liefen, als sie sie aus dem Noviziat kommen sahen, auf sie zu und begrüßten sie herzlich mitten auf der leeren, beleuchteten Straße. Einige Schwestern weinten, andere knieten sich auf den Asphalt, als Mutter jeder die Hand auflegte.

Mutter blieb zwei Wochen lang in Melbourne, und unsere Gemeinschaft erweiterte sich von elf auf fünfundzwanzig, da sämtliche Professen, einschließlich der Schwestern aus Bourke, dem Trockengebiet im äußersten Westen von New South Wales, zu den Mahlzeiten zu uns ins Haus kamen, um sich Mutters Reden oder Instruktionen anzuhören, wie sie genannt wurden. Die Novizinnen und wir Postulantinnen stellten unsere Betten den Besucherinnen zur Verfügung und rollten unser Bettzeug auf jedem verfügbaren Fleckchen Fußboden oder Tisch aus, das wir finden konnten. Die Mahlzeiten nahmen wir im Hinterhof unter den Weinranken ein, weil keiner der Räume in der George Street groß genug für uns alle war.

Während der ersten Tage ihres Besuchs sprach Mutter zu uns als Gruppe über unsere Lebensweise. Ich hörte ihr verzückt zu. Ihr Gott war nah, verborgen in jedem von uns, in der Eucharistie, in den scheinbar zufälligen Tagesereignissen und in den Armen. Ich empfand mich als Teil einer privilegierten Gruppe. Das Leben sollte einfach und im Gebet gelebt werden. Nichts konnte schiefgehen, da alles, sowohl das Gute als auch das Schlechte, zu unserem Besten zusammenwirkte. Leid und Entbehrungen waren reinigend und, wenn sie in Verbindung zu Christus standen, erlösend. Für Mutter gab es nichts Zufälliges auf der Welt; aller unterlag der Kontrolle Gottes. Ihr Motto lautete: »Dein Wille geschehe.« Und sie verstand darunter, dass sie alles akzeptierte, was geschah, weil Gott dies entweder so wollte oder zuließ. Sie stützte ihr Motto auf die Worte Jesu im Garten Gethsemane: »Vater, willst du, so nimm diesen Kelch von mir; doch nicht mein, sondern dein Wille geschehe!« (Lukas 22,42)

Als die Leute erst einmal erfahren hatten, dass Mutter bei uns war, wurde das Leben im Noviziat hektisch, denn unaufhörlich läutete es an der Tür oder das Telefon klingelte. Medienvertreter kamen in die Gore Street 101, um Mutter zu interviewen und zu filmen, die das Ganze in einem verrückten Tempo mitmachte, mit uns morgens zum Gebet aufstand und sich dann in eine Reihe von Gesprächen und Verabredungen vertiefte, die oftmals bis nach Mitternacht dauerten.

Mutter beraumte auch ein besonderes Treffen mit den Mitarbeitern ein, Laien, die ihre Arbeit und ihren Geist bei uns einbrachten und als Freiwillige im Männerasyl Dienst taten, Geld und Kleider sammelten, um uns in unserer Arbeit für die Armen zu unterstützen. Mutter sagte, jeder könne etwas Schönes für Gott tun, indem er sich klarmachte, wer in der eigenen Familie und Nachbarschaft arm und allein war, und diesen Menschen die Hand reichte.

Abwechselnd nahmen wir am Eucharistischen Kongress

teil. Als ich neben Mutter auf dem Weg zu einem der Gottesdienste war, trug ich ihre Tasche. Passanten drückten ihr schweigend Geld in die Hand, das sie mir heimlich zusteckte, damit ich es in der Tasche verstaute. Als wir das Ausstellungsgelände verließen, auf dem der Kongress abgehalten wurde, tastete ihre Hand wieder nach meiner, um in der Menge einen Halt zu finden. Ich blickte sie an und sagte: »Kein Geld, Mutter?« Sie lachte.

Wenn wir zu den Feierlichkeiten gingen, bat Mutter uns, einen Kreis als Schutzschild um sie zu bilden. Dann sagte sie: »Kommt, Schwestern!« Und schon ging sie los. Sie dachte, sie würde der Aufmerksamkeit entgehen, wenn sie sich inmitten einer Gruppe befand, doch diese Tarnung war nicht sehr effektiv, da alle Professen den blau-weißen Sari trugen. Sobald die Leute sie sahen, kamen sie auf sie zu, um sie anzusprechen und ihr ihre Sorgen anzuvertrauen, denn sie stand in dem Ruf, eine lebende Heilige zu sein.

Während der letzten Messe des Kongresses stand Mutter oben hinter dem Hauptaltar, umgeben von Franziskanern. Mein Freund Paul, der die Schule meines Onkels Toby besucht hatte, war unter ihnen. Als die Zeremonie vorbei war, liefen Schwester Regina und ich nach Hause. Wir waren schneller zu Fuß als Mutter und der Rest der Schwestern, die mit den Autos im Stau steckten, und begannen mit der Vorbereitung des Abendessens. Als ich hörte, dass Mutter mit Schwester Augustine kam, ging ich vors Haus, ohne dass man mich darum gebeten hätte. Paul, der noch Zivil trug, stand unter den Mönchen in ihren braunen Habits, die Mutter nach Hause gefahren hatten. Wir wechselten ein paar Worte.

»Wie ist es?«, fragte er.

»Im Moment ziemlich aufregend. Toby schrieb mir, dass du beigetreten bist.«

»Ja, ich dachte, ich versuche es.«

»Komm, Schwester!«, rief Mutter, als sie zurück ins Haus ging.

»Bis bald, Paul.«

Zur Feier von Mutters Besuch fuhren einige von uns in mehreren Autos zu einem Picknick mit ihr nach Gordon im ländlichen Victoria. Die Familie Davidson hatte dem Orden zu diesem Zweck ein Haus zur Verfügung gestellt, und später machten wir dort immer unseren siebentägigen Jahresurlaub. Nach dem obligatorischen Rosenkranz sangen die Schwestern im Auto in mehreren Sprachen. Das alte Haus verfügte über einen Ölofen, und Mrs. Davidson bereitete ein Festmahl aus typisch australischen Speisen zu: Lamm, gebackene Kartoffeln und Scones mit Marmelade und Rahm. Nach dem Mittagessen entkam ich zu einem Spaziergang in den nahe gelegenen Wald, wo Fliegenpilze aus dem Waldboden schossen. Bei einem Picknick wie diesem durfte ich, nachdem ich vorher um Erlaubnis gefragt hatte, allein einen kurzen Spaziergang machen, aber normalerweise war mein Leben so streng geregelt, dass ich nicht die Möglichkeit hatte, mir einen Freiraum zu nehmen, wenn ich ihn brauchte.

Während ihrer Zeit in Australien nahm Mutter viele Veränderungen vor. Sie schickte Schwester Christine mit drei anderen Schwestern nach Katherine im Northern Territory, um dort ein neues Haus aufzubauen und unter Aborigines zu arbeiten. Schwester John, die mich auf meinen

Besuchen begleitete, wurde nach Bourke geschickt. Doch Mutter verschob nicht nur Schwestern, sondern auch begeistert Möbel – sowohl im Kloster als auch im Asyl in der Gore Street. Sie schickte die Schwestern hierhin und dorthin, um Schränke und Tische zu verschieben und die Anordnung der Räume zu verändern. Manchmal entdeckte sie dabei Dinge, die ihrer Meinung nach nicht mit dem Ideal der Armut vereinbar waren, wie etwa ein Tonbandgerät, das die Schwestern benutzten, um neue Lieder für den Religionsunterricht zu lernen. Es musste weggeben werden. Sie war dafür bekannt, bei ihren Besuchen jedes Haus umzukrempeln, damit jede Gemeinschaft ihrem Ideal treu blieb. Sie nahm sich auch jede Professe und jede Novizin einzeln vor, um ihr Mut zu machen und Ratschläge zu erteilen.

Nach Mutters Abreise blieben wir Postulantinnen in derselben Gemeinschaft wie Schwester Regina und die Novizinnen. Lediglich Sophia und Eileen beschlossen, nicht als Missionarinnen der Nächstenliebe weiterzumachen. Die alten Männer in ihren winzigen Zimmern suchte ich nicht mehr auf, sondern arbeitete von nun an im Männerasyl. Die Professen übernahmen Schwester Johns Arbeit.

Im April begann Schwester Satya, eine der Professen, mit der Arbeit an unseren Habits in Vorbereitung unserer Aufnahme als Novizinnen am 14. Mai 1973. Um die Druckknöpfe am Kragen anzubringen, brauchte ich genauso lang wie die Schwester für das ganze Kleidungsstück. Zur gleichen Zeit machten die Schwestern Justin und Patience neue Habits für sich selbst, da sie Ende Mai ihre ersten Gelübde ablegen würden.

Während unserer einwöchigen Klausur in unserem Fitzroy-Haus, einer Zeit der Stille und der Reflexion, bereiteten wir uns auf unser Noviziat, Patience und Jasmin auf ihre Profess vor. Ein Geistlicher hielt uns jeden Tag einen Vortrag übers Beten, wobei er sich auf ein Buch mit dem Titel *The Cloud of Unknowing* bezog, das ein unbekannter englischer Mönch des vierzehnten Jahrhunderts geschrieben hatte, dessen Lehre darin bestand, dass man Gott nicht durch Gedanken oder Studium nahekam, sondern durch Stille, Schweigen und die Wiederholung eines kurzen Gebets oder Wortes. Mir sagte diese Art des Gebets mehr zu als die jesuitische Methode, sich eine Szene mit einer Vielfalt von Gedanken, Worten und Bildern vorzustellen. Stattdessen sollten wir die Gott umgebende »Wolke des Nichtwissens« durchdringen, indem wir ein einziges Wort wiederholten. Der unbekannte Autor empfahl seinen Lesern dieses Wort als Speer zu benutzten, der die Dunkelheit durchdrang, und als Schwert, um jeglichen Gedanken »zu vernichten«. Er selbst machte sich den Satz »Seid stille und erkennet, dass ich Gott bin« zu eigen. Gott, so fand er, konnte in der Stille erfahren, aber nicht erkannt werden.

Als der Tag unserer Aufnahme kam, schnitt Schwester Regina mir meine Haare Büschel für Büschel ab, bis mein Schädel einer bombardierten Landschaft glich. Als Zeichen unseres neuen Lebens gab sie uns neue Namen. Betty wurde Naomi, und ich wurde Tobit, nach der biblischen Figur und in Anlehnung an meinen Onkel Toby. Tobit war ein guter Mann, der schwere Zeiten erdulden musste. Er erblindete, wurde aber später geheilt und konnte wieder sehen. Seinen Sohn wies er an: »Teile dein Brot mit den

Hungrigen und bedecke die Nackten mit Kleidern von dir!« (Tobias 4,17)

Es fiel mir nicht leicht, mich an meinen neuen Namen zu gewöhnen, und einmal fiel mir die erste Lesung in der All Saints Church zu. In einer Passage wurde erzählt, wie Schwalben ihren Kot in Tobias Augen fallen und ihn so erblinden ließen.

Man gab mir außerdem die Nummer 952, mit der ich alle meine Kleider und Bücher und meinen Eimer zu kennzeichnen hatte. Mein Festtag war der 4. Oktober, der Tag, an dem die Kirche das Leben des heiligen Franz von Assisi feiert. Meine Identität als Colette ging in Tobit auf. Ich fand es ein wenig beunruhigend, meine Individualität, meine Vorlieben und Wünsche zu unterdrücken, um mich in eine »echte MN« zu verwandeln, aber ich hielt diese neue Form für wahrhaftig. Ich war der Ton, Christus der Töpfer. Ich wurde nach Seinem Willen geformt, nicht nach meinem. Und ich ging davon aus, dass ich in diesem Prozess befreit und verwandelt werden würde – nicht verletzt.

Mit unendlicher Geduld zeigte mir meine Novizinnenmentorin Schwester Karina, wie ich meinen neuen Sari anzulegen hatte: Binde das Seil um deine Taille und verknote es fest. Stecke dann den Sari auf der linken Seite unters Seil, fahre anschließend um die Taille damit fort und führe ihn in einer doppelten Lage noch einmal herum, ziehe ihn dann hoch über die rechte Schulter, um den Nacken herum wieder zur Schulter zurück und sichere ihn dort mit einer Sicherheitsnadel und dem daran befestigten Kreuz. Ziehe zum Schluss den Sari über das geknotete weiße Kopfteil und stecke ihn beidseits fest. Endlich hatte sie mich in den Sari gewickelt. Wie, fragte ich mich, sollte ich dieses Kunststück schweigend und im Dunkeln am nächsten Morgen meistern? Mein Kopfteil rutschte ständig von meinem glatten Kopf und saß immer schief. Naomi hingegen sah immer ordentlich aus.

Die Feier zu meinem Eintritt ins Noviziat fand unter dem Vorsitz von Vater Ribiskini, unserem geistigen Oberhaupt statt, der damals der Sekretär von Kardinal Knox war. Am Abend gab es ein Festmahl mit *singaras* aus würziger Minze, die mit Kartoffeln und Erbsen vermischt, in Teig eingerollt und herausgebraten wurden. Außerdem gab es ein Curry, dazu Reis und anschließend Eiscreme. Später führten die Novizinnen einen indischen Dorftanz auf, um unsere Aufnahme zu feiern. Die Schwestern saßen herausgeputzt und mit den notwendigen Requisiten wie einer Angelschnur, Plastikschlange und Netz ausgerüstet im Schneidersitz im Kreis und sangen eine Geschichte auf Hindi, die sie im Kreis schauspielerisch umsetzten. Dazu sprang jeweils eine von ihnen auf, um im Tanz auszudrücken, was in der Ballade erzählt wurde. Anfangs waren es ein Fisch und ein Fischer, ein Vogel und ein Jäger, eine Schlange und ein Schlangenbeschwörer, dann ein Mädchen und ein Junge! Alle lachten, als der Junge das Mädchen packte.

Bei den Missionarinnen der Nächstenliebe fanden die erste und die endgültige Profess in zwei Gruppen im Mai und im Dezember statt. Die Schwestern legten ihr letztes Gelübde erst sechs Jahre nach ihrer ersten Profess ab und verpflichteten sich damit der Gemeinschaft fürs ganze Leben; doch man lehrte uns, dass die jährliche Erneuerung unserer befristeten Gelübde nur eine Formalität des kanonischen Rechts sei. In unserem Herzen sei unsere Hingabe irreversibel und fürs Leben. Gott habe uns gerufen, und die einzige mögliche Antwort laute: »Ja, Herr.« Gleich nach unserer Aufnahme im Mai 1973 feierten wir die ersten Gelübde von Schwester Jasmin und Patience in der All Saints Church. Und zur gleichen Zeit erhielten siebzig Schwestern in Kalkutta die Profess. Nach den Profess-Feiern gingen Patience und Jasmin zum Arbeiten nach Bourke.

Etwa um dieselbe Zeit kam eine neue Postulantin, Evelyn, aus dem ländlichen Victoria gemeinsam mit Samantha zu uns, einer Engländerin, die im Northern Territory mit Aborigines gearbeitet hatte. Später im Jahr kamen Schwester Laboni und Schwester Elina, Novizinnen wie wir, aus Kalkutta zu uns. Wie Schwester Jasmin war auch Schwester Laboni klassische Tänzerin in der südindischen Tradition. Elina stammte aus Goa und fand wie ich den Sari seltsam, weil sie als Angloinderin ihn als junge Frau nicht getragen hatte. Beide hatten noch ihr langes schwarzes Haar, da das Mutterhaus damit aufgehört hatte, den Novizinnen die Haare zu rasieren, damit die Rückkehr in ihre Familien weniger beschämend für sie war, sofern sie den Orden binnen der ersten zwei Jahre vor dem ersten Gelübde verlassen wollten. Es gehörte zu Mutters Politik, Schwestern aus Indien in Noviziate in Rom oder Melbourne zu schicken, um sie dort mit nicht-indischen Novizinnen auszubilden und so die Uniformität der Ausbildung und des Geistes im gesamten Orden aufrechtzuerhalten.

Da ich mich in Jeans wohler fühlte als in einem knöchellangen Habit und Sari, stolperte ich ständig über mein neues Gewand, das weiß und dünn und bald schon grau und zerrissen war. Naomi trug ihres mit mehr Anmut. Wir hatten zwei Kleidungsstücke für den täglichen Gebrauch zum Wechseln und eins für Notfälle und besondere Anlässe. Während man das eine trug, wurde das andere gewaschen, und wir mussten um Erlaubnis fragen, wenn wir »das dritte Set« anziehen wollten. Meins war oft in Gebrauch, weil ich große Probleme hatte, meine Saris weiß und unversehrt zu erhalten.

Eines Tages, als ich versuchte, von einem Feigenbaum im Hinterhof herunterzuklettern, nachdem ich die Früchte gepflückt und in einem kleinen Eimer für die Abendmahlzeit gesammelt hatte, verlor ich das Gleichgewicht und brach mit dem Fuß durch das rostige Dach eines alten Holzschuppens ein. Naomi beobachtete den Vorfall vom Refektoriumsfenster aus. Sie eilte mir zu Hilfe und drückte meinen Fuß aus dem Schuppeninneren durchs Dach, wobei sie die ganze Zeit lachte.

Schwester Regina war bald darauf zur Stelle: »Schwestern, etwas mehr Sammlung, bitte. Wir sind hier doch nicht im Internat!« Ich war froh, dass ich Naomis Gesicht nicht sehen konnte, ansonsten wäre es mir wohl schwergefallen, mit dem Lachen aufzuhören. Ich war zerkratzt, aber nicht schlimm verletzt. An Vorsichtsmaßnahmen wie eine Tetanusspritze wurde allerdings nicht gedacht.

Schwester Regina wollte, dass wir einen Wachhund für die George Street bekamen, und Mama bot an, uns Abby zu schicken, einen Corgi-Mischlingswelpen, den sie zu sich genommen hatte. Abby wurde in Moss Vale in den Zug verfrachtet. Schwester Naomi und ich liefen von unserem Haus in Fitzroy zur Spencer Street Station, um ihn abzuholen. Der Zug hatte eine Stunde Verspätung, aber schließlich fand ein Zugbegleiter die Hündin in einem speziellen Käfig, der seitlich am Zug angebracht war. Als wir am Bahnsteig entlanggingen, schienen aller Augen auf uns gerichtet – zwei MNs in ihren Mänteln und Saris und ein Welpe, der neben uns hertrottete.

Schwester Regina dachte, der Hund heiße Abbey, wie Abtei. Mein Bruder Rodney hatte ihn allerdings nach Abigail benannt, einem Star aus einer Fernsehshow, der man wahrlich keine religiösen Absichten unterstellen konnte. Abby kannte die Regeln nicht und kam anfangs dauernd in Schwierigkeiten. Sie verursachte Chaos, indem sie die Gummilatschen der Schwestern durcheinanderwarf, die ordentlich vor der Kapelle aufgereiht standen, während die Schwestern beim Gebet waren. Dann spielte sie mit den geflickten Saris, die sich auf der Wäscheleine blähten, knurrte und bellte sie an, als wären sie lebendig. Einmal zugeschnappt, und die dünne Baumwolle war in Stücke gerissen und bescherte der unglücklichen Schwester, der der Sari gehörte, eine geschäftige Nacht im Versuch, ihn für den nächsten Tag zu reparieren.

Wir unterhielten Kontakt zu den anderen Mitgliedern der Gemeinschaft in der ganzen Welt, indem wir Rundbriefe an Weihnachten, Ostern und zum Fest der Gemeinschaft – 22. August – schickten und erhielten. Auch Mutter schickte regelmäßig Rundbriefe an sämtliche Häuser, hauptsächlich in Form spiritueller Unterweisungen, aber sie teilte auch wichtige Neuigkeiten mit, wie etwa den unerwarteten Tod einer Schwester oder die instabiler werdende Lage in irgendeinem Teil der Welt, wo die Schwestern arbeiteten. Aber im Allgemeinen waren wir von allen lokalen oder Weltnachrichten abgeschnitten. Ich litt darunter, denn ich war am Zeitgeschehen sehr interessiert gewesen. Zu jeder sich bietenden Gelegenheit las ich die Zeitungen anderer Leute, im Bus oder im Männerasyl; und ich sah mir die Schlagzeilen genau an, wenn wir die Straße entlanggingen. Mutter las die Zeitungen, uns war das nicht erlaubt.

Wir waren auch von unseren Familien abgeschnitten und durften Besucher nur am ersten Sonntagnachmittag des Monats empfangen. Aufgeregt empfing ich meine Mutter und manchmal auch meine Schwester Judy, wenn sie die lange Reise im Zug auf sich genommen hatten, um mich zu sehen, und mir vielleicht auch eine Zeitung mitbrachten, die sie unterwegs gelesen hatten.

»Du klingst gar nicht mehr wie du selbst«, klagte Mama. »Du sprichst im Singsang.«

»Ich muss so sprechen, Mama, sonst verstehen die anderen Schwestern mich nicht.«

»Nun, dann versuch es abzustellen, wenn du mit mir sprichst!«

Manchmal machten Mama und ich einen Spaziergang zu den Fitzroy oder Carlton Gardens, um dem Salon und der Enge des Klosters zu entkommen. Dabei fragte mich Mama eines Tages: »Warum kannst du mich nicht manchmal anrufen? Ich habe das Gefühl, dich verloren zu haben.«

»Wir dürfen das nicht, Mama.«

»Ich begreife nicht, warum ihr euch von eurer Familie

derart abkapseln müsst. Wir waren bis jetzt doch alles für dich.«

»Es tut mir leid. Ich vermisse dich sehr. Schwester Regina meint, es sei so, als würde man sein Zuhause verlassen, um zu heiraten.«

»Wenn du verheiratet wärst, könnte ich immer noch mit dir sprechen und dich besuchen, wenn mir der Sinn danach steht.«

Es war mir gestattet, einmal im Monat nach Hause zu schreiben, wenn Mama nicht auf Besuch kam, ich durfte aber, außer an Weihnachten und Ostern, keiner meiner Freundinnen und auch nicht jemandem aus der erweiterten Familie schreiben. Es fiel mir schwer, plötzlich so wenig Kontakt zu meiner Familie und gar keinen zu meinen Freundinnen zu unterhalten.

Meine Freundinnen studierten an der Universität von Sydney oder an Instituten, wo sie eine Ausbildung als Krankenschwestern oder Lehrerinnen machten, und ich war neidisch auf das aufregende neue Leben, das sie führten. Einmal bekam ich ein Paket von meinen Freundinnen Rell und Bren mit Reis und Vitamintabletten. Ich war enttäuscht. Über eine Schokolade hätte ich mich mehr gefreut. Nach einer Weile stellten sie ihre Briefe ein, weil ich normalerweise nicht antworten konnte, und sei es auch nur, um ihnen mitzuteilen, dass Reis nun das Allerletzte war, was ich gebrauchen konnte!

Im ersten Jahr des Noviziats bekamen wir Unterricht, studierten, beteten und gingen nur zweimal in der Woche nach draußen, um zu arbeiten, an Sonntagen und Donnerstagen, wo wir die Professen an ihrem freien Tag entlasteten. Während des zweiten Jahrs arbeiteten wir an den Vormittagen und hatten am Nachmittag Vorlesungen. Während des ersten Jahres gingen wir auch jeden Tag zur Saint Patrick's Cathedral, um dort anstatt in unserer Kapelle in einem kleinen Alkoven hinter dem Hauptaltar unsere einstündige Anbetung zu verrichten. Dahinter stand die Idee, dass andere Leute sich uns anschlossen und somit die Kathedrale zu einem Ort des Gebets wurde und nicht nur ein gewaltiges Monument war, das man zwischenzeitlich auch für religiöse Zeremonien nutzte.

Eines Tages war ich an der Reihe, die Kohle im Räuchergefäß zu entzünden, dem Messingkessel, in dem die Priester Weihrauch verbrannten und während des Segens vor dem Heiligen Sakrament hin und her schwenkten. Unter den aufmerksamen Blicken der frommen Kirchgänger in ihren Bänken ging ich hinauf in den Altarraum und versuchte, das Räuchergefäß zu öffnen, doch es klemmte. Als ich fester daran zog, löste sich eine der Ketten und knallte als Messinghaufen auf den Marmorboden, der Schlag hallte in der ganzen Kathedrale nach. Ich befestigte die Kette und versuchte, die Kerze anzuzünden, aber diese ging zweimal aus. Als ich endlich die Kohle angezündet hatte, fing sie zu zischen und zu knistern an. Während ich das Priestergewand herrichtete und mir nichts sehnlicher wünschte, als den Blicken der Gemeinde zu entkommen, die ich belustigte, roch ich Rauch. Feuer! Mein Sari hatte Funken abbekommen und zu schwelen begonnen. Ich schlug mir auf die Brust und überallhin flogen glühende Stückchen meines Saris. Beschämt kehrte ich mit versengtem und löcherigem Sari zurück und kniete neben der Gemeinde nieder, die mich immer noch schweigend beäugte. Mir standen längere Flickarbeiten bevor.

Auf der Schule hatte ich beim Nähen versagt und den Ärmel eines Kleides verkehrt herum eingenäht, aber nichtsdestotrotz bemühte ich mich, mich mit der Handnähmaschine des Klosters vertraut zu machen. Jedes Mal, wenn ich sie benutzte, hatte ich Mühe vorwärtszutreten, und es endete immer damit, dass der Faden sich in der Spule verknotete. Schwester Karina, ein Naturtalent an dieser Teufelsmaschine, half mir, die versengten Stellen meines Saris herauszuschneiden und Flicken aufzusetzen, aber vor Schwester Regina fand meine absolute Hilflosigkeit keine Gnade. »Du musst lernen, deinen Sari selbst zu flicken«, sagte sie, »vor allem, wenn du ihn so oft zerreißt.«

Nach dem Zweiten Vatikanischen Konzil, das Ende 1965 seinen Abschluss fand, kam es zu vielen Veränderungen in der katholischen Kirche, und religiöse Orden bemühten sich um Anpassung an die moderne Welt. Die Missionarinnen der Nächstenliebe veränderten sich kein bisschen.

Als Ostern vor der Tür stand, wollte Schwester Regina von uns Novizinnen, dass wir »wie richtige Nonnen« lernten, beim Hochamt zu singen. Weil ich keine Sängerin war, stand ich dieser Idee skeptisch gegenüber. Ein Dominikanerpriester, der uns Vorträge über Spiritualität hielt, bat eine der Dominikanerinnen, uns gregorianischen Gesang beizubringen. Zu meiner Freude war unsere Lehrerin Schwester Saint Vincent, die Priorin meiner Highschool gewesen war und später ans Sienna College in Camberwell ging. Bei unserer letzten Begegnung hatte ich sie während der Schuljahresabschlussfeier in einem Sketch parodiert. Schwester Saint Vincent hatte wieder ihren eigenen Namen Patricia angenommen und trug im Einklang mit dem Konzil ein gemäßigtes Habit. Anfangs erkannte sie mich nicht – vermutlich wegen der Frisur –, doch als sie es dann tat, war sie erstaunt und lachte und küsste mich. Dann bombardierte sie mich mit Fragen, die ich nur zögerlich beantwortete, denn schließlich war ich von den anderen Schwestern umgeben.

Nach unserem Unterricht im Salon der George Street gingen wir zu Patricias Kloster, um dort die Dominikanernonnen die Messe singen zu hören, damit wir eine bessere Vorstellung davon bekamen, wie es sich anhören sollte. Die Dominikanerkapelle war wunderschön, mit einem Innenhof, umgeben von einem Kreuzgang, und die Dominikanerinnen waren sehr gastfreundlich und luden uns ein, Tee mit ihnen zu trinken. Schwester Regina lehnte dies höflich ab. Ich dachte, hier wäre Gelegenheit zu einer angenehmen Mahlzeit, da sie ebenfalls religiös waren, aber die Regeln, die Mahlzeiten außerhalb des eigenen Klosters verboten, wurden streng eingehalten.

Nach der Messe nahm Patricia mich beiseite. »Bist du immer noch glücklich dort, Colette?«

»Ja, mir geht es gut.«

»Du hast abgenommen.«

»Das wird wohl der Grund dafür sein, weshalb Rell und Bren mir Reis und Vitamine geschickt haben«, scherzte ich.

Damals gestattete ich mir nicht, mich für unglücklich zu halten, und schob ihre freundliche Frage beiseite, aber ich stand zweifellos unter ziemlichem Druck, denn ich hatte zehn Kilo abgenommen. Seit fast einem Jahr hatte ich auch keine Regelblutung mehr, was immer ein Anzeichen von Stress oder Untergewicht ist. An Ostern sangen wir die Liturgie in unserer Kapelle und wiederholten dies dann an großen Festtagen. Die Psalmen, welche die Liturgie ausmachen, waren als Lieder geschrieben, nicht nur als Gebete, die aufgesagt wurden, und trotz meiner anfänglichen Vorbehalte fand ich die Gesänge rhythmischer und friedvoller als nur das Aufsagen der Worte.

In der Osternacht feierten wir das christliche Versprechen, dass das Leben am Ende den Tod und das Gute das Böse besiegen wird. Mit der ganzen Gemeinde versammelten wir uns auf den Stufen vor der Saint Patrick's Cathedral, um das Osterfeuer zu entzünden – das Symbol für das Licht Christi, das am Kalvarienberg ausgelöscht, aber bei der Auferstehung wieder angezündet wurde. Kardinal Knox zündete die mit den griechischen Initialen A und Ω, Alpha und Omega, Anfang und Ende des griechischen Alphabets, verzierte Osterkerze an. Wir folgten der brennenden Kerze in das Dunkel der höhlenartigen Kathedrale. Die flackernde Flamme warf unheimliche Schatten hoch zu den Balustraden, als der Priester sie drei Mal in die Höhe hielt und dabei sang, »Christus, das Licht«, worauf die Gemeinde erwiderte: »Dank sei Gott«. Am Ende jeder Kirchenbank zündeten die Gemeindemitglieder ihre Kerzen an der Osterkerze an, und das Licht wurde durch die Reihen weitergereicht, sodass bald schon der Innenraum der Kathedrale im Kerzenlicht erstrahlte. Die Orgel setzte donnernd ein, und der Chor sang aufwühlende Hymnen von der Auferstehung und vom Leben.

Dieser Glaube, dass auf den Tod die Auferstehung folgt, war für unseren Lebensweg entscheidend. Unsere Novizinnengemeinschaft feierte mit einem Osterpicknick in einem Nationalpark in der Nähe von Melbourne. Ich war begeistert, denn es weckte so viele Erinnerungen an zuhause – dort war es kühl und waldreich, und es gab Schluchten voller Baumfarne. Tarzanlianen hingen von den Riesenbäumen, und aus dem Unterholz drang lebhafter Vogelgesang. Da wir uns allein glaubten, rannten wir fröhlich die Buschpfade entlang, bis wir an einer abgeschiedenen Stelle ein Pärchen aufschreckten.

Nach Ostern kehrten wir zu unseren Studien und in die Eintönigkeit der Innenstadt zurück. Dies war meine Lebensrealität, und ich akzeptierte sie. Wie konnte ich nur daran denken, meine Liebe zur Natur zu befriedigen, solange in den Straßen von Kalkutta Menschen hungers starben? Dem nachzugeben wäre Luxus. Ich tauschte mich mit meinen Mitnovizinnen nicht über meine Gefühle, meine Sehnsüchte, Enttäuschungen oder Vorlieben aus, denn es war nicht erlaubt. Alle Gespräche waren »öffentlich«, wir kommunizierten als Gruppe während der Mahlzeiten oder in den Pausen, nicht als Freunde oder Individuen. Wir waren Menschen, die nebeneinanderher lebten, die sich nah waren, aber sich nie wirklich begegneten. In unserem Bemühen um Sammlung gingen wir im Kloster aneinander vorbei, ohne uns zu grüßen oder Blicke zu wechseln.

Unser regelmäßiger Unterrichtsplan wurde unterbrochen, als sowohl Schwester Regina als auch Schwester Felicity durch Votum der Professen Australiens auserkoren wurden, als Repräsentantinnen zum Generalkapitel, dem

Treffen in Kalkutta, zu gehen, das Mutter in der Ordensführung beriet. Sie würden über einen Monat weg sein, und so übernahmen in dieser Zeit einige andere Professen oder Priester, die zu Besuch kamen, den Unterricht, und unsere Hausaufgaben bestanden beispielsweise darin, essayartig die Geschichte unserer Berufung niederzuschreiben. Dies machten wir für uns und gaben sie dann Schwester Regina bei deren Rückkehr. Wir tauschten uns nicht darüber aus.

Unser Jahr folgte dem Kirchenzyklus von Fasten, Alltag, Festen: Advent, Weihnachten, Fastenzeit, Ostern und Pfingsten. Außerdem gab es noch Festtage, die für den Orden wichtig waren, wie den Festtag der Gemeinschaft, Inspiration Day, am 10. September zur Erinnerung an den Tag, als Mutter sich dazu berufen fühlte, die Gemeinschaft ins Leben zu rufen, und Mutters Festtag am 1. Oktober, dem Festtag der heiligen Therese von Lisieux. Im Leben der Missionarinnen der Nächstenliebe spielten Festtage eine wichtige Rolle. Typischerweise wurden sie mit einer Messe in der Kapelle begangen, dann gab es anstatt der *chapattis* Toast, manchmal mit Eiern, zum Frühstück; beim Frühstück war es erlaubt zu sprechen, und am Abend wurde oft getanzt, gesungen, oder es wurden Theaterstücke aufgeführt.

An Schwester Augustines Namenstag beispielsweise führten einige der Schwestern einen indischen Lichtertanz auf. Singend und begleitet vom Klang der Fesselglöckchen betraten sie das abgedunkelte Refektorium. Die Schwestern bewegten sich anmutig mit brennenden Kerzen in beiden Händen. Anschließend wurde ein Stück aufgeführt, das ich zur biblischen Gestalt des Hiob geschrieben hatte. Menschen und Tiere starben, weil Gott zuließ, dass Hiobs Glaube aufgrund einer Wette zwischen Gott und dem Teufel auf die Probe gestellt wurde. Wie im Unterricht auf der Highschool war ich eine der Fragenden, die sich mit Gottes poetischer Erklärung, dass wir nicht das Recht zu fragen hatten, nicht zufriedengeben wollte.

»Wo warst du, als ich die Erde gründete?«
»Wer mit dem Allmächtigen rechtet, kann der ihm etwas vorschreiben? Wer Gott zurechtweist, der antworte!«
(Hiob 38,4; 40,2)

Die vorbildliche Missionarin der Nächstenliebe war keine Fragende. Sie war unterwürfig, gehorsam und vertrauensselig. Sie gab sich den Anschein der Fröhlichkeit – und rückhaltlos ihr Leben hin.

Ich hatte noch einen langen Weg vor mir.

3

Missionarin der Nächstenliebe

Wir Novizinnen hatten viel über die Gemeinschaft zu lernen. Binnen zwei Jahren würden wir unsere vier Gelübde der Armut, der Keuschheit, des Gehorsams und des Dienstes an den Ärmsten der Armen aus ganzem Herzen und ohne Gegenleistung ablegen.

Als Mutter den Orden 1948 gründete, hatte sie eine Satzung verfasst, welche die Ziele und Regeln der Gemeinschaft festlegte, dazu gab es außerdem einen detaillierten Kommentar. Nachdem sie diese Satzung zur Billigung nach Rom geschickt hatte, genehmigte der Vatikan ihre Institution als neuen religiösen Orden am 7. Oktober 1950, dem Gründungstag der Gemeinschaft.

Wir schrieben die Regeln und ihre Erläuterungen in unsere Notizbücher und lernten Passagen daraus auswendig. Später schrieb Mutter in Zusammenarbeit mit einer Gruppe älterer Schwestern die Satzung um, um sie dem Geist des Zweiten Vatikanischen Konzils anzugleichen; diese Satzung wurde von den Delegierten der Schwestern auf einem Kapitel oder Vollversammlung der Schwestern gebilligt. Das Dokument war nun länger und detaillierter, aber das Leben, das es beschrieb und regulierte, blieb dasselbe.

Einige Themen tauchten in Mutters Lehren immer wieder auf. Oftmals sagte sie, das Ziel ihrer Kongregation sei es, »den unendlichen Durst von Jesus am Kreuz nach der Liebe der Seelen zu löschen«. Ich hatte das Ziel der Gemeinschaft immer viel pragmatischer gesehen: das Leid zu mildern, die Hungrigen zu füttern und den Durstigen Wasser zu geben. Und deshalb sah ich darin auch genau diesen Sinn, der von Mutter für uns Schwestern nur in religiösere und bildhaftere Begriffe gefasst worden war.

Ein Kirchenlied, das wir lernten, »Ich dürste«, entfaltete Mutters eher mystische Thematik: »Mein Kelch wird gefüllt sein mit Liebe, Opfern, Dir dargebracht. Auf immer und ewig werde ich Deinen Durst stillen, Herr …« Diese Gefühle teilte ich nicht, aber ich glaubte damals, dass mich mit Mutter Teresa ein gemeinsames Ideal verband.

Die Missionarinnen der Nächstenliebe sollten Besinnliche im Herzen der Welt sein. Schwester Regina klärte uns darüber auf, dass den Geist der Gemeinschaft »vollkommene Hingabe, liebendes Vertrauen und Fröhlichkeit« ausmachten. Wir sollten »unseren freien Willen, unsere Vernunft und unser ganzes Leben für den reinen Glauben« aufgeben. Mutter unterwies uns immer wieder darin, »mit einem Lächeln zu geben, was Er nimmt, und zu nehmen, was Er gibt«.

Mutter Teresa stand unter dem massiven Einfluss des heiligen Ignatius von Loyola, der Soldat gewesen war, ehe er den Jesuitenorden gründete. Die Loreto-Schwestern, Mutters erste Ordensgemeinschaft, hatten die Ideen von Ignatius' blindem militärischem Gehorsam sowie ein kodifiziertes, reglementiertes System religiöser Praktiken übernommen. Mutters jesuitische Beichtväter und geistige Oberhäupter hatten ihre spirituelle Formung begleitet und sie dahingehend beeinflusst, dass sie folgerichtig im Gehorsam die Haupttugend und den Lackmustest wahrer Demut und Heiligkeit sah.

Die Zeit, in der Mutter Teresa aufwuchs, war noch geprägt von der Unterdrückung der sogenannten Modernen Häresie durch die Kirche. Diese hatte die Kirche herausgefordert, ihre Lehre auf rationalere und wissenschaftlichere Weise zu verbreiten. Die Moderne Häresie lehrte, dass die Wahrheit nicht statisch oder unveränderbar sei, sondern sich mit unserem sich verändernden Verständnis entwickeln könne. Durch sie wurde die Lehrautorität der Kirche und insbesondere die des Papstes infrage gestellt und in Debatten und wissenschaftlichen Untersuchungen die göttliche Offenbarung und päpstliche Unfehlbarkeit hinterfragt. 1907, drei Jahre vor Mutters Geburt, bekämpfte Papst Pius X. diese rationalistische und säkulare Bewegung, indem er die Lehre aufstellte, die Katholiken müssten ihren Intellekt und ihren Willen der Lehrautorität der Kirche beugen. Stolz, so schrieb er, sei die Wurzel allen Übels, und der einzige Weg, gegen diesen anzukämpfen, sei demütiger Gehorsam. Offensichtlich nahm Mutter Teresa als junge Frau sich diese Lehre zu Herzen und sah den besten Weg, sich von Gott leiten zu lassen, darin, den kirchlichen Autoritäten zu gehorchen. »Gott braucht Menschen, die gehorsam sind«, sagte sie, aber diejenigen, die ihren eigenen Weg gehen, sind zum Scheitern verurteilt. Sie lehrte, dass »selbst Gott nicht füllen kann, was bereits voll ist«. Unsere Aufgabe als Nonnen sei es, uns leer zu machen, damit wir Kanäle der göttlichen Macht wurden. Unser inneres Selbst musste sterben wie der Weizen, um eine Ernte hervorzubringen.

Wir sollten Mutter Teresas Plan folgen: den Armen in Liebe zu dienen und zu leben wie sie. Dabei wurde jedoch der Unterwerfung größeres Gewicht beigemessen als kooperativer Liebe und Gleichheit. In Mutters Worten: »Wenn es uns gelingt, prompt, einfach, blind und fröhlich zu gehorchen, sollte es uns möglich sein, die höchste Perfektion zu erlangen.«

Ich wusste, dass das nicht stimmte. *Wenn dieser Befehl nun falsch war? Wenn wir nur aus Angst gehorchten oder um uns bei den Mächtigen einzuschmeicheln? War Unterwerfung nicht unter Umständen ein Zeichen der Schwäche und nicht der Stärke?* Selbst damals waren für mich Gehorsam und Güte nicht dasselbe. Konfliktsituationen wühlten mich auf, und ich hatte immer ein feines Gespür dafür gehabt, wie Menschen miteinander umgingen, so beispielsweise als Kind, wenn ich mich vor dem Haus mit meinen Brüdern zusammenkauerte, während Mama und Papa sich im Haus anschrien. Ich wusste, dass ein Feigling aus Angst gehorcht, also konnte Gehorsam für sich genommen kein Anzeichen von Heiligkeit sein. Manchmal fiel es mir schwerer, meine Meinung zu sagen, als zu schweigen, was zu inneren Konflikten führte, denn das, was man mir als gut und heilig beibrachte, empfand ich als falsch und unterwürfig. Schwester Regina lehrte uns, alles, was unsere Vorgesetzten von uns verlangten, als Gottes Willen zu akzeptieren. Mitfühlender Dienst an den Armen war der Köder gewesen, der mich in den Orden gelockt hatte, aber ehe ich mich versah, war ich der Doktrin von Gehorsam und blinder Unterwerfung ins

Netz gegangen. Man musste im Orden mit Demütigung und Standpauken rechnen, und man sah diese als Mittel, uns zu besseren Menschen zu machen.

Ich sollte noch lernen, was Gehorsam bei den Missionarinnen der Nächstenliebe bedeutete. Am frühen Montagmorgen nach dem Pfingstsonntag 1973 wurden Schwester Annette und ich zur Arbeit in der Gore Street 101 geschickt. Schwester Regina weilte noch beim Kapitel in Kalkutta. Wir sollten die Professen für ein paar Stunden entlasten, denn sie waren an Grippe erkrankt und hatten sich nicht ausruhen können. Wir läuteten die Glocke des Männerasyls neben dem massiven Eisentor, das auf Augenhöhe ein Gitter hatte. Als Schwester Satya kam, um uns aufzuschließen, sah sie nicht gut aus und fummelte herum, bis sie den richtigen Schlüssel gefunden hatte. Sie lächelte müde. »Ach, diese Männer! Ihr werdet heute Morgen alle Hände voll zu tun haben. Die spielen verrückt.«

Schwester Benedict, die es gerade mal auf einen Meter dreißig brachte, stand auf dem Betonvorhof und legte sich mit einem Riesen von einem Mann an, der Grog hereingeschmuggelt hatte. »Die Schwestern versuchen, Ihnen zu helfen, und nun sehen Sie mal, was Sie machen. Sie sollten sich schämen«, schalt sie und drohte dem Mann mit dem Finger. Ihre Ermahnungen ratterten wie aus einem Schnellfeuergewehr. Dies und ihre Größe hatten ihr den Namen »Spitfire« eingebracht. Die Männer wussten, dass man sich mit ihr besser nicht anlegte.

Die Professen gingen, um sich auszuruhen. Das Asyl in der Gore Street befand sich in einem chaotischen Zustand, also machten wir uns daran, es in Ordnung zu bringen.

Wir beorderten die nüchtern und körperlich unversehrten Männer in die Küche. »Lassen Sie uns den Schwestern etwas zur Hand gehen. Sie wissen doch, dass sie krank sind. Wir müssen zusehen, dass hier wieder Normalität einkehrt«, sagte Schwester Annette mit so viel Autorität, wie sie aufbringen konnte.

Jimmy mit dem Holzbein stimmte ihr zu. »Na los, Jungs! Lasst den Quatsch jetzt. Wer hilft mir beim Abwasch und beim Gemüse?« Ein paar Männer meldeten sich.

»Ja gut, ich warte nur aufs Startkommando«, sagte Bevon, ein gelernter Maler. »Was soll ich denn tun?«

»Ich bin auch dabei«, meldete sich Fred und trat an die Spüle.

Nachdem die Küche bemannt war, ging Schwester Annette nach oben, und ich blieb im Erdgeschoss, um Betten zu machen, Urinale zu leeren und den Gebrechlichen beim Duschen und Rasieren zu helfen und allgemein Ordnung zu schaffen. Ein paar Männer, die draußen rauchten, wurden »freiwillig« zum Wischen eingeteilt. Wir waren entschlossen, die schwere Arbeit erledigt zu haben, bis wir wieder gehen mussten. Unsere Bemühungen zahlten sich aus – alles war tipptopp, als die Schwestern Satya und Benedict ein paar Stunden später wiederkamen.

Als wir glücklich und zufrieden mit uns selbst den Heimweg antraten, lief ein verwirrter weißbärtiger Mann vom oberen Ende der Gore Street auf uns zu.

»Schwestern! Kommen Sie schnell! Es geht um Archie. Ich glaube, er liegt tot oben in einem Verschlag an der Victoria Parade.« Wir läuteten und baten Schwester Satya, die Polizei anzurufen, aber sie wollte die Einzelheiten erst bestätigt wissen. »Geht erst mal hoch und seht nach, was passiert ist«, befahl sie.

Wir eilten die Gore Street hoch und fanden einen jungen Mann, der auf dem Zementboden einer offenen Garage lag, die zu einem leeren Haus gehörte. Er war von Methanolflaschen umgeben, und seine Augen waren erstarrt. Ich hatte noch nie einen Toten gesehen, und mein Herzschlag beschleunigte sich, als ich es kurz mit Wiederbelebung versuchte, wie ich es zu Hause im Schwimmverein gelernt hatte. Doch sobald ich damit begonnen hatte, wusste ich, dass es sinnlos war. Er war kalt und steif, und sein Brustbein knackte, als ich es niederdrückte.

Wir suchten die nächstgelegene Arztpraxis auf, damit der Arzt den Totenschein ausstellte, aber die Sprechstundenhilfe meinte, das könne er nicht, und rief für uns die Polizei an. Wir warteten zusammen mit Archies Freund, bis diese eintraf, und kehrten dann zur Nummer 101 zurück, um Schwester Satya Bericht zu erstatten.

»Es ist Archie, Schwester. Womöglich ist er heute Nacht gestorben. Er war ausgekühlt.«

Sie schüttelte den Kopf. »Er war erst letzte Woche hier. Ich wollte ihn ins Krankenhaus bringen. Er sah nicht gut aus, weigerte sich aber zu gehen. Was soll man da machen?«

Wir kamen spät nach Hause. Unsere damalige Oberin war im vorderen Salon zusammen mit Jean, der Obersten der Laienmitarbeiter.

»Wo seid ihr beide gewesen?«, wollte sie von uns wissen.

»Ein Mann oben auf der Gore Street ist gestorben«, begann Schwester Annette.

»Und was habt ihr damit zu tun?«, unterbrach sie sie.

»Wir waren auf dem Heimweg, als sein Freund kam und uns holte«, erklärte ich.

»Als wärt ihr die Einzigen, um ihn zu begleiten. Ihr seid nur Novizinnen. Warum habt ihr nicht die Professen gebeten, dorthin zu gehen?«

»Weil …«, setzte ich an.

Die Schwester fiel mir ins Wort. »Ihr hättet rechtzeitig nach Hause kommen sollen. Eure Pflicht ist es, das zu tun, was man euch anschafft. Nicht mehr, nicht weniger. Ihr scheint die Absicht zu haben, zu tun, was euch beliebt und wann es euch beliebt – immer müsst ihr euch unentbehrlich machen, und alles nehmt ihr so wichtig.« Mein Gesicht brannte, es war mir peinlich, vor Jean abgekanzelt zu werden.

»Ja, Schwester. Danke Schwester«, erwiderten wir.

Als ich versuchte, mich ins Gebet zu versenken, sah ich Archies eingefallenes Gesicht und seine starren Augen. Ich war im Geiste ganz woanders, als ich Worte murmelte, die für mich keine Bedeutung hatten.

»Gegrüßt seist du, Herrin der Erde,

Gegrüßt seist du, himmlische Königin,

Gegrüßt seist du, jungfräulichste Jungfrau, keusch und heiter.«

Meine Gedanken rasten. *Eine kurze Zeit lang sieht ein toter Körper einem lebendigen sehr ähnlich, aber die unsichtbare Essenz des Lebens fehlt. Ich fragte mich, warum er sich so stark abhängig vom Methanol machte? Man hat uns beigebracht, dass wir Menschen in Not helfen und ihnen unser Mitgefühl zeigen sollten. Wir waren von der Professe gebeten worden, dorthin zu gehen.* Ich konnte nicht begreifen, dass ich irgendetwas falsch gemacht hatte.

Ich machte Fehler beim Rezitieren des Gebets, das von Vers zu Vers von der einen Seite der Kapelle zur anderen wanderte. Ungeachtet meines inneren Aufruhrs verhielt ich mich beim Abendessen so, als wäre nichts passiert, wie das von mir erwartet wurde. Doch später, als ich über den Vorfall nachdachte, übertrug ich mir Auszüge aus den *Satzungen der Missionarinnen der Nächstenliebe* in mein Notizbuch: »Jede Schwester solle Jesus Christus in der Person des Armen erkennen.« Es war ein Paradox: Da lehrte man uns, den Bedürftigen mit Mitgefühl zu begegnen, wir aber wurden, wenn wir es taten, zurechtgewiesen, weil eine solche Handlung mit der Einhaltung des Zeitplans kollidierte. Rigider Gehorsam erlaubte kein eigenes Ermessen im Umgang mit Menschen.

Indem ich einem religiösen Ideal nachstrebte, hatte ich mir das ganze Bündel aufgebürdet und mich dafür entschieden, meine Freiheit aufzugeben, die grundlegendsten Dinge selbst zu entscheiden: was ich tat, wohin ich ging, was ich aß, wann ich schlafen ging und wach wurde und was ich las. Ich wurde Gottes perfektes *selbstloses* Instrument, bereit, jede Arbeit zu tun, egal wo und unter wem. Das Lächeln und Lachen, das den Missionarinnen der Nächstenliebe immer so leicht über die Lippen zu kommen schien, verbarg viel Kummer und innere Kämpfe.

Armut war ein anderer, von der Gemeinschaft hoch geschätzter Wert. Gemäß den Evangelien ist die Weltordnung auf den Kopf gestellt. Mutter argumentierte, dass Christus, obwohl er Gott sei, sich selbst erniedrigt habe, um ein armer Mann sowie ein Freund der Schwachen und Verachteten zu werden, also sollten wir dasselbe tun und Anteil nehmen an der »Armut des Kreuzes«, wie sie es nannte.

Also sollten auch wir ein einfaches Leben führen, frei vom Ballast materiellen Besitzes. Wir stopften unsere Kleider, flickten unsere Gummilatschen, und nichts wurde vergeudet. Wir reinigten unser Geschirr und selbst unsere Zähne mit Asche. Wir gingen zu Fuß, wann immer es möglich war. Es gab weder Fernsehen noch Radio. Eine Schwester durfte keine persönlichen Geschenke bekommen, alles, was sie bekam, gab sie an die Oberin weiter, die dann beurteilte, ob es für den Allgemeingebrauch passend war.

Völlige Abhängigkeit von der Oberin wurde ebenfalls als Teil des Armutsgelübdes angesehen. Die Geschichten, die mein Onkel Toby uns aus seiner Zeit als Franziskanernovize erzählt hatte, waren nicht übertrieben – dass man nämlich fast betteln musste, um eine neue Zahnbürste zu bekommen, und er ahmte damals die Antwort des zuständigen Bruders nach: »Siehst du, es sind noch immer fünf Borsten auf dieser wirklich guten Zahnbürste. Frag mich nächsten Monat.« Was ich hier jedoch angetroffen hatte, bedeutete noch größere Abhängigkeit.

Wenn eine Schwester etwas benötigte, schrieb sie ihre Bitte ins Gewandbuch, ein schmales Notizbuch, das mit einem Bindfaden an einem Nagel im Refektorium hing und wöchentlich von der Oberin durchgesehen wurde. Zum Beispiel: »Dürfte ich bitte einen Flicken für meinen Sari bekommen?« Die Oberin würde die Bitte dann prüfen und nachdem sie die Schwester ermahnt hatte, doch zu versuchen, ihren Sari nicht so häufig einzureißen, das Buch abzeichnen und der »Gewand-Herrin« erlauben, das Gewünschte auszugeben.

Um unser Armutsgelübde zu erfüllen, gehörte dazu auch das wöchentliche »Betteln« um Nahrungsmittel auf den Victoria Markets, einer Ansammlung langer, überdachter Stände, an denen die Verkäufer alle möglichen frischen Produkte und Lebensmittel verkauften. Einwandererfrauen in schwarzen Kopftüchern und Stoffschürzen schauten uns fragend an, wenn wir uns mit unseren Karren näherten und die Standbesitzer der Reihe nach fragten: »Können Sie etwas für die Schwestern erübrigen?«

Einige Leute gaben uns gern etwas. Andere versuchten, uns zu ignorieren, und taten so, als sähen oder hörten sie uns nicht. Einen jungen australischen Arbeiter hörte ich »Parasiten« murmeln, als wir vorbeigingen. Meine indische Begleiterin verstand den Ausdruck nicht, aber mich traf er. Wenn ich Feindseligkeit spürte, wollte ich so schnell wie möglich weg, aber meine Begleiterin war älter als ich und traf die Entscheidungen, also warteten wir ab, bis es für die Person fast beschämend gewesen wäre, uns nichts zu geben. Die eine Woche bekamen wir jede Menge überreifer Bananen, in der nächsten eine Schwemme Kohl. Während wir uns den Hügel hoch nach Fitzroy schleppten, ging ich im Geiste das Menü für die folgende Woche durch: Kohlsuppe, gebratener Kohl, Kohl und Bohnen. Naomi mochte überhaupt keine Bananen, weil ihr davon schlecht wurde, aber essen musste sie sie.

Ein weiterer Aspekt der Armut war, dass wir Monat für Monat unsere sogenannte »Allgemeine Erlaubnis« erneuern mussten – die Erlaubnis, uns in dem Haus aufzuhalten und seine Einrichtungen zu benutzen. Diese Formalität erforderte von der Schwester, dass sie ihre spirituelle Armut, Schwäche und Wertlosigkeit erkannte. Also kniete jede Schwester vor der Oberin nieder, legte die Stirn auf den Fußboden und »sagte ihre Vergehen auf«, wie etwa, ungeduldig gewesen zu sein, geschwatzt oder das Schweigen gebrochen zu haben. Dann wurde sie gebeten, Platz zu nehmen, und die Oberin unterhielt sich mit ihr über ihre spirituelle Entwicklung oder wies sie wegen aller schlechten Angewohnheiten zurecht, die ihr aufgefallen waren. Jedes Mal, wenn Mutter ein Haus besuchte, mussten sämtliche Schwestern auf dieselbe Weise über sich Bericht erstatten.

Mutter dehnte den Begriff der Armut noch weiter aus, indem sie sagte, wir sollten »die Gelegenheit ergreifen«, fälschlich angeklagt, beschuldigt oder verachtet zu werden, wie das auch Christus widerfuhr. Das sollten wir schweigend über uns ergehen lassen und uns nicht verteidigen, genauso wie er. Wir sollten uns die niedrigsten und gewöhnlichsten Arbeiten suchen und sie fröhlich verrichten. Außerdem sollten wir uns von jeglicher Arbeit, die wir taten, distanzieren. Egal, wie viel Mühe wir in etwas investiert hatten, wir sollten immer bereit sein, ohne Grund und Ankündigung woanders weiterzumachen. Armut bedeutete, dass wir keine Rechte hatten und nichts uns gehörte.

Das Gelübde der Keuschheit umfasste mehr, als nur im Zölibat zu leben. Eine Schwester durfte keinen emotionalen Trost suchen oder Freunde innerhalb oder außerhalb des Ordens haben. Freundschaft war suspekt und ein Hindernis für die Vereinigung mit Gott. Enge Beziehungen wurden als »besondere Freundschaften« betitelt und waren verboten. Außer mit der Oberin oder einem Priester bei der wöchentlichen Beichte waren keine Privatgespräche erlaubt. Es war eine ganz einsame Lebensweise. Es fiel mir sehr schwer, die Tagträume von alternativen Lebensentwürfen unter Kontrolle zu halten, wie etwa zur Universität zu gehen, ein normales Sozialleben zu führen und Medizin zu studieren, aber ich sprach mit niemandem darüber oder über sonst etwas, das sich in der Gemeinschaft abspielte.

Ich dachte sehr oft daran, die Missionarinnen der Nächstenliebe zu verlassen. Das Gefühl, nicht dafür geschaffen zu sein, und Selbstzweifel hatten sich in mir festgesetzt und wuchsen. Der Orden bezeichnete absolut normale Gedanken als sündhaft und lehrte uns, unsere Gedankenprozesse mit so viel Argwohn zu betrachten, dass nur Unterwerfung und Gehorsam uns inneren Frieden zu geben vermochten. Sich miteinander darüber auszutauschen, war nicht nur verboten, sondern wurde sogar als »Werk des Teufels« angesehen, denn es legte die Saat des Zweifels in unseren Geist. Also kämpften wir allein mit unseren Unsicherheiten und mussten zusehen, dass wir auf unsere Weise mit ihnen klarkamen. Deshalb gab es auch keine Vorwarnung, wenn jemand uns verließ, die Schwester verschwand einfach ohne Erklärung.

Weil die Satzungen uns nicht erlaubten, außerhalb unseres Klosterrefektoriums zu essen oder zu trinken, stießen wir oft die Leute vor den Kopf, die uns einluden. Selbst wenn Mitglieder unserer Familie uns besuchten, durften wir normalerweise nicht mit ihnen essen oder trinken. Viele der alten Damen, denen wir halfen, lebten allein und hätten gern eine Tasse Tee mit uns getrunken, sie konnten es nicht verstehen, warum wir es ablehnten.

Die meisten religiösen Ordensgemeinschaften halten sich an die drei Gelübde der Armut, der Keuschheit und des Gehorsams, legen sie aber auf unterschiedliche Weise aus. Mutter Teresa fügte noch ein viertes Gelübde hinzu, den Dienst an den Ärmsten der Armen, aus ganzen Herzen und ohne eine Gegenleistung zu erwarten – sich um Christus in all seinen erschreckenden Verkleidungen zu kümmern. Je abstoßender oder widerlicher die Arbeit oder der Mensch war, desto fröhlicher und hingebungsvoller sollten wir sein, wie Mutter uns anwies. Und niemals durften wir irgendeine Bezahlung für unseren Dienst annehmen.

Von außerhalb des Ordens wurden wir dafür kritisiert, nicht die sozialen Probleme zu benennen, welche die Menschen arm machten, aber Mutter Teresa wollte auf die unmittelbare Not jedes Menschen reagieren, dem sie begegnete. »Unsere Leute werden sterben, wenn sie darauf warten, dass die Welt sich ändert«, sagte sie, »aber jeder von uns kann ein wenig dazu beitragen.« Auf den Vorwurf, sie gebe jemandem einen Fisch, anstatt ihm beizubringen, wie man fischt, erwiderte sie: »Die Sterbenden können nicht fischen.« Nichtsdestotrotz half Mutter einigen der Menschen, die sie unterstützte, indem sie ihnen Fertigkeiten wie Schreibmaschineschreiben und Weben beibrachte, wodurch sie letztendlich selbstständiger wurden.

In Australien jedoch bekamen die Männer, denen wir halfen, eine Rente, trugen damit aber nicht zu ihrer Verpflegung und Unterkunft bei. Manche legten das Geld an, damit sie sich eine eigene Wohnung mieten konnten, aber andere verwendeten die Mittel dazu, am Zahltag nur noch ausgiebiger auf Sauftour zu gehen, weil sie immer wieder zu uns zurückkommen und bei uns essen und wohnen konnten, wenn das Geld aufgebraucht war. Ich fand nicht, dass man ihnen damit einen guten Dienst erwies, aber es stand mir nicht zu, dies zur Diskussion zu stellen. Wenn wir ihnen für ihre Unterkunft ein wenig Geld abverlangt hätten, hätten wir dies für sie sparen können, um ihnen später etwas Sinnvolles davon zu kaufen. Dies war nicht möglich.

In der Gemeinschaft widmete man sich vorrangig dem spirituellen Leben. Gebete nahmen täglich mehrere Stunden in Beschlag: Morgengebet und Meditation, Messe, eine tägliche halbstündige spirituelle Lektüre eines Erbauungsbuchs, die einstündige Anbetung und Brevier am Abend oder am Nachmittag, Mittags-, Abend- und Nachtgebet, Gewissenserforschung und Rosenkranz. Mutter war der Ansicht, wir müssten »die Arbeit beten«, als wären Routineaufgaben eine heilige Handlung. Wir sollten in der Gegenwart leben und alles, was wir taten, sorgfältig und gut machen. Sie lehrte uns, unsere Gedanken und unsere Zungen zu hüten in der Hoffnung, inneres und äußeres Schweigen möge uns zu einem tieferen Beten führen.

Für mich stellten die vielen gesungenen Gebete, die wir täglich herunterratterten, ein Hemmnis für das dar, was ich als wahres Gebet und inneres Schweigen empfand. Ich las *Way of a Pilgrim,* das ich mir als spirituelle Lektüre aus den Erbauungstexten der Novizitatsbibliothek ausgesucht hatte. Es war die Geschichte eines unbekannten russischen

Bauern, der lernen wollte, wie man kontinuierlich betete. Mir gefiel seine Methode, einen kurzen Satz zu wiederholen, um zu innerer Ruhe zu finden. Es entsprach dem, was der Priester uns während unserer Klausur vor unserer Aufnahme als Novizinnen aus *The Cloud of Unknowing* gelehrt hatte.

Die Spiritualität des Kreuzes stand im Mittelpunkt von Mutters Weltsicht. Sie hatte sich die Worte des heiligen Paulus zu eigen gemacht: »Ich bin mit Christus gekreuzigt. Ich lebe, doch nun nicht ich, sondern Christus lebt in mir.« (Galater 2,19–20) Wir sollten jede Demütigung oder Schwierigkeit fröhlich als ein Mittel annehmen, »mit Christus ans Kreuz genagelt« zu werden und Seinen unendlichen Durst zu stillen. Mutter sprach von Abtötung – freiwillig etwas aufgeben, um die Sünde zu sühnen – als Angelpunkt ihrer Denkweise. Es war nicht einfach, sich bei Mutter über ein erlittenes Unrecht zu beklagen, weil sie der Ansicht war, dass man dieses annehmen solle: Bringe ein Opfer, packe die Chance, dich selbst zu erniedrigen, und beklage dich nicht. Das war ihre vorhersehbare Antwort auf jede Beschwerde.

Auch die Buße, eine Form der Selbstbestrafung für Sünden, hatte ihren Platz in der Satzung, und es kamen dabei verschiedene Praktiken zur Anwendung, wie sich auf die Schenkel schlagen – als Disziplinierung bezeichnet –, während des Morgengebets Ketten mit Stacheln um die Taille oder den Arm zu tragen und das Beten mit ausgestreckten Armen neben dem Bett am Abend. Dazu kam der Fastentag der Gemeinschaft am ersten Freitag im Monat, es gab auch öffentliche Buße wie etwa um eine Mahlzeit zu betteln, Mahlzeiten kniend einzunehmen oder die Füße der anderen Schwestern zu küssen. War man etwa wütend geworden oder hatte etwas zerbrochen, musste man seine Fehler eingestehen und sich bei der Gemeinschaft entschuldigen. Diese Praktiken waren vor dem Zweiten Vatikanischen Konzil bei vielen Orden üblich, seitdem aber fast überall verworfen worden. Mutter hielt diese Praktiken jedoch für wichtig und schrieb uns häufig, um uns zusätzliche Buße aufzuerlegen.

Mir war nicht klar, dass die unerschrockene Enthüllung meiner Gedanken, Wünsche und Motive während der Beichte oder in Gesprächen mit Schwester Regina mich für Kritik und Selbstzweifel noch verwundbarer machen würde. Es gab keinen Platz, um sich zu verstecken. Einige der spirituellen Praktiken, die wir gelehrt wurden, waren kontraproduktiv und führten dazu, uns stärker auf uns zu konzentrieren, anstatt uns unser Selbstgefühl zu nehmen. Man forderte uns auf, unsere Gedanken, Motive, Worte und Handlungen zu hinterfragen. Sokrates sagte: »Ein unerforschtes Leben ist es nicht wert, gelebt zu werden«, aber ich machte die Erfahrung, dass man es auch übertreiben kann. Selbst der heilige Ignatius, der dieses Muster der Selbsterforschung festgelegt hatte, war in einem Punkt seines Lebens so sehr von Skrupeln heimgesucht, dass es ihn fast in Verzweiflung stürzte. Diese Selbstbefragung ließ einen seine Motivation mit einer sonst gar nicht vorhandenen Besorgnis betrachten.

Die Isolation von Familie und Freunden, bissige Zurechtweisung im Öffentlichen wie im Privaten und die strenge Zensur von Lektüre schränkte mich in meinen Möglichkeiten immer mehr ein. Mein Geist war eingesperrt in die undurchdringliche Gruft des konservativen Katholizismus. Aber ein anderer Lebensweg erschien mir nicht denkbar. Ich fühlte mich zum mitfühlenden Dienst an den Armen hingezogen, aber um diesen Dienst zu leisten, forderte die Gemeinschaft die totale Unterwerfung meines Lebens an den Gehorsam. Doch ich lernte erst langsam, zwischen Tat und Einstellung zu unterscheiden, und befand mich beinahe ständig in innerem Aufruhr, weil ich unsere Aufgabe verkannte. Schon früh in meinem Leben hatte ich erkannt, dass die Welt voller Konflikte war, dass es Graubereiche und Situationen gab, für die klare Antworten fehlten, aber bei den Missionarinnen der Nächstenliebe gab es eine Fassade falscher Einfachheit, die man als tugendhaft und »kindlich« hinstellte. Es war nicht notwendig, sich mit einem Problem oder einer Situation auseinanderzusetzen, ich brauchte nur zu gehorchen.

Eine Weile studierten wir am Assumption Institute in Melbourne einen Tag in der Woche mit Novizinnen von anderen religiösen Orden, die ganz eindeutig ein wesentlich liberaleres Leben führten. Wir MNs blieben unter uns, aßen gemeinsam als Gruppe und gingen dann in die Kapelle zum Mittagsgebet, während die anderen Novizinnen sich erholten und miteinander plauderten. Während ich die Bibel und Moraltheologie studierte, kamen mir viele Fragen. Der Gott des Alten Testaments wurde als gewalttätig und mörderisch dargestellt und hatte wenig Ähnlichkeit mit dem Gott, an den ich glaubte.

Ich fragte unseren Dozenten: »Vater, warum beschreibt

die Bibel Gott als den Mörder der Erstgeborenen aller ägyptischen Familien? Es heißt auch, er habe mit den Israeliten gegen die Ägypter gekämpft, sodass deren Leichen das Ufer des Roten Meeres säumten.«

»So verstanden die Juden die Ereignisse.«

»Aber das kann doch nur ein Missverständnis gewesen sein«, fuhr ich fort. »›Gott ist Liebe‹, und er erteilte den Befehl, nicht zu töten, und doch wird er als derjenige beschrieben, der den Tod der Feinde Israels verursacht hat.«

»Du darfst nicht für Gott sprechen. Gott ist mit unserem Verstand nicht zu erfassen.«

»Aber wenn die Bibel Gott als Mörder beschreibt, gibt uns das nicht eine falsche Vorstellung davon, wer Er ist?«

»Gott ist unfassbar. Du kannst nicht davon ausgehen, Sein Wesen begreifen zu können. Ich hoffe, dein Verständnis der Schriften ist besser als deine Theologie.« Damit wurde ich zum Schweigen gebracht.

Ich fragte mehrere Lehrer, was es in der Praxis bedeutete, seine Feinde zu lieben. Wie konnten wir jenen Gutes tun, die uns hassten, oder darauf verzichten, unser Eigentum zurückzufordern, wie dies das Evangelium lehrte, wenn jemand uns beraubt hatte? Hatte dies zu bedeuten, dass wir uns nicht verteidigten? Hieß das, Grausamkeit und Ungerechtigkeit hinnehmen, um zum spirituellen Äquivalent eines Fußabstreifers zu werden? Ich bekam keine zufriedenstellende Antwort.

Die Existenz der Hölle war ein weiterer kontroverser Punkt für mich. Jene, die sich selbst von Gottes Liebe lossagten, mochten vielleicht aufhören zu existieren, aber ich konnte nicht glauben, dass sie ewig leiden würden, denn wenn die Leute immer weiter litten, würde es nie eine perfekte Welt geben. Wie in der Schule reagierten meine Lehrer gereizt auf meine Fragen, und schließlich hörte ich auf, welche zu stellen.

Ende 1973 wurde Evelyn, die Postulantin aus Sale, Novizin, behielt aber ihr Haar gemäß der in Kalkutta getroffenen Entscheidung. Naomi und ich waren die Letzten, denen man das Haar so zeitig abrasiert hatte. Samantha, die andere Postulantin, kam zu dem Schluss, dass dieses Leben nichts für sie sei, und kehrte nach Port Keats zurück. Eine neue Gruppe von Praktikantinnen traf ein: Lara von der Südküste, Anthea aus Sydney, Deidre aus dem ländlichen Victoria und Leanne. Außerdem trafen zwei Novizinnen aus Indien ein, die bei Schwester Evelyn bleiben sollten.

Die Schwestern begannen ein neues Projekt in den Außenbezirken von Melbourne. Schwester Augustine, Professe und Oberin sowie eine von Mutters früheren Schülerinnen, überwachte den Bau eines neuen Zentrums mit dem Namen *Corpus Christi,* oder Leib Christi, eines Orts der Klausur für Männer aus dem Stadtgebiet, denen man dort half, vom Alkohol loszukommen. Außerdem bot es Männern Unterkunft, die zu alt und zu gebrechlich für das primitive Leben in den Parkanlagen und Nebenstraßen waren. Das Zentrum würde von MN-Schwestern geführt werden. Wenn man nach Corpus Christi kam, führte die Straße rechts zu dem zweigeschossigen Klostergebäude der Schwestern mit den Unterkünften oben und einer Kapelle unten. Als es fertig war, wohnten einige Schwestern schon dort, um den Bau des Männerzentrums zu überwachen. Links von der Einfahrt lag der Männertrakt. Küche, Speisesäle und Krankenhaus befanden sich in einem lang gestreckten Gebäude vor dem Zentrum, und davon gingen rechtwinkelig drei Wohnblöcke ab.

Von Anfang an arbeiteten Jesuitenpriester wie die Väter Phil Kurts und Brian Stoney mit den Schwestern an dem Projekt, waren Kapläne und Mentoren für die Männer und wohnten mit ihnen in deren Quartieren.

Schwester Augustine hatte sich darum bemüht, das Gebäude im Geist der MNs schlicht und funktional zu halten, aber sie musste sich auch an die australischen Bauvorgaben und Regulierungen halten. Im Männerzentrum gab es eine große Wirtschaftsküche, einen Speisesaal, Badezimmer und eine Waschküche, und jeder Mann hatte sein eigenes Zimmer. Viele der Männer erholten sich dort. Sie kochten selbst, übernahmen Zimmermanns-, Garten- und Holzarbeiten. Ein Mann, ein Konditor, der, als er noch in der Gore Street 101 wohnte, beinahe auf einer Sauftour gestorben wäre, überwachte nun im neuen Zentrum das Kochen.

Im Mai 1974 näherten wir uns der ersten Profess unserer älteren Novizinnen, der Schwestern Annette, Karina und Jocelyn. Wir anderen Novizinnen verbrachten zusammen mit ihnen unsere jährliche siebentägige Schweige-Klausur. Zu vierzehnt fuhren wir in drei Autos zu unserem Haus in Gordon, einer kleinen Stadt auf dem Land westlich von Melbourne, in der Nähe von Ballarat, wo auch ein Priester zu uns stieß. Am Nachmittag vor Beginn der siebentägigen Schweigepause besuchten wir alle einen Bauernhof, der das Zuhause einer unserer Mitnovizinnen war. Es war ein Picknicktag vor der Klausur, und die Alltagsbeschränkungen wurden hier etwas lockerer gehandhabt. Neben der Scheune stand ein Damenfahrrad, und ich versuchte, Schwester Karina das Fahren beizubringen. Wir waren ein lustiger Anblick in unseren Saris, als ich hinter ihr herrannte, ihren Sitz festhielt und ihr zuschrie, sie müsse treten, während sie kreischte, aus Angst, ich könnte sie loslassen.

Die Klausur begann am Donnerstagabend ohne Priester, der wegen Überschwemmung erst einen Tag später eintraf. Schwester Regina übernahm das Kochen für uns, damit wir nicht abgelenkt wurden. Es war kalt, also hackte ich Holz, kümmerte mich um den Ölofen, das Feuer im Wohnzimmer und den mit Holzspänen betriebenen Warmwasserbereiter im Badezimmer, weil mir diese Dinge von zu Hause vertraut waren. Außerdem konnte ich leichter klare Gedanken fassen, wenn ich eine Beschäftigung hatte. Ich fand es anstrengend, nur drinnen zu sitzen.

Am folgenden Freitag, als unsere Zeit des Gebets und der Betrachtung vorbei war, kehrten wir nach Melbourne zurück, schmückten das Refektorium mit Blättern und Zweigen, die wir vom Land mitgebracht hatten, und begannen mit den Essensvorbereitungen für die am nächsten Tag stattfindende Profess. Wir bastelten Glückwunschkarten für die zukünftigen Professen. Ganze Autoladungen mit Verwandten von Schwester Annette kamen zur Zeremonie aus Sydney herunter.

Die Schwestern, die die Profess erhalten sollten, kleideten sich in ihre neuen Saris mit den blauen Borten, und wir marschierten alle gemeinsam zur Acht-Uhr-Messe. Die Zeremonie begann mit dem Introitus an den Heiligen Geist, wozu die Ministranten mit brennenden Kerzen, die drei zu weihenden Professen, die Schwestern Regina und Augustine, acht mitfeiernde Priester und Bischof Kelly in einer Prozession über den Gang Einzug hielten. In der Kirche drängten sich Gemeindemitglieder und Laienmitarbeiter, die dabei sein wollten, wenn junges Leben sich einem alten Ideal verschrieb.

Nachdem die Schwestern sich gemeinsam niedergekniet hatten, um vor den Schwestern Augustine und Regina ihr Gelübde abzulegen, sangen sie das Loblied »All to Jesus I Surrender«. Dann stimmten viele von Schwester Annettes Verwandten während der Kollekte ein kroatisches Lied an, Schwester Karina und unsere Gruppe mit Schwester Laboni hingegen sangen während der Kommunion unter Zuhilfenahme eines Mikrofons ein Kirchenlied auf Hindi und dann eins auf Malaiisch, sodass alle Sprachen der Professen in der Messe vertreten waren.

Die Gemeinde und die Männer aus der Gore Street feierten mit uns und bekamen ein Stück Kuchen. Später, nach dem Festmahl der Gemeinschaft, durfte Schwester Annette mit ihrer Familie ausgehen, und Schwester Regina und eine der Laienmitarbeiterinnen nahmen Karina und Justine zu diesem besonderen Anlass mit zum Hafen, um das russische Schiff zu besichtigen, das damals zufällig bei uns vor Anker lag. Am Abend führten wir ein Stück auf, das Schwester Naomi für die neuen Professen geschrieben hatte, basierend auf der biblischen Gestalt der Ruth, die ihre Familie verließ, um zu heiraten und Teil von Gottes Auserwählten zu werden. Wir hatten das Stück heimlich in einem der Schlafsäle geprobt. In einem so kleinen Haus war es schwierig, etwas zu tun, ohne dass die älteren Novizinnen es mitbekamen, aber wir überraschten sie. Nach der Profess wurde Schwester Justine nach Bourke berufen und die Schwestern Annette und Karina an das neue Männerzentrum von Corpus Christi. Dort war erst der erste Flügel fertiggestellt, der von etwa zehn Männern bewohnt wurde.

Zu diesem Zeitpunkt wurden Naomi, Elina, Laboni und ich Senior-Novizinnen und warteten begierig auf den Tag, da auch unsere Ausbildung zu Ende wäre und man uns unsere Mission zuteilte. Auch in dieser zweiten Stufe entsprachen unsere Stundenpläne in etwa denen der Vorjahre. Wir gingen am Morgen aus dem Haus, machten Hausbesuche und gaben in Staatsschulen Religionsunterricht oder arbeiteten im Asyl in der Gore Street. Am Nachmittag unterrichtete Schwester Regina uns weiterhin in der Satzung, den Heiligen Schriften, Theologie und Kirchengeschichte. Mittwochs und sonntags gingen wir nach Corpus Christi, um dort die Professen abzulösen, die ihren Ruhetag hatten, und beim Putzen, Kochen und Servieren zu helfen.

Die Schwestern Lara, Anthea, Deidre und Leanne wurden mit den üblichen Feierlichkeiten Novizinnen im ersten Jahr, und für zwei junge Professen begann das Tertianum, die Vorbereitung auf ihr endgültiges Gelübde, das sie in Melbourne und nicht in Kalkutta ablegen würden. Ihr Leben glich dem unsrigen, auch sie arbeiteten einen halben Tag und füllten den Rest des Tages mit Studium und Gebet. Die Schwestern Regina, Monica und einige Jesuitenväter unterrichteten sie, aber sie lebten getrennt von uns im Professenhaus.

Um diese Zeit besuchten mich Rell, Bren und Kim, meine Freundinnen von der Highschool. Sie musterten mich eingehend. »Hübscher Stoff, Clot!«, sagte Bren und sprach mich mit meinem Spitznamen an. Wir unterhielten uns über unsere alte Schule, die Universität, die Krankenpflege und meine Gesangsstunden. Letzteres fanden sie sehr lustig, weil sie wussten, dass ich keine einzige Note singen konnte.

Liz, meine Schulfreundin, die wie ich in Moss Vale gewohnt hatte, kam ebenfalls auf Besuch. Sie war entsetzt, als sie erfuhr, dass ich an den Ständen des Victoria Markets gebettelt hatte, war aber höflich wie immer. Später erfuhr ich, dass sie wütend auf mich und die Kirche war, weil ich mich ihrer Ansicht nach in jemanden verwandelt hatte, der ich gar nicht war, mit indischem Akzent sprach, indische Kleider trug und, wie sie es sah, die Chance wegwarf, zu studieren und meinen Kopf zu benutzen.

Schwester Dolores wurde Oberin unserer Region, doch Schwester Regina war noch immer für die Novizinnen verantwortlich. Wir wurden Schwester Dolores' hohen Ansprüchen oftmals nicht gerecht, und sie bombardierte uns mit Kritik, wobei sie beim Sprechen ihren gelben Wollschal über die Schulter warf und uns mit schmalen Augen finster durch ihre Brille fixierte.

Schwester Dolores kochte gern, oder besser, überwachte gern die, die kochten, und wir konnten sie nur selten zufriedenstellen. Wenn sie beschloss, ein besonderes Curry oder Gebäck für einen Festtag zu machen, kam das ganze Haus zum Stillstand, und alle Arbeit ruhte. Wurde der Teig nicht richtig ausgerollt oder das Gemüse falsch geschnitten, klopfte sie manchmal mit dem gekrümmten Zeigefinger den Schwestern auf den Kopf, die sich schuldig gemacht hatten.

»Also wirklich! Ich weiß nicht, was ich mit euch machen soll? Könnt ihr nicht mal irgendwas anständig machen? Wer hat diesen Unsinn zu verantworten?«

Sie sorgte für Angst und Verwirrung. Ich fand, dass keine Mahlzeit all diese Angst rechtfertigte.

Am Vorabend eines Festtags verkündete Schwester Dolores, wir könnten nicht wie geplant unsere üblichen Besuche machen.

»Ihr werdet hier gebraucht, um in der Küche bei den *singaras* und *paratas* zu helfen«, sagte sie. Dazu musste viel Teig ausgerollt, dann gefüllt und zu Taschen zusammengerollt werden. Ich hatte einem Gemeindemitglied, einer Frau, die allein in einem Haus in der Gertrude Street wohnte, versprochen, mit ihr auf ein Amt zu gehen. »Schwester, ich habe einer Dame versprochen, sie zu einem Termin beim Wohnungsamt zu begleiten. Ihr Englisch ist nicht gut. Dürfen wir nicht für kurze Zeit weg?«

»Die Welt wird es überleben, Tobit, wenn du mal einen Tag nicht hinausgehst. Wie willst du ihr außerdem helfen? Du sprichst doch gar kein Slowakisch.«

»Wir können aber ihre Situation schildern und die Probleme, die sie mit den Treppen hat.«

»Nein, Tobit, du gehst nicht.«

»Darf ich dann wenigstens zu ihr runterlaufen, damit sie weiß, dass wir nicht kommen?« Ich wusste, dass ich den Bogen überspannte.

»Geh in die Küche, Tobit!«, zischte sie und warf ihren

Schal. »Tu, was man dir sagt. Sie wird es auch ohne dich schaffen. So wichtig bist du auch nicht.«

Die Frau erzählte uns später, sie habe den ganzen Nachmittag auf uns gewartet und geglaubt, wir hätten sie vergessen.

Anfang 1975 beschloss der Gemeinderat von Fitzroy, die Lizenz für das Männerheim in der Gore Street 101 nicht mehr zu erneuern, da Nachbarn sich beklagten, das Asyl ziehe die Trunkenbolde an. Wir schlossen die Einrichtung und arbeiteten dann daran, das Gebäude zum Noviziat umzubauen. Einige der Männer zogen um nach Corpus Christi, andere hingegen bezogen ein anderes Asyl in der Nähe. Wir säuberten und schrubbten das Haus, und einige der Männer von Corpus Christi führten Reparaturen durch und sorgten für einen neuen Anstrich. Eine Weile lebten die Professen und die Tertianerinnen dort, denn um unsere spirituelle Vorbereitung nicht zu stören, wollte Schwester Regina das Noviziat erst nach unsere Profess im Mai verlagern.

In der Fastenzeit, eine Zeit der Buße, verzichteten wir auf einige Freuden, wozu das Opfer gehörte, unsere Post erst mit einwöchiger Verspätung zu erhalten. Mitte Februar rief Mama mich sehr aufgeregt an, und Schwester Regina erlaubte mir, den Anruf entgegenzunehmen. Es musste etwas Schlimmes passiert sein.

»Hast du meinen Brief nicht bekommen?«, fragte Mutter weinend.

»Nein. Was ist denn los?«

»Ich habe ihn letzte Woche abgeschickt. Er sollte längst da sein«, erwiderte sie.

»Ich werde Schwester Regina fragen. Vielleicht ist er irgendwo hängen geblieben. Was ist denn passiert?«

»Rod wäre beinahe gestorben. Er ist noch immer sehr krank. Er hatte eine Lungenentzündung, und beide Lungenflügel sind kollabiert.«

Ich wollte sofort bei ihr sein. Panik erfasste mich, und weil ich Angst hatte, er könnte sterben, glaubte ich, sofort nach Hause zu müssen.

»Liegt er im Bowral Hospital?«

»Nein. Sie haben ihn nach Lewisham verlegt. Ich bin jeden Tag nach Sydney gefahren. Er wurde operiert und muss vielleicht noch mal operiert werden. Ich war beim Gericht, um in Erfahrung zu bringen, wo sich sein Vater aufhält. Sie wollten es mir nicht sagen, also sagte ich: ›Ich dachte, es interessiert ihn vielleicht, dass sein Sohn im Sterben liegt.‹«

»Und, hast du Kontakt zu ihm bekommen?«

»Das Gericht hat ihn benachrichtigt. Er kam einmal ins Krankenhaus und hat dort mehr oder weniger die Leitung übernommen. ›Mach dir keine Sorgen, ich werde ihn morgen besuchen‹, sagte er. ›Du kannst mal eine Pause machen und brauchst nicht von Moss Vale hochzukommen.‹ Aber er tauchte nicht auf. Rod war den ganzen Tag allein, sein Vater kam nicht mehr wieder.«

Ich wusste nicht, was ich tun sollte, also tröstete ich sie am Telefon, so gut ich konnte, und flehte dann Schwester Regina an, mich nach Hause fahren zu lassen, damit ich meinem Bruder und meiner Mutter helfen konnte.

»Nein, Tobit. Du legst in zwei Monaten deine ersten Gelübde ab, und während des Noviziats ist kein Urlaub erlaubt. Wenn du dich Gott hingibst, wird er sich um alle jene kümmern, die du liebst.«

Tagelang beschäftigte mich dies und lenkte mich ab, und ich war hin- und hergerissen zwischen dem von mir gewählten Lebensweg und meiner Familie. Ich hatte das Gefühl, meine Mutter und auch den Rest meiner Familie im Stich zu lassen, indem ich nicht bei ihnen war. Schwester Regina schickte Rod und Mama eine kleine Notiz mit Genesungswünschen und versicherte ihnen, Gott liebe ihn und Mama dennoch. »Je mehr Gott dich liebt, umso mehr stellt er dich auf die Probe«, schrieb sie. Alle acht Schwestern, die mit mir im Noviziat waren, unterschrieben eine Mitteilung mit dem Versprechen, für eine rasche Genesung zu beten. Nach ein paar Wochen erhielt ich einen Brief, in dem stand, dass Rod wieder zu Hause sei, mit zwei »Narben wie von einem Haifischbiss« auf dem Rücken.

Als meine erste Profess immer näher rückte, versuchte ich, mir darüber Klarheit zu verschaffen, ob es mir möglich wäre, mich wie beabsichtigt ein Leben lang Gott und dem Orden zu verpflichten. Dass ich mit Schwierigkeiten rechnen musste, stand fest, aber ich war dennoch entschlossen, mein Leben in den Dienst an den Armen zu stellen. Dieses Ziel gab mir Kraft; ich glaubte, dies sei mein ganzer Lebenssinn. Der Gedanke, erst einen Abschluss zu machen und dann eine Weile bei einer Freiwilligen-Organisation wie Australian Volunteers im Ausland zu arbeiten, kam mir gar nicht. Mutter Teresa inspirierte mich noch immer. Ich wollte mit ihr zu denjenigen, die sich vor den Toren unserer Gesellschaft befanden. Und das, obwohl ich als eine MN-Schwester wie ein unmündiges Kind behandelt wurde. Ich war zu der Überzeugung gelangt, dass Gott mich für seine Zwecke benutzen würde, wenn ich ihm alles gab, was ich besaß, und mir Kraft gäbe, die Probleme und Widersprüche in der Gemeinschaft zu bewältigen. Perfekt sei es nirgendwo, redete ich mir ein.

Am 22. März 1975 erhielt ich einen handgeschriebenen Brief von Mutter Teresa, in dem sie mir bestätigte, dass ich zu meinen ersten Gelübden im Mai dieses Jahres zugelassen sei, und mich ermahnte, im Gebet und im Schweigen zu wachsen und zu lernen, die anderen so zu lieben, wie Christus mich liebte. Ich war aufgeregt und hatte nur noch einen Gedanken, dass ich nämlich bald das Ausbildungshaus verlassen und die Arbeit beginnen würde, deretwegen ich in den Orden eingetreten war. In der Freizeit unterhielten wir uns darüber, wohin man uns wohl schicken würde. Ich hoffte, nach Afrika oder nach Asien zu kommen.

Anfang Mai kamen neue Postulantinnen zu uns, darunter Doreen aus Neuseeland, Lacy aus Australien und drei Frauen aus Singapur – Hua, Jun und Mei-ling. Doreen war erst vor Kurzem zum Katholizismus konvertiert, und die Schwestern aus Singapur machten einen sehr verlorenen Eindruck in diesem neuen Land mit seinem völlig anderen Lebensstil. Die Aussicht, dass Mutter Teresa bald kommen und sie formal in der Gemeinschaft willkommen heißen würde, begeisterte sie jedoch.

Mutter kam rechtzeitig nach Australien, um mit uns die Klausur vor der Profess zu machen, die der Zisterzienserabt von Tarrawarra, Dom Kevin O'Farrell, im Kloster von Corpus Christi leiten würde. Ehe die Klausur begann, verbrachte Mutter ein paar Tage bei uns und berichtete uns Neuigkeiten von den Schwestern weltweit.

»Die Arbeit in Afrika wächst und gedeiht«, sagte sie. »Gott meint es gut mit uns Schwestern. Es gibt bereits dreißig afrikanische Postulantinnen in Addis Abeba und dazu noch über hundert äthiopische Aspirantinnen. Ich werde ein Noviziat in Äthiopien aufbauen müssen, um sie alle zu unterrichten. Gott sorgt für uns. Es ist wunderbar!

Im Nahen Osten ist die Lage sehr unsicher«, fuhr sie fort. »In Amman konnten unsere Schwestern vor dem Erschießen gerettet werden, weil Schwester Damian und ich vor einiger Zeit einen Mann von der Straße aufgelesen hatten, der an einem Gangrän litt. Wir sorgten dafür, dass er medizinisch versorgt wurde, und die Schwestern kümmerten sich um ihn, bis er wieder gesund war. Dieser Mann wurde Kommandant der Guerillakämpfer. Er tauchte an dem Ort auf, wo die Schwestern gefangen gehalten wurden. Er erkannte in Schwester Damian eine der Frauen, die ihm geholfen hatten. ›Lasst diese Frauen gehen!‹, befahl er. ›Sie tun Gottes Werk.‹

Es gibt so viele andere Geschichten, die ich euch erzählen könnte, Schwestern.« Sie schnitt in ihren Gesprächen mit uns viele Themen an. »Gebete sind mächtig. In Gaza war die Armee auf dem Vormarsch und zerstörte alles – brannte Häuser nieder und tötete Menschen. Unsere Schwestern und ein Orden arabisch sprechender Nonnen begannen eine Novena – ein neuntägiges Gebet –, während der sie Tag und Nacht den Rosenkranz beteten. Am neunten Tag kam die Armee nur eine Straße entfernt von unserem Kloster zum Stillstand.«

Sie besprach mit uns die Lektionen, die wir aus diesem Beispiel ziehen sollten. »Denkt immer daran, Schwestern: ›Bittet und ihr werdet bekommen.‹ Bald werden einige von euch ihre ersten Gelübde ablegen. Wenn ihr wirklich voll und ganz zu Gott gehören wollt, müsst ihr Ihm zur Verfügung stehen, damit Er über euch gebieten kann, wie es Ihm gefällt. Beschäftigt euch nicht zu sehr damit und habt keine Sorge. Gott ist da. Er wird euch helfen. Die Schwestern in Gaza waren sehr angespannt und besorgt: ›Sollen wir nicht weggehen, Mutter?‹, fragten sie mich. ›Viele Leute werden getötet.‹

›Nein, Schwestern‹, sagte ich ihnen. ›Lasst es mich nur wissen, wenn ihr tot seid!‹«

Diese offensichtliche Missachtung der Sicherheit unserer Schwestern erschütterte mich, aber Mutter lachte und erklärte: »Ich wusste, Gott würde sie beschützen. Von dem Moment an, als die Schwestern das akzeptierten, waren sie friedlich und glücklich, trotz aller Widerwärtigkeiten. Gott wird euch nie vergessen, Schwestern. Er ist immer da. Er liebt jeden von uns individuell und persönlich. Er hat euch in die Innenseite Seiner Hand eingeschnitzt. Kein Spatz fällt zu Boden, ohne dass unser Vater es weiß, seid also ohne Sorge!«

Mutter beschrieb sich und ihre Schwestern als die »Gemahlinnen des Gekreuzigten«. Mit unserer Weihe wurde von uns erwartet, unseren Gelübden gemäß zu leben und alles Leid, jedes Opfer und selbst den Tod zu akzeptieren, falls dieser uns ereilen sollte. Unsere Gelübde, so erklärte sie uns, waren wie ein Eheversprechen; wir verpflichteten uns damit jedoch nicht einem Menschen, sondern dem

Gekreuzigten. Ich weigerte mich, mich eingehender mit dieser Ehe-Thematik zu befassen, weil sie mir nicht weiterhalf und ich sie merkwürdig fand. Ich konnte mir nicht vorstellen, mit Jesus verheiratet zu sein.

Mutter erzählte uns von Bruder Andrew, einem Australier, der Jesuitenpriester gewesen war, ehe er sich mit Mutter zusammentat und 1963 den Männerorden der Missionare der Nächstenliebe gründete, deren Oberster Diener er war. Andrew hatte alle Brüder, die mit ihm in Vietnam gearbeitet hatten, zurück ins sichere Indien geschickt, weil er den Fall Saigons befürchtete, aber er blieb, um bei den Leuten zu sein, um die sie sich gekümmert hatten. Ein Bruder in der Ausbildung weigerte sich zu gehen. »Selbst wenn du mich aus der Bruderschaft ausstößt, werde ich dich und die Leute nicht verlassen«, erklärte er Bruder Andrew. Mutter sagte, wir sollten für sie beten, denn wenn die Truppen durchbrächen, würden sie womöglich beide erschossen. Diese Geschichten machten einen tiefen Eindruck auf mich.

Zu unserer siebentägigen Schweigeklausur gingen wir mit Mutter hinaus nach Corpus Christi. Ich spürte, dass ihr der Ort nicht gefiel, weil sie ihn für die Arbeit der MNs als zu groß und zu modern empfand. Dort hörten wir jeden Tag eine Lesung des Abts und noch eine von Mutter und verbrachten dann den Rest der Zeit im Gebet. Wir sahen Mutter auch zu einem privaten Gespräch und legten bei Dom Kevin die Beichte ab.

Während dieser Tage beschäftigte mich die Frage, warum Mutter sich so sicher war, dass die Schwestern im Nahen Osten nicht in Gefahr waren, während sie sich um Bruder

Andrew und seinen Gefährten in Vietnam Sorgen machte, die doch einer wie der andere unter der Fürsorge desselben Gottes standen. Ich musste auch an die Menschen denken, die vor dem neunten Tag der Novena gestorben waren. Sie waren Gott doch gewiss so wertvoll wie die Schwestern und starben doch nicht nur, weil ein paar Gebete gefehlt hatten.

Am 14. Mai 1975 im Alter von einundzwanzig Jahren kniete ich zusammen mit meinen Mitschwestern Naomi, Laboni und Elina vor Mutter Teresa in der All Saints Church Fitzroy und verpflichtete mich Gott und dem Orden. Mama kam zu meiner Profess zusammen mit Großmama, Tony, Rod und Judy von Moss Vale herunter. Ich war so froh, Rod wieder kräftig und gesund zu sehen. Toby und mein Freund Paul, der ein Franziskanermönch in brauner Kutte geworden war, nahmen ebenfalls daran teil, und auch Naomis Familie. Wir Novizinnen trugen zum ersten Mal unseren neuen Sari mit Blau, der die Professen auszeichnete, und gingen dann zur Kirche, wo sich alle versammelt hatten. Mutter überreichte jeder von uns ein Kreuz, das wir küssten und uns an den Strick hefteten, den wir um die Taille trugen. Gemeinsam mit den anderen legte ich meine ersten Gelübde gemäß der vorgeschriebenen Formulierung ab.

»Zur Ehre und zum Ruhm Gottes … weihe ich mich Ihm ganz in vollkommener Hingabe, liebendem Vertrauen und mit Fröhlichkeit … in Anwesenheit von Mutter Teresa MN gelobe ich, Schwester Tobit Livermore MN, für ein Jahr Keuschheit, Armut, Gehorsam und den Dienst an den

Ärmsten der Armen aus ganzem Herzen und ohne dafür eine Gegenleistung zu verlangen, gemäß den Satzungen der Missionarinnen der Nächstenliebe ...«

Danach saß ich mit meiner Familie zusammen, und wir plauderten auf dem vorderen Hof in der Gore Street, wo der Morgentee eingenommen wurde, und ich bekam Karten und Telegramme von meinen Freundinnen, Onkeln, Tanten und Cousins. Großmama und die Jungs hatte ich kaum gesehen, seit ich von zu Hause weggegangen war. Wir gingen nicht aus, weil Großmama nicht weit laufen konnte und das Auto zu klein für sechs Leute war, und so bekam meine Familie, während wir innerhalb der Gemeinschaft unser Festmahl einnahmen, ihr Essen im Salon serviert.

Kurz bevor wir uns zum Mittagessen niederließen, nahm Schwester Regina uns beiseite, um uns zu sagen, dass Mutter nun verkünden werde, wo wir eingesetzt würden. Nachdem wir uns versammelt und vor dem Essen das Tischgebet gesprochen hatten, verkündete Mutter alle Versetzungen, beginnend mit den neuen Professen. Jede Ankündigung wurde mit Rufen und Klatschen begrüßt. »Schwester Naomi, du wirst nach Katherine ins Northern Territory gehen. Schwester Elina, du bist für Bourke vorgesehen. Schwester Laboni, du kommst nach Port Moresby, und Schwester Tobit, du wirst hier im Noviziat bleiben, um Schwester Regina zu helfen.« Ich war wie vor den Kopf gestoßen. Als ich es Mama erzählte, war sie glücklich, dass ich in relativer Nähe blieb, aber ich war am Boden zerstört. Ich sagte nichts, hatte aber das Gefühl, noch immer darauf zu warten, dass mein wahres Leben als MN endlich seinen Anfang nahm. Ich wollte verhindern, dass Menschen hungers starben, und jenen helfen, die auf der Straße lebten, und nicht in einem Noviziat wohnen.

Nach dem Mittagessen brachen unsere Familien auf, weil zwei MN-Schwestern ihre endgültigen Gelübde in der Saint Patrick's Cathedral ablegten und wir neuen Professen daran teilnehmen sollten. Ich wünschte, ich hätte mehr Zeit mit meinen Leuten verbringen können, die immerhin eine Reise von siebenhundert Kilometern von Moss Vale auf sich genommen hatten.

Im Unterschied zu unserer Zeremonie in der Gemeindekirche wirkte die endgültige Profess in der Kathedrale viel unpersönlicher. Mutter und unsere Schwestern waren ganz weit weg oben vor dem Altar, und von meinem Platz aus versperrte mir eine Säule die Sicht. Die Orgel spielte, und die Gemeinde sang, und als die Schwestern nach Hause kamen, bildeten wir eine Ehrengarde für sie und streuten Blütenblätter über sie.

Abends wurden Stücke aufgeführt, Lieder gesungen und getanzt. Die Novizinnen führten ein Drama über die heilige Klara auf, das weibliche Äquivalent des heiligen Franziskus, und dann noch ein lustiges Puppenspiel, das uns alle furchtbar zum Lachen brachte. Mutter sprach ein paar Worte und betonte die Notwendigkeit, einander zu lieben, ehe sie uns zum letzten Mal segnete. Die drei anderen brachen noch am Abend mit Mutter auf, um nach Corpus Christi zu gehen.

Traurig und niedergeschlagen blieb ich im Ausbildungshaus zurück. Mutter war gegangen, meine Familie gekommen und wieder abgereist, doch ich blieb, obwohl ich mein Ziel erreicht und meine Gelübde abgelegt hatte, im Noviziat. Nach all der Aufbauarbeit hatte sich für mich nicht viel verändert. Ich saß im hinteren Teil der Kapelle auf dem Fußboden und versuchte, meiner Enttäuschung Herr zu werden. »Offensichtlich, Herr, ist es dein Wille, dass ich dem städtischen Melbourne und dem Noviziat nicht entkomme.«

Am nächsten Morgen um vier Uhr brach Schwester Elina nach Bourke auf, Schwester Naomi ging ein paar Tage später nach Katherine, und Schwester Laboni musste noch zwei Wochen auf ihren Flug nach Port Moresby in Papua-Neuguinea warten. Schwester Regina, Schwester Benedict und ich liehen uns den alten verbeulten Ford Cortina des Gemeindepriesters aus, um sie zum Flughafen zu bringen. Kurz bevor sie im Terminal verschwand, wünschte ich ihr alles Gute und sprach die Hoffnung aus, eines Tages zu ihr zu kommen. Auf dem Heimweg blieb Vaters Wagen liegen. Schwester Laboni war vermutlich bereits in Moresby, ehe ich im Noviziat ankam, um meine neuen Aufgaben zu übernehmen.

4

Leben als Professe: Noch immer in Australien

»Und wer nicht sein Kreuz auf sich nimmt
und folgt mir nach, der ist meiner nicht wert.«
(Matthäus 10,38)

Ich hatte mich auf einen neuen aufregenden Posten gefreut, aber die Berufungen waren bei den MNs nie vorhersehbar. Dennoch wäre es mir nie in den Sinn gekommen, dass Mutter mich dazu berufen könnte, im Noviziat zu unterrichten, weil die mit der Ausbildung betrauten Schwestern normalerweise über mehr Erfahrung verfügten und nicht gerade erst ihre Profess abgelegt hatten. Wir wurden jedoch immer wieder woandershin berufen, sodass es ein guter Selbstschutz war, keine Präferenzen zu haben. Eine Schwester aus dem Haus in Bourke beispielsweise hatte eine Versetzung nach Manila erhalten und war nach Melbourne gereist, um hier ein Visum für die Philippinen zu beantragen. Sie kehrte nach Bourke zurück, um dort zu arbeiten, bis es genehmigt wurde, doch nur, um ein paar Wochen später zu erfahren, dass ihr Auftrag geändert worden war, sodass sie wieder nach Melbourne musste, um die Formulare nun für Papua-Neuguinea einzureichen. So etwas passierte ständig.

Nach unserer Profess wurde das Ausbildungshaus in das zweistöckige Gebäude in der Gore Street verlegt, das wir dafür hergerichtet hatten, nachdem das Männerasyl geschlossen worden war. Mutter beschloss, die Aspiranz, eine sechsmonatige »Schnupperphase«, die ursprünglich dazu gedacht gewesen war, Schwestern, die nicht Englisch sprachen, dabei zu helfen, die Sprache zu erlernen, ehe sie mit ihrer Ausbildung begannen, in Australien zu einer festen Einrichtung zu machen. Weil Naomi und ich bereits Englisch sprachen, waren wir davon ausgenommen und sofort als Postulantinnen in die Gemeinschaft aufgenommen worden.

Die fünf Postulantinnen, Schwester Benedict und ich lebten in einer Gemeinschaft. Im gleichen Haus bildete Schwester Regina mit den neun Novizinnen, vier aus Indien und fünf aus Australien, eine eigene Gemeinschaft.

Während der Übergangszeit zwischen offenem Asyl und Kloster kletterten einige der Männer, die in der Gore Street gewohnt hatten, nachts über den Zaun und versuchten, über die Feuerleitern ins Haus zu gelangen. Doch Abby, die ihre eigene Ausbildung abgeschlossen hatte und ein sehr braver Wachhund geworden war, verjagte sie.

Ich war dazu abgestellt, die Novizinnen und Postulantinnen täglich in drei Unterrichtseinheiten auf Gebieten zu unterrichten, die mir selbst nicht richtig vertraut waren: Kirchengeschichte bei den Postulantinnen und Kirchengeschichte sowie Moraltheologie bei den Novizinnen. Die Novizinnen zu unterrichten, war ein komisches Gefühl, weil ich noch vor Kurzem selbst eine von ihnen gewesen war, aber nach unserem Trimester am Assumption Institute hatte keine andere Novizinnengruppe mehr externe

Studien betrieben, also wurde ich gebeten, das weiterzugeben, was ich gelernt hatte. Ich war meinen Schülerinnen in Kirchengeschichte selbst nur ein Kapitel voraus, hatte aber wenig Zeit, meinen Unterricht vorzubereiten. Ein paar Monate lang musste ich zusehen, dass ich freie Zeit für Fahrstunden herausschlug. Eine der Laienmitarbeiterinnen hatte eine Fahrschule und half mir. Obwohl ich ein paar Mal recht stotternd anfuhr, bekam ich binnen zwei Monaten meinen provisorischen Führerschein.

Vormittags arbeitete ich zweieinhalb Stunden und nachmittags von halb vier bis sieben im Zentrum für obdachlose Männer oder machte mit einer der Postulantinnen, normalerweise mit Schwester Hua, Hausbesuche, wobei ich mit ihr gehorsam den Rosenkranz an Ampelkreuzungen betete und in etwa die gleiche Arbeit erledigte, die ich als Postulantin mit Schwester John gemacht hatte. Wir besuchten alte Leute, die ans Haus gefesselt und allein in ihren Wohnungen waren, sowie Menschen mit eingeschränkter Mobilität in den Wohnhäusern der Innenstadt. Wir erledigten für sie die Einkäufe, die Wäsche, das Putzen und unterhielten uns mit ihnen. Einige waren starke Trinker, um die sich keiner kümmerte.

Auf diese Weise traf ich Vince wieder, den alten Kerl aus der Gertrude Street, der noch immer kein Glück bei der Pferdewette gehabt hatte. Ein anderer Stammpatient war Bill. Während Schwester Hua und ich eines Tages darauf warten mussten, dass die Wäsche eines anderen Mannes im Waschsalon fertig wurde, gingen wir los, um Bill zu besuchen. Sein Zimmer war noch abgeschlossen, was ungewöhnlich war, denn er war immer zeitig auf und saß vor seinem Heim, um die Morgensonne zu genießen und ein Schwätzchen mit den Passanten zu halten. Ausgehen war für ihn unmöglich, denn er konnte nur ein paar Schritte laufen. Wir riefen und hörten ihn irgendwas zur Antwort grunzen. Durchs Fenster konnte ich nichts sehen, und die Tür wollte ich auch nicht gewaltsam öffnen lassen, für den Fall, dass er nur ausschlafen wollte, also sprang ich auf seinen Fenstersims und warf einen Blick durch einen Spalt des heruntergelassenen Rollos. Ich konnte seine Füße sehen – er lag auf dem Fußboden, fast unter dem Bett, eingeklemmt zwischen Bett und Tisch. Ich sprang wieder herunter und holte den Mann von nebenan zu Hilfe. Er stieß mit der Schulter die Tür auf, damit wir uns um Bill kümmern konnten, der Fieber und einen rasselnden Atem hatte.

»Halten Sie durch, Kumpel! Wir kriegen Sie schon wieder hin«, versicherte ich ihm. »Wir rufen einen Krankenwagen.«

»Ich pfeif euch was, wenn ihr mich ins Krankenhaus bringen wollt!«, entgegnete er.

»Ich fürchte, Sie haben keine andere Wahl, mein Lieber, hier auf dem Fußboden können Sie nicht bleiben.« Er setzte sich kaum zur Wehr. Er lag mit Lungenentzündung danieder, aber nach einigen Antibiotika im Krankenhaus war er bald schon wieder der Alte und machte Späßchen mit uns, als wir ihn ein paar Tage später dort besuchten.

Zu meiner Arbeit gehörte es auch, Einwandererfamilien zu besuchen, denen ich half, sich dem Leben in Australien anzupassen, indem ich sie mit den Organisationen bekannt machte, die sie beim Erlernen des Englischen und bei der Arbeitssuche unterstützen konnten. Einmal die

Woche ging ich zusammen mit den Schwestern in Ausbildung nach Corpus Christi, um dort die Professen an ihrem freien Tag zu entlasten. Fünfzig Männer lebten dort, viele von ihnen alt und krank, und sie wurden von acht Schwestern betreut. Wenn wir dort waren, halfen wir beim Teekochen, servierten die Mahlzeiten, machten sauber und halfen bei der Frühstücksvorbereitung. In Collingwood gab es ein Pflegeheim, das ebenfalls von uns besucht wurde, doch nur, um mit den Menschen dort zu plaudern, die sonst keinen Besuch bekamen. Außerdem hatte ich noch die Aufgabe, an der Carlton Staatsschule Religionsunterricht zu erteilen, sowie samstags die Kinder auf die Erstkommunion vorzubereiten.

Eine Weile nahm ich eine der Postulantinnen als Helferin auf eine nächtliche Tour im Suppenbus mit, mit dem wir versuchten, den Männern, die in frostigen Nächten in den Nebenstraßen Melbournes kampierten, etwas Warmes zu bringen. Sie hatten zum Zudecken nur ihre Mäntel und zum Schutz vor dem kalten Beton nur Zeitungen als Unterlage. Einer von ihnen, ein alter Österreicher, hatte die Konzentrationslager des Zweiten Weltkriegs überlebt. Es machte mich traurig, dass er nach diesem Leid nun in Melbourne obdachlos war.

Im Asyl Saint Vincent de Paul kochten und putzten wir, wie wir das auch in der Gore Street 101 getan hatten, aber alles war viel kleiner und ziemlich beengt für die etwa fünfundzwanzig Leute, die hier wohnten und aßen. Einer der Männer dort, der »The Captain« genannt wurde, trug eine Seemannskappe und zerrte seine Habseligkeiten in einer Karre mit sich herum – alles war golden angemalt, selbst sein Fernseher und die Stiefel, nur die paar lebenden Hühner nicht, denen sie als Stall diente, und auch nicht der Hund, den er am Griff festband. Einmal zündete er ein Feuer im Papierkorb seines Zimmers an, weil er einen Schweinekopf braten wollte. Wir entdeckten ihn, wie er auf seiner Matratze saß und eine Bratpfanne über den lodernden Mülleimer hielt. Wir bereiteten ihn in einem etwas konventionelleren Backrohr für ihn zu.

1975 kam in Kambodscha Pol Pot an die Macht, Bill Gates gründete Microsoft, der Vietnamkrieg ging weiter, während der Watergate-Skandal Amerika erschütterte; Indonesien war in Ost-Timor einmarschiert, und gerade einmal siebenhundert Kilometer von Darwin entfernt wurden Zehntausende von Menschen getötet.

Unser Leben im Kloster ging ungeachtet dieser internationalen Ereignisse unbeirrt weiter, doch als Bruder Andrew von den Missionsbrüdern der Nächstenliebe eintraf, rüttelte er uns mit der Nachricht auf, dass Saigon gefallen war. Er besuchte uns und hielt für uns die Messe ab, da er ursprünglich aus Melbourne kam, wo seine Schwester noch immer lebte. Er war ein dünner, hagerer Mann, der sehr leise sprach und uns von den Missionsbrüdern der Nächstenliebe erzählte, für die wir gebetet hatten.

»Die Soldaten schlossen unsere Häuser und setzten alle unsere alten Leute auf die Straße«, berichtete er. »Dann wurde ich vertrieben. Einer unserer Novizen, ein Amerikaner, wurde in Kambodscha erschossen. Es war eine Tragödie, er war noch so jung. Die anderen, denen es vorher geglückt war, aus Saigon zu fliehen, waren Amerikaner und Holländer, aber dieser Bruder weigerte sich wegzugehen.

Die anderen bekamen nur Visa für einen dreimonatigen Aufenthalt in Indien und konnten deshalb ihr Noviziat nicht in Kalkutta beenden, es sei denn, sie wären als Dauerflüchtlinge dort geblieben.«

»Und wo sind sie jetzt, Andrew?«, erkundigte sich Schwester Regina.

»In Los Angeles. Die fünf haben dort ein Haus aufgebaut. Keiner der Brüder aus Indien konnte sie begleiten, weil sie keine Visa für Amerika hatten, also machten sie sich allein auf den Weg. Der älteste Bruder ist gerade mal zweiundzwanzig.«

»Dann dürfte er einer der jüngsten religiösen Superioren der Welt sein«, meinte Schwester Regina ein wenig erschrocken.

»Das kann man wohl sagen«, erwiderte Andrew. »Ich kümmere mich jetzt um Visa für einige unserer älteren Brüder, damit diese von Indien herüberkommen können, aber alles braucht seine Zeit. Während ich in Vietnam war, konnte ich nicht viel tun, weil die Lage so instabil und ich von jeglicher Kommunikation abgeschnitten war. Aber ich hoffe, schon bald Häuser in Taiwan, Korea und Japan gründen zu können.«

Er blieb nur kurze Zeit und kehrte dann nach Kalkutta zurück, um dort seine Arbeit wieder aufzunehmen.

Im Juni 1975 traten die Krankenschwestern der psychiatrischen Klinik in Kew, einer großen Einrichtung auf einem weitläufigen Gelände mit Hunderten von Patienten mit unterschiedlichen Behinderungen, für einige Tage in den Streik. Wir kannten die Häuser in Kew, da wir an Sonntagnachmittagen dort Besuche machten, also ging unsere ganze, aus fünfzehn Schwestern bestehende Gemeinschaft dorthin, um auszuhelfen, acht in der Tagesschicht, sieben in der Nachtschicht. Unser Unterricht wurde abgesagt, und die Zentralbehörde von Kew wies den Freiwilligen ihre Stationen zu. Einige der Patienten vegetierten vor sich hin, waren unfähig zu sitzen oder zu sprechen. Ich kümmerte mich um Frauen, die an Alzheimer erkrankt waren und die, wenn wir morgens eintrafen, froren, eingenässt hatten und kaum zugänglich waren. Wir badeten sie, führten sie auf die Toilette und fütterten sie. Obwohl sie keine Erinnerung an den vergangenen Tag hatten, schienen sie doch über ein emotionales Gedächtnis zu verfügen, das einen Funken des Erkennens zum Leuchten brachte, wenn wir sie am folgenden Tag wieder begrüßten. Es war tragisch, dass das Leben dieser einst dynamischen, tatkräftigen Menschen in diesem hilflosen, wirren Zustand gipfelte.

Im Dezember 1975 fand die Profess der Schwestern Evelyn, Rosa und Saranya statt. Schwester Christine, meine frühere Oberin, kam für die Klausur von Katherine herunter, und ich freute mich, sie wiederzusehen und Neuigkeiten über Naomi und ihre Arbeit bei den Aborigines zu erfahren. Um diese Zeit kamen die Schwestern Annie und Francesca aus Indien, um ihr Noviziat in Schwester Laras Gruppe zu machen, deren Profess für den folgenden Dezember anberaumt war.

Am Tag vor der Profess fand das Haareschneiden statt, und aus Schwester Reginas »Barbiersalon« drangen viele Schreie. Für eine indische Frau war es eine besonders große Sache, ihre Haare zu verlieren. Evelyns große Familie kam von Sale herunter und quetschte sich in die Kirche. Die indischen Schwestern hatten nur die Gemeinschaft der MNs, um diesen Tag mit ihnen zu feiern. Nach der Messe hatten wir etwa hundert Gäste zum Morgentee. Dann kamen sämtliche Schwestern aus Melbourne zum Mittagessen, und anschließend verkündete Schwester Regina, dass Schwester Rosa nach Hanuabada in Port Moresby zu Schwester Laboni kommen sollte, Schwester Evelyn würde nach Bourke gehen, wo Elina arbeitete, und Saranya ging mit Schwester Christine zurück nach Katherine. Ich gab ihr einen Brief mit Neuigkeiten aus Melbourne für Naomi mit.

Zur Weihnachtszeit bereiteten wir ein Fest für die ärmeren Kinder aus der Innenstadt vor, von denen viele einen Migrationshintergrund hatten. Wir wickelten einhundert gespendete Geschenke in vier verschiedenen Farben ein, für jede Altersgruppe und jedes Geschlecht, damit man sie einfacher verteilen konnte. Dann fuhren wir mit angemieteten Bussen zum Salesian Agricultural College in Sunbury, wo die Kinder eine schöne Zeit mit Wettläufen, Spielen und Trampolinspringen verbrachten. Der Ort und der Kontakt mit den Tieren gefielen ihnen, sie streichelten die Pferde und beobachten andere Tiere wie etwa eine Wachtel mit ihren winzigen Küken. Als das Fest vorbei war, verpackten und verteilten wir an die siebzig Carepakete an unsere Alten wie Vince und Bill.

Die Laienmitarbeiter halfen uns eifrig bei den Weihnachtsfeiern und auch dabei, Geld und Lebensmittel zu sammeln, um damit den Menschen zu helfen, die in Gujarat, einem indischen Staat, an einer Hungersnot litten. Schwester Augustine bat mich, gemeinsam mit einer anderen Schwester auf einer abendlichen Spendenaktion zu sprechen. Die Mitarbeiter zeigten eine kurze Dokumentation, dann beschrieb ich, was die Schwestern gegen die Hungersnot unternahmen. Dies wühlte starke Gefühle in mir auf, denn ich wollte ja selbst gern in Gujarat arbeiten und nicht nur darüber reden. Aber nach zweieinhalb Jahren in der Gemeinschaft fühlte ich mich meinem ursprünglichen Ziel, den Armen zu helfen, nicht näher als am Anfang. Ich sprach darüber mit Schwester Regina.

»Ich habe nicht das Gefühl, die Arbeit zu tun, deretwegen ich eingetreten bin. Es bestürzte mich, vor den Laienmitarbeitern über die Leute zu sprechen, die in Indien verhungern, während ich es hier in Australien doch sehr bequem habe.«

»Tobit, du bist nicht Missionarin der Nächstenliebe, um eine ganz bestimmte Arbeit zu tun, sondern um dich voll und ganz in Gottes Dienst zu stellen. Du musst einfach nur Geduld haben. Deine Zeit wird kommen. Du hast deinen Geist und deinen Willen in Gottes Hände gelegt, damit Er sich ihrer bedient, wie es Ihm beliebt. Bleibe deiner Sache dort treu, wo du bist. Blühe dort, wo du gepflanzt wurdest. Versuche nicht, deinen eigenen Willen zu behaupten.«

»Ja, Schwester«, sagte ich und spielte dabei meine Rolle der gehorsamen Nonne, so gut ich es konnte, obwohl in mir die Sehnsucht brannte, im Ausland oder im Outback zu sein und der Ungleichheit auf der Welt etwas entgegenzusetzen. Schwester Regina bat mich, das *Gebet der Hingabe* von Vater Charles de Foucauld aufzusagen, um »vollkommene Hingabe« zu lernen. Er hatte eine Zeit lang als Handwerker unter den Armen gewohnt und gearbeitet. Für ihn und Mutters Patronin, die heilige Theresa von Lisieux, waren die gewöhnlichen Aufgaben des Alltagslebens von Heiligkeit durchdrungen, wenn man sie mit Liebe und Aufmerksamkeit erledigte.

»Mein Vater, ich überlasse mich Dir, mach mit mir, was Dir gefällt. Was Du auch mit mir tun magst, ich danke Dir. Zu allem bin ich bereit, alles nehme ich an. Wenn nur Dein Wille sich an mir erfüllt und an allen Deinen Geschöpfen, so ersehne ich weiter nichts, mein Gott. In Deine Hände lege ich meine Seele; ich gebe sie Dir, mein Gott, mit der ganzen Liebe meines Herzens, weil ich Dich liebe und weil diese Liebe mich treibt, mich Dir hinzugeben, mich in Deine Hände zu legen, ohne Maß, mit einem grenzenlosen Vertrauen; denn Du bist mein Vater.«

Meine Enttäuschung blieb trotz meiner Gebete, als die Postulantinnen, Novizinnen und ich fünfzig Teekisten mit der von den Laienmitarbeitern gesammelten Dosenmilch, den Kleidern und der Seife packten. Ich träumte davon, näher ans Geschehen zu kommen, anstatt Waren nach Indien verschicken zu helfen, aber ich kam weiterhin meinen Pflichten nach, unterrichtete und besuchte jene, die an den Rändern der Innenstadt Melbournes lebten.

Schwester Regina wiederholte nachdrücklich ihre Botschaft an mich, dass Gottes Wille wichtiger war, als schwierige Dinge zu tun. Obwohl Jesus Gott war, sei er in der Provinz von Nazareth geblieben und habe, bis er dreißig war, Maria und Joseph gehorcht, ohne etwas Erwähnenswertes zu leisten. Die ganze Zeit sei er jedoch vom Vater für sein geistliches Wirken in der Öffentlichkeit vorbereitet worden. Schwester Regina war der Meinung, ich hätte weitere »Reinigung« nötig, ehe man mich würde in die Welt schicken können.

Während des chinesischen Neujahrfestes verkleideten Schwester Regina und ich uns als chinesische »Alte«, mit Pferdeschwänzen, die wir aus den geschorenen Haaren unserer Schwestern machten, um unseren an Heimweh leidenden Postulantinnen aus Singapur kleine rote Geschenkpäckchen zu überreichen. Unsere Bärte, Schnurrbärte und Gehstöcke brachten sie so zum Lachen, dass sie vergaßen, uns ein langes Leben und Gesundheit zu wünschen, wie es üblich wäre, wenn einen jemand in so ehrwürdigem Alter besuchte.

Im Mai 1976 erneuerte ich mein Gelübde zum ersten Mal, und zwar gemeinsam mit den Schwestern Karina und Annette, die schon ein Jahr vor mir ihre Profess hatten. Schwester Karina war seitdem sehr krank gewesen und hatte lange Zeit im Krankenhaus mit einer Bluterkrankung und dann wegen eines gebrochenen Beins gelegen. Schwester Jasmin, die klassische Tänzerin aus Kerala, verließ uns in aller Stille und kehrte nach Indien zurück, nachdem sie beschlossen hatte, ihr Gelübde nicht zu erneuern. Ich konnte mich nicht von ihr verabschieden und fragte mich oft, wie sie sich wohl in ihrem traditionellen Fischerdorf zurechtfinden mochte, als schöne junge Frau mit sehr kurzen Haaren, die sie noch eine ganze Weile mit dem Stigma der Ex-Nonne brandmarken würden.

Im Juni wurde Schwester Benedict, oder Spitfire, nach

sieben Jahren in Australien zurück nach Indien beordert. Wir brachten sie zusammen mit drei großen Teddybären, die die Gefangenen im Pentridge Goal für sie gemacht hatten, zum Flughafen. Ihre Mutter lag im Sterben, was wohl der Grund gewesen sein mochte, weshalb sie zurück nach Hause durfte. Die Männer in Corpus Christi, die Gefangenen und alle, die auf der Straße lebten, respektierten Schwester Spitfire, deren kleine Gestalt sich oft vor Lachen schüttelte und die nie vor harter Arbeit zurückschreckte.

Unter den Schwestern war ein Kommen und Gehen. Die neuseeländische Postulantin Doreen und die Australierin Lacy verließen die Gemeinschaft, aber Hua, Jun und Meiling sollten Novizinnen werden, wenn Mutter im Dezember zu uns kam. Zwei Australierinnen schlossen sich uns für ein paar Monate an, kamen dann aber zu dem Ergebnis, dass das Leben als Missionarin der Nächstenliebe nichts für sie war, und auch Schwester Evelyn, die in Bourke gewesen war, verließ uns unerwartet. Kurz bevor Mutter eintraf, kamen fünf neue Aspirantinnen zu uns: Ling aus Hongkong, Reka aus Neuseeland, Marion aus Sydney, Ann aus Westaustralien und Madeline von den Philippinen.

Im Oktober dieses Jahres erfuhren wir, dass Mutter Teresa auf den Philippinen war, um dort ein Haus in Manila zu eröffnen, das sich um kranke Kinder kümmern sollte. Außerdem weihte sie ein neues Noviziat ein, und dies bedeutete für uns, dass unser australisches Noviziat geschlossen werden würde und die Auszubildenden auf die Philippinen kämen, um dort ihre Bildung zum Abschluss zu bringen. Da es auf den Philippinen viele Berufungen gab und nur wenige in Australien, ergab diese Änderung Sinn.

Mutter plante, nach ihrem Besuch in Manila zu uns zu kommen, um dabei zu sein, wenn die Gruppe ihre ersten Gelübde ablegte, und um das Männerzentrum Corpus Christi in die Hände der Jesuiten zu legen.

Schwester Dolores wies uns Schwestern an, Teekisten mit geschenkten Spielsachen für die Neugründung Kerema in der fernen Golfprovinz von Papua-Neuguinea zu packen. Ich wusste nicht, welche Bedingungen die Schwestern dort erwarteten, aber nach allem, was ich in der Schule erfahren hatte, würden sie sehr primitiv sein. Und ich hätte deshalb Seife, Kleidung, Taschenlampen, Werkzeug, Moskitonetze, Notizbücher und Papier, Bleistifte, Bälle und so weiter für wesentlich sinnvoller gehalten als die weißen Puppen, das Plastikspielzeug und die Lastwagen, die wir einpackten.

»Glaubst du nicht, Schwester, dass diese Dinge in Neuguinea fehl am Platze sein könnten?«

»Nein. Wie kommst du darauf?«

»Nun, die Kinder im Dorf dürften solches Spielzeug noch nie gesehen haben.«

»Woher willst du das wissen? Glaubst du außerdem nicht, dass arme Kinder auch ein wenig Glücklichsein verdient haben? Die Schwestern können sie ihnen zu Weihnachten geben.« Sie stand aufrecht da und rückte mit mürrischer Miene die blaue Borte ihres Saris zurecht. »Kannst du nicht einmal einfach nur das machen, was man dir sagt?«

Ich packte schweigend weiter, und die Sachen wurden nach Kerema geschickt, wo sie auf die Neugründung warteten.

Gegen Ende 1976 wusste ich, dass man mich irgendwohin schicken würde, denn ich wurde gebeten, nach Hause zu schreiben, um mir meine Geburtsurkunde kommen zu lassen, damit ich einen Reisepass beantragen konnte, und einige Zeit später unterschrieb ich die letzte Seite eines Visumantrags.

Mutter Teresas Besuch und die Profess sorgten für die übliche Aufregung, aber da sie ihre Pläne ständig über den Haufen warf und die Termine änderte, war es schwierig, die Klausur und die Reisepläne für Familie und Freunde zu organisieren, die bei der Profess dabei sein wollten. Schließlich kam sie Ende November, und fünf Schwestern legten ihre ersten Gelübde vor ihr in der All Saints Church ab. Der Gemeindechor von Essendon sang die Messe und belebte die Innenstadtgemeinde mit vielen Gitarristen, Trommeln und einem Xylophon oder Glockenspiel.

Unser besonderes Mittagessen bestand aus einem Vindaloo Curry mit Reis, einer Halwa genannten Süßigkeit, und Schwester Regina machte unter großzügiger Verwendung von Messwein ein Trifle. Eine Verwandte von Mutter, die nach Australien ausgewandert war und die wir Tantchen nannten, brachte auch was Besonderes zum Essen mit – gefüllte Paprika, Ofenkartoffeln und Hühnchen. Mutter hatte Tantchen gescholten, uns nicht so sehr zu verwöhnen, aber sie nahm sich das glücklicherweise nicht zu Herzen und brachte uns oft kleine Leckerbissen.

Nach dem Mittagessen verkündete Mutter, wohin wir berufen wurden, und dabei erfuhr ich, dass ich für das neue Haus in Kerema bestimmt war. Schwester Karina, die mit mir das Noviziat gemacht hatte, wurde ebenfalls dorthin berufen, und Schwester Margaret, eine sanfte Frau aus Bombay, die ihre letzten Gelübde in Australien abgelegt hatte, würde unsere Oberin sein. Ich bat Antheas Eltern, die zur Profess ihrer Tochter nach Sydney gekommen waren, Mama anzurufen und ihr zu sagen, wohin ich ging. Ich war sehr glücklich, Melbourne zu verlassen.

Am Abend führten die Novizinnen und Postulantinnen mit mir zusammen ein Stück auf, sangen und tanzten und unterhielten Mutter und die anderen Schwestern mit Sketchen. Das Stück basierte auf dem Leben eines polnischen Priesters namens Maximilian Kolbe, der in einem deutschen Konzentrationslager in Auschwitz umgekommen war. Drei der Gefangenen waren geflohen, und deshalb wählten die Nazis willkürlich zehn ihrer Mitbewohner aus, um sie zu töten. Ein polnischer Feldwebel, der sterben sollte, rief: »Meine arme Frau und meine armen Kinder.« Bei diesen Worten trat Kolbe vor und meldete sich freiwillig, um an seiner statt zu sterben. Sein Angebot wurde angenommen, und der Kommandant schickte ihn zusammen mit den anderen in den Hungerblock. Der polnische Feldwebel, für den Kolbe eingesprungen war, überlebte den Krieg. Nach einigen Tagen waren die neun anderen verhungert und an Austrocknung gestorben, aber Kolbe blieb am Leben und musste mit einer tödlichen Injektion umgebracht werden. Mutter gefiel das Stück und die Thematik, dass man sein Leben für das der anderen ließ, und sie sagte, sie werde ein Exemplar mit nach Kalkutta nehmen.

Als wir uns auf unsere Abreise nach Papua-Neuguinea vorbereiteten, fragte ich Schwester Dolores, ob ich eine Malariaprophylaxe einnehmen sollte, weil meine Freundinnen Peggy und Agnes von der Highschool, die dort beheimatet waren, immer mal wieder Malariaanfälle bekommen hatten und erzählten, dass in ihren Dörfern Leute daran gestorben seien. Schwester Dolores fand, es sei nicht nötig, meinte aber, ich solle Schwester Felicity fragen, wenn ich in Port Moresby ankam.

Während Mutter für die Profess in Australien war, fand auch die Übergabezeremonie von Corpus Christi an die Jesuiten statt, die uns Schwestern nicht leichtfiel, weil wir an den Männern hingen. Für Schwester Augustine dürfte es besonders hart gewesen sein, denn sie war seit ihrem Eintritt in die Gemeinschaft an diesem Projekt beteiligt.

Ich hatte in Melbourne geduldig für die Leute gearbeitet, welche die Gemeinschaft die »Armen im Geiste« nannte, wobei ich mir nie ganz sicher war, was dieser Begriff bedeutete, denn geistig arm waren wir schließlich alle. Ich war jedoch in den Orden eingetreten, weil ich mit den Menschen arbeiten wollte, die physisch arm waren. Damals fiel mir nicht auf, dass jemand in Australien auf die gleiche Weise in Armut lebte wie die Menschen in der Dritten Welt. Ich wollte mit meinen geringen Möglichkeiten die Kluft zwischen dem Lebensstil, den wir in Australien führten, und dem harten Leben überbrücken, dem man in anderen Teilen der Welt begegnete. Es war mir schwergefallen, Religionsunterricht zu geben und Hausbesuche zu machen, und ich hatte mich nicht ausgelastet gefühlt. Mutter sagte: »Es geht nicht darum, wie viel du tust, sondern wie viel Liebe du in die Arbeit steckst.« Nichtsdestotrotz war ich unbefriedigt. Ich wollte die Arbeit tun, die sie von Anfang an getan hatte, die Arbeit, deretwegen sie, wie ich noch immer glaubte, den Orden gegründet hatte.

Und das würde hoffentlich schon bald der Fall sein.

5

Betelnuss und Bilums

»Der weiße Mann hat zu viel Ballast.«
Anonymus

Am 27. Januar 1977 verabschiedeten sich Mutter und eine ganze Autoladung Schwestern von Margaret, Karina, Samantha und mir zum Flug von Tullamarine nach Papua-Neuguinea. In Port Moresby sollten wir auf Mutter warten, die dort in ein paar Wochen zu uns stoßen wollte, damit wir gemeinsam nach Kerema gingen. Unsere Visumbestimmungen sahen vor, dass wir bis zum 1. Februar in das Land eingereist sein mussten, was der Grund für unser vorzeitiges Eintreffen war.

Da wir über Sydney flogen, suchte ich die Berge nach einem Blick auf mein Zuhause ab und fragte mich, wann ich wohl meine Familie wiedersehen würde. Als wir am Jackson's Airport in Port Moresby aus dem Flugzeug stiegen, schlug uns die Hitze wie aus einem Backofen entgegen. Unsere Gruppe kam als letzte durch den Zoll, und die müden Beamten winkten uns mit unseren Kisten und den mit Stricken zusammengebundenen Bettrollen durch. Aufgeregt wurden wir begrüßt, darunter auch von Schwester Felicity, mit der ich mich damals in Bourke zum ersten

Mal über mein Interesse, den Missionarinnen der Nächstenliebe beizutreten, ausgetauscht hatte, Schwester Laboni, meine Gruppenschwester, und Schwester Rosa, die mit uns das Noviziat gemacht hatte. Die kürzlich Professe gewordene Schwester Anthea war ein paar Wochen vor uns eingetroffen.

Wir zwängten uns auf die Ladefläche ihres Lastwagens, wo wir auf Holzbänken unter einem Planendach sitzend die Fahrt vom Flughafen nach Hanuabada zurücklegten, einem am Meer gelegenen Vorort von Moresby. Ich klammerte mich fest, als wir in halsbrecherischem Tempo um die Kurven rasten. Kokosnusspalmen, Chilisträucher und mit Menschen vollgepackte Kleintransporter flitzten auf der gewundenen Straße an uns vorbei. Gärten mit Bananen, Papayas und Maniok waren über die steilen Hügel an der Peripherie der Stadt verstreut.

In den dicht befahrenen Straßen um den Markt, wo Verkäufer ihr Gemüse auf dem Boden aufgehäuft anpriesen, fuhren wir etwas langsamer. Die Frauen trugen ihre unverwechselbaren *meri* – leuchtend bunte, hemdartige und lose sitzende lange Blusen mit rundem Ausschnitt und kurzen Puffärmeln, dazu *lap laps* – Stoffbahnen, die wie ein Sarong um die Taille gewickelt werden. Beides war farbenfroh bedruckt, mit Paradiesvögeln, wilden Kriegern, Trommeln und Hibiskusblüten. Babys oder schwere Lasten schleppten sie in *bilums* oder Netztaschen mit sich herum, die aus Naturfasern handgeknüpft wurden und über den Kopf geschlungen getragen wurden. Anfangs missdeutete ich die roten Betelnussflecken um ihre Münder als Anzeichen einer Krankheit, und es faszinierte mich zu sehen, dass im krausen Haar der Papuas alle möglichen Dinge verwahrt wurden – Stifte, Kämme und sogar Mechanikerwerkzeug.

Die Schwestern in Hanuabada nahmen jeden Sonntag Chloroquin zur Malariaprophylaxe, obwohl die Gefahr in Port Moresby bei Weitem nicht so groß war wie im Rest des Landes, da die Stadt ein Malaria-Ausrottungsprogramm durchführte. Sie lebten in einem zweigeschossigen Haus am Rande einer Bucht mit einer Steinterrasse als Vorgarten. Das Geräusch der sanft plätschernden Wellen und eine gelegentliche Meeresbrise drangen durch die Lamellenscheiben der Kapellenfenster. Über die ganze Bucht und beidseits einer grob gearbeiteten Mole verteilt standen strohgedeckte Pfahlhäuser aus rohem Holz. Gruppen von Kindern sprangen und tauchten ins Meer, während andere in Einbäumen angelten.

Papua-Neuguinea wird durch einen zentralen Gebirgszug zweigeteilt. Die Neuguineaner im Norden sprechen vornehmlich *Tok Pisin* oder Pidgin-Englisch, während die Papuaner im Süden eine vereinfachte Form von *Motu,* der Sprache von Hanuabada sprechen. Weil wir nicht wussten, welche Sprache in Kerema gesprochen wurde, begannen wir Pidgin- und Motu-Wörter zu lernen, während wir auf Mutter warteten. Diese verbindenden Sprachen sind in dem gebirgigen Land mit seinen kulturellen Unterschieden und seinen über siebenhundert Landessprachen von großer Wichtigkeit. Die Schwestern, die bereits in PNG stationiert waren, als wir dort ankamen, erwarteten alle Veränderungen, was ihren nächsten Einsatzort betraf, und glaubten, dass sie anstelle von uns nach Kerema kamen, weswegen sich bei mir Unsicherheit breitmachte. Die Machtlosigkeit, die ich in Melbourne verspürt hatte, kehrte zurück, und mir wurde erneut bewusst, dass mein Schicksal immer in den Händen anderer lag.

Nach einigen Wochen begrüßten wir Mutter unter großem Jubel, und wir brachen wie ursprünglich geplant nach Kerema auf. Zu fünft warteten wir umgeben von unserem Bettzeug und Kisten stundenlang auf einer von Gras bewachsenen Landebahn und suchten den Himmel nach einem Flugzeug im Anflug ab. Mutter meinte, wenn wir vertrauensvoll beteten, würde das Flugzeug sicherlich kommen, und irgendwann landete es auch. Bevor wir einstiegen, wog der Pilot sämtliche Passagiere und ihr Gepäck, und ich kam auf zweiundfünfzig Kilo. Wir flogen sehr tief über gewundene Flüsse, küstennahe Inseln und Hütten, die auf Gipfellichtungen auf nacktem Lehm hockten, der sich kontrastreich vom umgebenden Dschungel abhob.

Endlich, sagte ich mir, komme ich dorthin, wohin ich immer wollte.

Als wir in Kerema ankamen, erwartete uns dort schon Erzbischof Copas, ein aufrechter Mann mit widerspenstigen weißen Locken, mit einer Gruppe junger Papuaner, um uns in Empfang zu nehmen, nachdem sie das kleine Flugzeug am Himmel hatten kreisen hören. Als wir durch die Luke krochen, halfen uns die Schüler, unsere Kisten und unser Bettzeug auszuladen. Der Bischof hieß Mutter warmherzig willkommen, und die Schüler sangen ein Lied und bekränzten uns mit Hibiskusgirlanden. Dann quetschten wir uns in das Allradfahrzeug des Bischofs für unsere kurze Fahrt zur Saint Peter's Extension School, wo wir leben und arbeiten würden.

Unser Kloster lag im kleineren Obergeschoss eines luftigen Holzgebäudes. Im ersten Stockwerk befanden sich die Klassenzimmer und unser Badezimmer sowie die Küchenräume. Auch das Quartier des Bischofs befand sich im ersten Stock, abgetrennt durch eine Wand. Er führte ein einfaches Leben und war sehr gastfreundlich zu Besuchern aus den ländlichen Gegenden, die oft bei ihm übernachteten. Die Schule und die Unterkünfte der Internatsschüler belegten das Erdgeschoss. An den Sportplatz hinter der Schule grenzte die Kirche, ein Holzbau mit rohen Bänken und offenen Fenstern entlang der Seitenwände. Den Altarhintergrund bildete ein papuanisch-christliches Wandgemälde in traditionellen Mustern und Farben.

Die Kirchengebäude standen auf einer flachen Hochebene, begrenzt von Kokosnusspalmen, über der Bucht von Kerema. Der Dorfmarkt war ganz in der Nähe, und es gab in der Stadt auch einen von chinesischen Händlern betriebenen Laden. Unter uns reihten sich entlang der Uferlinie auf Pfählen errichtete Strohhütten, in die man über grobe Holzleitern gelangte. Einbäume schaukelten auf den sanften Wellen, und Kokosnüsse hüpften wie Bojen auf und ab. Unter den Hütten suchten Hühner und Schweine nach Futter. Kleine Jungen kletterten an fast senkrechten Kokosnussbäumen hoch und setzten sich in die Palmwedel, um den Baum zu schütteln, bis die Kokosnüsse herunterfielen.

Unser Bischof war ein mitfühlender, konservativer und besonnener Mann. Er war Erzbischof von Port Moresby gewesen, jedoch 1975, gleich nachdem Papua-Neuguinea von Australien unabhängig geworden war, zugunsten eines einheimischen Bischofs zurückgetreten. Der Vatikan ernannte ihn daraufhin zum Bischof von Kerema, aber er behielt seinen Titel Erzbischof. Er war Anfang sechzig, besuchte seine Diözese jedoch noch immer zu Fuß und traf Dorfbewohner, die noch nie zuvor einen Europäer gesehen hatten.

Der Bischof hatte die Arbeit in Saint Peter's mit nur einem einheimischen Lehrer begonnen, um die vielen Teenager aus den Stammesgebieten zu unterrichten, die nach nur ein oder zwei Jahren die Schule vorzeitig verlassen hatten und dann zu alt waren, um eine reguläre Grundschule zu besuchen. Die ganze Umgebung bestand aus dichtem Dschungel, durch den nur ein paar schlecht instand gehaltene Straßen führten. Von ihren Dörfern in die Schule war es ein weiter Weg, und in der Stadt gab es für sie keine Wohnmöglichkeit. Die schlecht ausgebildeten Jugendlichen von Kerema zog es dann nach Port Moresby und in die Hände von Halbstarken-Banden, die mit dem Gesetz in Konflikt gerieten. Weil ihm der Gedanke, seine Jungs könnten wegen Diebstahls, Überfälle oder Mordes im Gefängnis landen, keine Ruhe ließ, überlegte er, wie er den jungen Leuten Lesen und Schreiben, Mathematik und Englisch beibringen konnte, damit sie über das nötige Rüstzeug verfügten, um sich vor Ort selbstständig machen zu können, und nicht mehr das Gefühl hatten, Kerema verlassen zu müssen. In ihrer eigenen Provinz und eingebunden in ihr Familiennetzwerk halfen ihnen ihre traditionellen Tabus und ihre Kultur, aber in der Anarchie von Moresbys riesiger Stadtlandschaft, brach das gewohnte Rechtssystem zusammen, und die neue unabhängige Regierung, hatte Mühe, damit zurechtzukommen.

Die Schüler konnten ein paar Brocken Englisch und sprachen eine Vielfalt von Stammessprachen. Es besuchten sowohl Jungen als auch Mädchen die Schule, aber die Jungen waren in der Überzahl, und es wurden auch nur Jungen ins Internat aufgenommen.

Der Bischof, Mutter, unsere Oberin Schwester Margaret und der einheimische Lehrer diskutierten darüber, wie die Schwestern in der Schule arbeiten sollten. Ich würde zwei bis drei Stunden am Tag Englisch und Mathematik geben. Ich sollte auch ein Agrarfach unterrichten, dessen Lehrplan Folgendes beinhaltete: die Herstellung von Copra, ein Verfahren, bei dem das weiße Fleisch der Kokosnuss auf Matten in der Sonne getrocknet wird, damit es nicht verdirbt, um es dann zu lagern und zu verpacken und für die Ölherstellung zu verkaufen, sowie die Krokodilwirtschaft, ein Wirtschaftszweig, der Krokodile wegen ihrer Häute züchtet, aus denen dann Schuhe und Handtaschen hergestellt werden. Auf diesen beiden Gebieten verfügte ich über keinerlei Kenntnisse. Ich hatte noch nie ein Krokodil gesehen und erst vor Kurzem entdeckt, dass Kokosnüsse eine Schale hatten, und war dem einheimischen Lehrer sehr dankbar, dass er mir gedrucktes Unterrichtsmaterial und Schülernotizen zur Verfügung stellen konnte. Die Schüler waren zäh, athletisch und gut in Ballspielen. Beinahe senkrechte Abhänge nahmen sie mit Leichtigkeit und kletterten auf Bäume, um ein opussumartiges Geschöpf, den Tüpfelkuskus zu jagen, der dann Teil ihrer Abendmahlzeit wurde. Ansonsten kümmerte sich der Bischof um die Lebensmittel für die Internatsschüler, die sich dann selbst etwas kochten.

Ich unterrichtete elf Schulstunden die Woche und kümmerte mich um die selbstgenügsamen Internatsschüler, ermunterte sie, Englisch zu lernen und zu praktizieren, und half ihnen dabei, Konflikte in ihrer Gruppe beizulegen. Als wir herkamen, schafften sie das alles allein, aber ich vergewisserte mich, dass keiner von ihnen krank und ihre Schlafräume sauber waren und sie alles Nötige wie etwa Seife und so weiter hatten.

Mutter blieb kurze Zeit bei uns, und als wir die Teekisten mit den Spielsachen öffneten, die Schwester Dolores schon vorausgeschickt hatte, reagierte sie verärgert. Ich half beim Auspacken, und sie war sauer auf mich, schubste die Kisten wütend durch den Raum.

»Hast du diese Kisten gepackt, Schwester?«

»Ja, Mutter. Ich half sie packen.«

»Jetzt sieh dir diese Spielsachen an – weiße Puppen in Spitzenkleidern. Was habt ihr euch dabei gedacht? Glaubt ihr, die Kinder hier seien Australier? So eine schreckliche Verschwendung, Spielsachen hierherzuschicken, die nichts taugen für die Leute hier. Sie werden nicht ausgegeben.«

»Ja, Mutter.«

Es war kein guter Zeitpunkt, um Mutter an ihre Lehre zu erinnern: »Eine Vorgesetzte kann einen Fehler im Befehlen machen, aber im Gehorchen kannst du keinen Fehler machen.« Sie dürfte gewusst haben, dass es nicht meine Entscheidung gewesen war. Und gleich darauf trat ich ins nächste Fettnäpfchen, als ich rasch Tee für die Gemeinschaft zubereitete und die Küche unordentlich zurückließ. Mutter liebte Ordnung.

»Mach die kleinen Dinge gut, Schwester«, schalt sie mich.

Da Schwester Felicity uns nur ein paar Chloroquin-Tabletten aus ihrem Vorrat mitgegeben hatte, wandte ich mich an Mutter.

»Mutter, könnten wir etwas mehr Tabletten aus dem Krankenhaus bekommen, um der Malaria vorzubeugen?«

»Ich nehme keine«, sagte sie. »Ich lege es in Gottes Hände. Aber du kannst welche nehmen, wenn du sie brauchst.«

Ich sagte mir, *Gott hat uns Chloroquin gegeben,* und ging mit Schwester Karina ins Krankenhaus, um die Tabletten zu holen. Der Arzt sagte uns, in der Golfregion gebe es häufig Malariafälle, und zwar die vom Erreger Plasmodium falciparum ausgelöste *Malaria tropica* mit Gefährdung des Nervensystems und oft tödlichem Ausgang.

Mutter kehrte nach Port Moresby zurück, und wir machten uns daran, unsere neue Umgebung zu erkunden. Die Kultur von PNG war faszinierend – Betelnüsse, Bilums, Männerhäuser, ausgehöhlte Flaschenkürbisse als Penisschutz und wilde maskierte Tänzer. Zu besonderen Gelegenheiten wurden Singsings auf dem ovalen Dorfplatz abgehalten, auf denen Krieger in Grasröcken mit Federkopfschmuck zum Rhythmus ihrer in der Hand gehaltenen *kundu* sangen und tanzten, einer Trommel in Form eines Stundenglases, die aus einem ausgehöhlten Baumstamm mit einem seitlichen geschnitzten Griff und der straff gespannten Haut einer Eidechse oder eines Warans gefertigt wird. Gesang gehörte zum Leben. Die gewaltsamen Stammeskriege, die die Nation geprägt hatten, waren so gut wie vorbei, und junge Männer aus rivalisierenden Klans lernten nun gemeinsam auf einer Schule. Manchmal saßen die Jungs nachts ums Feuer und sangen zum Schlag ihrer Trommeln.

Während der Regenzeit brachen immer wieder heftige Tropengewitter los. Blitze zuckten, und bei dem unmittelbar darauf folgenden Donnerschlag blieb einem fast das Herz stehen. Doch trotz der ergiebigen Regenfälle waren unsere Regenwassertanks oft leer. Die Bedürfnisse der Schule und der Internatsschüler sowie der Dorfbewohner, die sich bei uns Wasser holten, überstiegen unsere Speichermöglichkeiten. Die Lage spitzte sich zu, als eine Ratte in unserem großen Tank ertrank und wir alles Wasser wegschütten mussten. Kurze Zeit mussten wir zum Baden und zum Putzen Meerwasser nehmen, das wir eimerweise aus der Bucht holten, und das Regenwasser blieb fürs Trinken und Kochen reserviert.

Anfangs fand ich es unpassend, den Bischof mit seiner kultivierten Stimme den Gottesdienst in unserer Dorfkirche auf Pidgin-Englisch abhalten zu hören. Er benutzte *bagarap,* vom australischen Slangwort »buggered up« – kaputt –, das auf Pidgin angeschlagen oder müde oder unwohl bedeutete, um die Leiden Jesu zu beschreiben; der Terminus »Rebenfrucht« wurde als *pikinini bilong grape* oder »Kind der Traube« übersetzt. Wenn man Pidgin lernt, ist die Versuchung für englisch Sprechende groß, einfach nur ein *im* ans Ende des englischen Worts anzuhängen, aber dies konnte zu echten Missverständnissen führen. Eines Tages blieb unser Auto im Schlamm der unbefestigten Straße stecken, und ich rief einem der Jungs, die herbeigesprungen waren, um uns schieben zu helfen, zu: »Pushim!« Sie fingen zu lachen an, und erst da wurde mir klar, dass das richtige Wort *siubum* von »to shove« – schieben – gewesen wäre, das Wort, das ich jedoch gesagt hatte, klang wie *pusim,* »Sex haben«.

Das Erlernen dieser Sprache stürzte mich oft in Verwirrung. Ein kleiner Junge, den ich kannte, hatte Malaria, und man sagte mir: »Sister, em i dai« und ich dachte bekümmert, er sei gestorben. Aber der Ausdruck für »to die« – sterben – lautete *dai pinis*. Das Kind war nur ohnmächtig geworden.

Zusammen mit Pidgin und Hiri Motu versuchten wir auch Torapi zu lernen, die Sprache von Kerema Bay, was uns anfangs große Schwierigkeiten machte, da wir nicht merkten, dass die Schüler aus verschiedenen Gebieten kamen und neun verschiedene lokale Dialekte und Sprachen sprachen. Einige kamen aus den Bergregionen und andere von der Küste, aber wir kannten den Unterschied nicht, und so wechselte das Wort für ganz einfache Gegenstände je nachdem, wen wir danach fragten. Eine junge Frau, Uva, die auch die Schule besuchte, wurde meine Hauptlehrerin für Torapi.

Manchmal besuchten wir Waripi auf der anderen Seite der Bucht, wo wir mit einem motorisierten Dingi hingelangten, das einer der Jungs aus der Schule steuerte. Wenn wir das Dingi auf den Strand gezogen hatten, begann unser Fußmarsch entlang einer Straße durch den Busch, die von Kokospalmen, wilden Ananaspalmen und Sagopalmen gesäumt war. Die See war oft rau, und es war nicht leicht, mit einem durchweichten Sari zu laufen, der wie ein Krake an meinen Beinen klebte. Am Rand der Buschstraßen gruben Frauen Sagopulpe aus den gefällten Palmen, woraus sie eine Stärke machten, die zum Kochen verwendet wurde, in den Dörfern saßen sie vor ihren Hütten und rollten auf ihren Schenkeln die angefeuchtete Baumfaser aus, um

Stricke daraus zu machen. Aus diesen knüpften sie dann geschickt ihre *bilums* oder Netztaschen. Oftmals lebten nur Kinder, Frauen und alte Männer in diesen Dörfern, weil die jungen Männer sich alle von den hellen Lichtern Moresbys hatten anlocken lassen. Nach einer dieser Fahrten beschloss Schwester Margaret, dass Schwester Samantha damit beginnen sollte, Nähunterricht in Waripi zu geben, damit die Frauen die Kleider für ihre Familien nähen und Geld sparen konnten, da die Waren im Laden der Stadt sehr teuer waren.

An Sonntagen besuchten wir das Kerema Hospital, wo ich den ersten Leprakranken sah. Das Krankenhaus war überfüllt, und es herrschten chaotische Zustände, die Matratzen waren schmutzig und ohne Laken oder Kissen. Familienmitglieder schliefen neben den Patienten auf dem Fußboden, um sie zu versorgen und ihnen Essen zu bringen.

Die Frauen in Kerema suchten für Krankheiten wie Lungenentzündung, Unterernährung, Malaria und Kindbetterkrankungen die Ursachen in Schwarzer Magie oder *puri puri* und hatten Angst vor Zauberern, die, wie sie glaubten, Macht über ihr Leben hatten. Man ging im Allgemeinen davon aus, dass alte Zaubersprüche den Schamanen die Kraft verliehen, auf der Stelle von einem Ort zum anderen zu gelangen und ihr wachsames Auge überall zu haben und somit Ereignisse mitzubekommen, ohne zugegen zu sein. Oftmals hielt dieser Glaube die Frauen davon ab, medizinische Hilfe für sich und ihre Kinder in Anspruch zu nehmen, sodass Todesfälle heilbarer Krankheiten wie der Malaria ganz normal waren. Wenn wir die Dörfer mit unseren Schülern als Dolmetschern besuchten, versuchten wir, die Eltern dazu zu überreden, ihre kranken, unterernährten Kinder ins Krankenhaus zu bringen. Außerdem konnten wir den Kindern, die wegen Tuberkulose behandelt wurden, zusätzliche Milch und Lebensmittel geben. Obwohl sie in Meeresnähe lebten, hatte nicht jedermann Zugang zu Fisch; Maniok und Süßkartoffeln als Ergänzung zum jahreszeitlichen Gemüse waren nicht nahrhaft genug für kleine Kinder.

Wir Schwestern nahmen uns die Einheimischen als Vorbild und legten am Hang neben unserem Haus einen Garten für einheimische Feldfrüchte wie Papau, Bananen, Süßkartoffeln und Maniok an, aber auch für Bohnen, Tomaten und Kürbis, da ich Samenpäckchen, die Mama mir gegeben hatte, aus Australien mitgebracht hatte. Lange weiße Habits und Saris sind keine ideale Kleidung, um damit steile, schlammige Berghänge zu roden. Ohnehin für meinen einzigartigen Sauberkeitsstandard bekannt, hatte ich nun einen Sari, der mit Rost-, Bananen- und Kokosnussflecken verziert war.

Etwa einen Monat nach unserer Ankunft erfuhren wir, dass Schwester Lara, eine Krankenschwester, die im vergangenen Jahr ihre Profess bekommen hatte und nach Bourke geschickt worden war, zu uns kommen würde. Schwester Margaret hatte vor, mit ihr in den fernen Gemeinden auf der anderen Seite der Bucht eine Art mobilen Arzneimitteldienst einzurichten.

Eines Nachts wachte ich auf. Ich fror und zitterte heftig.

»Samantha! Wach auf!« Ich versuchte, die Schwester, die

neben mir im Schlafsaal lag, wachzurütteln, aber sie schüttelte mich als einen *klama* oder Geist ab. Ich stand auf, um Decken zu suchen, und endlich regte sich Schwester Samantha.

»Was machst du, Tobit? Es ist so drückend. Nimm diese Decken weg.«

»Ich friere. So kalt war mir noch nie in meinem Leben. Mein Kopf fühlt sich an, als würde er platzen.«

»Du hast Fieber. Ich werde Schwester Margaret rufen.«

Meine Zähne klapperten, mein Körper zitterte, und in meinem Kopf breitete sich ein bohrender Schmerz aus. Die Schwestern gaben mir ein paar Paracetamol gegen das Fieber. Am nächsten Tag war ich allein in unserem Schlafsaal im Obergeschoss, erbrach und fieberte. Der Schmerz in meinem Kopf und meinem Rücken ließ nicht nach. Meine Zunge schob sich unfreiwillig nach vorn, und mein Nacken schmerzte krampfartig. Ich hatte Angst und glaubte zu sterben. Ich konnte die Schwestern unten auf dem Markt sehen, ich war bei Bewusstsein, konnte aber nicht rufen. Als sie endlich nach Hause kamen und sahen, wie es um mich stand, eilten sie wieder davon, um den Arzt aus dem Krankenhaus zu holen. Er diagnostizierte zerebrale Malaria und gab mir eine Injektion, um meine Krämpfe zu stoppen, und eine Chinininfusion gegen die Malaria. Anstatt mich mit ins Krankenhaus zu nehmen, brachte er den Infusionsapparat auf mein Zimmer, und Schwester Margaret, die in Indien medizinisch gearbeitet hatte, kümmerte sich darum. Später sagte sie mir, meine Krämpfe kämen von den vielen Parasiten, die den Blutfluss zum Gehirn beeinträchtigten. Der Arzt meinte auch, es bestünde die Gefahr eines Schlaganfalls oder einer Nierenschädigung.

Schwester Margaret rief den Bischof, damit er mir die Letzte Ölung gab, denn man war in Sorge, ich könnte sterben. Unsere Zimmerdecke war nicht verputzt, und als ich unter dem Moskitonetz im Bett lag, bildete ich mir ein, Ratten entlang der Balken huschen und sich hinter der Silberisolierung verstecken zu sehen. Ich glaubte, eine Ratte sei auf mein Moskitonetz gefallen, und ich spürte eine Ratte auf meinem Rücken, als ich die Toilettentür öffnete. Ich konnte sie sehen und spüren, aber die Schwestern sagten, ich deliriere. Es gab keine Ratten.

Mein Immunsystem war angegriffen, und ich bekam eine Lungenentzündung und Tropengeschwüre an den Beinen, dazu Anämie und ein geschwollenes Knie. Die besorgten Schüler meinten, jemand arbeite mit *puri puri* oder Magie gegen mich, und warnten mich, keine Kleidungsstücke oder persönlichen Dinge zu verlieren.

Während meiner Genesung ging ich in die öffentliche Ambulanzklinik, wo ich mich wie ein seltenes Exemplar aus dem Zoo fühlte, da alle sich um mich scharten, um zuzuschauen, wie der Arzt meine weiße Brust untersuchte. Die Schwestern aus Indien verfügten über eine gewisse Immunität gegen den Malariaerreger, aber ich schien keine Abwehrkräfte zu haben. Nach etwa zwei Wochen konnte ich wieder arbeiten, fühlte mich aber noch immer sehr geschwächt. Die Krankheit schien mich verändert zu haben – ich war viel empfindlicher und bekam Wutausbrüche, die ich nur mit Mühe kontrollieren konnte, so etwa, als man mich nach dem Nachtgebet versehentlich aus dem Kloster aussperrte, während ich noch mal nach einem kranken Internatsschüler sah. Ich war unglaublich aufgebracht und enttäuscht und begann zu weinen, was ganz untypisch für mich war. Vielleicht lag es einfach an meiner Erschöpfung, aber ich fühlte mich anders.

Zwar unterrichtete ich wieder und machte wie üblich meine Besuche, aber im Lauf der folgenden Monate wurde ich noch mehrmals krank mit Fieber und Schüttelfrost, wenn auch kein Anfall so heftig war wie der erste. Auch Schwester Karina erkrankte Anfang Mai, sodass wir in einer einmotorigen Missionsmaschine nach Port Moresby geflogen wurden. Der Pilot war ein Priester aus der Bergniederlassung in Kanabea. Wir gerieten in ein Unwetter und flogen durch Blitze und Turbulenzen, welche das Flugzeug wie ein Jojo auf und ab warfen. Bei jedem Donnerschlag hatte ich Herzklopfen. Schließlich landeten wir sicher, und ich und Karina kamen in die Station für ansteckende Krankheiten in die Klinik von Port Moresby.

Nach einer Chininbehandlung zeigten meine Blutwerte keinen Befund mehr, und die Ärzte meinten, ich könne wieder zurückkehren, müsse aber weiterhin Chloroquin einnehmen. Sollte ich binnen eines Monats nach meiner Rückkehr wieder an Malaria erkranken, müsse ich eine zehntägige Chininkur machen und danach wöchentlich eine doppelte Dosis Chloroquin nehmen. Auch Schwester Karina wurde als gesund entlassen.

Schwester Felicity war verärgert, dass wir für unsere Behandlung hatten bezahlen müssen, wahrscheinlich weil wir keine Bürger des Landes waren, aber sie war davon ausgegangen, dass es kostenlos wäre. Beschämt stand ich da und hörte mir an, wie sie erhitzt über die Rechnung schimpfte. Ich weiß nicht, ob wir sie überhaupt bezahlt haben.

Ich hoffte, vollends genesen zu sein, da die wiederholten Anfälle mich geschwächt und mich stark anämisch gemacht hatten. Mir gefiel meine Arbeit, und ich wollte weitermachen. Meine größte Angst war die, von Kerema wieder zurück nach Australien geschickt zu werden. Schwester Felicity behielt sowohl mich als auch Karina eine Woche in Hanuabada, wo wir jeden Morgen bis sechs Uhr schlafen durften und zum Frühstück täglich ein Ei bekamen. Diese Sonderbehandlung war mir unangenehm, aber unglücklicherweise bekam ich, kurz nachdem ich an den Golf zurückgekehrt war, wieder Malaria. Anstatt mir zu erlauben, die ärztliche Empfehlung zu befolgen und erst Chinin und dann eine doppelte Dosis Chloroquin zu nehmen, wurde ich nach Moresby zurückgeschickt, für den Fall, dass es schlimmer würde. Nach meinen Krämpfen während meines letzten Anfalls wollte Schwester Margaret mich nicht dabehalten. Schwester Karina jedoch, die ebenfalls noch einmal an Malaria erkrankte, befolgte die Behandlung wie empfohlen und erholte sich. Ich war enttäuscht, dass man mir nicht dasselbe gestattete.

Bis in die Achtzigerjahre gab es keine Berichte über eine Resistenz des Malariaerregers gegen Chloroquin, doch in Papua-Neuguinea könnte sich diese bereits in den späten Siebzigerjahren manifestiert haben. Erst sehr viel später, 2005, wurde bei einem Scan eine Schädigung der weißen Materie meines Gehirns festgestellt. Im Land selbst konnte ich vollständig genesen, und ich hatte, abgesehen von ständigen Kopfschmerzen, die manchmal ziemlich heftig waren, auch nicht unter Langzeitfolgen zu leiden.

Anfang Juni flog ich in einer Postmaschine als einziger Passagier zurück und saß auf dem Sitz des Copiloten. Der Pilot musste, anstatt Moresby direkt anzufliegen, noch hoch nach Kanabea in den Bergen hinter Kerema. Aus der Luft konnte ich ein paar winzige braune Gestalten auf ihrem steilen Anstieg zu ihren Bergdörfern erkennen. Anfangs erkannte ich sie gar nicht als Frauen, denn sie trugen dunkle »Schleier«, die ihren Babys Schatten spendeten, die in Fötushaltung in einer *bilum* lagen, die ihre Mütter sich um den Kopf geschlungen hatten. Löcher in den Beuteln sorgen für eine natürliche Belüftung der Babys. Für eine Frau war es Brauch, gewaltige Lasten auf ihrem Kopf zu transportieren, während ihr Ehemann unbelastet neben ihr mit seinem Speer herlief.

Auf den Hängen hatte man Gärten mit *kau kau* – Süßkartoffeln –, Bananen und Maniok angelegt, und die Dörfler hatten die Landebahn aus dem Berg herausgehauen. Sie war kurz und fiel an beiden Enden steil ab.

»Diese Landebahnen im Hochland sind verdammt gefährlich«, sagte Jim, der Pilot, als er das Flugzeug parallel zu der unebenen Landebahn brachte.

»Wegen des Wetters?«

»Ja, das auch, aber in diesen Bergen gibt es verflixte Fallwinde. Wenn wir unsere Motoren zu früh ausschalten, setzen wir womöglich zu früh auf, aber wenn wir uns zu schnell nähern, besteht Gefahr, dass wir am anderen Ende übers Ziel hinausschießen.«

Aufgeregt beäugte ich den steilen, vom Dschungel überzogenen Abhang.

»Das ist mir einmal passiert«, führte er aus. »War 'ne knappe Sache. Ich schoss am anderen Ende über den Rand und hatte verdammte Mühe, sie wieder hochzuziehen. Die Drehzahl war zu gering. Nach dieser kleinen Tour hatte ich Urlaub!«

Plumps! Wir waren unten. Wir holperten über die Landebahn und rasten an Hütten und einem lang gestreckten Gebäude im europäischen Stil vorbei.

Ein schlaksiger australischer Priester, Vater Flynn, kam mit einer Kinderschar, um das Flugzeug zu begrüßen. Die Hochlandbewohner, die sich um die Maschine versammelten, waren klein und muskulös mit kurz geschnittenem, krausem Haar. Einige trugen westliche T-Shirts und Shorts, andere hingegen Grasröcke und Schnüre mit kleinen, braunen Perlen. »Ich glaube, da zieht ein Unwetter auf«, sagte der Priester und deutete dabei auf die tief hängenden Wolken. Ich war Vater Flynn schon einmal begegnet, als er unseren Bischof vertreten hatte, und er führte mich durch die Klinik und die Schule.

Wie angekündigt, ballten sich die Nebel zusammen, und da ein Start unmöglich gewesen wäre, ließen wir uns zu einer Tasse schwarzen Tee und gebackenen Süßkartoffeln einladen. Nach etwa vier Stunden beruhigte sich das Wetter etwas, und wir nutzten die Gelegenheit, wieder aufzusteigen. Auf dem Weg nach Moresby bat Jim mich, das Flugzeug zu steuern, während er in den hinteren Teil der Maschine ging. Ich war sehr nervös und hoffte, dass ich nichts zu tun bekam. Nach der Landung lud er mich in

Moresby zu seiner Familie zum Essen ein, und er konnte nicht verstehen, warum ich seine Einladung ausschlug.

Ich traf mit großer Verspätung ein, und Schwester Felicity war wütend, weil ich nicht um Erlaubnis gebeten hatte, Kanabea zu besuchen! Wie ich das hätte tun sollen, war mir unklar, schließlich hatte ich keine andere Wahl gehabt. Ich befand mich in einem Flugzeug, und dieses flog nach Kanabea. Die Schwestern waren am Flughafen gewesen, um mich abzuholen, aber als ich nicht auftauchte, dachten sie, ich würde gar nicht kommen, und kehrten nach Hause zurück. Es wäre mir nicht möglich gewesen, Kontakt zu den Schwestern aufzunehmen, und so hatte Jim mir angeboten, mich in Hanuabada abzusetzen, was ich angenommen hatte, also bekam ich nun auch deswegen Ärger, weil ich allein mit Jim im Auto gesessen hatte. *Nicht anders als im Flugzeug,* dachte ich, hielt aber den Mund. Das war kein guter Anfang für mein Leben in der neuen Gemeinschaft.

Die Missionarinnen der Nächstenliebe werden von anderen religiösen Orden und Leuten aus dem Gesundheitswesen häufig dafür kritisiert, dass sie für die Arbeit, die sie übernehmen, nur ungenügend ausgebildet sind. Wenigstens diejenigen von uns, die in Papua-Neuguinea tätig waren, hätten einer viel besseren Vorbereitung bedurft. Hätte man uns, sobald unsere Berufung feststand, gesagt, wohin es ging und welche Arbeiten wir dort verrichten sollten, hätten wir Informationen über die Sprache und allgemeinen Bedingungen einholen können, die uns dort erwarteten. Aber uns wurden weder die Zeit noch die Mittel zugebilligt, wie etwa die Erlaubnis, ein Telefon zu benutzen.

In Melbourne hatten mehrere andere Ordensgemeinschaften Zweigstellen, die bereits in der Golf-Provinz arbeiteten und uns für die Vorbereitung unserer Arbeit hätten beraten können. Selbst wenn wir nur ein Buch mit Pidgin-Englisch oder Hiri Motu gekauft hätten, die leicht zu bekommen sind, wäre das schon eine große Hilfe gewesen, aber wir lebten in einer Kultur der Entbehrung und der Isolation. Das Vertrauen in die göttliche Vorsehung schien zu bedeuten, dass wir uns keine Dinge wie etwa Bücher zu kaufen brauchten, die für unsere Arbeit hilfreich wären, obwohl uns das Geld zu genau diesem Zweck gespendet wurde.

Es schien außerdem zu bedeuten, dass unsere Gesundheit als Schwestern unnötigerweise aufs Spiel gesetzt werden konnte. Fast hätte ich jenen Anruf bei Mutter Teresa machen müssen, wenn ich tot gewesen wäre. Wäre ich gestorben oder eine Behinderung zurückgeblieben, hätte der Orden gesagt: »Es ist Gottes Wille«, wo doch einfache Maßnahmen wie die Einnahme von Chloroquin zwei Wochen vor unserer Abreise aus Australien, die Verwendung von Mückenschutzmitteln, ausreichende Information über Malaria und eine immer griffbereite Arznei gegen die Krankheit, falls die Prävention versagt hatte, die ganze Sache hätten verhindern können. Die Annahme, Gottes liebende Fürsorge werde uns schützen, benutzte der Orden, um einen gefährlichen Mangel an Vorsichtsmaßnahmen zu rechtfertigen. Wir Schwestern hätten allesamt zum Arzt gehen müssen, um uns Rat für die Reise einzuholen und impfen zu lassen und um alles Mögliche über die Krankheiten zu lernen, die es am Golf gab.

Mit ganz geringem Aufwand hätten wir alle notwendigen Mittel für die Schule bekommen können, wie etwa einfache Sportgeräte, Fußbälle oder Basketbälle und anderes Unterrichtsmaterial, was dringend benötigt wurde. Wandkarten, Globen, Bücher, Kreide, Tafelfarbe und Bleistifte hätten mit nur ein paar Anrufen bei unseren Laienmitarbeitern die nutzlosen Plastikpuppen ersetzen können. Doch es gab keine Planung für unsere Arbeit, und man hielt uns davon ab, unsere individuelle menschliche Fähigkeit, uns selbst auf diese Arbeit vorzubereiten, zu nutzen. Man hielt uns in Unwissenheit und verbot uns sogar, intelligente, wohlmeinende Fragen zu stellen. Mutter lehrte uns, Gott benutze die Schwachen, Verstoßenen und Unwissenden, um die Klugen dieser Welt zu verwirren, eine Haltung, die Professionalität und Initiative verdächtig machten, obwohl Mutter selbst Lehrerin war. Und unsere Vorgesetzten taten immer so, als hätten wir kein Geld, um uns einen Arztbesuch oder ein Wörterbuch zu leisten. Wir hatten jede Menge Geld, wollten es aber im Namen der Armut nicht verwenden.

Schwester Felicity rief im Mutterhaus an, um sich zu erkundigen, was sie mit mir in Port Moresby machen sollte. Mutter war nicht in Kalkutta, also sagten die Berater, die in ihrer Abwesenheit die Entscheidungen trafen, man solle mich nach Bourke schicken. Ich hatte mein Ticket für den Rückflug nach Australien am 1. Juli 1977 schon in der Tasche, aber Schwester Felicity wollte, dass ich in Port Moresby blieb. Schwester Annie von unserem anderen Haus in Port Moresby, Tokarara, würde nach Indien gehen, um sich auf die endgültigen Gelübde vorzubereiten, und es gab keinen Ersatz für sie. Also behielt Schwester Felicity mich in Hanuabada und erklärte Mutter in einem Brief, dass ich Schwester Annie ersetzen müsse und in Port Moresby die Malariagefahr eher gering und ich nicht länger krank sei und jede Woche eine Extradosis Chloroquin nähme.

Ich wollte noch immer mit einer doppelten Dosis Chloroquin nach Kerema zurückkehren, aber es wurde mir nicht gestattet, und diesmal schienen meine Vorgesetzten in dieser Hinsicht sicherlich mein Bestes im Sinn zu haben. Meine Enttäuschung war riesig, denn ich hatte das Gefühl, dass alles gut gegangen wäre, hätte ich gleich von Anfang an die richtige Prophylaxe genommen und wäre es mir erlaubt gewesen, die Anweisungen des Arztes zu befolgen. Das Leben und die Arbeit in Kerema hätte ich auf jeden Fall viel interessanter gefunden als die angespannte Atmosphäre der Hanuabada-Gemeinschaft, in die ich mich nun eingliedern musste. Meine »Unterwerfung« unter Gottes Willen war ganz eindeutig nicht »vollkommen«; Unterwerfung war für mich gleichbedeutend mit Niederlage.

Es dauerte länger als einen Monat, bis das Mutterhaus Schwester Felicity über meine weitere Berufung informierte, und so blieb ich als zusätzliche Kraft in Hanuabada, als siebtes Mitglied der Gemeinschaft. Ich bekam keine feste Arbeit zugeteilt, da man nicht wusste, ob ich bleiben oder gehen würde. Morgens kochte ich und half Schwester Rosa am Nachmittag mit den Vorschulkindern. Die Kinder verstanden das Motu nicht, das ich gelernt hatte, weil sie eine grammatikalisch komplexere, reinere Form des Motu sprachen, und der Unterschied zwischen Motu und Hiri Motu ist ähnlich dem zwischen Englisch und Pidgin-Englisch.

Manchmal begleitete ich Schwester Rosa am Nachmittag, denn sie gab Nähunterricht und klärte in »natürlicher« Familienplanung auf, der Zyklusmethode, da Verhütung von der Kirche nicht gestattet ist. Schwester Felicity brachte mir Sticken bei, was ich weder gern machte noch eine Begabung dafür hatte. Außerdem war ich immer auf Abruf, um Schwester Felicity im Auto zu begleiten, wenn wir loszogen, um in verschiedenen Läden Lebensmittel zu erbetteln und Routineaufgaben zu erledigen, Rechnungen zu bezahlen, Visum-Verlängerungen zu beantragen und Post abzuholen. Ich kam mir komisch vor und fühlte mich unwohl bei ihrer Art des Umgangs mit den Leuten, und ihr Fahrstil, mit dem sie Port Moresby unsicher machte, war nervenaufreibend, doch sie weigerte sich, mich fahren zu lassen, da sie gehört hatte, ich sei eine schlechte Fahrerin. Dies rührte von einem Vorfall in Victoria her, wo ich auf dem Rückweg von einem Picknick von der Straße abgekommen war. Meine Beifahrerin hatte eine offene Trinkflasche auf dem Armaturenbrett vor sich stehen lassen. Als ich eine Kurve nahm, rutschte diese über das Armaturenbrett und ergoss sich über meinen Schoß. Erschrocken verlor ich die Gewalt über das Steuer und kam von der Straße ab, ohne den Wagen zu beschädigen. Doch Schwester Dolores erlaubte mir noch Monate nach diesem Unfall nicht, mich ans Steuer zu setzen.

Endlich kam aus Kalkutta die Nachricht, ich solle in Papua-Neuguinea als Teil der Gemeinschaft von Tokarara bleiben, einem neuen Vorort von Port Moresby, wo gleichförmige Massenquartiere über das mit Gummibäumen durchsetzte Grasland verstreut hochgezogen worden waren. Wir wohnten in einem Pfahlbau, die Wohnbereiche waren oben, darunter der Abstellplatz für die Autos. Dort unterrichtete ich etwa sechzig Vorschulkinder von vier bis neun Jahren und bereitete sie auf die eigentliche Schulerziehung vor. Anfangs war mein Klassenzimmer der Autoabstellplatz des Gemeindepriesters, später zog ich dann in einen Betonbau unter unserem Haus um. Nachmittags fuhren wir in den nahe gelegenen Vorort Gerehu, wo ich ähnlich viele Kinder unterrichtete. Die Besitzer des Hauses waren tagsüber arbeiten, sodass wir ihren Carport benutzen konnten. Meine Arbeit erschwerte dies erheblich, denn die Kinder hockten dicht gedrängt auf dem Boden, und ich hatte wenig Hilfsmittel, sie zu unterrichten oder zu beschäftigen. Während dieser Zeit machten zwei andere Schwestern Hausbesuche und ermutigten die Eltern, die aus den Provinzen in die Stadt gekommen waren, ihre Kinder zu unserem Unterricht zu bringen, damit sie Englisch lernten.

Ich gab mir alle Mühe, rudimentäres Englisch zu vermitteln, Zahlen und das Alphabet, und wir unterhielten die Häuser in der Umgebung mit rührenden Rezitationen von *Kookaburra Sits on the Old Gum Tree* und der papuanischen Nationalhymne. Einige Eltern brachten ihren Kindern »Sprachlieder« in ihrem eigenen Dialekt bei. Noch Häuserblocks weit entfernt hörte man uns, und Nachbarn erzählten, ihre Zweijährigen griffen die Lieder »aus der Luft« auf. Ich sammelte Flaschendeckel und Stöcke, um eine Vorschulband zu initiieren, und war auf der Suche nach einer *kundu.* Die bunte Kreide durfte ich nicht aus den Augen lassen, weil die Kinder diese gern für Verzierungen von Gesicht und Körper verwendeten. Gelegentlich erlaubte ich ihnen, sie nach Herzenslust einzusetzen, dann hatten wir ein Vorschulsingen mit Trommeln, Tanz, bunter Kreide als Körperfarbe und Luftschlangen anstelle von Federkopfschmuck.

Am Ende des Jahres halfen wir den Eltern dabei, die Formulare für die Grundschule auszufüllen, und begleiteten sie und ihre Kinder zur Schule. Dies war der wichtigste Teil unserer Arbeit: den Eltern und den Kindern so viel Vertrauen zu vermitteln, dass sie offizielle Gebäude betraten, um ins Erziehungssystem eingebunden zu werden und nicht als ungelernte Analphabeten zu enden. Ich war froh, ihnen dabei helfen zu können, ihre Ängste und Barrieren zu überwinden. Obwohl diese papuanischen Dorfbewohner ihre Angst vor Flugzeugen überwunden hatten, waren sie mit alten Bräuchen und ohne moderne Fähigkeiten aus abgelegenen Gegenden nach Moresby gekommen. Sie hatten genug verdient, um sich den Flugpreis leisten zu können, indem sie eine gute Betelnussernte oder ein paar geschnitzte Kunstwerke verkauft hatten, aber wenn sie dann in Moresby angekommen waren, saßen sie in der Falle, denn sie hatten weder Land noch Arbeit und auch keine Rücklagen, um sich die Rückreise nach Hause leisten zu können. Am Ende wohnten sie zusammen mit *wantoks,* Menschen derselben Sprachgruppe, in überfüllten Häusern.

Junge Männer ohne Anstellung, die von ihren traditionellen Gegenden und Familien getrennt waren, fühlten sich minderwertig, weil sie in der Stadt keinen Status hatten. Sie wünschten sich westliche Waren, doch es fehlten ihnen die Fertigkeiten, diese zu bekommen, also schlossen sich einige den »Halbstarken« oder kriminellen Banden an, die sich nach Stammesgruppen aufteilten und unter denen es zu Spannungen kam. Einmal erstach ein Chimbu-Mann drei Kerema-Männer. Die Keremas fühlten sich verpflichtet, das Verbrechen zu sühnen, und erstachen wiederum drei Chimbus. Deren Verwandte unternahmen daraufhin Racheangriffe, und so drehte sich das Rad der Gewalt.

In Moresby kam es oft vor, dass ein Mann, der mit seiner Ehefrau ein paar Kinder hatte, beschloss, den »Brautpreis«, den er der Familie der Frau schuldete, um die Vereinigung zum Abschluss zu bringen, nicht zu bezahlen. In ihrem traditionellen Umfeld, umgeben von den Verwandten der Frau, hätte er die Mutter seiner Kinder nicht verlassen können, in der Stadt jedoch war es einfach, sich eine neue Partnerin zu suchen und die erste allein zurückzulassen. Es gab auch viel häusliche Gewalt in der Stadt, wie wir sie in den Dörfern nicht zu sehen bekamen, denn dort griffen die traditionellen Regeln noch. Eine der uns bekannten Frauen brachte ein Mädchen zur Welt, aber gleich nach der Geburt schlug ihr Ehemann sie brutal, weil er einen Sohn haben wollte. Ich stritt mich wütend mit ihm und erklärte, dass keiner etwas dafür könne, dass seine Frau ein Mädchen geboren hatte, wenn er allerdings einen Schuldigen suche, dann den Vater, der das »Mannsein« weitergebe. Mein Pidgin reichte nicht aus, um das Y-Chromosom zu erklären.

Zu Weihnachten führten die Vorschulkinder ein Krippenspiel auf. Ein kluger Trommlerjunge mit krausem Haar spielte die *kundu* und führte die Schauspieler des Weihnachtsspiels an. Die mit Handtüchern und Laken bekleideten Kinder spielten die Geburtsszene mit einem neugeborenen Papua-Jesus, der während der ganzen Aufführung friedlich schlief. Es folgten Gesang und traditionelle Tänze. Die Vorbereitungen für das Weihnachtsfest hatten jedoch schon tags zuvor begonnen, als alle Frauen, die an unseren Nähkursen teilnahmen, mit *kai-kai* – Essen – kamen und in unserem Hinterhof eine traditionelle *mumu* oder Kochgrube ausgruben. Sie platzierten große Steine darum, deckten sie mit Bananenblättern ab und legten dann Maniok, Süßkartoffeln, Hühnchen, geraspelte Kokosnuss, Kochbananen, Taro und anderes Gemüse darauf, das dann wieder mit Bananenblättern abgedeckt wurde. Erde und Steine versiegelten die Grube, und darüber entzündeten wir ein Feuer, das die ganze Nacht brannte. Am nächsten Tag fanden viele Wettrennen und Spiele statt, darunter auch Tauziehen zwischen den Frauen und den Schwestern. Weil ich die schwerste Schwester war, war ich die Nonne am Ende des Seils und endete flach auf dem Gesicht, als die Schwestern ganz unfeierlich von den stärkeren und größeren Papuafrauen besiegt wurden. Nach den Spielen brachen wir die Kochgrube auf und aßen ein Festmahl auf Bananenblättern anstatt von Tellern.

Meine Freundin Rell, die ihre Universitätsausbildung abgeschlossen und ein Jahr lang unterrichtet hatte, machte einen Abenteuertrip durch Papua-Neuguinea, wobei sie sich mit den örtlichen Bussen fortbewegte. In Begleitung von Michelle, einer anderen Freundin, die noch auf die Uni ging, schneite sie in knappen Shorts während des Weihnachtsfestmahls bei uns herein. Sie machte sich Sorgen, ich könnte vor Hitze und Feuchtigkeit unter all meinen

Nonnenkleidern ersticken. Ich versicherte ihr, dass es mir gut ging. Sie hätte sich keinen besseren Zeitpunkt aussuchen können, denn die Regeln waren gelockert, und es gab jede Menge *kai-kai.* Rell fand meinen »neuen« Akzent lächerlich und wunderte sich noch immer über meine Entscheidung, den MNs beizutreten. Als ich ihr jedoch erzählte, dass ich auf der Betonplatte unter unserem Haus Vorschulkinder unterrichtete, die inzwischen auf neunzig Schüler angewachsen waren, blieb ihr erst die Spucke weg, und dann ging sie mich an, als ich etwas Frommes hinzufügte wie: »Mutter möchte, dass ich das tue, um Gottes Willen zu dienen.«

»Du verlierst deinen Humor, Clot – in der Schule warst du doch wahrlich kein Tugendlamm!«

Ich habe gute Freunde. Sie hatten die Schale meiner Existenz als MN durchstoßen und mich erinnert, dass es auch andere Möglichkeiten gab. Dann setzten sie ihren Weg in den Norden nach Lae und Mount Hagen fort, wo es am Neujahrsabend zu einem Aufstand kam. Ich war ein wenig traurig, als sie abreisten, und glaube, dass sie sicherlich darauf angestoßen haben, keine Nonnen zu sein.

Nach Weihnachten kehrte in unser Kloster wieder der Alltag ein, wir traten wieder als Vermittler auf und versuchten, Lösungen für allgemeine Probleme zu finden. So war beispielsweise eins der Kinder, das ich unterrichtete, geschwächt und hustete viel, also organisierten wir einen Arzttermin. Bei dem Jungen und seiner jüngeren Schwester wurde Tuberkulose festgestellt. Der Arzt hätte gern die ganze Familie ins Krankenhaus geschickt, aber die Eltern glaubten, die Krankheit sei ein Ergebnis von *puri puri,* der traditionellen Schwarzen Magie, gegen die westliche Medizin machtlos sei und in einem Fall wie diesem nicht helfen könne. Schließlich überzeugten wir die Familie davon, in eine Tuberkulosebehandlung einzuwilligen, da die Krankheit sehr ansteckend ist und verheerende Folgen hat, wenn man sie nicht rechtzeitig behandelt. Wir besuchten die Familie dann auch an jedem Sonntag im Krankenhaus, um sie zum Durchhalten zu bewegen, damit sie nicht wegliefen, sondern blieben, bis sie nicht mehr ansteckend waren und auch zu Hause weiterbehandelt werden konnten. Eines Tages sagte ich in meinem dürftigen Hiri Motu zu einem kleinen Mädchen, anstatt es aufzufordern, das Mitgebrachte zu essen, weil es gut für es war: »Du bist gutes Essen.« Das belustigte die ganze Station.

Meine Mama besuchte mich für ein paar Wochen, und meine junge Vorgesetzte, Schwester Claudia, erlaubte Mama manchmal, mit uns zu essen. Doch ich musste Mama, die immer gern redete, dazu bringen, bis nach dem Essen zu schweigen. Die Kinder waren fasziniert von ihren Strümpfen, denn so etwas hatten sie noch nie gesehen, und sie zupften ständig an ihrer »zweiten Haut.« Dank der Erfahrung, die sie im Kindergarten gesammelt hatte, konnte sie mir Spiele beibringen, die es mir erlaubten, den Kindern neue englische Wörter beizubringen. Außerdem kannte sie viele Lieder mit einer Handlung, die die Kinder liebten, wie »Incy Wincy Spider«.

Als Schwester Margaret in geschäftlichen Angelegenheiten nach Moresby herunterkam, erfuhr ich viele Neuigkeiten aus Kerema. Schwester Karina hatte dank ihrer zusätzlichen wöchentlichen Chloroquin-Dosis keine Probleme mit

Malaria. Schwester Lara, ebenfalls eine Australierin, hatte dank der richtigen Medikation keine Malaria bekommen und fuhr nun in einem Traktor mit Vierradantrieb an den Stränden entlang und arbeitete als mobile Krankenschwester. Ich war ein wenig neidisch auf sie! Die Schwestern aus Kerema schrieben auch, dass die Salesianer, ein männlicher Lehrorden, Saint Peter's übernehmen würden und die Süßkartoffeln, die ich gepflanzt hatte, einen guten Ernteertrag gebracht hatten.

Aus Australien trafen neue Schwestern ein, darunter Annette, die kroatischstämmige Australierin, sowie Hua und Mei-ling aus Singapur. Beim Osterpicknick im botanischen Garten von Moresby feierten wir unsere Wiedervereinigung und erfuhren dabei, dass Mutter in Manila ein Noviziat eröffnet hatte und alle Schwestern, die sich in Australien in Ausbildung befanden, dorthin umgezogen waren.

Zu diesem Zeitpunkt tauchten bei mir wieder Zweifel an meiner Berufung auf, und ich dachte oft daran wegzugehen. Ich strebte nach einem Leben im Gebet und im Mitgefühl, aber in erster Linie hatte ich mich zu Mutter Teresa aufgrund ihrer Arbeit und ihrer Identifikation mit den ganz Armen hingezogen gefühlt. In keinem anderen Orden wäre ich einfach nur Nonne geworden. Es war die Arbeit, die mich ins religiöse Leben gelockt hatte, und nur die Aussicht, mich eines Tages doch noch den ganz Armen widmen zu können, hielt mich dort. Mein Vorschulunterricht und die Besuche bei den Familien fielen mir nicht leicht, und oftmals hatte ich das Gefühl, dass wir nur eine Aufgabe suchten. In meinen Überlegungen überraschte mich jedoch die Reaktion von Schwester Sara, die zur Gemeinschaft in Tokarara gehörte, auf die Nachricht, dass ihre Blutsschwester das Kloster verlassen hatte – Schwester Sara war so aufgelöst, als wäre ihre Schwester gestorben. Sie fand, dass ihre Schwester ihre Gelübde gebrochen und Gott den Rücken gekehrt hatte. Nichtsdestotrotz ließ mich der Gedanke nicht los, mein Leben nach nur fünf Jahren im Orden wieder selbst in die Hand zu nehmen.

Aber dann erhielt ich eine kurze Nachricht von Mutter Teresa mit der Information, sie schicke mich nach Manila. Dort, das wusste ich, könnte ich die Arbeit tun, die mir Kraft gab.

6

Der Müllberg

»Lebe einfach, damit alle einfach leben können.«
Mahatma Gandhi

Zwei Schwestern erwarteten uns in der Menge vor den bewachten Türen des Flughafens von Manila. Unsere Uniform war ein eindeutiges Erkennungszeichen – keiner sonst in Manila trug den unpassenden blau-weißen Sari im bengalischen Stil. Wir schlängelten uns durch die Menschenmasse dorthin, wo der Fahrer der Missionarinnen der Nächstenliebe, Mang Patrin, einen unverwechselbaren blauen Lieferwagen mit unserem Schriftzug auf den Seitentüren in zweiter Reihe geparkt hatte. Selbst am Flughafen kampierten Obdachlose unter Brücken und auf jedem freien Stück Land, trotz Präsident Marcos Versuchen, sie zu entfernen und ihr Vorhandensein zu leugnen.

Als wir den von Palmen gesäumten Roxas Boulevard entlangfuhren, kamen wir an Touristenhotels und protzigen Regierungspalästen vorbei, die man auf dem Küstenstreifen erbaut hatte, der dem Meer abgerungen worden war. Dieser Teil der Stadt wurde von den Manila Aides in ihren konischen Strohhüten, roten Hemden und gelben Schals unentwegt gefegt und sauber gehalten. Die Straßen waren mit *jeepneys* – zu Kleinbussen umfunktionierte Armeejeeps, die von den Amerikanern auf den Philippinen zurückgelassen worden waren – verstopft, die sich mit scheppernden Radios durch den chaotischen Verkehr schlängelten. Die mit zehn bis zwölf Passagieren voll besetzten Fahrzeuge waren mit blinkenden Lichtern, Pferdebildern und religiösen Motiven geschmückt. Wir kamen am Rizal Park, dem Old Fort, dem imposanten Manila-Hotel und der befestigten, schwer bewachten amerikanischen Botschaft vorbei. Zu jener Zeit, 1979 unter Marcos Präsidentschaft, war die Kluft zwischen den sehr Reichen und sehr Armen gewaltig und infolgedessen auch die Kriminalitätsrate, sodass die meisten Regierungsgebäude und sogar Supermärkte Sicherheitskräfte einsetzten.

Als wir uns dem Hafengebiet näherten, änderte sich die Szenerie, und der Verkehr kam fast zum Stillstand. Das Wasser in den Kanälen war schwarz und mit Müll verstopft, vor Hütten ohne Anstrich befanden sich Verkaufsstände. Die Menschen benutzten die Bahnstrecken als Weg zu einem Labyrinth trauriger Behausungen, die beidseits der Geleise dicht an dicht standen. Hier war die Armut der Menschen überall offensichtlich und stand in starkem Kontrast zum Touristenviertel mit seinen Prachtbauten. Als unser Lieferwagen gezwungenermaßen anhielt, stürzten sich junge Knaben auf ihn, um die Scheiben zu waschen und einzelne Zigaretten oder süß duftende Blumengirlanden zu verkaufen.

Wir kamen am Pritil-Markt vorbei, wo lokales Obst und Gemüse verkauft wurden, bogen dann nach rechts in die vom Verkehr verstopfte Tayuman Street ein, eine der

Hauptstraßen dieser Gegend. Bald darauf erreichten wir die Einfahrt meines neuen Zuhauses, das zwischen einer Kirche und einer Schule lag. Mang Patrin hupte kräftig, und daraufhin öffnete sich vor uns ein großes Eisentor. Eine Gruppe Novizinnen und Professen kam nach draußen, als unsere Ankunft mit einem Glockenschlag verkündet wurde. Mehrere vertraute Gesichter hießen mich willkommen, darunter auch die Postulantinnen, die ihre Ausbildung in Australien begonnen hatten: Ling, Reka, Marion und Ann waren Novizinnen geworden. Es gab insgesamt etwa vierzig Auszubildende aus Singapur, den Philippinen, Indien, Australien und Neuseeland.

Ich wurde Schwester Aloysius, der Vorgesetzten der Professen vorgestellt, die eine von Mutters ersten Gefährtinnen gewesen war. Schwester Gabrielle, die Leiterin der Novizinnen im ersten Jahr, war groß, hatte ein fein gezeichnetes Gesicht und war eine begabte Musikerin. Schwester Barbara, die Leiterin der Novizinnen im zweiten Jahr, kam aus Südindien.

Das *Tahanan* – oder »Heim« in Tagalog, der Sprache Manilas – war gerade erst fertig geworden und bestand aus drei langen Gebäuden, die nebeneinanderlagen und durch einen überdachten Gehweg miteinander verbunden waren. Die Schwestern hier hatten gerade erst mit ihrer Fürsorge für die armen Menschen mit Tuberkulose und anderen Krankheiten begonnen. Das um einen begrünten Innenhof errichtete Klostergebäude aus Holz bestand aus einer Kapelle mit Holzläden, zwei großen Schlafsälen und dem Refektorium. Dahinter lagen ein betonierter Waschplatz und ein großer offener Wassertank für alle Haushaltszwecke. Die nummerierten Eimer der Schwestern standen in der vertrauten Weise entlang der Wand, die Kochstellen befanden sich hinten. Das Professenhaus war ein zweigeschossiges Gebäude in Nähe des Tors und vom Noviziat durch einen großen überdachten Parkplatz getrennt, der für festliche Zusammenkünfte genutzt wurde.

Die Fußböden im Kloster waren aus glänzend rotem Beton, den man polierte, indem man unter dem einen Fuß eine Kokosnussschale und unter dem anderen einen Lappen rotieren ließ. Als ich diese Prozedur erstmals versuchte, stellte ich mich so ungeschickt an, dass ich hinfiel, aber alle anderen schafften es mit Anmut. In jedem Haus spielte sich das Leben im gleichen Rhythmus ab. Von Haus zu Haus trug ich meine drei Garnituren Kleider, Schürze, Metallteller, Serviette, Besteck, Eimer, Seifenschale, zehn Wäscheklammern, den Disziplinierungsbeutel mit dem Disziplinierungsstrick und Ketten sowie Erbauungsbücher.

Mit seinen etwa zwanzig Novizinnen, einer ähnlichen Anzahl von Postulantinnen und etwa zehn Professen war dies das größte Haus, in dem ich je gelebt hatte. Während meiner Zeit in Manila änderten sich meine Berufungen. Hauptsächlich arbeitete ich im Tahanan, wo ich sauber machte, die Bettwäsche wechselte, die Patienten wusch, anzog und sie fütterte, aber ehe ich am Nachmittag außer Haus ging, unterrichtete ich eine Novizinnenklasse. An zwei Nachmittagen in der Woche machte ich Hausbesuche. Nach etwa einem Jahr weitete sich meine Lehrtätigkeit auf den ganzen Vormittag aus. Über drei Jahre war ich dort und unterrichtete Englisch, die Heilige Schrift, Moraltheologie und Kirchengeschichte. Anfangs wohnte ich bei den Professen und war dann sogar verantwortlich für die Arbeit im Tahanan. Ich schrieb Einkaufslisten, überwachte und arbeitete mit den Novizinnen und organisierte Besuche unserer Patienten bei den ortsansässigen Ärzten, wenn ich es arrangieren konnte. Aber dann wurde ich Schwester Gabrielles Assistentin und wohnte in der Gemeinschaft der Novizinnen im ersten Jahr. Ich war nun nicht mehr für das Tahanan verantwortlich, obwohl ich an Donnerstagen und Sonntagen noch immer dort arbeitete. An den anderen Tagen unterrichtete ich morgens und machte am Nachmittag Hausbesuche.

Bei so vielen Schwestern gab es auch viele Apostolate in Manila. Novizinnen, Postulantinnen und die Professen arbeiteten im Tahanan, in der Apotheke, bei der Essensausgabe, die sich in einem überdachten Bereich seitlich des Tahanans befand, und viele von uns besuchten die verschiedenen Slums und Stadtteile. In einem anderen Haus, das die Missionarinnen der Nächstenliebe in Manila unterhielten, dem Binondo oder Del pan, kümmerte sich der Orden um die kranken und unterernährten Kinder. Man hatte Schwester Naomi von Katherine aus dorthin geschickt, und ich freute mich, sie wieder zu sehen.

Als ich ankam, gab es im Tahanan nur siebzehn Patienten, viele darunter jung und an Tuberkulose erkrankt. Manche waren ans Bett gefesselt und zu schwach, um zu laufen. Anfangs arbeitete ich dort allein, um ihnen zu helfen, weil die andere Schwester, die dort eigentlich arbeitete, krank war, doch eine Frau, die in den Slums neben den

Bahngeleisen lebte, kümmerte sich um das Kochen. Ich gab mir Mühe, Tagalog zu lernen, und hatte immer ein Notizbuch mit Wörterlisten in meiner Schürzentasche.

Die wenigsten Patienten konnten sich die achtmonatige klinische Behandlung einer fortgeschrittenen TB leisten, deshalb wurde ihre Therapie oft unterbrochen, wenn ihnen das Geld ausging. Dies hatte zur Folge, dass der Tuberkelbazillus arzneimittelresistent wurde, was die Behandlung noch teurer und komplizierter machte. Eigentlich sollte die Behandlung kostenlos sein, aber unsere Patienten erzählten uns, dass einige der staatlichen Kliniken Geld für die Tuberkulose-Medikamente verlangten, die wir kostenlos verabreichen konnten, da wir Arzneimittelspenden aus Deutschland bekamen.

Die TB-Patienten bewegten sich mühsam auf dünnen, stockgleichen Beinen mit geschwollenen Füßen. Sie rangen nach Luft, wurden von Hustenanfällen gebeutelt und spuckten Blut. Nie zuvor hatte ich derart kranke Menschen gesehen. Dennoch gefiel es mir, mit ihnen zu arbeiten und zu verfolgen, wie sie sich erholten, und endlich hatte ich das Gefühl, die Arbeit zu machen, deretwegen ich in den Orden eingetreten war, doch fühlte ich mich nicht ausreichend ausgebildet und vorbereitet. Wie Dostojewski schrieb: »Praktizierte Liebe ist hart und schrecklich im Vergleich zur Liebe im Traum.« Der praktische Dienst, den die Liebe erforderte, war alles andere als hochtrabend und romantisch, sondern bestand aus einer ganzen Reihe einfacher Aufgaben: Wir fütterten, wuschen die Wäsche mit der Hand, machten sauber, führten auf die Toilette. Ich war jedoch glücklich, diese Aufgaben zu erledigen, und empfand dabei einen Sinn, der sich mir bis jetzt nicht erschlossen hatte.

Einer unserer Patienten hatte eine große, offene, schwärende Wunde, die sich von seinem Armstumpf bis zu seinem Brustkorb erstreckte. Ich konnte die Bewegung der Lunge sehen, wenn ich ihn anzog. Er bat mich, zum Sterben in sein Dorf zurückkehren zu dürfen, als sich sein Zustand verschlechterte, also kümmerten wir uns darum, dass Mitglieder seiner Familie ihn abholen kamen, damit er seine letzten paar Tage zu Hause verbringen konnte. Sie zögerten jedoch, weil sie Angst davor hatten, seine offenen Wunden zu versorgen, und weil er aufgrund seiner Schmerzen ungehalten und nur schwer zufriedenzustellen war.

Ein anderer Patient, Mang Frederico, verlor so viel dickes, dunkles Blut aus seinem Rektum, dass mir unbegreiflich war, wie er überhaupt noch leben konnte. Ein Krebsgeschwür wie Blumenkohl fraß sein Gesicht, Mund und Kehle auf. Die Magensonde, die wir ihm angelegt hatten, um ihm flüssige Nahrung zuzuführen, riss er heraus, wurde daraufhin aber sehr durstig, also tröpfelten wir ihm Milch in den Mund, damit er nicht austrocknete und etwas Nahrhaftes erhielt.

Jeden Tag bekamen wir Neuzugänge, und die Zahl der Patienten wuchs auf über sechzig an. Es wurden weitere Schwestern zum Helfen abberufen, und alle drei Stationen wurden geöffnet. Ein Priester lieferte eine Frau ein, die an einem Krebsgeschwür litt, das sich in ihren Schädel fraß. Ihr Haar war voller Läuse, und in ihren Beinwunden lebten Maden. Wir duschten sie und machten es ihr angenehm, sie blieb bei uns, bis sie starb.

Manchmal machten unsere Patienten auch Schwierigkeiten. Eine Frau mit Tuberkulose und einer kranken Leber war wechselweise in sich gekehrt, dann aber wieder in ihrem Delirium gewalttätig und misshandelte sowohl die Schwestern als auch die anderen Patienten; sie weigerte sich zu essen und warf sich auf den Boden. Wir brachten sie in ein Krankenhaus in der Hoffnung, die Ärzte dort könnten ihr helfen, weil wir sie in unserer offenen Abteilung nur schwer kontrollieren konnten. Als wir jedoch einige Tage später wieder zu ihr gingen, um sie zu besuchen, sah sie viel schlimmer aus – ihre Lippen waren gesprungen, und keiner hatte sie gebadet oder sie auf die Toilette gebracht, sodass sie nun in ihrem eigenen Kot saß. Das Personal hatte sie so fest am Bett festgebunden, dass ihre Hand geschwollen war. Als sie mich sah, versuchte sie, von der Liege zu springen und schrie: »Schwester Toobig! Schwester Toobig!« Auf den Philippinen wurde mein Name, Tobit, oft mit *toobig*, dem Tagalog-Wort für Wasser verwechselt. Wir nahmen sie wieder mit zu uns, gaben ihr ein wenig Milch, da man sie auch nicht gefüttert hatte, und nach ein paar Tagen starb sie friedlich.

Ich freundete mich mit Felicitas an, einer hageren Frau mit Tuberkulose, die schon lange Zeit im Tahanan lebte. Ihr Ehemann Reynaldo hatte auch TB. Nach einer besorgniserregenden Schwangerschaft gebar sie ein kleines Mädchen, das sie nach mir »Obit« nannte. Es tat mir leid für das Kind, einen solchen Namen sein ganzes Leben tragen zu müssen. Mama und mein Bruder Rodney unterstützten Felicitas, Reynaldo und ihre Familie, indem sie sich an ihrer Miete und der kostspieligen Behandlung ihrer resistenten TB beteiligten. Auf den Philippinen hatten wir keinen Mangel an Menschen, denen wir im Sinne unserer Gelübde dienen konnten.

Jeden Tag zur Mittagszeit kamen unterernährte Kinder aus der Umgebung zum Mittagessen zu uns. Wir kochten draußen auf Holzfeuern, weil es zu kompliziert war, das Essen für die Patienten und achtzig Kinder auf den zwei kleinen Gaskochern zuzubereiten, die wir in der Tahananküche hatten. Sie bekamen ihre Mahlzeit in einem schattigen Bereich hinter dem Tahanan oder, wenn es feucht war, auf der Veranda. Wenn eins dieser Kinder beängstigend unterernährt war oder Verdacht auf TB bestand, sprachen wir mit den Eltern und brachten sie dann zur Behandlung ins Kinderheim nach Binondo, das etwas zwanzig Minuten entfernt war. Viele waren ganz schlimm von Fadenwürmern befallen, die sie in großen Bällen ausschieden.

Nachdem ich schon eine Weile im Tahanan gearbeitet hatte, sah ich Möglichkeiten, die Bedingungen dort zu verbessern. So hätte ich beispielsweise die Patienten gern mit Moskitonetzen versorgt und ihre Ernährung von dem üblichen getrockneten Fisch mit Reis auf mehr Gemüse und Fleisch umgestellt. Schwester Aloysius meinte, sie wären an solche Nahrung nicht gewöhnt, aber ich glaubte fest daran, dass ihre karge Ernährung sie schwächte. Verarmt und unterernährt hatten sie keine Widerstandskräfte gegen Krankheiten, und ich wusste, dass sie sich bei besserer Ernährung viel schneller erholen würden. Nach und nach war es mir möglich, kleine Veränderungen zu bewirken. Wir verfügten durch Spenden über genug Geld, um den Komfort für die Kranken zu verbessern, aber die Vorgesetzten schienen selbst vor den kleinsten Veränderungen Angst zu haben und erstickten noch den winzigsten Funken Eigeninitiative. Nach einigen Monaten vereinbarte die Oberin, dass wir am Flughafen von Manila bei den Lieferanten der Fluggesellschaften das übrig gebliebene Essen abholten, was uns erlaubte, die Ernährung der Patienten mit Käse, kaltem Fleisch und so weiter zu ergänzen.

Weil medizinische Behandlungen auf den Philippinen nicht kostenlos waren, mussten die Patienten im Allgemeinen ihre eigenen Nadeln, Infusionsapparate und Arzneien kaufen. Die Ärmeren wandten sich mit ihren teuren Rezepten an uns, und oftmals konnten wir ihnen auch helfen, wenigstens mit einem gleichwertigen Präparat aus unserem Spendenvorrat. Eines Tages, wir saßen gerade beim Nachmittagstee, klopfte es an der Tür. Die »Pförtnerin« berichtete: »Ein kleiner Junge hat Atemnot.« Ich wollte gerade aufstehen, weil ich Zugang zur Arznei im Tahanan hatte und dachte, dass ich helfen sollte.

»Setz dich, Tobit, das eilt nicht. Wir führen hier kein Notfallkrankenhaus«, erinnerte mich die Oberin. Ich dachte für mich: *Ist ein Nachmittagstee wichtiger, als einem Jungen zu helfen und seine Eltern zu beruhigen?* Doch ich wartete geduldig bis nach dem Tee und holte dann Salbutamol, um seine Qual zu lindern.

Wie auch schon damals im Noviziat in Melbourne wurden Kleinigkeiten oft zur großen Sache. Bei einer Gelegenheit schickte Mama mir einen Zeitungsausschnitt über Mutter, den ich an das Schwarze Brett der Gemeinschaft heftete. »Hast du denn im Noviziat gar nichts gelernt?«, fragte mich meine Oberin wütend, weil ich nicht vorher um Erlaubnis gebeten hatte. Die Kontrolle war von orwellschen Ausmaßen.

Wir fanden eine Frau mit aktiver Lepra, die in einem Bushäuschen lebte, nachdem ihre Familie sie hinausgeworfen hatte. An ihren Beinen hatte sie mehrere blutende Wunden, ein Teil ihres Gesichts war weggefressen, und wo ihre Nase hätte sein sollen, klaffte eine offene Höhle. Ich kannte eine dorfähnliche Ansiedlung etwa sechzehn Kilometer nördlich von Manila, genannt *Tala* oder Stern, wo man sich um Leute mit Hansen-Krankheit respektive Lepra kümmerte. Ich schlug ihr vor, sie dorthin zu bringen und behandeln zu lassen, und so kam sie mit uns in das Tahanan. Ich wusch sie und gab ihr etwas zu essen, dann ging ich, um mit der Oberin zu sprechen.

»Schwester, wir haben eine Frau mit Lepra an der Bushaltestelle gefunden. Wir haben sie mit zu uns genommen. Können wir sie hoch nach Tala bringen?«

»Lepra ist hier in Manila nicht unsere Aufgabe, du hättest sie gar nicht herbringen dürfen. Es gibt andere Leute, die sich um sie kümmern können.«

»Ich weiß, dass wir hier keine Pflegeeinrichtungen für sie haben, aber ich dachte, wir könnten sie doch hoch nach Tala bringen. Sie ist in ganz schlimmer Verfassung, und ich hielt es für falsch, sie einfach dort zu lassen. Ich habe dafür gesorgt, dass sie nicht mit den anderen in Berührung kommt, und all ihre Kleidung und Handtücher weggebracht. Ich werde alles auskochen.«

»Ich verstehe dich nicht, Tobit«, erwiderte die Oberin aufgebracht. »Du machst ganz oft Dinge wie diese. Du versuchst, mich zu etwas zu zwingen, was du dir in den Kopf gesetzt hast. Es war nicht deine Aufgabe, sie herzubringen. Wie viel Benzin wirst du brauchen, um sie hoch nach Tala zu fahren? Indem du dich dieses Problems angenommen hast, bringst du mich in eine Zwangslage, in der ich dir erlauben muss, sie nach Tala zu bringen.«

Die Schwester war wütend, was ich jedoch nicht verstehen konnte, weil für mich die Fürsorge für einen verlassenen Menschen auf der Straße überhaupt der Grund dafür war, weshalb ich eine MN geworden bin. Die Oberin war ein guter Mensch, was mir ihre Reaktion noch unverständlicher machte. Nun war ich aufgebracht und wütend. Widerwillig ließ mich die Schwester den Wagen benutzen und gab mir eine Begleiterin mit. Gemeinsam brachten wir die Frau nach Tala, was etwa eine Stunde dauerte. Obwohl mir das Betteln verhasst war, malte ich mir aus, unterwegs den Wagen abzustellen und Leute um eine Spende für Benzin zu bitten, und dann der Oberin das Geld hinzuknallen und zu sagen: »Hier ist das Geld, das dir so viel bedeutet hat.« Ein solcher Ausbruch war in Wirklichkeit natürlich undenkbar, und selbst diese nur in Gedanken ausgesponnene Tat wurde Gegenstand zukünftiger Selbstanklage bei der nächsten allgemeinen Beichte: »Ich bekenne mich schuldig, wütend gewesen zu sein und aufrührerische Gedanken gehabt zu haben.« Ich hoffte, dass die Schwester keine weiteren Informationen von mir verlangte.

Als wir nach Tala kamen, begrüßte man uns am Empfang mit ziemlich gelangweilter Miene und bedeutete uns, die Frau auf eine Trage zu legen. Ich gab ihren Namen und andere Einzelheiten an, dann wollte die Empfangsschwester wissen: »Wo sind ihre Sachen?«

»Sie kommt von der Straße und hat nicht viele Sachen. Wir haben für sie ein paar Kleider, Handtuch und Seife zusammengestellt.«

»Sie benötigt ihr eigenes Laken, Teller, Eimer und Besteck, sonst kann sie nicht bleiben.«

Glücklicherweise gab es auf dem Gelände einen kleinen Laden, wo ich noch etwas mehr Geld verpulverte, um diese Dinge zu kaufen, wohl wissend, dass ich zweifellos mit weiteren Beschuldigungen rechnen musste, wenn ich wieder zu Hause war.

Vergleichbare Vorfälle ereigneten sich während meines gesamten Lebens als MN zu vielen Gelegenheiten. Der Zeitplan und die Struktur waren so streng, dass es uns nicht gestattet war, auf zufällige Bitten der Verzweifelten einzugehen, obwohl es meinem Verständnis nach keinen anderen Grund unserer Existenz gab. Ich konnte noch immer nicht vollständig akzeptieren und begreifen, dass der Gehorsam gegenüber unseren Vorgesetzten für wichtiger erachtet wurde als der Dienst an den Armen. Aufgrund dieser vordringlichsten Regel hing das Glück einer Schwester weitgehend vom Charakter ihrer Oberin ab, die Macht über sie hatte.

Ich gab mir alle Mühe, demütig zu sein, und zügelte meine Wut und meine Zunge mit unterschiedlichem Erfolg. Ich betete und wiederholte dabei täglich mehrmals einen kurzen Satz als Mantra. Ich plagte mich durch die täglichen Gebete, die verpflichtend waren und mir, wenn sie beendet waren, erlaubten zu schweigen. Meine Notizbücher aus Schmierpapier, das mit Bindfaden zusammengehalten wurde, waren voll kritischen Selbsttadels:

»Heiligkeit bedeutet, oft zu Gott zu beten, sich ihm anzuvertrauen, jedermann zu lieben und, ohne wütend oder verbittert zu werden, zu leiden und die Wut und die Verletzungen der anderen oder schwierige Umstände auszuhalten.« Einfach! Ich kam mir ein wenig vor wie ein Pferd im Geschirr, das manchmal loslaufen durfte, aber immer gezügelt wurde.

Kurze Zeit nachdem ich die Frau nach Tala gebracht hatte, fanden wir in Tondo einen Mann mit Lepra. Er hatte zwei Zehen und einen Finger verloren und eine stark entzündete Hand. Diesmal war es kein Notfall, und ich ging zur Oberin, um mir ihre Erlaubnis einzuholen, ehe ich ihn aus seinem Haus holte. Sie war diesmal zugänglicher, und wir fuhren besser vorbereitet mit allem Nötigen nach Tala. Während mehrerer weiterer Fahrten nach Tala mit neuen Patienten besuchten wir unsere alten Freunde und brachten ihnen Geschenke in Form von Kleidern oder zusätzlichem Essen mit.

Ich freundete mich mit Schwester Emilia, einer Franziskanerschwester an, die sich um die Kinder der Leprapatienten kümmerte, bis die Krankheit ihrer Eltern nicht mehr akut war und die Familie wieder vereint werden konnte, und auch mit dem Dominikanerpriester Hofstee, der während des Kriegs Armeekaplan gewesen war. Er war zu der Leprastation gekommen und arbeitete dort seit dreißig Jahren an der Verbesserung der Lebensbedingungen, indem er eine Schule und ein Krankenhaus errichtete. Obwohl er alt war und ihm ein Teil seines Ohrs fehlte, stapfte er noch immer in seinen Gummistiefeln und der weißen Soutane herum. Als ich ihn bei meinem zweiten Besuch in Tala kennenlernte, hatte er gerade eine Beerdigung vorgenommen.

»Passen Sie bloß auf in Ihren Gummilatschen! Damit rutschen Sie noch in eins dieser Gräber, und ich bekomme noch mehr Arbeit!«

»Ich war auf einer Dominikanerschule«, sagte ich ihm, um ihm zu vermitteln, dass ich klug genug war, um nicht in ausgehobene Gräber zu fallen.

»Und warum tragen Sie dann ein blauweißes Geschirrtuch? Sie sollten Schwarz und Weiß tragen, die Dominikanerfarben«, witzelte er. Er war ein Mann, dessen Lebensmotto *Veritas* hieß. Der Wahrheit verpflichtet, waren bei ihm Worte und Taten eins, und er brachte alle um ihn herum zum Lachen.

Eine unserer Laienmitarbeiterinnen, Ate Ester, zeigte mir als Erste den Weg in den Slum am Fuße des *tambakan* oder Müllbergs. Hinter großen Gebäuden und Fabriken versteckt, war er unsichtbar, wenn keiner einem den Pfad zeigte. Am ersten Tag überwältigte mich der Gestank, die erdrückende Armut und der beißende Rauch, der dem Müllberg entstieg, aber von da an besuchte ich *Magdaragat,* das Viertel der Seefahrer, regelmäßig.

Viele Hütten drängten sich auf dem dreieckigen Areal zwischen dem Müll, den Fabriken entlang der Straße und dem flachen braunen Wasser der Manila-Bay. Schmale Gassen schlängelten sich zwischen schäbigen Hütten aus Blech, Holz und Plastik hindurch. Es gab weder Abwasserkanäle noch sanitäre Anlagen, und Gräben mit schwarzem Wasser zogen sich zwischen den Behausungen hindurch. Fliegen hockten in dicken Trauben auf den Wäscheleinen, und der penetrante Rauch aus dem Müll drang in meine

Haut und meine Kleider ein und ließ meine Augen tränen. Der Himmel über der Müllhalde war still. Nie hörte ich an diesem verseuchten Ort einen Vogel singen und dachte voll Bedauern an die trällernde Zwiesprache der Elsterfamilie in unseren Bäumen zu Hause, die ich immer als selbstverständlich angesehen hatte.

Auf dem Müllberg, der sich über dem Dorf der Landbesetzer erhob, arbeiteten Menschen in gebückter Haltung, Münder und Nasen mit Tüchern bedeckt, um sich gegen die toxischen Dämpfe und den Gestank zu schützen. Ihre Füße sanken in den Müll ein, während sie mit einem Haken den durchweichten Abfall durchpflügten und alles, was noch zu retten war, in einen Korb warfen, den sie auf den Rücken geschnallt trugen. Diese Familien waren in der Hoffnung in die Stadt gekommen, Arbeit zu finden oder der Gewalt und der Armut in den Provinzen zu entfliehen. Sie lebten neben schwarzen, verseuchten Kanälen, entlang der Bahngeleise oder am Fuße der Müllhalden, von denen ihr Überleben abhing. Rauch, donnernde Taifune und erstickende Dämpfe waren Teil ihres Lebens.

Inmitten dieser Armut und dieses Schmutzes gab es dennoch Leben, Kameradschaft, Feste, Freude und die üblichen Konflikte. Die Menschen arbeiteten hart, um zu überleben, und nichts wurde vergeudet. Sie sammelten Zeitungspapier, Dosen, Plastikbehälter, Knochen und Glas und verkauften es. Doch selbst dies wurde von der Regierung kontrolliert, die einmal sogar Soldaten zur Bewachung des Mülls postierte und die Müllsammler zwang, an ausgewählte Händler zu einem günstigeren Preis zu verkaufen.

Es gab einen Blinden in Magdaragat, einen immer fröhlichen Mann, der, als er noch bei Kräften war, für die Fischer gerudert war. Dafür bekam er von ihnen einen Teil ihres Fangs. Als ich ihn kennenlernte, konnte er wegen seines schwachen Herzens nicht mehr rudern, aber seine alten Kumpel halfen ihm weiterhin und schenkten ihm regelmäßig frischen Fisch.

Eine Witwe und Mutter von acht Kindern bat ihren Sohn, auf den Berg zu klettern, um nach etwas Essbarem zu suchen. Er fand nichts und legte sich eine Weile hin, um auf den nächsten Müllllaster zu warten, und schlief ein. Eine sich über ihn ergießende Lawine aus Büchsen und verrottendem Gemüse weckte ihn, als ein gelbes Müllauto seinen Inhalt entleerte. Als er mit dem Essen nach Hause kam, schalt seine Mutter ihn: »Du hättest getötet werden können.«

»Ich war jedenfalls als Erster dort!«, erwiderte er.

Während der Regenzeit wurde das Viertel regelmäßig überschwemmt. Als wir uns durch die Straßen im knietiefen, trüben Wasser unseren Weg bahnten, fiel ich bis zu meiner Taille in einen überspülten Graben. *Warum hat Mutter sich für weiße Habits entschieden?*, fragte ich mich, als ich versuchte, meine Fassung zurückzugewinnen. Die Zuschauer riefen: »Madre!« Mein Gesicht errötete, während der Rest von mir grau und nass war.

Während der heftigen Regengüsse wurde der Müll zum Morast. Viele Menschen in Nähe des Wassers verloren ihre Hütten während der Monsunregen. Einmal kam es zu einem Erdrutsch im Müllberg, und der herabstürzende Unrat tötete zwei Männer. Während der Überschwemmungszeit gaben wir an die Familien, die von den Unwettern am härtesten getroffen worden waren, gekochtes Essen und eine Trockenration aus Reis, Mungobohnen, Milchpulver und Fischdosen aus. Ganze Familien wachten die Nacht über in ihren leckenden Anbauten und trugen ihre Babys hin und her, um sie trocken zu halten. Oftmals stieg das Wasser so schnell, dass die Familien all ihre Habseligkeiten auf dem Tisch in Sicherheit bringen mussten. Wenn das Wasser noch höher stieg, gingen sie über die Hauptstraße ins Tondo Hospital oder in Schulen, die auf höherem Gelände errichtet waren, und weil es ein Notfall war, wurden sie dort auch geduldet. Bei tagelangem Regen wurde ihr Feuerholz nass, und die Menschen blieben hungrig, weil sie sich keinen Reis kochen konnten. Die *lavenderas* oder Waschfrauen, die von der Hand in den Mund lebten, konnten nicht arbeiten, und die Hausierer brachten ihre Ware nicht los.

Während der Überschwemmungszeit nahmen die Erkrankungen zu, da selbst das von außerhalb des Müllviertels hergebrachte Trinkwasser verseucht war. Unter der Bevölkerung wüteten Ruhr, Hepatitis, Lungenentzündung und Bindehautentzündung. Polio, Tuberkulose und Lepra breiteten sich aus, und *tigdas,* Masern-Epidemien, rafften viele Kinder dahin und ließen andere erblindet zurück. Die Schwestern und ich fanden in den kleinen niedrigen Wellblechhütten oder Bretterbuden Kinder, die fieberten, auszutrocknen drohten und mit Lungenentzündung dem Tode nah waren. Viele hatten eitrige Ohren und Wunden. Kinder, die zu krank waren, brachten wir im Jeepney zum Kinderheim von Binondo.

Ein Filipinopriester, Vater Beltran, der gerade von Studien in Rom zurückgekehrt war, wo er eine theologische Dissertation fertiggestellt hatte, wurde ans Seminar von Tagaytay berufen, um dort zu lehren, und begann mit uns zu arbeiten. Er hielt Messen in der Chapel of the Resurrection ab, und die Leute aus dem Slum strömten in Scharen zum Gottesdienst – vor Freude, dass die Kirche zu ihnen kam. Während der Überschwemmungen trafen wir ihn in Gummistiefeln auf dem Weg ins Müllviertel. Die Priesterschüler, die von Vater Beltran unterrichtet wurden, begleiteten ihn, bekleidet mit ihren makellosen weißen Soutanen. Anfangs hielten sie sich Taschentücher vor Mund und Nase, um den Gestank des Mülls abzuwehren, den sie so von ihrem Priesterseminar nicht kannten, das in einer wunderschönen Gegend in der Nähe eines Vulkansees lag.

Nachdem er ein paar Monate lang mit uns zusammengearbeitet hatte, lud er einige Menschen aus dem *tambakan* zu einem Picknick nach Tagaytay ein. Die Busfahrt in den sechzig Kilometer weit entfernten Ort brachte diese Menschen in eine andere Welt ohne Rauch, Schmutz und Fliegen. Die Bergluft war kühl und rein, und die Leute waren begeistert von dem vielen Grün, das sie sahen. Vom Grat neben dem Seminar hatten sie einen Ausblick auf den kleinen, aber sehr mächtigen Taal-Vulkan, der inmitten des Sees unschuldig und schön dalag, obwohl er von einer gefährlichen unterirdischen Kraft erfüllt war. Von der Schönheit dieser unverdorbenen Landschaft verwandelt und belebt, liefen die Besucher durch die Gärten, veranstalteten Ballspiele und aßen gierig von dem Mittagessen, das wir ihnen bereiteten.

Einige Zeit, nachdem ich Manila verlassen hatte, überwarf Vater Beltran sich mit den MNs, setzte sich aber weiterhin für die Menschen vom Müllberg ein. Er kämpfte darum, dass ihre Belange berücksichtigt wurden, als 1983 die Regierung die Gegend um die Manila-Bay ausbauen wollte und die Menschen aus dem Müllviertel deshalb in überfüllte Behausungen am Rande von Manila umsiedelte, wo es keine Arbeit, kein Wasser und keine Elektrizität gab.

Ich träumte davon, zusammen mit einer kleinen Gruppe von Schwestern in Magdaragat nah an den Menschen anstatt in unserem umfriedeten Gelände zu leben. Ich dachte, wenn wir dort bei ihnen den gleichen Widrigkeiten ausgesetzt wären, würden wir lernen, diesen zu begegnen. Verfügten wir hingegen über eine Rückzugsmöglichkeit, verlieh diese uns Macht, das war das Problem. Und dann waren Tore, Schlösser, Wände und Verteilungspläne vonnöten, um unsere Rückzugsmöglichkeiten zu schützen. Es mussten Regeln aufgestellt werden, wer zur Aufnahme berechtigt war und wer nicht. Und ehe wir uns versahen, wären die Schranken wieder errichtet, und die wirklich Armen stünden wieder vor dem Tor, am falschen Ort, zur falschen Zeit.

In der Woche vor Weihnachten blieben wir den ganzen Tag im Müllviertel und gingen von Haus zu Haus, um Tickets für eine Geschenkverteilung und ein Kinderfest auszuteilen, das wir in unserem Haus abhielten. An einem dieser Tage stießen wir auf einen sehr kranken jungen Mann in einem Haus neben der Müllhalde mit fortgeschrittener TB. Er war dünn und blass und hatte geschwollene Füße.

Seine alte Großmutter verkaufte Blumentöpfe, um ihn zu unterstützen, aber in einem Müllhaldenslum gab es keinen großen Markt für Topfpflanzen. Wir brachten ihn im Lieferwagen nach Tayuman, weil er zu schwach war, um im Jeepney zu fahren, und nach langer Zeit erholte er sich, wenngleich seine Lungen dauerhaft geschädigt waren.

Auf den Philippinen begeht man die *aquinaldo* oder Novena – neun Tage – vor Weihnachten. An jedem der neun Tage vor dem großen Fest drängen sich in der Frühmesse um halb fünf Uhr morgens die Menschen und singen Weihnachtslieder, vor allem »O, Holy Night«. Die Novizinnen waren schon wochenlang davor in ihrer Freizeit damit beschäftigt, Eimer mit Fischdosen, Seife, Reis, einem Handtuch und anderen Dingen zu füllen. Wir verteilten die Geschenke am Montag und Dienstag vor Weihnachten an etwa fünfhundertfünfzig Menschen täglich, dann fanden die Kinderfeste statt. Als Erstes bekamen fünfhundert Kinder aus Binondo ihr Fest und am nächsten Tag fünfhundert aus Tondo, wovon hundertfünfundsiebzig aus Magdaragat kamen. Wir glaubten, dass es zu schwierig sei, mit allen tausend Kindern zusammen zu feiern. Die Schwestern sorgten dafür, dass jede Gruppe sich unter einem eigenen Banner zusammenfand, und die Kinder trugen ein Band von derselben Farbe, damit sie sich mit ihrer Gruppe identifizieren konnten. Auf unserem Gelände gab es ein Mittagessen, dann ging es mit Bussen in den Zoo. Es war nicht ganz einfach, den Überblick zu behalten, aber sie hatten viel Spaß und Freude.

Am Weihnachtstag sprach Schwester Rekas Vetter, ein Neuseeländer, im Müllviertel die Messe im Freien unter einer Zeltplane, und anstelle einer Lesung aus dem Evangelium führten die Kinder ein Krippenspiel mit Trommlerjungen auf. Nach der Messe verteilten wir Süßigkeiten und Geschenke an alle Kinder unter sechs Jahren, da die Kleinen am Weihnachtspicknick nicht teilgenommen hatten. Wir hatten noch Reste und kletterten damit hoch auf den Müllberg, um sie den Kindern zu geben, die dort wühlten. Selbst am Weihnachtstag fanden wir ein schwer krankes Kind, das wir mit seiner Mutter nach Binondo brachten. Als wir wieder zu Hause waren, beteiligten wir uns an dem besonderen Weihnachtsmahl, das es im Tahanan gab. Ich genoss dieses Weihnachtsfest und hatte noch immer das Gefühl, meinen Zweck zu erfüllen.

Mitte 1978 musste ich ins Noviziat umziehen, um dort enger mit Schwester Gabrielle und den Novizinnen im ersten und zweiten Jahr zusammenzuarbeiten, insgesamt mit sehr vielen Menschen. Schwester Eva gehörte zu den Älteren im zweiten Jahr und würde als erste Filipina die MN-Profess erhalten. Schwester Reka, unsere Neuseeländerin, war eine starke, mitfühlende Persönlichkeit und bekam oft Schwierigkeiten, weil sie für das kämpfte, was sie für richtig hielt, aber sie steckte die Schelte gut weg. Schwester Ling aus Hongkong war fromm und gehorsam, doch sowohl sie als auch Reka schienen das Wesen der Arbeit zu verstehen und lebten gewissermaßen im Einklang mit ihrem inneren Wesen. Die anderen Novizinnen waren ähnlich gepolt, und ich konnte nur hoffen, dass sie diesen Wesenskern, der sie zu dem machte, was sie waren, nicht aufgeben würden.

Anderswo hatte ich Schwestern erlebt, die sich wie Internatsschülerinnen ohne inneren Kompass gebärdeten. Sie passten sich an und machten gerade genug, um keinen Ärger zu bekommen, schienen aber keine Leidenschaft für die Arbeit zu empfinden.

Ich lehrte überwiegend religiöse Themen, aber auch Englisch für die nicht englischsprachigen Aspirantinnen. Da Mama Sprachunterricht für Erwachsene gab und mir beigebracht hatte, dass als Erstes ein grundlegender Basiswortschatz vermittelt werden sollte, bat ich sie, mir alle ihre Unterlagen zu schicken, und diese waren sehr hilfreich. Meine anderen Fächer waren Kirchengeschichte, Bibelstudium und die Satzung der Missionarinnen der Nächstenliebe. Am Donnerstag und am Samstag arbeitete ich nach wie vor im Tahanan und machte nachmittags Besuche.

Während einer Regenzeit wurde die Straße, die zu unserem Gelände führte, überflutet, und der Bürgermeister von Manila schickte sieben riesige Lastwagen mit Straßenbaumaterial, um das Problem beseitigen zu helfen. Der Sand und die Steine wurden jedoch an einem Samstagabend vor unserem Tor abgeladen und blockierten nun die Straße. Acht Männer arbeiteten den ganzen Sonntagvormittag, ohne dass der große Haufen kleiner wurde. Dann gingen sie nach Hause, um sich am Nachmittag auszuruhen. Also machten die Novizinnen und ich uns daran, mit Schaufel, Spitzhacke und Blecheimer in der Hand, den Boden zu ebnen, damit unser Bus durchkam – ein Skandal angesichts der in der Kirche bevorstehenden Hochzeiten und Beerdigungen. Ein Besucher sagte: »Solche Nonnen sind mir noch nie begegnet. Als ich euch das letzte Mal sah, habt ihr zweitausend Packungen Milch von einem Lieferwagen abgeladen, und jetzt macht ihr eine Straße!«

Ich hatte meine Gewohnheit beibehalten, jede sich bietende Gelegenheit zu nutzen, um an Informationen aus der Welt vor den Klostermauern zu kommen, und Ende September 1978, als ich von einem Besuch zurückkam und erfahren hatte, dass der Papst gestorben war, verkündete ich dies beim Mittagessen. »Das ist doch nichts Neues«, erwiderte Schwester Gabrielle. »Paul VI. starb im August.«

»Nein, es ist der neue Papst, Johannes Paul I.«, beharrte ich. »Er ist nach nur einem Monat im Amt gestorben.«

»Das kann nicht sein.«

»Ich bin mir aber sicher. Es war eine Schlagzeile vor dem Laden.«

Schwester Gabrielle ging sofort hinüber zum Haus der Professen, um zu erfahren, ob es dort noch jemand anderer gehört hatte. Keiner wusste davon, also rief die Schwester im Büro des Kardinals an, um sich den Tod des Papstes bestätigen zu lassen.

Anfang 1979 gab es in der Nachbarschaft ein schreckliches Feuer, dem der ganze Häuserblock hinter unserem Kloster zum Opfer fiel und über siebentausend Menschen obdachlos machte. Es begann abends um halb neun, und eine Stunde später drohten die Flammen auf unsere Gebäude überzugreifen. Während sich das Feuer seinen Weg durch die Baracken bahnte, entfachte es seinen eigenen Wind und brüllte wie ein Buschfeuer. Giftiger schwarzer Rauch wehte auf uns zu. Die Betonmauer hinter dem Kloster war etwa drei Meter hoch. Die Menschen, die in den Häusern hinter uns gefangen waren, schrien. Sie zerbrachen die Holzläden vor ihren Fenstern, um herauszukommen, und warfen Nähmaschinen, Kleiderbündel und anderen persönlichen Besitz über die Mauer in unseren Hof. Doch es bestand Gefahr, dass diese Sachen von den Funken und den fliegenden Trümmern Feuer fingen, also schleppte ich sie weg von der Mauer, um die Feuerschneise freizuhalten. Feuerwehrleute standen wie Schattenrisse vor der roten Glut auf den Dächern der Häuser, aber sie arbeiteten mit sehr geringem Wasserdruck und hatten kaum eine Chance, die Lage in den Griff zu bekommen. Während die anderen Schwestern die Patienten aus dem Tahanan auf die Tayuman Street evakuierten, hörte ich einen wilden Schrei von dort, wo ich die Feuerschneise freihielt.

»Madre! Madre!«

Ich stellte mich auf einen Betonsockel und rief: »Was kann ich tun?«

Eine Frau antwortete hysterisch: *»Anak ko! Anak ko!* – Mein Kind! Mein Kind!« Sie stand auf Kisten, die sie von der anderen Seite an die Wand gestellt hatte, und hob ihr Kind hoch. Ich bekam das Kind zu fassen und brachte den Jungen in Sicherheit. Andere Schwestern eilten zu Hilfe und nahmen mir das Baby ab. Dann half ich der Mutter, die sich hoch auf die Mauer gezogen hatte, sicher herunterzukommen. Es regnete heiße Asche auf uns, aber Erwachsene und Kinder kletterten über den Drahtzaun und sprangen auf den Hof. Wir trösteten die Kinder, die hysterisch kreischten, nachdem sie ihre Eltern in der Dunkelheit und im Rauch verloren hatten, und ließen sie bei den Schwestern auf der Straße, wo ihre Eltern sie dann suchen würden.

Auch die Häuser entlang unserer Grundstücksgrenze fingen Feuer, und die Hitze war unerträglich. Die Männerstation wurde an einzelnen Stellen vom Feuer erfasst, das sich aber nicht weiterfressen konnte, weil das Gebäude zum Glück weitestgehend aus Beton war. Doch die Hitze verbog die Dachrinnen und brachte die Fensterscheiben zum Platzen. Von da an übernahmen die Feuerwehrleute das Kommando.

»Schwestern, sofort raus hier!«, schrien sie auf Tagalog.

Wir gingen hinaus auf die Straße, von wo aus die Flammen so hoch aussahen, als würde das Kloster brennen.

Ganz in der Nähe lebte eine Familie namens Abad, die uns auf vielerlei Weise half; so bot sie uns an, die Patienten über Nacht aufzunehmen. Die Tayuman Street war nahezu unpassierbar. Langsam zogen wir mit fünfundzwanzig unserer kränksten Patienten in das Haus der Abads um. Schwester Esther und ich blieben bei ihnen eingepfercht in zwei Räume im Erdgeschoss, während die Familie sich nach oben zurückzog. Bei unserer überstürzten Evakuierung hatten wir die Bettpfannen vergessen und standen nun vor einem schwierigen Problem. Die Nachbarn hatten unseren Patienten Sandwiches und Kaffee gegeben. Aurora, ein zurückgebliebenes Mädchen, war sehr aufgeregt, klatschte und schrie und lief in der ihr fremden Umgebung herum, wobei sie auf zwei andere trat, die zu schlafen versuchten. Es war eine lange Nacht.

Um vier Uhr des nächsten Morgens erlaubten die Einsatzkräfte uns Schwestern, auf unser Anwesen zurückzukehren, wo wir uns sofort daranmachten, den Wasserschaden im Kloster und im Tahanan zu beheben. Obdachlos gewordene Menschen aus den umliegenden Slums hatten bereits die Stationen besetzt, aber wir mussten sie bitten, sie freizugeben, damit unsere Patienten zurückkehren konnten. Für kurze Zeit erlaubten wir Müttern mit ihren Kindern und den Älteren im Schutz der Frauenstation zu bleiben, getrennt von den ansteckenden TB-Patienten. Das Tahanan war in schrecklichem Zustand, aber zum Glück hatte unser Vorratsraum keinen Schaden durch das Löschwasser genommen.

Sämtliche Schwestern, Postulantinnen, Novizinnen und Professen, insgesamt etwa sechzig Personen, wurden mobilisiert, um sauber zu machen und riesige Portionen Reis und Curry für Hunderte von Menschen zu kochen, die auf unserem Hof Zuflucht gesucht hatten. Unsere »Herde« waren Lagerfeuer aus drei großen Zementblöcken, auf die wir einen großen Topf stellten. Drei Tage lang bereiteten wir zweimal täglich eine Mahlzeit zu. Auf einem freien Feld hinter der Schule, das die Kinder normalerweise zum Spielen nutzten, errichtete die Armee große Zelte als Übergangsquartiere und organisierte sanitäre Einrichtungen. Wasser wurde wie in anderen Barackensiedlungen am Rande der Stadt auf Karren herbeigebracht. Familien begannen, ihre eigenen Notunterkünfte zu errichten. Als dann aber alternative Bleiben zur Verfügung standen, baten wir alle, unser Gelände zu verlassen – wir wussten nicht mehr ein noch aus vor Leuten auf den Stationen, in der Küche, in den Badezimmern der Patienten und auf dem Hof. Diese angespannte Situation konnte nicht andauern, weil einige unserer Patienten ansteckende TB hatten und in Quarantäne gebracht werden mussten. Aber nichtsdestotrotz kochten wir über einen Monat lang Mittagessen für die Zeltstadt und gaben dann noch ein paar

Wochen lang Trockenrationen aus, damit die Leute sich erholen konnten.

Schwester Gabrielle erhielt eine große Spende von ihrer Familie und ihren Freunden und verwendete diese, um den Leuten galvanisiertes Eisenblech, Bauholz und große Doppelbetten aus Holz aus heimischer Produktion für einen Neuaufbau ihres Zuhauses zur Verfügung zu stellen. Es bedurfte jeder Menge Organisation, um zu verhindern, dass Familien und Alleinlebende sich doppelt bedienten. Dank Schwester Rekas Beziehungen traf aus Neuseeland ein gefrorener und zerlegter junger Ochse ein. Nach etwas Ärger mit dem Zoll konnten wir diesen steuerfrei auslösen und ihn für ein Currygericht verwenden. Auf den Philippinen ist Fleisch sehr teuer, und die Armen aßen so gut wie keins.

Die erste in Manila abgehaltene Profess war für Mai geplant, und Mutter schickte am 17. März 1979 eine Nachricht, dass sie sieben Wochen zuvor kommen werde, am 31. März, um bei der Profess sowie beim Empfang der neuen Novizinnen und Postulantinnen in der ersten Aprilwoche dabei zu sein. Die Zeit vor der Profess war immer durch jede Menge Aktivität und Aufregung geprägt. Aber bei dieser Nachricht brach die Hölle los, denn wir hatten Mühe, die Klausur vor der Profess zu planen, neue Habits zu nähen und die Arbeit so zu organisieren, dass die fehlende Arbeitskraft der Schwestern, die während ihrer Klausur keine außerhäusliche Arbeit verrichteten, ersetzt wurde. Die Novizinnen begannen mit der Herstellung von Glückwunschkarten und Spielen für die abendliche Unterhaltung. Und zu alledem fiel auch noch ständig der Strom aus und herrschte Wasserknappheit.

Fünf Schwestern, Ling, Ann, Eva, Charlotte und Jyotini Asah legten am 3. April in der Gemeindekirche zur Unbefleckten Empfängnis ihre ersten Gelübde ab. Der Hauptprediger während der Messe war Kardinal Sin. Mutter bemühte sich vergeblich, die Hunde unserer Gemeindepriester aus dem Altarraum zu vertreiben, aber diese wichen nicht von Vater Pinedas Seite. Nach der Profess blieben Schwester Ling, Jyotini und Eva in Manila, Schwester Ann ging nach Bourke, Schwester Charlotte nach Papua-Neuguinea.

Während ich in Manila war, starb Großmama mit achtzig Jahren. Die tröstenden Worte der Schwestern hinterließen eine seltsame Leere. »Nun, sie war sehr alt, und jetzt ist sie bei Gott. Es ist dumm, deswegen traurig zu sein. Du solltest dich freuen. Sie wird nun im Himmel sein und nach dir Ausschau halten.« Ich fühlte mich leer und einsam und wäre gern bei Mama und Judy und dem Rest meiner Familie gewesen, um mit ihr um Großmama zu trauern. Es ist seltsam, dass man selbst auf einen Todesfall, mit dem man gerechnet hatte, nicht richtig vorbereitet ist.

Zweimal fühlte ich mich kurz vor dem Einschlafen wie gelähmt und als hätte man mich eingesperrt. Ich konnte mich weder bewegen noch schreien. Ich glaubte, sterben zu müssen, und hatte Angst, mich schlafen zu legen. Vielleicht waren dies Angstattacken. Auf unserem Gelände und in unserem Kloster wimmelte es von Menschen, aber in meinen Träumen sah ich den freien Raum und die grünen Hügel um mein Zuhause, wo ich gerne über die Buschpfade bei Fitzroy Falls oder Bundanoon spazieren ging. In Tondo gab es nur Beton, Schlamm und Menschen, die zusammengepfercht waren. Nichts Grünes. Es war eine schlimme Vorstellung, dass es Menschen gab, die lebten und starben, ohne jemals die Schönheit der Natur gesehen zu haben, und in verseuchten Slums leben mussten, wo sie nie für sich allein sein konnten.

Während einer Handelskonferenz der Vereinten Nationen in Manila besuchte ein deutsches Fernsehteam Schwester Gabrielle. Sie schickte mich mit ihnen zum Müllviertel Magdaragat. Ich versuchte, mit ihr zu verhandeln: »Bitte Schwester, geh du mit ihnen. Ich möchte nicht im Film zu sehen sein, außerdem spreche ich kein Deutsch.«

»Geh, Schwester Tobit! Führe sie einfach herum, du kennst die Gegend. Sie sprechen sehr gut Englisch.«

Es war unpassend, in einer glänzenden schwarzen Limousine zum Müllviertel zu fahren. Die Crew folgte mir mit ihren Kameras überallhin, erst zum Vorsitzenden des Bezirks, um sich bei ihm die Erlaubnis zum Filmen einzuholen, dann besuchten wir verschiedene Familien inmitten von Schmutz und Rauch.

Die Verantwortlichen der Dokumentation wollten eine Totale des Gebiets filmen, also empfahl ich ihnen, den Müllberg zu besteigen, weil sie von dort das ganze Viertel, die Bucht und den fernen Horizont überblicken konnten. Direkt am Fuße des *tambakan* besuchte ich ein Kind, das ein paar Wochen zuvor während der Masernepidemie bei uns im Krankenhaus gewesen war. Ich traf das sechsjährige Mädchen, das die Ärzte drei Tage zuvor entlassen hatten; es lag auf dem Boden, litt an Ruhr, Lungenentzündung und Austrocknung. Seine Mutter war im achten Monat schwanger, kümmerte sich um ein krankes Dreijähriges und hatte ein weiteres Kind losgeschickt, um nach ihrem Mann zu suchen, der oben im Müll wühlte. Ich beschloss, das Kind direkt ins Hospital zu bringen, und erklärte den Fernsehleuten, dass wir sie jetzt allein lassen mussten, und vereinbarte ein späteres Treffen vor dem Krankenhaus. Mit dem Kind auf dem Arm eilten wir los, während die Filmcrew den Müllberg bestieg, um ein paar Aufnahmen zu machen. Einem Mitglied der Gruppe wurde übel von der Hitze und von dem Gestank. Die Crew spendete Geld, um Medizin und Flüssignahrung für das kleine Mädchen zu kaufen, aber trotz ihrer Großzügigkeit starb es noch in dieser Nacht.

Im Mai 1980 kam für Schwester Naomi und mich der Zeitpunkt, nach Kalkutta zu gehen, wo wir unser Tertianum, das Vorbereitungsjahr auf das endgültige Gelübde verbringen sollten. Es war unsicher, ob wir Visa für die Einreise nach Indien bekommen würden, aber schließlich wurden sie bewilligt. Alle MN-Schwestern machten vor ihrem endgültigen Gelübde einen Heimaturlaub, aber Naomi und ich kehrten wegen der Entfernung und der Kosten nicht nach Australien zurück. Bevor wir nach Kalkutta aufbrachen, erneuerten wir unser temporäres Gelübde zum fünften und letzten Mal. Die Novizinnen und Postulantinnen führten ein Stück auf, das die Geschichte erzählte, wie wir beide unter großem Trara in Kalkutta ankamen. Es gab einen rührenden Abschied mit vielen Tränen und Umarmungen von den Patienten im Tahanan.

In Manila hatte ich die größte Übereinstimmung zwischen dem Orden und mir selbst verspürt. Ich machte die Arbeit, die ich liebte, erfuhr Kameradschaft, Unterstützung und Zeiten der Ruhe. Nichtsdestotrotz blieb es weiterhin schwierig, Ideen einzubringen, und ich fühlte mich nicht ausreichend ausgebildet, um derart kranke Menschen zu versorgen. All dies trug ich in Gedanken mit mir, als ich zu meinem Tertianum nach Indien aufbrach, wo der Orden seinen Anfang genommen hatte.

7

Kalkutta: Mein innerer Kampf

»Es war aber ein reicher Mann, der kleidete sich in Purpur und kostbares Leinen und lebte alle Tage herrlich und in Freuden. Es war aber ein Armer mit Namen Lazarus, der lag vor seiner Tür voll von Geschwüren und begehrte, sich zu sättigen mit dem, was von des Reichen Tisch fiel.«

(Lukas 16,19–21)

Auf dem Flug nach Kalkutta hatten Naomi und ich Gelegenheit, uns zu unterhalten und wieder anzunähern. Obwohl wir beide in Manila gelebt hatten, waren wir uns nur selten begegnet, da wir in getrennten Häusern untergebracht waren. Am Zoll hatten wir Probleme, weil dem Beamten zwei weiße »indische« Schwestern verdächtig vorkamen, die Kelche mit sich führten. Diese waren uns von Filipinos für die Kapellen der neuen MN-Häuser gespendet worden, die Mutter in Indien eröffnen wollte.

Mit unseren Habseligkeiten in der Hand hielten wir erwartungsvoll nach einem Begrüßungskomitee in Weiß und Blau Ausschau, aber da war niemand, nur Hitze, Fremde und vereinzelte, ausgezehrt aussehende Rinder. Entweder waren unsere Flugdaten nicht angekommen oder übersehen worden. Wir riefen das Mutterhaus an, und nachdem wir lange hatten warten und uns bettelnde Kinder und Taxifahrer vom Leib hatten halten müssen, wurden wir endlich doch noch abgeholt und zum Haus der Missionarinnen der Nächstenliebe in Dum Dum in Nähe des Flughafens gebracht. Es war bereits dunkel.

Am nächsten Tag fuhren wir nach Kalkutta hinein, ein Moloch von Stadt mit abblätternder Farbe und lautem Gehupe, in der einem ständig die Kleider am Leib klebten. Ich stürzte mich in das Gewimmel von Menschen in farbenprächtigen Saris und *dhotis* oder westlicher Kleidung, von denen viele ihre Lasten auf dem Kopf trugen. Trambahnen, Lastwagen, Fahrräder, Männer, die Rikschas oder Karren zogen, kämpften um ihren Platz inmitten des Lärms, der Hitze und des Smogs.

Naomi und ich trafen mit als Erste einer neuen Tertianergruppe in dem dreigeschossigen weißen Studentenheim in der Park Street 90 ein, in dem die Novizinnen ausgebildet wurden und das einen kurzen Fußweg vom Mutterhaus entfernt lag. Die älteren Tertianerinnen waren, bevor sie ihre endgültigen Gelübde ablegten, auf Heimaturlaub und die Juniortertianerinnen von ihren Missionshäusern noch nicht eingetroffen.

Die Vorderfront des Hauses in der Park Street grenzte an die Straße, und in einem kleinen Innenhof befanden sich ein Wassertank und ein Waschplatz. Das Flachdach auf dem Obergeschoss diente mit seinen Wäscheleinen zum Trocknen und wurde von den allgegenwärtigen schwarzen Krähen bewohnt. Von diesem Aussichtspunkt konnte ich die dünnen, sehnigen *walas* – Rikschafahrer – beobachten, die sich bei drückender Hitze und feuchter Luft als menschliche Pferde betätigten und die hinter ihnen in dem kleinen Buggy sitzenden Fahrgäste beförderten. Mit ihren Fingern schlugen sie eine kleine Glocke gegen die Rikschastreben, um sich freie Bahn zu verschaffen und nicht an Schwung zu verlieren. Andere Männer balancierten hohe, schwere Lasten auf ihrem Kopf oder waren vor Karren gespannt, auf denen sich Kohlesäcke oder andere Güter türmten. Die klapprigen Trambahnen ratterten so vollgepackt mit menschlicher Fracht durch die Park Street, dass die Fahrgäste Mühe hatten, sich aus dem Gedränge zu schälen, wenn sie ihr Ziel erreicht hatten. Busse schlichen sich in bedenklicher Schräglage hindurch, und die Passagiere, die auf ihrem Dach zusammengepfercht waren oder wie Trauben an jeder Tür hingen, mussten sich festklammern, um nicht herunterzufallen.

Unserem Haus gegenüber stand eine Moschee. Im Winter standen wir vor den Mullahs auf, während sie uns im Sommer zuvorkamen und die Gläubigen schon bei Tagesanbruch zum Gebet riefen. Unsere Aufstehzeit um zwanzig vor fünf blieb das ganze Jahr über unverändert. Familien, die durch unbekannte Schicksalsschläge aus ihren Dörfern vertrieben worden waren, lebten, getrennt durch die Eingangsmauer, auf dem Gehweg vor unserem Kloster. Sie badeten auf der Straße unter grellen Reklametafeln, die Luxusgüter anpriesen, welche sie sich niemals würden leisten können. Frauen kochten, was immer sie auftreiben konnten, in geschwungenen Silbertöpfen. Auf ihren Hacken hockend schürten sie das Feuer mit dem Unrat und dem Mist, den ihre Kinder aus den Müllhaufen in der Umgebung ergattert hatten. Andere standen Schlange vor den Handpumpen, um ihre Wasserbehälter zu füllen. Zum Schlafen hüllten sie sich in offene, grobe Rupfensäcke oder was sich sonst als Decke finden ließ.

Verstreut über die ganze Stadt besaßen die Missionarinnen der Nächstenliebe mehrere große Ausbildungshäuser. Fast dreihundert Schwestern, hauptsächlich Novizinnen, lebten im Mutterhaus in der Lower Circular Road. Auf einem kurzen Fußweg gelangte man zur Shishu-Bhavan-Gemeinde und dem Kinderheim. Ein weiteres Haus, in einer ehemaligen Chemiefabrik, befand sich in Prem Dam, unserem Haus in der Park Street näher gelegen, wo es den strengen Gerüchen einer nahe gelegenen Gerberei ausgesetzt war. 1975 hatte eine der größten, ehemals britischen Farbe- und Chemiefabriken, Imperial Chemical Industries, ihr Firmengelände Mutter Teresa vermacht, die daraus ein Heim für körperlich und geistig behinderte Kinder geschaffen hatte.

Während Naomi und ich warteten, bis der Rest der Gruppe eintraf, verbrachten wir unsere Zeit mit Körperpflege. Obwohl ich an das Tropenklima angepasst war, empfand ich Kalkutta heißer als Port Moresby oder Manila. Weil wir unser Habit mit einem Strick gürteten, in den wir unseren Sari und ein Kreuz steckten, bekam ich rasch einen juckenden Ausschlag um meine Taille und konnte die übliche Bußübung der MNs, während des Morgengebets eine stachelige Drahtkette zu tragen, kaum ertragen.

Schwester Naomi und ich wollten das Mutterhaus sehen, also ging eine der Schwestern mit uns hinunter zu dem viergeschossigen Bau. Über eine Seitenstraße gelangten wir zum Haupteingang, auf dem ein schlichtes Holzkreuz befestigt war, und zogen die Besucherglocke, um unsere Ankunft anzukündigen. »Mutter Teresa nicht da«, verkündete ein verrutschtes Schild an der Wand, aber wir wussten bereits, dass sie noch immer im Ausland weilte. Eine Schwester kam und führte uns in den Innenhof, der als Versammlungsplatz genutzt wurde. In einer Ecke befand sich eine Grotte, auf der anderen Seite eine Handpumpe und Wassertanks. Eine Treppe seitlich des Tanks führte hinauf zu Mutters kleinem Zimmer im ersten Stock.

»Woher kommt ihr, Schwestern?«, erkundigte sich die Pförtnerin.

»Wir sind Australierinnen, frisch eingetroffen von den Philippinen, um unser Tertianum zu beginnen«, antwortete Naomi. »Wir waren noch nie im Mutterhaus.«

»Willkommen!«, rief sie. »Ich werde euch die Kapelle zeigen und dann Schwester Agnes rufen. Sie wird erfreut sein, dass ihr gut angekommen seid.« Als wir ihr über die Treppe nach oben folgten, kamen wir unmittelbar an einem lebensgroßen Kruzifix vorbei, das an der Wand des Treppenabsatzes hing, daneben die vertrauten Worte: »Mich dürstet.« Vom offenen Wandelgang zur Kapelle sah man hinab auf den Waschplatz. Wir betraten die Kapelle, einen langen, saalartigen Raum, an dessen Wänden an die vierzehn Kreuzwegstationen erinnert wurde, und knieten uns auf Matten, die zum Altar und dem Tabernakel hin ausgerichtet waren. Zufrieden, endlich im Mutterhaus angekommen zu sein, schlossen wir uns den wenigen Schwestern an, die bereits in schweigendem Gebet niedergekniet waren. Dann lud Schwester Agnes uns zum Nachmittagstee im Refektorium der Professen ein, wo wir Schwester

Melissa kennenlernten, eine australische Loreto-Schwester, die zu Mutters Orden übergetreten war.

Ein paar Tage später fuhren Naomi und ich in einem großen Militärlaster zur Bahnstation, um dort sechzig Schwestern und neue Aspirantinnen abzuholen, die aus Kerala im Süden kamen. Der Zug hatte drei Stunden Verspätung, also warteten wir auf dem von Menschenstimmen und Musik summenden Bahnsteig. Träger schleppten anmutig gewaltige Lasten auf ihrem Kopf, die sie mithilfe eines seitlich herabhängenden Stricks, der die Ware zusammenhielt, ausbalancierten. Straßenhändler verkauften Tee in kleinen Tontassen. Bettelnde Kinder huschten umher, während ihre Eltern, die den Bahnsteig zu ihrem vorübergehenden Zuhause gemacht hatten, ihren häuslichen Aufgaben nachkamen. Als der Zug einfuhr, entstiegen ihm Menschenmassen, aber wir konnten das Bataillon der blauweißen Saris leicht erkennen. Die Schwestern kletterten auf den Lastwagen, und wir brachen auf zum Mutterhaus und zur Park Street.

Etwa achtzig von uns lebten in der Park Street, unterteilt in vier Gemeinschaften: jeweils zwei mit auszubildenden Neulingen und zwei mit Fortgeschrittenen und eigenem Refektorium. Unsere Gruppe begann gemeinsam, weil die dritte Tertianer-Schwester aus Tansania erst später eintraf.

Das Tertianum dauerte ein Jahr, und alle sechs Monate gab es Neuaufnahmen. Schwester Naomi und ich waren die einzigen nicht-indischen Schwestern unserer Gruppe, aber wir lebten in getrennten Gemeinschaften. Die anderen Schwestern kamen aus ganz Indien, aber hauptsächlich aus den Staaten Kerala und Bihar. Schwester Annette, die ein Jahr vor uns im Noviziat gewesen war, war bei den Tertianerinnen im zweiten Halbjahr, aber als wir ankamen, besuchte sie gerade eins der Missionshäuser, während ihre Gruppenschwestern ihren Heimaturlaub machten. Nach etwa einer Woche kam Schwester Laboni aus Papua-Neuguinea mit vielen Neuigkeiten zu uns, und Schwester Elina traf aus Australien mit Briefen von Schwester Regina und den dortigen Schwestern ein. Ein paar Wochen, nachdem wir unsere Ausbildung begonnen hatten, verkündete Mutter, sechs Schwestern unserer Gruppe sollten nach Rom gehen, um zusammen mit den elf dort lebenden Tertianerinnen ausgebildet zu werden.

Unser Leben verlief nach dem üblichen Schema: Aufstehen um zwanzig vor fünf. Ein paar von uns schliefen auf dem Fußboden neben der Kapelle, weil es nicht genügend Betten oder Platz im oberen Schlafsaal gab. Mir machte das nichts aus, denn es war dort kühler als im stickigen Schlafsaal. Die rote Öllampe im Allerheiligsten flackerte sanft und warf Schatten an die Wände, und manchmal ging ein leichter Luftzug. Bevor die Glocke zum Morgengebet läutete, räumten wir unser Bettzeug auf und trugen es nach oben.

War eine Schwester für die Woche zum Wecken auserkoren, musste sie die Glocke läuten und das *chula* anzünden, ein sehr launisches, zylindrisch angeordnetes Kohlenfeuer, das in der Höhlung eines Betonblocks in der Küche brannte. Dies musste vor dem Morgengebet erledigt werden, damit anderthalb Stunden später das kochende Wasser für den Frühstückstee fertig war. Läuteten erst einmal die fünf Glocken zum Gebet, gab es keine Chance mehr, einen Blick auf das Feuer zu werfen, und als ich an die Reihe kam, war es mein schlimmster Albtraum, dass die Kohle nicht brennen würde und achtzig Schwestern ihren Morgentee nicht bekamen.

Nach dem Frühstück wuschen wir rasch unsere Kleider in den Eimern und benutzten dazu das Wasser aus den großen Betontanks. Dann eilten wir hinauf aufs Flachdach, um sie dort auf die Leine zu hängen. Wir bekamen ein Stück Waschseife pro Woche und ein Stück Badeseife im Monat. Die Hocktoiletten in der Park Street hatten eine Schüssel im Boden eingebaut und wurden mit einem Becher Wasser gespült, den man aus seitlich angebrachten Tanks schöpfte. Wenn die Badezellen besetzt waren, benutzten wir die Toiletten, um unser Eimerbad zu nehmen. Schrecklich war es, wenn einem der monatliche Seifenvorrat aus den Händen rutschte und auf Nimmerwiedersehen im Toilettenloch verschwand.

Nachdem die Wäsche aufgehängt war, schnippelten wir das Gemüse für das Mittagessen und waren dann um zwanzig vor acht bereit, mit der Arbeit zu beginnen. Wir arbeiteten einen halben Tag und kamen zum Mittagessen wieder zurück. Jeden Nachmittag nach der Ruhepause bildeten wir eine Menschenkette und reichten schweigend Wassereimer von einer zur anderen die Treppe hinauf, um die Tanks in den drei Stockwerken für das Baden und die oberen Toiletten zu füllen. Unterricht, Studium und weitere Gebete füllten den Nachmittag.

Ich war sehr enttäuscht, als man mich für Büroarbeiten ins Mutterhaus schickte, anstatt zur Arbeit ins Kinderheim oder ins Sterbeheim. Erschwert wurde mir dies noch durch den Neid einiger Schwestern, die diese Arbeit offenbar gern getan hätten und Gerüchte in Umlauf setzten, wonach meine Tertianer-Lehrerin mir eine Vorzugsbehandlung angedeihen ließ. Diese schien ihnen dann ihren Irrtum damit beweisen zu wollen, indem sie besonders streng zu mir war.

Im Mutterhaus arbeitete ich an einer Namensliste der Schwestern, damit man einen Überblick über ihre Ordensnamen, Vornamen, Nummern und das gegenwärtige Missionshaus hatte, aber auch, um persönliche Informationen wie etwa Hochschulabschlüsse festzuhalten. Die wenigsten hatten einen, doch in vielen anderen Orden war dies Bedingung für einen Eintritt ins Ordensleben. Zu dieser Zeit waren wir weltweit eintausendsiebenhundertzweiundsechzig Schwestern, wovon sechshundertneunundzwanzig ihre endgültigen Gelübde abgelegt hatten und siebenhundertdreiunddreißig Junior-Professen waren, und zwar aus dreißig Ländern, darunter achtzehn ethnische Gruppierungen aus Indien, die in hundertsieben Häusern in Indien und in einundsiebzig Häusern im Ausland lebten. Dazu kamen noch mehrere Hundert Novizinnen, Postulantinnen und Aspirantinnen.

Außerdem kümmerte ich mich um die eintreffenden Pakete mit Nahrungsmitteln, Medizin, Kleidern und anderen Spenden, listete auf, was von wo gekommen war, und schickte unseren Spendern Dankschreiben.

Ich half, Kopien von Mutters Briefen an die Schwestern zu erstellen, die weltweit versandt wurden. Wir druckten sie auf die unbedruckte Seite von Altpapier, das die Schwestern gesammelt und sortiert hatten. Zudem katalogisierte ich Hunderte von Büchern in der Bibliothek des Mutterhauses, aus der die Schwestern sich ihre spirituelle Lektüre auswählten. Obwohl es eigentlich in der Bibliothek nur religiöse Bücher geben sollte, befanden sich darunter auch ein *Wörterbuch der Biologie* und *Stolz und Vorurteil,* die unter dem Oberbegriff »Spirituelles Leben« eingeordnet waren. *Jane Eyre* war unter »Muttergottes« eingeordnet, und ein Roman über Napoleon mit dem Titel *Holy Week* unter »Liturgie«.

Nach einer Weile entkam ich meiner Schreibtischarbeit, wurde aber wie ein Bauer auf dem Schachbrett verschoben und wechselte so oft meine Aufgaben, dass ich das Gefühl bekam, nirgendwo hinzugehören. Sobald ich mich eingearbeitet hatte, wurde ich versetzt. Meine häufigen Versetzungen schienen keinen Zweck zu verfolgen, doch ich dachte mir, man wollte mir auf diese Weise Einblick in unterschiedliche Aufgabengebiete verschaffen.

Ein paar Wochen lang wurde ich einem Tuberkulosezentrum mit Apotheke zugeteilt, wo die Leute mit Zuteilungskarten für Injektionen, Arzneien und Milch anstanden. Da ich ihre Sprache nicht sprach, konnte ich eigentlich nur die Rationen ausgeben und lächeln. Häufig legten die Leute ihre gefalteten Hände vors Gesicht und verbeugten sich in einer wortlosen Grußgeste. Dann schickte man mich als Englischlehrerin in die Schreibmaschinenklasse am Prem-Dan-Zentrum, das aus einer Gemeinschaft von fünfzig Junior-Postulantinnen und zwanzig Professen bestand, die dort lebten, sich um die Kinder kümmerten und für die Mädchen aus der Umgebung Schul- und Berufsschulunterricht anboten. Auf dem Gelände lagen überall Haufen mit Kokosnussschalen, aus denen die Männer der benachbarten Slums Seile machten.

Dann wieder arbeitete ich an der Sealdah Railway Station Clinic, um die herum viele Menschen ums Überleben kämpften. Männer zogen Rikschas und fuhren auf Fahrrädern mit Karren, auf denen sie alle nur denkbaren Waren transportierten. Straßenhändler verkauften Obst, das sie auf dem Gehweg stapelten; Fleisch hing ungekühlt in Metzgerläden, deren Besitzer die Fliegen vertrieben, indem sie mit einem Stock wedelten, an dem Plastikfetzen befestigt waren. Hier unterhielten wir in der feuchtschwülen Luft eine Apotheke, fütterten Kleinkinder und verteilten rationierte Lebensmittel. Wir badeten die Straßenkinder und gaben ihnen Milch und proteinhaltiges Gebäck, danach brachten ihnen die Schwestern Lesen und Schreiben bei.

Durch das Metallgitter der Apotheke konnte ich das Gedränge der verzweifelten Menschen sehen, die darauf warteten, dass man sie wahrnahm. Viele der Frauen waren Muslime und trugen lange schwarze Kleider und Kopfbedeckungen, die nur ihre Augen erkennen ließen und unter denen man es vor Hitze sicherlich kaum aushalten konnte. Normalerweise hatten sie mehrere Kinder bei sich und machten einen erschöpften Eindruck. Es frustrierte mich, dass ich mich aufgrund der Sprachbarrieren nicht mit ihnen unterhalten und mehr über sie in Erfahrung bringen konnte. Hauptsächlich half ich dabei, Wunden zu versorgen und die Kinder zu füttern und zu baden.

Jeden Sonntag wurde ich in ein protestantisches Internat geschickt, ein riesiges Gebäude aus der Kolonialzeit mit weitläufigen Gärten, die von einer hohen Mauer umgeben waren, um den katholischen Mädchen dort Religionsunterricht zu erteilen. Obwohl sie aus wohlhabenden Häusern kamen, hatten einige von ihnen emotionale Probleme und Ärger mit ihren Familien. Wenn wir mit der Trambahn dort hinfuhren, kamen meine Begleiterin und ich an bettelnden Kindern vorbei, welche die Müllhaufen nach Brauchbarem durchwühlten, während ihre Eltern auf dem Gehweg kochten und mit dem Wasser aus den Feuerhydranten Wäsche wuschen. Wieder war ich enttäuscht, nicht direkt mit den Armen auf der Straße zu arbeiten, eine Arbeit, die für mich wichtiger gewesen wäre, als Kindern der Mittelschicht Religionsunterricht zu erteilen. Jedes Mal, wenn wir auf dem Weg zur Schule durch den Park neben dem stattlichen Victoria Memorial kamen, ging mir durch den Kopf, was für eine kontrastreiche Stadt Kalkutta war. Den Mädchen in der Internatsschule hatte ich von den armen Kindern direkt vor ihren Türen erzählt, und eines Tages hatte eine Schülerin, die Schwierigste von allen, sich beim Frühstück eine Banane stibitzt und wartete damit am Schultor auf mich, um die Frucht einem der nackten Kleinkinder von der Straße zu geben. Sie hatte eine Art Beziehung zu einem Kind von jenseits des Tors aufgebaut. Vielleicht habe ich meine Mission, den Armen zu dienen, letztendlich doch zu einem Teil erfüllt, wenn auch auf weniger direkte Art, als ich mir das ausgemalt hatte.

Schließlich wurde ich nach Kalighat geschickt, dem berühmten Sterbehaus, das Malcom Muggeridge in seinem Film porträtiert hatte. Mutter Teresa nannte es Nirmal Hriday, den Ort des reinen Herzens. Bevor sie das Gebäude übernommen hatte, war es ein nicht mehr benutztes Pilgerheim innerhalb des Tempelbezirks der schwarzen Todesgöttin Kali gewesen. Nirmal Hriday ist ein großes Gebäude mit Bogenfenstern und einer mit Ornamenten verzierten Fassade. Es hat ein Flachdach, das zum Wäschetrocknen verwendet wird, mit widersinnigen zwiebelförmigen Kuppeln an jeder Ecke. Verkaufsstände mit ausladenden Markisen umgaben das Gebäude und versteckten seinen Eingang und die dekorative Architektur. Vom Wäschetrockenplatz aus hatte man einen hervorragenden Blick auf das wilde Durcheinander von Pilgern, Autos, Fahrrädern, Rikschas, Tieren und Straßenhändlern darunter.

Drinnen lagen die Kranken auf niedrigen trageähnlichen Betten, die in Reihen standen. Viele hatten Gliedmaßen so dünn wie Stöcke und leidvolle, flehende Augen. Die Schwestern arbeiteten nur auf der Frauenstation, die Missionare der Nächstenliebe kümmerten sich um die Männer. Ähnlich den Menschen, die ich in Manila versorgt hatte, litten die Patienten an TB, Unterernährung, Krebs und Ruhr, aber ich fühlte mich hier nicht so zu Hause wie dort. Ich empfand mich als Fremde und Außenseiterin. Nirmal Hriday vermittelte nicht die freundliche und fröhliche Atmosphäre wie das Tahanan in Manila, sondern wirkte rauer und brutaler, besonders wenn ich es mit dem aufopfernden Dienen verglich, das ich mir aufgrund des Films *Something Beautiful for God* während meiner Schulzeit vorgestellt hatte. Die leitende Schwester war Schwester Luke, eine schroffe, dünne indische Krankenschwester aus Singapur. Sie tat ihr Bestes bei so vielen verzweifelten Menschen und gab nicht auf, wo eine schwächere Person vermutlich nicht durchgehalten hätte. Es war bestimmt nicht leicht, mit so vielen ständig wechselnden Schwestern arbeiten zu müssen, und auch bei den Freiwilligen war die Fluktuation groß. Sie hatte nur eine ständige Professe an ihrer Seite, die die Patienten und die Abläufe kannte, und ein paar Einheimische, die dauerhaft hier als Nachtwachen arbeiteten und tagsüber mithalfen. Ich fand das einheimische Personal ziemlich grob und feindselig, was vielleicht am ständigen Wechsel der Schwestern lag, die anfangs nicht wussten, was sie tun sollten, und weil ständig neugierige, ausländische Freiwillige dazukamen und solche, die fotografieren wollten, was alles kaum erträglich war.

Einige Patienten waren, bevor sie nach Nirmal Hriday kamen, auf der Straße von Ratten angeknabbert worden. Auch andere wurden in einem jämmerlichen Zustand mit verfilzten Haaren voller Läuse, Maden oder Ameisen in schmutzigen Kleidern und mit schwärenden Wunden und straffer, trockener Haut eingeliefert. Wir wuschen sie, entfernten die Maden mit Wasserstoffperoxidlösung und Pinzetten und gaben den Patienten etwas zu trinken und zu essen. Das niedrige Niveau der Fürsorge, das für Kalighat charakteristisch war, lässt sich leicht kritisieren, aber die Schwestern waren ständig damit beschäftigt, zu waschen und sauber zu machen, und für die Menschen war es sicherlich besser, auf diese Weise versorgt zu werden, als auf dem Gehweg zu sterben, wo die Menschen vorbeiliefen, ohne auch nur einen zweiten Blick darauf zu werfen.

Nichtsdestoweniger erinnere ich mich ganz deutlich an meine negativen Gefühle diesem Ort gegenüber, obwohl ich sie bis heute nicht ganz nachvollziehen kann. In Nirmal

Hriday war ich traurig und verwirrt. Es war viel von Liebe und Mitgefühl die Rede, aber oftmals empfand ich es einfach nur als einen unwirtlichen Ort in einer unwirtlichen Stadt. Die ausgezehrten Kranken wurden mit abgespreizten Gliedmaßen unbeholfen von einer Schwester oder einer Mitarbeiterin geschleppt. Neuankömmlinge wurden zum Waschplatz gebracht, wo sie auf einer gefliesten Plattform oder dem Zementboden vor aller Augen ausgezogen, gewaschen und ihre Haare zur Läusekontrolle geschnitten wurden. Oftmals schrien sie, wenn kaltes Wasser über sie gegossen wurde. Es kam auch vor, dass jemand mit einer Kamera hereinkam, um sie zu fotografieren. Wir hatten keine Rollstühle, leisteten aber eine medizinische Grundversorgung mit Antibiotika und verabreichten mehr Infusionen, darunter oftmals Injektionen mit Vitaminen des B-Komplexes und Glukose, als in Manila, wo wir nur selten Arzneien und Lösungen gaben.

Ich half mit, die Patienten zu füttern, zu waschen und sauber zu machen, die verschmutzte Bettwäsche zu wechseln und den Schmutz aufzuwischen. An die Art und Weise, wie hier den Kranken im Liegen Essen und Flüssigkeiten verabreicht wurden, konnte ich mich nicht gewöhnen und versuchte deshalb, meine Patienten aufzusetzen.

Während ich den toten Körper einer Frau wusch, löste sich ein Stück von ihrer Haut unter meinen Händen. Eine andere Patientin starb in meinen Armen – ich hatte nicht mitbekommen, dass sie im Sterben lag. Sie war auf etwas oben an der Decke fixiert, also blickte auch ich nach oben, um zu sehen, was es war, als sie schlaff wurde. Ich half, sie in ein weißes Laken zu wickeln und auf die Vorrichtungen im Leichenschauhaus zu legen, damit sie gemäß der Tradition ihrer Religion beerdigt werden konnte. Ein schwarzer Leichenwagen holte die Leichen ab, die Hindus, um verbrannt zu werden, die Muslime zur Beerdigung.

Etwa die Hälfte unserer Patienten erholte sich und musste uns verlassen, um Platz für andere zu machen, aber oft hatten sie keine Bleibe. Es brach einem das Herz und war ein Verrat an der ihnen entgegengebrachten Liebe, sie wieder hinaus auf die Straße zu schicken. Diejenigen, die nichts hatten und niemanden, wohin sie konnten, kehrten oft nach einigen Monaten wieder genauso krank und geschwächt nach Kalighat zurück. Ich fand, es müsste einen Weg geben, sie in eins der anderen Häuser zu verlegen, damit sie sich dort erholen konnten. Im Heim der Sterbenden war über die Möglichkeit, dass Patienten sich erholten und weiterlebten, nicht ausreichend nachgedacht worden.

In Manila kannten wir alle beim Namen und konnten uns mit ihnen unterhalten. Ich versuchte, Worte in Bengali und Hindi zu lernen, aber es war sehr schwer. Eines Tages sah ich einen Patienten, der sich wimmernd an die Füße einer Schwester klammerte, aber diese schob ihn grob beiseite und schrie ihn an, dass er gehen müsse. Dieser Anblick erschütterte mich so sehr, dass ich einfach hinaus auf die Straße rannte und verwirrt weinte. Ich fragte mich nach dem Sinn des Ganzen.

Während meiner Arbeit in Khaligat erkrankte ich eines Tages an Leibschmerzen, Durchfall und Fieber. Weiterzuarbeiten fiel mir schwer, aber ich hielt durch, bis der Kleinbus uns zur Mittagszeit nach Hause brachte, und brach dann im Badezimmer der Park Street zusammen. Auch viele der anderen Schwestern wurden krank. Eine Weile war Naomis Gesicht rot wie ein Ampellicht, und sie musste das Bett hüten, dann stürzte sie an ihrem ersten Arbeitstag auf dem Waschplatz und verrenkte sich ihr Knie so schlimm, dass wir sie hineintragen mussten. Eine andere Schwester hatte Typhus, wieder andere hatten Malaria, und einmal litten mehrere von uns an einer Lebensmittelvergiftung. Und doch unterbrach nur ganz selten eine ihre Arbeit.

Unser Alltag wurde unterbrochen, als etwa zwanzig von uns Schwestern und Freiwilligen mit fünfhundert Kindern einen Ausflug machten. Es war ein einziger Aufruhr! Die Hölle brach los, als Freiwillige und Schwestern zuallererst all diese Kinder auf dem Waschplatz im Heim der Sterbenden mit Bechern und Wasser aus den Wassertanks wuschen. Dann zogen wir den Mädchen neue Kleider an, flochten ihre Haare und banden Schleifen hinein. Die Jungs sahen mit ihren geölten Haaren und einem neuen Hemd und Shorts schick aus. Mit den Bussen der Assembly of God transportierten wir sie zu einem Schulgelände in der Nähe des Flughafens, um dort zu picknicken und Spiele zu machen. Als wir versuchten, das Essen zu verteilen, fielen sie über uns her, weil sie gelernt hatten, dass ihr Überleben von ihrer Fähigkeit zu kämpfen oder zu stoßen abhing. Alle wollten als Erste essen, weil sie befürchteten, sonst leer auszugehen. Wir Erwachsenen kehrten in einem Zustand nervöser Erschöpfung nach Hause zurück.

Ich freute mich auf die Teilnahme an einem einwöchigen Intensivkurs für die Betreuung von Leprakranken in Titigah, aber ich konnte leider nur einen Tag daran teilnehmen, weil ich einen leichten Malariaanfall bekam. Es war nicht die zerebrale Malaria, an der ich in Papua-Neuguinea erkrankt war, sondern eine schwächere Vivax-Erkrankung. Bruder George von den Missionaren der Nächstenliebe hatte den Titigahkomplex aus dem Nichts aufgebaut. Die Leprakranken und er hatten einen langen Streifen Land gesäubert, der neben Eisenbahnschienen verlief und von den Passagieren früher als »Toilette« benutzt worden war. Sie eigneten sich das Land als ihres an und errichteten einen Zaun aus Bambus und Stacheldraht darum herum. Verantwortliche der Bahngesellschaft kamen, um den Zaun einzureißen, aber der Bruder erklärte ihnen, dass die Leprakranken den Bahnsteig besetzen würden, wenn man ihnen ihren Zufluchtsort nahm. Schließlich gaben die Behörden nach und gestatteten ihnen, das Gelände beidseits der Gleise zu behalten, wo sie Werkstätten errichteten und Webstühle aufstellten, die von den Männern geschickt bedient wurden, während ihre Frauen das Garn auf die Spulen wickelten. Trotz der Entstellungen an ihren Händen arbeiteten sie mit Geschick und webten Tausende weiß-blauer MN-Saris. Viele Leprakranke hatten entstellte Gesichter oder Finger, Hän de, Füße und Gliedmaßen verloren. Sie fertigten Schuhe aus alten Autoreifen, um ihre Füße zu schützen, weil ihre Nerven dort abgestorben waren. Ein Fischteich, Gärten und Schweine und Hühner versorgten sie mit Nahrungsmitteln, und sie bauten ihre eigenen Möbel in der Schreinerei. Stationen mit den Kranken befanden sich auf der anderen Seite der Bahngleise, die dort von früheren Patienten gepflegt, verbunden und physiotherapeutisch versorgt wurden.

Meine Post von zuhause erreichte mich oft nicht. Wir vermuteten, dass Leute im Postamt die für Mutter Teresas Schwestern bestimmten Briefe öffneten, um nachzusehen, ob sie Geld enthielten. War dies nicht der Fall, lösten sie die Marken ab, um sie zu verkaufen, und vernichteten dann den Brief. Im Voraus bezahlte Luftpostbriefe in beide Richtungen waren sicherer, aber manchmal bekam meine Familie auch diese nicht. Ohne mein Wissen erlitt mein Bruder Tony, der Oberfähnrich zur See der australischen Marine war, bei einem Unfall im U-Boot eine Kohlenmonoxidvergiftung, und Mama musste sich einer Operation im Canberra Hospital unterziehen. Ich erhielt einen mit roter Tinte geschriebenen und nur aus vier Zeilen bestehenden Brief, auf dem sie mir mit krakeliger Schrift mitteilte, dass es ihr gut gehe. Ich war weder beruhigt, was Tony noch was sie betraf, und hatte große Sorge, sie könne sterben, während ich so weit weg von zu Hause war.

Ich schrieb ihr:

»Um dir die Wahrheit zu sagen, ich habe hier einige Probleme, aber sie lassen sich nur schwer erklären. Es fällt schwer, ständig mit Leuten einer anderen Kultur zusammen zu sein, vor allem in einer derart großen Gruppe, da es oft zu Missverständnissen kommt. Gehorchen fällt mir zunehmend schwerer, zumal wenn andere Menschen davon betroffen sind und man mir sagt, wie ich sie zu behandeln habe, oder ich sehe, wie sie auf eine Weise behandelt werden, die ich nicht begreife. Dies war immer so. Ich habe eine Vorstellung davon, was Liebe und Dienst ist, aber meine Vorgesetzte hat eine andere. Im Ordensleben sind die Dinge oftmals verzerrt, und ein sauberes Regal oder der Nachmittagstee – Gemeinschaftsaufgaben – werden für wichtiger als Menschen erachtet. Die Menschen hier leben und schlafen überall auf den Straßen und sehen manchmal völlig verzweifelt aus. Die Schwestern hier sind daran gewöhnt, und Respekt und Höflichkeit gegenüber den Armen sind nicht üblich. Diese werden nur den Oberen gezollt. Doch ich werde schon klarkommen. Ich berichtete dir nie von solchen Dingen, aber ich hatte immer damit zu kämpfen, selbst in Manila. Für jemanden von außen ist es schwer, das zu verstehen. Ich hätte nicht davon anfangen dürfen, zumal du krank bist, aber ich kann den Brief nicht zerreißen. Werde bald gesund.«

Ständig versuchte ich zu verstehen, warum ich solche Probleme hatte, und schob es auf den Mangel an Kontinuität in der Arbeit. Wir lernten die armen Menschen gar nicht richtig kennen. Es geht unter die Haut, so viele Menschen ohne Obdach auf den Straßen zu sehen, so viele vernachlässigte kleine Kinder, und so hilflos zu sein. Und die Massen verzweifelter Menschen, die alle drängelten und versuchten, ihren Anteil zu bekommen, machten es nicht einfacher, jeder Person respektvoll zu dienen. Aber dennoch verstörte mich unsere Art des Umgangs mit den Menschen. Unsere Worte und unsere Taten standen im Widerspruch zueinander. Und diese Widersprüchlichkeit erschwerte mir den Gehorsam und den Verzicht auf mein eigenes Urteil. Man sagte mir, es läge an meinem Stolz.

Mehrfach geriet ich in Konflikte mit meinen Vorgesetzten. An einem Festtag trafen sich die beiden Gemeinschaften der Junioren im unteren Refektorium zum Nachmittagstee. Mir fiel auf, dass ein Mann vor dem Fenster auf dem Fußweg lag, er war schrecklich dünn, trug Lumpen und litt offensichtlich an Ruhr. Er war von Fliegen und Unrat umgeben. Weil mir der Kontrast zwischen dem Leben innerhalb und außerhalb unserer Mauern unangenehm war, fragte ich, ob wir dem Mann nicht helfen könnten, und machte mir dabei ärgerliche Selbstvorwürfe hinsichtlich meines Stolzes und angeblicher Selbstüberschätzung. Schließlich wurde er nach Kalighat gebracht, aber mir wurde erklärt, Park Street sei ein Ausbildungshaus, und würden wir nun damit anfangen, auf die Armen einzugehen, kämen die Menschen zu uns ans Tor und würden unsere Hilfe erwarten. Mir wollte keine Alternative zu meinem Tun einfallen, denn der geschwächte Mann wäre vor unserem Fenster gestorben, wenn wir nicht gehandelt hätten.

In einer stürmischen Nacht ging ich im Dunkeln hoch aufs Dach, um allein zu sein. Im Eingang gegenüber sah ich einen ausgemergelten Mann, der in Fetzen auf seinen Hacken saß, Schutz suchte und so von den Blitzen angestrahlt wurde. Der Anblick dieses Mannes ließ mich nicht mehr los. Ich hatte gelobt, Menschen wie ihm zu helfen, aber auch gelobt, meinen Vorgesetzten zu gehorchen. Dies hätte kein Widerspruch sein dürfen, war es aber häufig.

Wann immer Mutter in Kalkutta war, suchten wir das Mutterhaus auf, um mehrmals in der Woche ihre Anweisungen entgegenzunehmen. Ich machte Notizen unserer Treffen und tippte sie ab, damit sie fotokopiert und von den anderen Schwestern gelesen werden konnten. Bei einer dieser Gelegenheiten kehrten wir in Zweierreihen nach Hause zurück. Meine Partnerin und ich befanden uns in der Mitte der Gruppe, aber wir trennten uns von ihr, als wir einen Mann neben dem Friedhof liegen sahen. Ausgetrocknet und geschwächt, wie er war, konnte er nicht aufstehen, außerdem war er nur in einen schmutzigen Fetzen gewickelt, der ihm beinahe vom Leib fiel. Als wir ihn fragten, ob er mit uns kommen wolle, fing er zu weinen an und berührte unsere Füße. Ich wich zurück und fragte mich: *Für wen hält dieser Mann mich, dass er mir so die Füße berührt?* Wir eilten zurück zum Mutterhaus, um seinen Transport nach Kalighat zu organisieren, kamen deswegen aber natürlich verspätet in der Park Street an.

Bei unserem Eintreffen waren alle in spirituelle Lektüre vertieft, und wir steckten in Schwierigkeiten. Wir erklärten der Lehrerin der Tertianerinnen, was passiert war, aber sie wollte unsere Erklärungen nicht hören. »Warum schafft ihr als Einzige es nicht, rechtzeitig hier zu sein? Müsst ihr immer einen großen Auftritt haben? Haltet ihr euch für so viel mitfühlender als alle anderen? Ich weiß nicht, wie die Armen von Kalkutta überleben konnten, ehe ihr herkamt.«

Die einzige Antwort konnte nur lauten: »Danke, Schwester.«

Aber ich schrieb in mein Notizbuch: »Übersehe nicht die Armen, nur um keinen Ärger zu bekommen.« Ich wurde zurechtgewiesen, weil es mir an Demut mangelte, weil ich eingebildet und stolz war, eine Meinung hatte und alles bewertete, aber als meinen eigentlichen spirituellen Kampf empfand ich den, kein Feigling zu sein. Es war so viel einfacher, ein »Jasager« zu sein. Vor allem in der Ausbildung, wenn wir Schwestern streng korrigiert wurden und es immer wichtig war, nicht die Beherrschung zu verlieren.

Jede Woche beichtete ich viele Vergehen, darunter auch,

dass es »mir an moralischer Courage fehlt und dies zu einem ernsthaften Verrat an Christus führen könnte. Ich habe nicht den Mut, den Ärger und die Missbilligung der anderen auszuhalten und mich deren Lächerlichkeit preiszugeben. Ich gebe es auf, den Armen helfen zu wollen.«

Aber in mein Buch schrieb ich:

1) Wenn ich Not sehe, werde ich mein Bestes tun, darauf zu reagieren, und mich nicht damit herausreden, nichts tun zu können.
2) Ich werde jede notwendige Erlaubnis einholen, den Zeitrahmen einhalten und mich jeglicher Schelte stellen.
3) Ich werde die Bettler, die Müllsammler, die Obdachlosen und die Straßenkinder kennenlernen und mich nicht von Anschuldigungen abhalten lassen.

Die massenhafte Verteilung von Essen an die Armen war oftmals kein Ausdruck von Liebe. Der anonyme Arme stand in einer langen Schlange in der Hitze. Der Umgang mit verzweifelten armen Menschen in der Masse war schwer, und die Schwestern schlugen und stießen sie manchmal. Doch Mutter lehrte: »Je unkenntlicher und deformierter das Bild Gottes in der Person ist, umso größer wird unser Glaube und unsere liebevolle Hingabe sein, das Gesicht Jesu darin zu erkennen und ihm liebevoll zu dienen.«

Ich fand, wir könnten mit mehr Respekt auf sie eingehen, aber als ich mein Anliegen vorbrachte, wurde mir gesagt, ich solle nicht urteilen. Und deshalb stellte ich mir die Frage: War ich irregeleitet? Es quälte mich, wollte ich doch meinen Traum vom Helfen verwirklichen, wachte aber in einem Albtraum auf, in dem ich am Handeln gehindert und für das Mitgefühl kritisiert wurde, das zu empfinden man mich doch lehrte. Ich hatte eine andere Einstellung als meine Vorgesetzten, wie man sich um die Armen kümmern sollte. Die Tatsache, dass ich eine Meinung hatte, war das tatsächliche Problem. Wann immer ich eine Vorgesetzte verärgerte, weil ich einem Kranken oder Armen half, schwieg mein Gewissen dazu.

Schwester Naomi und ich waren von einer Mit-Tertianerin verpetzt worden, weil wir zu irgendeiner Gelegenheit gemeinsam gegangen waren. Die Informantin schien dies als Anzeichen einer »besonderen Freundschaft« verstanden zu haben, und dass wir einander gesucht hatten, weil wir aus demselben Land stammten. Ein paar Tage später beschuldigte mich die Vorgesetzte der Tertianerinnen, eine Nähmaschine kaputt gemacht zu haben, die ich gar nicht angefasst hatte. Ich wurde sehr wütend, obwohl es nur ein kleiner Vorfall war, und anstatt die Zurechtweisung schweigend hinzunehmen, brachen meine aufgestauten Frustrationen durch, und ich brauste auf: »Ich habe diese Maschine nicht angefasst. Wer hat behauptet, ich hätte es getan? Hier wird uns ständig Liebe gepredigt, aber wo ist die Liebe? Wenn eine Schwester einen der Armen schlägt, sagt man mir, ich dürfe sie nicht verurteilen, aber mich zu verurteilen, scheint richtig zu sein. Kommt jedes Mal jemand angerannt, um dir zu sagen, dass zwei Schwestern aus Kerala oder Bihar zusammen gehen? Aber wenn zwei Australierinnen gemeinsam zum Mutterhaus gehen, dann ist das schon eine Art von Verbrechen.«

»Tobit, geh in die Kapelle und beruhige dich. Sieh zu, dass du deine Beherrschung wiedererlangst, dann möchte ich dich in meinem Zimmer sehen«, befahl mir die Tertianer-Lehrerin.

Benommen saß ich in der Kapelle. Mir war danach, auf irgendetwas einzuschlagen. Mutter lehrte uns, Demütigungen und Fehler seien »Chancen«, »Geschenke«, die uns dabei halfen, »heilig« zu werden und unsere Nichtigkeit zu erkennen, aber das half mir nicht, mit dieser falschen Beschuldigung klarzukommen.

Nach einer Weile klopfte ich an die Tür des Büros, kniete nieder, berührte mit meiner Stirn den Fußboden und gestand mein Unrecht, wütend geworden zu sein.

Das Motto des Ordens lautete »Ek dil, prem pur – Ein Herz voller Liebe«, aber die Realität sah oft ganz anders aus. In einem Orden, der für Liebe und Mitgefühl stand, herrschte eine institutionalisierte Härte. Viele der Schwestern waren zutiefst mitfühlende, sanfte Menschen, aber manche waren unglücklich, weil sie ein Leben führten, das ihnen nicht entsprach. Die Gesichter einiger der älteren Frauen spiegelten Wut oder Depression, manche von ihnen waren psychisch gestört – oder sind so geworden. Ich hörte von dem Fall einer Schwester, die ein paar Topfpflanzen auf dem Dach eines der Häuser in Kalkutta hielt. Mutter befahl, dass die Töpfe nach unten gebracht und zerbrochen wurden, woran die Schwester emotional zerbrach.

Jeden Freitag gingen wir die Kreuzwegstationen ab und beteten und knieten vor den vierzehn Abbildungen von Christus auf seinem Weg zum Kalvarienberg. Bei unserer

Meditation über die Leiden Christi sollten wir von ihm lernen, Demut ohne Klage zu akzeptieren. Es gibt viele verschiedene Versionen dieser Meditationen, aber die von Mutter bevorzugte war ein Bündel von vierzehn Fragen.

»Sie martern dich mit beleidigenden Worten, und du bringst ihnen nur umso mehr Liebe entgegen, und ich?« In anderen Worten, wenn ich – eine Schwester – beleidigt werde, was tue ich dann? Nehme ich es einfach an, wie Christus es getan hätte, oder verteidige ich mich? Mutter Teresas Auffassung von Leiden und Gehorsam gründete auf der Art und Weise, wie sie sich in die Passion Christi vertiefte; dies war für sie kein vergangenes Ereignis, sondern lebendige Realität. Christus rief immer noch »Mich dürstet«, und Mutter glaubte, sein Dürsten könne durch die Liebe und das Leid seiner Bräute, das heißt von uns, den Missionarinnen der Nächstenliebe, gestillt werden. Jesus hatte den Willen seines Vaters akzeptiert und sich ohne Hass einem demütigenden Tod unterworfen. Mit der Auferstehung hatte Christus das Böse absorbiert und es zum Guten gewendet. Indem er seine Feinde liebte, erreichte er für die gesamte Menschheit, dass sie die Chance auf das ewige Leben bekam. Wir nahmen Anteil am Leiden Christi, wir waren Teil seiner großen Erlösungstat.

Unser ganzes Leben als MN war eins der Wiedergutmachung. Gewissermaßen bestand der Zweck unseres Lebens darin, zu leiden und »Opfer seiner Liebe« zu werden, um an seiner Erlösungsarbeit teilzuhaben. Für Mutter war unsere Unterwerfung keine Knechtschaft, sondern der Weg, eine ursprüngliche Ordnung wiederherzustellen. Mutter wurde nicht müde, dies zu betonen, aber die Konzepte waren meiner Denkweise so fremd, dass ich sie nur sehr langsam begreifen konnte. Ich spürte, dass Leiden ein unvermeidbarer Teil des Lebens war, aber so gut es ging erleichtert werden sollte. Mutter hingegen schätzte das Leiden als etwas Erlösendes und wählte deshalb mit Absicht den schweren Weg der Buße, um Anteil am Erlösungswerk Christi zu haben. Dies erklärte auch, warum ihr körperliche Buße und die stillschweigende Akzeptanz der Demütigung wichtig waren. Ich fand auch, dass Güte besser mit Wahrhaftigkeit und einer mutigen, sogar rebellischen Liebe definiert wurde. Indem man die leitende Selbstkontrolle aufgab und ungeprüft Passagen des religiösen Gesetzes und der kirchlichen Direktiven übernahm, konnten auch gute Menschen dazu gebracht werden, im Namen Gottes das Böse zu tun. So gab es einen biblischen Text, den zu studieren sie uns ermunterte, mit dem Ziel, uns ihm zu unterwerfen.

»Ihr Sklaven ordnet euch in aller Furcht den Herren unter, nicht allein den gütigen und freundlichen, sondern auch den wunderlichen. Denn das ist Gnade, wenn jemand vor Gott um des Gewissens willen das Übel erträgt und leidet das Unrecht. Denn was ist das für ein Ruhm, wenn ihr um schlechter Taten willen geschlagen werdet und es geduldig ertragt? Aber wenn ihr um guter Taten willen leidet und das ertragt, das ist Gnade bei Gott. Denn dazu seid ihr berufen, da auch Christus gelitten hat für euch und euch ein Vorbild hinterlassen … der nicht widerschmähte, als er geschmäht wurde, nicht drohte, als er litt, er stellte es aber dem anheim, der gerecht richtet.« (1.Petrus 2,18–23)

Mutter Teresa fand für ihre Ideale gute Unterstützung im Neuen Testament, und zu diesem Zeitpunkt meines Lebens war es undenkbar für mich, in Erwägung zu ziehen, dass dieses Buch sich irren könnte.

Doch ihr Paradigma, ihre Logik des Glaubens unterschied sich sehr von meiner, und dieser unausweichliche Unterschied führte bei mir zum inneren Konflikt und zu Missverständnissen.

Mutter wurde vor Ausbruch des Ersten Weltkriegs in Albanien geboren. Nach dem frühen Tod ihres Vaters hatte es ihre einst wohlhabende Familie schwer. Als sie dem Orden der Loreto-Schwestern beitrat, wurde sie nach Kalkutta geschickt, wo sie den ganzen Zweiten Weltkrieg über verbrachte und auch noch die darauffolgende blutige Teilung Indiens erlebte. Sie hatte mit eigenen Augen Hungersnot und Kriege auf mehreren Kontinenten erlebt, gesehen, wie Menschen bei Überschwemmungen und von Flutwellen weggespült wurden, doch ihr Glaube wurde für unerschütterlich gehalten. Während sie versuchte, einen Sinn in der Qual der Welt zu erkennen, kam sie zu dem Schluss, dass jedes Leid, wenn es mit der Passion Christi vereint wurde, ein Kraftquell des Guten war. In der Vereinigung mit Gott die Not zu akzeptieren, lehrte sie, war eine Chance, die nicht vergeudet werden durfte – dies waren Juwelen des spirituellen Lebens. Mutter sagte oft: »Lasst mich in Teile schneiden, aber lasst jedes Teil davon Ihm gehören.« Ohne Leid war unsere Arbeit, ihrer Auffassung nach, nicht Teil des Erlösungswerks Christi.

1969 gründete Mutter eine Organisation mit dem Namen Sick and Suffering Co-Workers für Menschen aus der ganzen Welt, die zu krank oder zu alt waren, um direkt mit ihr zu arbeiten, sich aber dennoch an ihrer Arbeit beteiligen wollten. Diese Gruppe war Mutters Freundschaft mit Jacqueline de Decker erwachsen, einer Belgierin, die Mutter 1948 kennengelernt hatte und die sich an ihrer Arbeit in Indien beteiligen wollte, was ihr schlechter Gesundheitszustand ihr aber nicht erlaubte. Jacqueline wurde Mutters Mitarbeiterin für die Kranken und Leidenden, indem sie ihr ihre Gebete, ihr Leiden und praktische Hilfe darbrachte, um Mutters Absichten zu unterstützen. Während der Siebzigerjahre wurde jeder Schwester eine Mitarbeiterin für die Kranken und Leidenden zugeteilt, die für sie betete und ihr eigenes Leid darbrachte; beide tauschten sich auch in Briefen aus. Bei mir übernahm eine Ungarin, Sarolta Erdelyi, die herausfordernde Aufgabe, für mich zu beten. Nach Mutters Verständnis machte diese Organisation Schmerz und Krankheit als spirituellen Kraftquell nutzbar.

Jeden Dienstag rezitierten wir die Litanei um Demut, beteten darum, vom Verlangen, geliebt, und von der Angst, gedemütigt, verachtet, ungerecht behandelt und lächerlich gemacht zu werden, »erlöst« zu werden. Mir fiel es schwer zu akzeptieren, dass Demütigung sinnvoll sein sollte. Für mich war sie kein spirituelles Werkzeug, sondern etwas Destruktives. Heute empfinde ich dies umso mehr.

Die Gemeinschaft brachte mir bei, wie ich zu handeln hatte, vereitelte jedoch meine Versuche, diese Lehre zu leben, durch viele widersprüchliche Botschaften, die die Arbeit und das Wesen der Gemeinschaft betrafen. »Liebet einander«, stand an der Refektoriumswand jeder Mission der Nächstenliebe, aber die Art und Weise, in der eine Vorgesetzte sprach und eine Schwester korrigierte, schuf eine Kultur, die Gift für den menschlichen Geist war. Unser

Leben war körperlich hart, und jeden Tag sahen wir das Leid in seiner rohen und brutalen Form. Immer wenn ich einen guten Grund dafür gesehen hatte, das Leid zu ertragen, war ich zäh und robust gewesen. Jedes Mal, wenn ich meinem Ideal nachkommen konnte, das Leiden zu lindern und das Leben der anderen zu erleichtern, waren die Hitze, die Arbeit und das Umfeld nicht schwer zu ertragen gewesen. Aber der Widerspruch zwischen dem Ideal und der Realität sorgte in mir für Aufruhr.

Doch trotz meines inneren Konflikts versuchte ich, mich dem Lebensstil des Ordens anzupassen. Ich kämpfte gegen die Müdigkeit und die Schmerzen in meinen Armen, wenn ich abends neben meinem Bett kniete und versuchte, die zehn »Vaterunser« zu sprechen. Wie von Mutter vorgeschrieben brachte ich diese Gebete dar, um in meiner Berufung als MN Beharrlichkeit zu erlangen. Die Liebe Gottes sollte alle meine Bedürfnisse befriedigen, aber für mich war Jesus ein schwarzes Loch. Ich befand mich in einem ständigen Kampf, mich den Regeln anzupassen.

Mutter zitierte auch oft das Alte Testament: »Gehorsam ist besser als Opfer« (1. Samuel 15,22), um zu erläutern, dass es Gott mehr erfreute, wenn man seine eigenen Pläne aufgab, anstatt etwas Schwieriges für Gott tun zu wollen. Für mich jedoch zeigten sich in dieser Passage die Gefahren einer gedankenlosen Unterwürfigkeit. Der »göttliche Befehl«, dem Saul sich widersetzte, lautete, einen Genozid zu begehen, in den eroberten Gebieten alles zu töten, »Mann und Frau, Kinder und Säuglinge, Rinder und Schafe, Kamele und Esel«. (1. Samuel 15,3) Heute leben wir wieder in einer Zeit, wo die gedankenlose, wortwörtliche Befolgung alter religiöser Befehle eine gefährliche Bedrohung für das Leben und das Wohlergehen anderer darstellt, genauso wie in biblischen Zeiten.

Mutter Teresa verlangte eine völlige Hingabe, die infantilisierte. Eine Schwester sollte »liebendes Vertrauen in die Vorgesetzte« zeigen und zu einem unbelebten Gegenstand werden. Zur Stützung dieses Auftrags verwendete Mutter ein Beispiel, das sie den Schriften ihrer Namensheiligen, Theresa von Lisieux, entnahm, die lehrte, dass wir wie ein Ball in den Händen des kindlichen Jesus waren. Er könne mit seinem Spielzeug spielen, es zerstören oder wegwerfen, wenn er es für angebracht hielt. Mutter glaubte an die Kontrolle Gottes, und deshalb sollten wir »mit einem Lächeln annehmen, was immer er gibt, und geben, was immer er nimmt«. Mutter sprach uns als »meine liebsten Kinder« an. Doch ich fand, dass keiner auf ewig Kind sein sollte.

Ich passte nicht in die Gemeinschaft. Meine Denkweise war anders, und ich fühlte mich unwohl angesichts der Art und Weise, wie mit Menschen umgegangen wurde, nicht nur in Indien, sondern auch in anderen Ländern. Aber ich hatte mein Selbstvertrauen verloren und war nicht mehr in der Lage zu entscheiden, ob meine Gedanken Gültigkeit besaßen oder ob meine Kritik am Orden die leeren Reaktionen einer unerfahrenen Person in einer unvertrauten Situation waren. Mein Verstand war wie gelähmt. Ich fühlte mich dumpf, leer und wurde gefühllos. Mein Idealismus und meine Begeisterung waren aufgebraucht, und anstatt ihrer empfand ich die Apathie der Depression und nicht den Frieden des Abstands.

Die Tertianerzeit sollte eine Zeit der Erneuerung sein,

eine Zeit, die meine Verpflichtung gegenüber meiner Berufung vertiefen sollte. Doch ich konnte mich nicht über meine Wahrnehmung hinwegsetzen, dass die Gemeinschaft das, was sie von den Schwestern erwartete, ungefragt auch von den Armen erwartete – Fieber am richtigen Tag zu bekommen, während der Bürozeiten zu sterben und keine Mahlzeiten, Gebete und spirituelle Lektüre zu unterbrechen. Doch wenn sich mir jemand mit den Worten näherte: »Ich bin hungrig« oder »Mein Kind glüht vor Fieber«, dann wollte ich auch die Freiheit haben, auf ihn oder sie einzugehen, ohne damit rechnen zu müssen, die Erlaubnis dafür verweigert zu bekommen.

Jung und impulsiv war ich dem Orden wegen eines Films über Mutter beigetreten, der mich dazu inspiriert hatte, mit den Armen zu arbeiten. Die Auswirkungen meiner Entscheidung hatte ich nicht bedacht und auch nicht zu Ende überlegt. Und als ich dann einmal in der Gemeinschaft war, konnte ich mich nicht davon losreißen. Nachdem sich mein lang ersehntes Ziel, in Kalkutta zu arbeiten, erfüllt hatte, fühlte ich mich nicht mehr länger zur Arbeit der MN oder ihrer Lebensweise hingezogen. Wohlwollen schienen wir den Armen offenbar nur wenig entgegenzubringen, und ich fühlte mich von ihnen getrennt und abgeschnitten. Meine Vorgesetzten in Indien nannten mich »verdorben« und »unkontrollierbar«, ich hingegen empfand mich als zu nachgiebig und stumm.

»Du lässt dich leicht täuschen«, sagten sie zu mir. »Du hast keine Erfahrung mit diesen Menschen. Du hältst dich für so viel besser als alle anderen. Du wirst schon sehen, wohin dich das führt.«

Mutter jedoch hätte gesagt: »Es ist besser, auf freundliche Weise einen Fehler zu machen, als Wunder durch fehlende Freundlichkeit zu bewirken.«

Ich beschloss, die Gemeinschaft zu verlassen, und bat um ein Treffen mit Mutter Teresa, um ihr meine Entscheidung mitzuteilen.

»Mutter, ich kann nicht in der Gemeinschaft bleiben«, sagte ich zu ihr. »Ich passe nicht hinein. Meine Denkweise und meine Reaktionen vertragen sich nicht mit der Haltung der anderen. Ich werde gescholten, wenn ich so reagiere, wie ich es für richtig halte. Ich begreife nicht, warum manche Schwestern so zornig sind, und auch nicht, wie sie die Armen behandeln, sie sogar schlagen. Wir sind hier zu einer Institution geworden. Hier können wir nicht einmal Kisten tragen, wie wir das anderswo tun, sondern haben Bedienstete, die uns das abnehmen. Ich glaube nicht, dass ich meine Gelübde ablegen sollte. Ich möchte nach Hause zurückkehren. Ich finde nicht, dass mir diese Arbeitsweise entspricht. In mir ist eine Sehnsucht, die unbefriedigt bleibt. Dies ist nicht das Leben, das ich führen möchte.«

Sie zeigte keinerlei Mitgefühl: »Das ist eine Versuchung, Schwester. Schau in Mutters Augen. Ich sage dir, Schwester, und ich würde dich nicht anlügen, du hast eine Berufung, und zwar eine sehr schöne Berufung als Missionarin der Nächstenliebe. Ich verbiete dir, diese Zweifel wieder aufkommen zu lassen. Wenn sich dir solche Gedanken aufdrängen, dann sag: ›Mutter hat mir verboten, so zu denken.‹ Das wird eine Quelle des Stolzes für dich sein. Du wirst denken: ›Sie ist zornig, ich bin nie zornig‹, aber du könntest genauso etwas tun, was Gott missfällt, was aber keiner sehen kann. Dein Antlitz vor Gott könnte genauso schrecklich sein wie ihr zorniges Gesicht. Urteile nicht. Du weißt nicht, wie sehr sie sich bemüht hat. Eine Schwester kam hierher und verlor die Beherrschung, später kam sie dann weinend vor Besorgnis und sagte: »Mutter, ich habe mich heute mindestens zehnmal beherrscht.‹ Wenn du so denkst, dann musst du zur Beichte gehen und sagen: ›Ich war ungehorsam und voreingenommen‹; ansonsten wirst du an diesen Gedanken zerbrechen. Sie werden sich zwischen dich und die Liebe zu Gott stellen, und am Ende wirst du gehen.

Es liegt ganz allein bei dir, wie du die Leute auf der Straße erreichst. Lass sie nicht zu kurz kommen. Folge der Regel! Kämpfe dafür, aber achte darauf, diese Gedanken nicht zuzulassen. Leiste Wiedergutmachung für diese Gedanken. Nimm die Disziplin ernster und leiste wirkliche Wiedergutmachung. Bete zur Muttergottes. Bitte sie um ein Herz so schön, so rein, so makellos, ein Herz voller Liebe und Demut. Du kannst, dort wo du bist, sehr heilig werden, aber du musst diesen Gedanken Einhalt gebieten. Es ist der Teufel, der in Gestalt eines Engels des Lichts zu dir spricht. ›Oder wie kannst du sagen zu deinem Bruder: Halt, ich will dir den Splitter aus deinem Auge ziehen?‹ und siehe, ein Balken ist in deinem Auge? Du Heuchler, zieh zuerst den Balken aus deinem Auge; danach sieh zu, wie du den Splitter aus deines Bruders Auge ziehst.‹« (Matthäus 7,4–5)

Im Anschluss daran erzählte sie mir die Geschichte einer Frau, die zu Mutter gesagt hatte, sie wolle ihre Tochter das Kloster lieber im Sarg verlassen sehen, als dass sie ihre Gelübde brach.

Da hätte ich aufstehen und sagen sollen: »Mutter, ich beabsichtige zu gehen. Ich habe nicht vor, mich zu züchtigen oder weitere Beichten abzulegen. Ich beabsichtige nicht, mich weiter in Selbstprüfung und in Selbstzweifeln zu suhlen. Bitte sorge dafür, dass ich nach Hause komme.« Ich verharrte jedoch kniend, bis ich entlassen wurde.

Mutter hatte mir gesagt, sie habe keine Zweifel an mir. Sie sprach mit absoluter Gewissheit und Zuversicht. Sie schien keine Empathie für jene zu empfinden, denen es schwerfiel zu glauben, und sie ließ keine Auseinandersetzung mit ihren Überzeugungen zu. Jahre später jedoch, 2001, schickte mir eine Freundin Artikel, die in der *Review for Religious* erschienen waren und zeigten, dass Mutter viele Jahre lang mit Zweifeln und innerer Dunkelheit zu kämpfen hatte. Nichtsdestotrotz entdeckte ich damals kein Zögern und keine Mehrdeutigkeit, keine Grauschattierungen. Mutter brachte nur eine dogmatische Gewissheit zum Ausdruck. Ich jedoch wurde von Fragen heimgesucht, die ich damals als Versuchungen gegen den Glauben auslegte, und so nahm ich den Rat Tagores an, die Dunkelheit und das Nichts in Stille und Schweigen abzuwarten.

Wenn Du nicht sprichst,
will ich mein Herz
in Schweigen hüllen
und es dulden,
Stille will ich sein und harren.
Wie die Nacht.

Ganz sicher wird der
Morgen tagen,
das Dunkel
wird in nichts zergehen,
und deine Stimme
strömt hernieder
wie goldne Quellen
bricht sie aus dem Himmel.
(Gitanjali XIX)

Die Dämmerung jedoch schien noch in weiter Ferne zu sein. Ich lebe in der Hoffnung, ihm zu begegnen; aber diese Begegnung findet noch nicht statt. *(Gitanjali XII)*

Immer wieder suchten wir das Mutterhaus auf, um von Mutter unterwiesen zu werden, wenn sie dort war, und ich machte mir Notizen. Mutter beschrieb uns als Abschaum – *kachara samage* – und meinte, dass Gott deswegen große Dinge durch uns bewerkstellige. Wir bräuchten niemals tipptopp oder Experten zu werden. Auch unserer niedrigen Ausbildungsstandards müssten wir uns nicht schämen. Die Apostel seien Fischer gewesen, also Experten, und fingen doch während der ganzen Nacht nichts. Dann sagte ihnen der Tischler, sie sollten das Netz auswerfen, und obwohl alles dagegensprach, machten sie einen großen Fang. Vermutlich war dies der eigentliche Grund, weshalb man mich ohne Vorbereitung und Ausbildung in die Golfprovinz von Papua-Neuguinea geschickt hatte.

Wir sollten die Armut umarmen, weil sie der Augenzeuge des wahren Gesichts Christi sei, arm, demütig, ein

Freund der Sünder, der Schwachen und der Verachteten. In der Nachahmung Christi und aus Solidarität mit den Armen sollten wir freiwillig ein Leben der Not, der Entbehrung, der Unsicherheit und der leeren Hände wählen. Wir sollten uns freuen, so behandelt zu werden wie die Armen. Bereit sein, schlecht behandelt, beschimpft, zurückgewiesen und aller möglichen Unbill und falschen Beschuldigungen ausgesetzt zu werden. Wir sollten nicht versuchen, uns selbst zu verteidigen, sondern es dem Herrn überlassen, dies zu tun.

In den Wochen vor Weihnachten sprach Mutter erneut von der Demut Christi.

»Die Weihnachtszeit zeigt uns, wie klein Gott ist, wie er die totale Hingabe lebte. Wir singen so schöne Kirchenlieder, aber für Maria und Joseph muss es schrecklich gewesen sei, ihr erstes Kind dieser Kälte ausgesetzt zu sehen. Das ist es, was wir lernen müssen, Schwestern, dieses Kind zu sein. Für uns Missionarinnen der Nächstenliebe kommt es darauf an, in vollkommener Hingabe, Vertrauen und Freude wie dieses Kind zu werden. Weihnachten zeigt uns, wie sehr der Himmel Demut, Hingabe, Armut schätzt. Gott selbst, der euch und mich geschaffen hat, wurde arm und bescheiden.«

Zu der Zeit, als ich bei Mutter vorsprach, weil ich den Orden verlassen wollte, hatte ich mich mit ihr auch darüber unterhalten, dass wir für unsere wohlhabenden Kinder, denen wir Religionsunterricht erteilten, ein Weihnachtsfest ausrichteten, aber nicht für die Müllsammler und Straßenkinder. Ich weiß nicht, ob es da eine Verbindung gab, aber später erfuhr ich, dass wir in Park Street zum ersten Mal am Weihnachtsnachmittag für die Straßenkinder ein Fest geben würden. Doch ich wusste wenig darüber und war selbst nicht in die Vorbereitungen eingebunden.

Am Weihnachtsabend besuchten wir die Mette in der Kapelle des Mutterhauses. An die vierhundert Schwestern sangen, und es war schön und erhebend. Danach erteilte Mutter uns allen ihren Segen, indem sie jeder Schwester ihre rechte Hand auf den Kopf legte. Wie Kinder erhielten wir alle ein Päckchen Süßigkeiten und kehrten dann gegen zwei Uhr morgens singend in die Park Street zurück. Auf dem Gehweg vor unserem Haus schlief eine Gruppe Straßenkinder, die auf das Weihnachtsfest am nächsten Tag warteten. Einem von ihnen gab ich meine Bonbons, und es riss sie mir fast aus der Hand.

Am Weihnachtsmorgen wurden ein paar Schwestern mit einer französischen Freiwilligen, die Musikerin war, zum Singen in die Weihnachtsmesse in Fort William geschickt, eine Militärkapelle, wo eine der Schwestern eine Sonntagsschule unterhielt. Der Kaplan dort war der Sekretär des Kardinals, und so besuchten wir nach der Messe auch den Kardinal, der uns Weihnachtskuchen und Wein anbot. Ich glaube, wir aßen trotz der Ordensregeln, außerhalb des Klosters nichts zu essen, etwas von dem Kuchen. Schließlich war es beim Kardinal. Gegen neun Uhr verließen wir dann den bequemen Salon, um in Shishu Bhavan für etwa tausend Menschen Reis und Curry zu verteilen, von denen die meisten ihr eigenes Geschirr mitgebracht hatten, einige jedoch von Bananenblättern oder Plastikblechen essen mussten.

Bei unserer Rückkehr in die Park Street stellten wir fest, dass nur fünf Schwestern damit begonnen hatten, die mehreren Hundert widerspenstigen Straßenkinder auf dem Waschplatz zu versorgen. Für die ganze Operation waren viel zu wenige Kräfte vorgesehen, und alles war schlecht organisiert. Nachdem wir gerade erst in Shishu Bhavan geholfen hatten, versuchten meine Gefährtinnen, die mit mir beim Kardinal gewesen waren, und ich, das Fest für die Kinder durchzuführen. Wir ließen immer nur ein paar Kinder gleichzeitig ein und gaben jedem etwas zum Anziehen, Kuchen, Süßigkeiten und einen Luftballon. Um fünf Uhr nachmittags waren wir fertig und nach acht Stunden alle kaputt und erschöpft. Ich war mir sicher, dass meine Tertianer-Oberin mir die Schuld daran gab, eine derart dumme Idee gehabt zu haben.

Auf ihrem Weg zu einer Neugründung in Pakistan, wo sie in Zukunft arbeiten würden, kamen Schwester Hua und zwei Filipina, Rosario und Francia, die ich unterrichtet und die kürzlich ihre Profess bekommen hatten, nach Kalkutta. Wir feierten unser Wiedersehen, und sie erzählte uns vom Besuch Papst Johannes Pauls II. auf den Philippinen. Er war in seinem Papamobil die Tayuman Street hinuntergefahren, und unsere Kinder und die kräftigeren Patienten hatten auf dem Gehweg gewartet, um ihn zu begrüßen; Schwester Aloysia, die Oberin in Manila, hatte ihm eine Girlande um den Hals gelegt. Ich hörte auch Neuigkeiten von den anderen Schwestern und Patienten und vom neuen Kinderheim, das in Nähe des Tahanans gebaut wurde. Die Schwestern erzählten mir, dass es so viele kranke und unterernährte Kinder aus dem Tondo-Gebiet gäbe, dass die Schwestern in Binondo, einem anderen Vorort von Manila, mit den vielen Einlieferungen überfordert waren, sodass man beschlossen hatte, auch in Tondo selbst ein Heim für Kinder zu errichten. Ich erfuhr auch, dass Schwester Eva, die erste Filipina, gegangen war, ebenso wie eine andere australische Nonne, die man nach Bourke geschickt hatte.

Bevor wir unsere Gelübde ablegten, bekamen wir weitere Anweisungen von Mutter.

»Das Ablegen der Gelübde ist wie die Kreuzigung. Deshalb erneuern wir unsere Gelübde auf dem Kreuz. Bei der Armut wird unsere rechte Hand aufgenagelt – sie kann nicht frei geben; bei der Keuschheit wird die linke, die Hand, die dem Herzen am nächsten liegt, aufgenagelt – sie kann die Liebe von keinem anderen als Jesus annehmen. Beim Gehorsam wird der rechte Fuß aufgenagelt – er hat nicht die Freiheit, sich zu bewegen, wie er will. Bei unserem Gelübde der Demut, des Dienens, der brennenden Liebe – des vierten Gelübdes – wird unser linker Fuß aufgenagelt und muss dem rechten immer in Demut folgen.«

Mutter ließ keinen Zweifel aufkommen: Das vierte Gelübde des Dienstes an den Armen war Gegenstand des Gehorsams, der linke Fuß hatte dem rechten zu folgen. Dienen wurde durch Gehorsam geleistet. Ich war jung, ich wollte leben und nicht ans Kreuz genagelt werden, aber ich dachte immer noch, es sei Gottes Wille, meine Gelübde abzulegen.

Vierunddreißig von uns sollten am 24. Mai 1981 in der Kirche des heiligen Thomas, des zweifelnden Apostels, unsere endgültigen Gelübde ablegen, am Vorabend würden einundachtzig Schwestern ihre ersten Gelübde ablegen.

Mama hatte sich entschlossen, nach Kalkutta zu kommen, um dabei zu sein, wenn ich meine Gelübde ablegte, was für sie eine gewaltige finanzielle Anstrengung bedeutete. Verschlimmert wurde die Lage noch, als ein Taxifahrer sie in Bombay ausraubte und in einiger Entfernung des Flughafens irgendwo im Dunkeln stehen ließ. Als sie eintraf, befand ich mich in Klausur und konnte sie nicht am Flughafen von Kalkutta abholen, also wurde sie in das dem Flughafen nächstgelegene unserer Häuser gebracht. Dort wurde sie von einigen der dort ständig lebenden Mitarbeiter unfreundlich behandelt. Daraufhin besorgte ich ihr eine Unterkunft im YWCA, wo einige der Mitarbeiter und Freiwilligen wohnten und wo ich mit ihr am Tag vor meinen endgültigen Gelübden ein wenig Zeit verbringen konnte. Sie war zwar glücklich, mich zu sehen, stand aber unter Schock wegen ihrer Erlebnisse und hatte bereits ein negatives Bild von Indien und Kalkutta. Ich war jedoch erleichtert, dass sie den Raubüberfall körperlich unversehrt überstanden hatte.

Die Eltern von Schwester Naomi verpassten deren Profess ganz, weil Mutter in letzter Minute das Datum der Profess um zehn Tage vorverlegte. Sie hatten ihre Reise im Voraus gebucht, und so trafen sie sich dann zwar mit Naomi in Kalkutta, waren aber bei der Zeremonie nicht dabei. Plötzliche Veränderungen in der Planung waren üblich bei den MNs und wurden nicht als schlechte Planung, sondern als Manifestationen des göttlichen Willens angesehen, egal wie viele Unannehmlichkeiten oder Mühen sie anderen bereiteten.

Zeitig am Morgen, als es noch dunkel war, gingen wir

paarweise zur Church of Saint Thomas und stiegen unter Rosenkranzgebeten über die noch schlafenden Gehwegbewohner. Die Messe zur Profess begann um sechs, und Mama und die anderen Besucher wurden rechtzeitig zur Zeremonie vom YWCA abgeholt. Tags zuvor hatten wir alle unsere Gelübde gemäß der vorgeschriebenen Formel aufgeschrieben. Am Kopf der Seite zeichneten wir ein Kreuz mit den Worten »Mich dürstet« darunter. Kurz vor der Opferung bildeten wir einen Halbkreis um den Altar vor einem großen Kreuz. Mutter stand mit uns vor dem Altar, als der Priester jede von uns namentlich aufrief. Als ich an die Reihe kam, verneigte ich mich, trat vor und sagte: »Herr, du hast mich gerufen.« Nachdem alle aufgerufen worden waren, trugen wir gemeinsam unsere Gelübde vor und traten dann zu zweit an den Altar, um dort unser Gelübdeblatt zu unterschreiben. Das unterschriebene Blatt reichten wir daraufhin Mutter. Anschließend kehrten wir zum Feiern ins Mutterhaus zurück. Der Waschplatz war mit handgemachten Papierschlangen aus geschreddertem, auf Bindfaden gezogenem Papier geschmückt, zwischen die man Kreise aus gelbem Karton eingefügt hatte, auf denen das Kreuz im Strahlenkranz aufgezeichnet war. Mutter und viele Professen und Novizinnen versammelten sich, um uns zu begrüßen. Sie sangen, klatschten und legten uns Girlanden um den Hals. Dann bekamen wir ein besonderes Frühstück, um uns allen die Wichtigkeit dieses Tags vor Augen zu führen.

Mama blieb noch ein paar Tage, und einige der Schwestern begleiteten uns auf einem Ausflug nach Bandel, einer Kirche mit Muttergottesschrein bei Hooghly, etwa eine

Zugstunde von Kalkutta entfernt. Da es dort grüner und weniger verschmutzt war als in Kalkutta, genoss ich den Ausflug, aber Mama fühlte sich unbehaglich angesichts zweier Frauen, die von Lepra entstellt waren und die im Zug bettelten. In der Park Street kleideten die Schwestern Mama in einen roten, bestickten Sari, den wir auf dem Markt gekauft hatten, und sagten ihr, sie sehe wie Mrs. Gandhi aus. Doch diese wenigen erfreulichen Erfahrungen vermochten Mutters Einstellung zu Indien nicht zu verändern. Bei ihrer Rückkehr nach Australien fungierte sie als Kurier und nahm Post für eine Australierin mit nach Hause, die sie bei uns kennengelernt hatte. Darüber hinaus rief sie deren Mutter an, um ihr zu raten, sollte sie je um einen Besuch in Kalkutta gebeten werden, diesen abzulehnen.

Ich erhielt in Kalkutta die gute Nachricht, dass ich nach Manila zurückgeschickt werden sollte. Mutter, die auf dem Weg nach Rom war und dann nach Brasilien weiterreisen würde, sagte vor ihrem Aufbruch uns: »Schwestern, denkt immer an die zärtliche Liebe Jesu und die schreckliche Sünde, die Judas am Tisch an Jesus begangen hat. Als Judas Jesus küsste, entzog Jesus sich ihm nicht, aber er wusste, dass dieser Kuss die Kreuzigung bedeutete. Ich denke, Schwestern, wenn wir uns das immer vor Augen halten, könnten unsere Gemeinschaften wunderbar sein. Wie Jesus denjenigen liebte, der ihn verriet. Es wird Missverständnisse geben, und es werden Worte gesagt werden; es wird immer jemanden geben, der Geschichten verbreitet; aber Jesus ist da, um uns zu zeigen, wie wir lieben sollen. Wie beeindruckend auch seine Reaktion, als der Mann Jesus schlug – deshalb hat er gesagt: ›Halte die andere Wange hin.‹ Wie oft nehmen wir es übel, wenn jemand uns verletzt – wir geben es zurück –, doch da muss ich an Jesus denken. Hier fängt die Liebe an, und hier endet sie. Entweder wir handeln aus Liebe und dienen, oder wir handeln aus Hass und zerstören. Die Dornenkrone lehrt uns das Schweigen der Liebe. Lasst uns das Kreuz demütig und ohne Stolz annehmen.

Eins von Mutters Dauerthemen war Christi Akzeptanz und Unterwerfung, und dazu äußerte sie sich dann auch, als wir zu unseren Missionshäusern aufbrachen. Jesus, sagte sie, wich nicht aus. Im Garten sagte er: »Das bin ich.« Die Passion Jesu ist eine einzige Lektion der Liebe. Als sie sagten: »Steig herab!«, hätte er vom Kreuz herunterkommen können. Sie ermutigte uns, nicht zu versuchen, der Demütigung auszuweichen, sondern die Chance zu ergreifen, wie er zu sein, ihm zu erlauben, seine Passion in uns zu leben. Wer Liebe in sich trage, trage auch das Kreuz. Wir sollten aus tiefstem Herzen darum bitten: »Lasst uns unsere Sühne verdoppeln, um diese Gnade zu erfahren, um die Passion Jesu in unserem Leben zu teilen. Wir lassen nach in unserer Opferbereitschaft. Am Kreuz hat Jesus uns die tiefste Armut gezeigt: absolute Hingabe und Auslieferung an seinen Vater.«

Ich hatte mich ausgeliefert, meine Gelübde abgelegt und würde nun zum Dienen an jenen Ort zurückkehren, wo ich eine glückliche und bestätigende Sinnerfüllung erlebt hatte.

8

Rückkehr nach Manila: Lehrerin der Novizinnen

»Dies über alles: sei dir selber treu,
Und daraus folgt, so wie die Nacht dem Tage,
Du kannst nicht falsch sein gegen irgendwen.«
Shakespeare, Hamlet, I, 3

Als ich Anfang Juni 1981 nach Manila zurückkehrte, wurde ich herzlich begrüßt. Die Schwestern standen in Grüppchen vor den Flughafentüren, als ich mit meinen Kisten in der Schar der Träger und Taxifahrer auftauchte. Ich war gerührt und froh, wieder bei ihnen und an einem vertrauten Ort zu sein. In Tondo kündigte schrilles Gehupe unser Kommen an. Die Novizinnen kamen singend und klatschend heraus, und die Dauer-Patienten und Leute aus Balut hießen mich ebenfalls warmherzig willkommen.

Während meiner Abwesenheit waren viele neue Schwestern dazugekommen, darunter Auszubildende aus Japan, Taiwan und Korea. Manche hatten große Eingewöhnungsschwierigkeiten, vor allem jene, die kein Englisch sprachen. Es war einfach überwältigend, das Land, die Kultur, das Wetter, die Lebensumstände und die Sprache auf einmal zu wechseln. Erschwert wurde das bei ein oder zweien noch dadurch, dass sie erst kürzlich zum Katholizismus konvertiert waren.

Auf dem Gelände standen nun noch mehr Gebäude dicht beieinander. Neben dem Tahanan war ein neuer Lagerraum errichtet worden und daran anschließend ein Kinderheim, in dem wir uns um Kinder und Kleinkinder mit Unterernährung und anderen Krankheiten kümmerten. Vor dem Kinderheim stand ein Klinikbau, worin die Schwestern Sprechstunden für die Leute aus der Umgebung abhielten und Medikamente verteilten. Außerdem hatte man ein kleines Haus für Freiwillige, die auf Besuch kamen, und Gäste gebaut.

Bei meiner Ankunft befand sich Schwester Gabrielle, die zur Oberin von Asien geworden war, in Japan, wo sie in Tokio ein neues Haus eröffnete, aber sie wurde in wenigen Wochen zurückerwartet. Mutter hatte bestimmt, dass Naomi auch nach Tokio gehen sollte, aber sie wartete in Kalkutta noch immer auf ihr Visum. Im Mutterhaus machte der Scherz die Runde, dass die Schwestern sich möglichst nicht ins Blickfeld von Mutter begeben sollten, wenn sie vermeiden wollten, in irgendein Haus geschickt zu werden, das Mutter gerade durch den Kopf ging. Offensichtlich wäre Naomi beinahe noch in diverse andere Länder geschickt worden, ehe sie Japan erreichte.

Ich war zu Schwester Gabrielles Assistentin ernannt worden und während ihrer Abwesenheit für die Novizinnen und Postulantinnen verantwortlich. Da ich seit meiner ersten Profess in Ausbildungshäusern eingesetzt worden war, hatte ich sowohl in Melbourne als auch in Manila schon Erfahrungen gesammelt. Es war nicht ungewöhnlich, dass Schwestern nach ihrer Tertianerzeit in ihre früheren Häuser zurückkehrten, aber warum ich zurückgeschickt worden war, wusste ich nicht – vielleicht hatte Schwester Gabrielle um meine Rückkehr gebeten. Über die Gründe für eine Berufung sprach man nicht. Im Tahanan sollte ich den halben Tag über mit den Novizinnen im zweiten Jahr arbeiten und dann am Nachmittag die Novizinnen und Postulantinnen unterrichten. An den Wochenenden besuchte ich das Müllviertel Magdaragat und arbeitete zusammen mit den Novizinnen, wenn die Professen ihren freien Tag hatten.

Ein paar Monate lang arbeitete eine deutsche Medizinstudentin namens Matilda bei uns, die im Besucherhäuschen wohnte und dabei half, die Kinder zu versorgen. An einem Nachmittag, an dem die Professen ihren freien Tag hatten, kam ein fast vertrocknetes Kind zu uns, und Matilda legte einen Tropf und eine Magensonde an und versorgte es mit Flüssigkeit und Antibiotika. Ich wachte bei einem Jungen, der nur mit Mühe Luft bekam und dessen eingesunkene Augen nach hinten rollten, sodass man nur das Weiße sah. Ich dachte, er würde sterben. Matilda und seine Eltern blieben bei ihm, da ich meinen Verpflichtungen zum Gebet nachkommen und zum Abendessen musste. Danach schlich ich mich von der Pause weg, um nachzusehen, wie es ihm ging. Matilda meinte, es gehe ihm ein wenig besser, aber er fieberte und keuchte noch immer. Die Haut über seinen zarten Rippen wurde bei jedem Atemzug nach innen gezogen. Seine Familie war nach Hause gegangen. Es war Nacht, und ich trat hinaus aufs dunkle Gelände, die einzige Möglichkeit, allein zu sein. Der Chor der benachbarten Schule probte Händels »Halleluja«. Die Musik war zauberhaft. »Warum?«, rief ich hinaus in die Dunkelheit. Als ich wieder hineinging, hatte der Zustand des Jungen sich gebessert. Ich glaubte, Gott hatte mithilfe von Matilda ein Wunder bewirkt und ihn von der Schwelle des Todes zurückgeholt.

Als das Weihnachtsfest mit seiner üblichen Hektik kam, hielten wir unsere Weihnachtsfeier auf dem Gelände in Tondo ab, und diesmal spielten die Kinder *piñata,* ein Spiel, bei dem ein Tontopf voller Süßigkeiten und kleiner Preise an einem Seil hing, das an einer Stange befestigt war. Dem Anführer jedes Kinderteams wurden die Augen verbunden, und er musste versuchen, den Topf zu treffen und zu zerschlagen, damit die Süßigkeiten und Spielsachen auf sein Team herabregneten.

Doch während dieses fröhlichen Fests starb eine Frau, die kürzlich mit fortgeschrittener TB zu uns gekommen war. Ihr Mann war bereits verstorben, und so mussten wir ihre beiden Jungs vom Fest wegholen, um ihnen die Nachricht zu überbringen, dass nun auch ihre Mutter tot war. Wir begleiteten sie auf die Veranda des Tahanan vor der Frauenstation, wo deren lebloser Körper lag. Der älteste Sohn brach zusammen und riss weinend und schreiend am Drahtgitter vor dem Fenster. Der jüngere verstand es noch nicht. Im Hintergrund hörte man inmitten des Schluchzens der ihrer Eltern beraubten Kinder Weihnachtslieder.

Ich hatte sehr oft direkten Kontakt mit dem Tod, konnte mich jedoch nie an seine Endgültigkeit oder seine Auswirkungen auf die Lebenden gewöhnen. Eines Nachts starb ein junger Mann namens Francisco, seine Augen zu einem entsetzten Starren geweitet. Seine schwangere Frau brach über ihm zusammen und schluchzte, weil er niemals ihr ungeborenes Kind sehen würde. Als ich am nächsten Tag seine Schuhe neben seinem Bett sah, kam es mir so unwirklich vor, dass er für immer gegangen war und nie mehr seine Sandalen tragen würde. Ich sah kleine Kinder sterben und fühlte mich dem in keiner Weise gewachsen. Die Augen einiger Jungen waren so groß und unschuldig, und doch sahen sie mit ihren vier Jahren schon wie Greise aus.

Schwester Gabrielle verließ uns, um nach Kalkutta zurückzukehren, da man sie in den Rat gewählt hatte, eine Gruppe von Schwestern, die Mutter berieten. Die Oberin für Asien wurde Schwester Dolores, die ich bereits aus Melbourne kannte und mit der mich eine unangenehme Beziehung verband.

Selbst voller Fragen, war ich 1982 zur Lehrerin der Novizinnen im ersten Jahr geworden und überwachte diejenigen, die im Haus blieben und nur zweimal in der Woche zum Arbeiten hinausgingen. Sie kümmerten sich um das Kochen, wozu die Zubereitung von mehreren Hundert *chapattis* gehörte, das flache indische, pfannkuchenartige Gebäck, das wir zum Frühstück aßen. Wir rollten diese aus und brieten sie in einer schweren Pfanne über einem offenen Feuer. Abgesehen von der Küchenarbeit widmeten sich Novizinnen im ersten Jahr vor allem dem Gebet und dem Studium, aber wir versorgten auch zwei Schweine, einige Hühner und den Gemüsegarten, sortierten Medikamente und übernahmen die Arbeit der Professen an deren freien Tag sowie den wöchentlichen Einkauf auf dem Markt.

Unser Garten brachte Bohnen, Okraschoten, Mais, Auberginen und Kürbisse hervor, aber die Kartoffeln, die ich anpflanzte, wollten einfach nicht gedeihen. Ich träumte davon, Teebüsche zu ziehen, um eine richtig gute »Tasse« trinken zu können, denn etwas Scheußlicheres als den Kaffee aus Sojabohnen, der in Manila anstatt Tee serviert wurde, habe ich seitdem nie wieder getrunken. Wenn ich ihn widerwillig hinunterspülte, erinnerte ich mich an die Zeiten, als ich auf der Eingangsveranda von Moss Vale mit Peggy, meinem Cockerspaniel, saß und die Sonntagszeitung las, in meiner Hand einen heißen Becher süßen Tee.

Die Lehrerinnen der Novizinnen waren, was die Führung des Noviziats betraf, der Oberin der Region und dem Mutterhaus in Kalkutta unterstellt, aber Orte wie das Tahanan und das Kinderheim unterstanden der Oberin in Tondo.

Ich erstattete Bericht an die Berater in Kalkutta, welche die Leitung über die Noviziate im Ausland hatten, und ich schickte regelmäßige Berichte über die Fortschritte der Novizinnen und deren Eignung. Eine junge Filipina stellte ein spezielles Problem dar, weil sie psychisch gestört war und nur über eine eingeschränkte Intelligenz verfügte. Nachdem ich der Beraterin von ihr geschrieben hatte, erhielt ich zur Antwort, dass Gott die einfachen und weniger begabten Menschen benutze und durch sie mehr erreichen könne als durch jene, die sich auf ihre Intelligenz verließen. Nichtsdestotrotz verschlimmerte sich die Situation, als diese junge Novizin depressiv wurde, viel weinte und wiederholt äußerte, sterben zu wollen. Sie konnte nicht schlafen und zog mitten in der Nacht Kleider unter meinem Bett hervor, um sie zu waschen. Eines Morgens kippte sie für die ganze Gemeinschaft Joghurt anstatt des Milchpulvers in den Tee, und ich als ihre Lehrerin sah mich wütenden Zurechtweisungen durch Schwester Dolores ausgesetzt, weil ich die Novizin nicht richtig angelernt hatte. Schließlich durfte ich einen Psychiater aufsuchen, der ihr Medikamente verschrieb. Aber es kamen mehrere Dinge zusammen, die verdeutlichten, dass es nicht im Interesse der Gemeinschaft oder auch in ihrem eigenen sein konnte, im Noviziat zu bleiben. Unter anderem schien sie auf mich fixiert zu sein und folgte mir wie ein Schatten. Schließlich wurde mir gestattet, eine Rückkehr zu ihrer Familie in die Wege zu leiten.

Ende August fühlte ich mich sehr müde und erschöpft. Für das Fest der Gesellschaft am 22. August musste viel gekocht werden, aber ich konnte nicht mehr und musste mich hinlegen. Die Oberin, Schwester Valerie, kam dahinter, dass ich ohne Erlaubnis im Bett lag, und suchte mich auf, um nachzusehen, was los war. Sie meinte, es sei psychisch und ich hätte eine Depression, aber ich hatte mich noch nie so gefühlt und war immer in der Lage gewesen, hart zu arbeiten, wie traurig ich auch war. Meinem Empfinden nach war dies körperlich bedingt, nicht seelisch.

Ich begriff nicht, was da geschah, und in meinem Notizbuch standen viele Ermahnungen, die mich bedrängten, diese hartnäckige Müdigkeit zu überwinden und die Wut zu unterdrücken, die mich in diesem Erschöpfungszustand überkam, wenn unerwartete Anforderungen an mich gestellt wurden. »Selbst am frühen Morgen bin ich sehr müde, erschöpft. Ich fühle mich schwach und verliere leicht die Geduld. Hilf mir zu leben, zu akzeptieren, nicht wütend zu werden. Hilf mir, dem Verlangen zu widerstehen, von den Novizinnen und vom Leben als MN wegzulaufen. Hilf mir, ihnen so viel Geduld entgegenzubringen, wie du mir entgegenbringst.« Ich ging zum Arzt, der aber der Ansicht war, mir fehle nicht viel, und begann, mich mit Isoniazid-Tabletten zu behandeln, die man zur Tuberkulosebehandlung einsetzt und bei jemandem mit einer Lebererkrankung nicht angewandt werden dürfen, diese wurde am Ende aber bei mir festgestellt. Ich bin mir nicht sicher, ob der Arzt vielleicht dachte, ich hätte mich bei TB-Patienten angesteckt oder sei in Gefahr, mich anzustecken, jedenfalls halfen die Tabletten nicht, und meine Müdigkeit blieb. Nach etwa einer Woche wurde mein Urin schwarz. Schwester Reka, die gutmütige Neuseeländerin, die noch immer in Manila war, stand auf sehr gutem Fuß mit den Ärzten des Santo-Thomas-Krankenhauses und konnte den Bus benutzen, wenn sie Medikamente ausfuhr oder Pakete am Hafen abholte. Ich sammelte etwas Urin und bat sie, mir zu helfen. »Reka, mein Urin sieht aus wie schwarzer Tee. Das kann ich nicht alles in meiner Seele haben. Nimm das und versuch herauszufinden, was mit mir los ist.«

Irgendwie sorgte sie dafür, dass ich für Untersuchungen ins Krankenhaus geschickt wurde. Es war ein weiter Weg, und meine Begleiterin und ich mussten die Jeepneys mehrmals wechseln. Der Arzt machte Bluttests und untersuchte mich, danach fuhren wir wieder nach Hause. Ich war gerade erst zu Hause angekommen, als ein Anruf aus dem Santo Thomas kam. Ich sollte mich sofort ins Bett legen, bis der Lieferwagen mich ins Krankenhaus bringen konnte. Ich hatte eine schwere Hepatitis und wurde gleich nach meiner Einlieferung gelb. Da ich keine Filipina, sondern eine »Madre« mit einem komischen Schal um den Kopf war, wurde ich auf der Station bald zu einer Kuriosität. Die anderen Patienten fragten mich, warum ich meinen »Hut« nicht abnahm, aber ich glaube, eine fast kahle Madre wäre noch mehr aufgefallen. Da ich mich in einem Lehrkrankenhaus voller Medizinstudenten befand, hatten sie viel Spaß mit meinem Nachnamen, riefen: »Livermores Leber ist kollabiert!«, und erkundigten sich, ob ich Alkohol trank.

Der serologische Test fiel für Hepatitis A und B negativ aus, und Santo Thomas verfügte noch nicht über die Möglichkeiten, auf Hepatitis E zu testen, eine Form der Hepatitis, die man erst Anfang der Achtzigerjahre entdeckt hatte, vor allem in Asien. Wie Hepatitis A wurde sie durch verseuchtes Wasser übertragen. Während der Monsunmonate verunreinigte das faulige Überschwemmungswasser häufig das Trinkwasser von Manila und führte auch noch zu anderen Erkrankungen wie Gastroenteritis und Denguefieber. Hepatitis E befiel vorwiegend junge Erwachsene. Die Symptome waren Gelbsucht, Müdigkeit, Leibschmerzen, Appetitlosigkeit, Schwindel, Erbrechen und Urin in der Farbe von schwarzem Tee.

Nach fünf Tagen entließen die Ärzte mich wieder. Ich fühlte mich gut, durfte aber erst wieder arbeiten, wenn meine Leberfunktionstests normal waren. Und so war ich wegen der unbegründeten Angst einer Ansteckung ans Bett im oberen Schlafsaal des Professenhauses gefesselt, denn der Virus verbreitete sich nicht über die Luft, sondern wenn Abwässer das Trinkwasser verseuchten, wie das in der Monsunzeit vorkommen konnte. Von meiner Seite reichte einfaches Händewaschen, um die Ansteckungsgefahr zu bannen. Es war schon seltsam, dass ich, als ich mich matt und erschöpft fühlte, Ärger bekam, weil ich mich hinlegte, jetzt aber, da ich mich wieder wohlfühlte, gezwungen wurde, mich auszuruhen. Ich war sehr deprimiert. Ich las Erbauungsbücher und kritisierte und ermahnte mich dazu, den Mut aufzubringen, die Wahrheit auszusprechen und demütig die Schande zu ertragen. Ich schrieb: »Du musst in allem, was du empfindest, wahrhaftig sein, aber du musst in der Gemeinschaft bleiben.«

Nach etwa drei Wochen kehrte ich zu meiner Arbeit im Noviziat zurück und lehrte die jungen Frauen, wie sie MNs wurden, während ich selbst damit kämpfte, eine zu bleiben. Ich glaube nicht, dass ihnen meine Ambivalenz aufgefallen ist. Wenn man uns einfach unsere Arbeit tun ließ, hatten wir eigentlich ein recht glückliches Leben, aber mir fiel auf, dass ich mir angewöhnt hatte, zu erwarten, dass die Leute genau das taten, was ich ihnen sagte, und ich musste mich zurückhalten, die Novizinnen Dinge für mich erledigen zu lassen, die ich selbst tun sollte. Wenn man lange Zeit als Vorgesetzte gearbeitet hat, ist die Gefahr gegeben, überheblich zu werden. Wenn Vorgesetzte den Raum betreten, stehen alle auf; was sie sagen, muss sofort befolgt werden; alle ihre Äußerungen müssen hingenommen werden; man darf sie weder hinterfragen noch ihnen widersprechen.

Donnerstags, wenn die Professen ihren freien Tag hatten, ging Schwester Barbara, die Leiterin der Novizinnen im zweiten Jahr, für gewöhnlich mit ihren Schülerinnen ins

Kinderheim in Binondo. Ich hingegen blieb mit den Novizinnen im Kinderheim und im Tahanan von Tondo. Andere Novizinnen fuhren mit dem Lieferwagen auf den Markt, um einzukaufen oder unsere wöchentlichen Vorräte sowohl für die Schwestern als auch für die Patienten zu erbetteln.

Wenn Schwester Barbara anderswo gebraucht wurde, half ich im Kinderheim von Binondo aus. Es kam öfter vor, dass wir dort wegen einer geborstenen Leitung kein Wasser hatten und dieses von der Feuerlöschstelle in einem Jeep heranschaffen mussten, um waschen und die Kinder baden zu können. Eines Tages brauchte ich eine Stunde, um die Haare einer Fünfjährigen zu schneiden, die ihr wegen infizierter Wunden und Läuse am Kopf klebten.

Oft trieb mich die Sorge um, dass unser Wissen, wie wir die Beschwerden der Patienten im Tahanan und im Kinderheim behandeln sollten, nicht ausreichte. Die Zahl unserer Patienten schwankte zwischen achtzig und einhundert im Tahanan, und weil die Betten dicht beieinanderstanden, gab es Probleme mit Infektionen. Solange Schwester Gabrielle, die medizinisch ausgebildet war, in Tondo lebte, klärte sie uns über Medikamente und Behandlungsmethoden auf, aber als sie nach Kalkutta zurückkehrte, konnten wir uns nur noch auf die hin und wieder freiwillig vorbeikommenden Ärzte stützen. Manchmal unterliefen uns schwere Behandlungsfehler bei der Medikation und bei Injektionen.

Ich teilte Schwester Gabrielle meine Besorgnis in einem Brief nach Kalkutta mit und bekam eine verwirrende Antwort. Sie meinte, sie habe in einzelnen Punkten meine Sorge geteilt, solange sie in Manila lebte und darüber mit

Mutter gesprochen, die sich aber in keiner Weise beunruhigt über den Mangel an Ausbildung und das niedrige Niveau der medizinischen Fürsorge in unseren Zentren gezeigt habe. Und dann teilte Schwester Gabrielle mir mit, sie habe ihre Einstellung geändert. Sie fragte mich: »Was wollte ich? Wollte ich ein Krankenhaus, das von den Klugen dieser Welt übernommen wird und wo weder Liebe noch Fürsorge eine Rolle spielen?« Der Brief endete mit der meiner Meinung nach sarkastischen Bemerkung, sie hoffe, bald von mir zu hören, weil sie schon gespannt auf weitere Vorschläge von mir sei. Ich war nicht der Meinung, dass ein Wissenszuwachs notwendigerweise bedeutete, dass wir unsere Patienten nicht mehr lieben konnten. Ihre Antwort empfand ich als widersprüchlich und zwiespältig, und ich fragte mich, ob das wohl an ihrer eigenen Verwirrung liegen mochte. Vielleicht rührte ihre Verärgerung über mich daher, dass ich Bedenken ansprach, die sie unterdrückt hatte und mit denen sie sich nicht mehr befassen wollte.

Um ihre rhetorische Frage zu beantworten: Was ich wollte, war zu wissen, was ich tat, und zu wissen, dass wir all denjenigen, die unserer Fürsorge und Obhut unterstanden, keinen Schaden zufügten. Ich wünschte mir, alle Schwestern wären über die Unterschiede zwischen verschiedenen Medikamenten informiert und wüssten, dass Chloramphenicol ein Antibiotikum und Chloroquin ein Anti-Malariamittel war. Eine Schwester hatte vor Kurzem diese Arzneien wegen ihrer ähnlich klingenden Namen verwechselt, und das beunruhigte mich, obwohl in diesem Fall ernsthafte Folgen ausgeblieben waren. Mir war daran gelegen, dass die Schwestern die wichtigsten Nebenwirkungen von einigen Tuberkulosemitteln kannten – beispielsweise konnte es selbst bei korrekter Dosierung von Streptomycin zu Taubheit kommen, und Isoniazid konnte Leberschäden hervorrufen und sollte nicht mehr verabreicht werden, wenn ein Tuberkulosepatient eine Gelbsucht bekam. Ich fand es wichtig, dass jede, die eine Injektion verabreichte, wusste, was sie spritzte, und auch den Zweck und die Stärke der Arznei kannte. Außerdem war mir an Maßnahmen gelegen, die die Ansteckungsgefahr auf ein Minimum reduzierten, in anderen Worten, jene mit ansteckender TB von jenen fernzuhalten, die nicht darunter litten, und Fälle von Gastroenteritis, Masern und anderen Infektionskrankheiten zu isolieren. Mit nur ein wenig Wissen und Kommunikation könnten wir unsere Patienten auf einfache Weise liebevoll versorgen, ihnen zudem aber eine sichere medizinische Behandlung zuteilwerden lassen.

Meine Bewunderung für Schwester Gabrielle war groß, und ich vertraute ihr und ihren Urteilen, weswegen es mir auch schwerfiel, ihre verwirrende Antwort zu akzeptieren. Während ihrer Zeit in Manila hatte sie den Novizinnen alles beigebracht, was sie wusste, um ihnen eine sichere Behandlung der Patienten zu ermöglichen, also verstand sie das Dilemma. Was sie mir schrieb, klang für mich nicht nach der Person, als die ich sie kannte. Ich begreife es noch heute nicht.

Kurz nach meinem Brief an Schwester Gabrielle gab es eine Neuregelung, die besagte, dass an Donnerstagen, wenn die Novizinnen die Professen an ihrem freien Tag ablösten, keine Neuzulassungen im Kinderheim oder im Tahanan mehr angenommen werden durften. An einem Donnerstag jedoch kam eine Frau, die ein dünnes, krankes Kind in ihren Armen hielt, mit ihrem Ehemann an das Tor unserer Einrichtung und bat um Hilfe. Von dem heftigen Klopfen aufgerüttelt, ließ Schwester Trinity, eine der Novizinnen, sie herein. Der kleine Junge starrte sie teilnahmslos an, und deshalb wusste sie, dass es ihm wirklich schlecht ging und er nicht bis zum morgigen Tag auf Hilfe warten konnte. Sie ging zu der örtlichen Vorgesetzten der Professen.

»Schwester, ich weiß, es ist Donnerstag, aber es wurde ein sehr krankes Kind zu uns ans Tor gebracht …«

»Wie oft muss man euch Novizinnen sagen, dass ihr die Schwestern an ihrem Tag der Sammlung nicht stören sollt?«

»Ja, Schwester«, erwiderte Trinity.

Die Novizin kam daraufhin zu mir in das Tahanan, wo ich den Leichnam eines Mannes wusch, der gerade an Kehlkopfkrebs verstorben war, und bat mich: »Könntest du bitte rüberkommen, Schwester? Ich weiß nicht, was ich tun soll. Ein sehr kranker Junge, etwa zwei Jahre alt, wurde von seinen Eltern zu uns ans Tor gebracht. Er fiebert, und sein Atem geht schnell. Ich fürchte, er könnte sterben, wenn wir ihn wegschicken. Ich habe bei den Professen angefragt, aber die dürfen nicht gestört werden, weil Donnerstag ist. Die Familie wartet neben der Apotheke.«

Ich deckte den Leichnam des Mannes ab, wusch mir die Hände und ging die fünfzig Meter zu den Eltern des Jungen. Es befanden sich auch noch viele andere Menschen auf dem Gelände, die vor der Apotheke Schlange standen. Das Kind war teilnahmslos, seine Haut heiß. »Schwester«, flehte sein Vater mich an, »wir haben kein Geld für Medizin.

Das Krankenhaus hat sich geweigert, ihn zu behandeln. Bitte helfen Sie uns.« Wenn in damaliger Zeit das Krankenhauspersonal in Manila die Überlebenschancen eines Patienten für gering einschätzte, verweigerte es die Aufnahme, vor allem bei Leuten, die »bedürftig« waren und die Behandlung nicht bezahlen konnten.

»Aber ja, natürlich. Wir werden unser Bestes tun, aber Ihr Sohn sieht sehr krank aus. Wie heißt er denn?«

»Er heißt Alex«, sagte er mit Tränen in den Augen. »Wir haben versucht, ihm zu helfen, aber sein Zustand verschlimmert sich immer mehr.«

Die Sonne brannte vom Himmel, also zogen wir uns in den Schatten neben dem Kinderheim zurück. In diesem Moment kam die örtliche Vorgesetzte der Professengemeinschaft, Schwester Valerie, aus dem Kloster und auf uns zugestürmt. Unser Gespräch fand auf Englisch statt und war deshalb unverständlich für die Eltern des Kindes.

»Was machst du hier, Tobit? Musst du dich denn immer in Angelegenheiten einmischen, die dich nichts angehen? Geh zurück in das Tahanan.«

»Schwester, es ist meine Pflicht, den Novizinnen zu helfen. Sie können nicht die volle Verantwortung für ihre Arbeit übernehmen, und die Professen dürfen, wie du selbst gesagt hast, nicht gestört werden.«

»Kehre in das Tahanan zurück«, wiederholte sie ihren Befehl mit erhobener Stimme.

»Und was wird aus dem Kind?«

»Heute wird niemand aufgenommen. Das habe ich wiederholt gesagt. Warum kannst du nicht einfach akzeptieren, dass wir nicht jedem helfen können?«

»Diesem Kind muss aber geholfen werden, und das Krankenhaus nimmt es nicht. Wir haben Platz. Es wird die Schwestern nicht stören. Die Novizinnen und ich werden bis morgen alles für ihn tun, was nötig ist.«

»Das geht dich nichts an. Du vernachlässigst deine eigene Arbeit und mischst dich in Dinge ein, die nichts mit dir zu tun haben. Das Kind kann heute nicht zu uns kommen.«

Da wären wir also wieder, sagte ich mir. Mein Herz pochte. Als Nächstes würde kommen: *»Du bist stolz, selbstgerecht, eingebildet …«* Ich fragte mich, warum es so schwer sein musste. War ich wirklich eingebildet und selbstgerecht? Ich wusste es nicht mehr.

»Schwester, die Familie ist gekommen, weil sie Hilfe sucht. Es ist nicht richtig, ihn wegzuschicken.«

»Dann weißt also nur du, was richtig ist? Du bist zu stolz, um zu gehorchen. Was bringst du den Novizinnen bei? Wenn du in das Tahanan zurückgehst, werde ich mich heute um dieses Kind kümmern, ansonsten sollte an Donnerstagen aber keiner kommen.«

Ich kehrte zu meiner Leiche zurück und wahrte die Fassade der Normalität, ohne mich mit jemandem über den Sturm in mir auszutauschen. Ich rief den Leichenwagen an und begann gemeinsam mit den Novizinnen, die Kleider und Leintücher der Patienten zu waschen. Viele der Patienten waren inkontinent, aber Mutter erachtete eine Waschmaschine als nicht vereinbar mit dem Gelübde der Armut. Wie gewöhnlich beteten wir laut den Rosenkranz, während wir wuschen und mit Bürsten den festen Schmutz entfernten. Ich rezitierte die Worte des Gebets, war aber in Gedanken anderswo. *Manchmal ist ein armer Mensch heilig,* dachte ich, *Christ im Gewand des Notleidenden. Zu anderen Zeiten wiederum ist er nur ein machtloser Mensch, mit dem wir umspringen können, wie wir wollen.*

Eine der Novizinnen, eine Krankenschwester, begann mit Alex' Behandlung. Als ich ihn im späteren Verlauf des Tages besuchte, reagierte er auf die Infusionen und die Antibiotika.

Der Konflikt zwischen dem Ideal und der Realität, zwischen meiner Einschätzung der Situation und der meiner Vorgesetzten, steckte wie ein Dorn in meinem Leben.

Ich schrieb direkt an Mutter. Ich hatte ihr geschrieben, als ich in Indien war, und sie wegen des Konflikts zwischen Mitgefühl und Gehorsam gefragt, aber keine Antwort bekommen. Diesmal erzählte ich die Geschichte von dem kranken Kind und fuhr dann fort:

»Häufig möchte an einem Donnerstag ein sehr krankes Kind aufgenommen werden. Ich werde getadelt, wenn ich zu helfen versuche. In mindestens drei Fällen überlebten die Kinder, auch wenn man das nicht für möglich gehalten hätte. Einmal sagte eine sehr erfahrene Schwester zu mir: ›Du hast kein Vertrauen. Warum gibst du dir so viel Mühe, ihr Leben zu retten? Es sind Slumkinder. Wenn sie erwachsen sind, tun sie womöglich Böses in ihrem Leben. Solange sie getauft sind, ist es besser, sie sterben.‹ Jesus rettete Leben und hatte Mitgefühl. Er hat nicht gesagt: ›Das Beste ist es, sie sterben und kommen in den Himmel.‹

So oft wie es vorkommt, Mutter, stehe ich in einem Konflikt zwischen Nächstenliebe und Gehorsam. Dieser reißt mich wirklich entzwei. Man hat uns so oft beigebracht, und wir bringen es auch den Novizinnen bei: ›Es ist Christus im Gewand der Armen‹, und dann sagt man uns, wir sollen Ihn wegschicken.«

Schwester Gabrielle beantwortete meinen Brief an Mutter. Ich hatte geäußert, dass wir meiner Meinung nach Ausnahmen von den Regeln machen mussten und dass selbst Jesus dies getan hat, indem er die Kranken auch am Sabbat heilte. Sie antwortete mir mit den Worten, dass auch der Teufel die Heilige Schrift zitiere und ich mir deshalb meiner Sache nicht allzu sicher sein sollte. Dann stellte sie die Frage: »Wie mitfühlend ist Gott?« Im Grunde fragte sie mich: Glaubte ich, dass Gott nur dann mitfühlend war, wenn er etwas für diejenigen tat, die körperlich litten? Sie nahm Bezug auf Maria am Fuße des Kreuzes, die den Tod ihres Sohnes Jesus als den Willen Gottes akzeptierte. Daraus zog sie die Schlussfolgerung, dass ich beim nächsten Mal, wenn ich ein sterbendes Kind oder eine leidende Mutter sah und mir meine Hände durch die Gehorsamspflicht gebunden waren, nicht aufhören sollte, mein »Ja« zu sprechen – in anderen Worten, zu gehorchen und »Ja« zu meiner Vorgesetzten und »Nein« zu dem bedürftigen Menschen zu sagen.

Es verletzte mich zutiefst, dass ein privater Brief an Mutter von jemand anderem gelesen und beantwortet worden war. Außerdem fand ich Gabrielles Antwort völlig unverständlich. Ich wusste nicht mehr aus noch ein. Die anomale Logik des Glaubens, gekoppelt mit der Verantwortung, Autorität zu zeigen und Regeln durchzusetzen, vermag Menschen zu seltsamen Schlussfolgerungen zu bewegen.

Die Antwort stimmte nicht mit dem überein, was Gabrielle getan hätte, wenn sie hier bei uns in Manila gewesen wäre und sich in dieser Situation befunden hätte. Ich kannte sie als eine mitfühlende Frau. Einige der Oberen bei den Missionarinnen der Nächstenliebe wurden in Machtpositionen gedrängt, wo sie die Verantwortung für Hunderte von Menschen und viele Ressourcen übernehmen mussten, ohne dafür ausgebildet oder vorbereitet zu sein. Weil Mutter glaubte, Gott benutze die Schwachen, um die Starken und Intelligenten zu verblüffen, handelte die Gesellschaft beinahe so, als würde es für mangelndes Vertrauen sprechen, wenn man jemanden auf eine leitende Funktion vorbereitete. Den gleichen Mangel an Logik offenbarte die Gesellschaft, indem sie von Gott erwartete, die Unwissenheit und die mangelhafte Ausbildung in der medizinischen Arbeit wettzumachen.

Dieser Vorfall war ein zentrales Ereignis für mich. Ich konnte nicht »fiat« zum unnötigen Tod eines Kindes sagen. Wenn alles, was möglich war, getan wurde und das Kind dennoch starb, ja, dann konnte ich Gottes Willen geschehen lassen. Aber ich glaubte nicht, dass der Gehorsam es einem so sehr erschweren musste, auf »Christus im Gewand des Notleidenden« einzugehen. Von diesem Punkt an war mein Verbleiben im Orden ein Kampf. Mir wurde bewusst, dass die Widersprüche nicht aufgelöst werden konnten und der Orden nicht wünschte, dass ich sie zugab. In meinem Notizbuch beschrieb ich meine Position ziemlich melodramatisch: »Du musst die Wahrheit sagen. Du musst am Rand der Klippe gehen. Du musst beten und büßen, sonst stürzt du ab.« Und »ich habe versucht,

Dir zu folgen, aber mir scheint, ich bin Dir ferner denn je am Rand eines Abgrunds, in den ich leicht hineinfallen könnte. Ich empfinde heftige Wut auf die Gemeinschaft. Ich möchte sie verlassen und mein eigenes Leben führen, aber vielleicht zerreiße ich, indem ich dies tue, den goldenen Faden deiner Vorsehung.«

Ich war nicht die Einzige, die Schwierigkeiten hatte. Eine der Professen machte den dramatischen Schritt und rannte eines Nachts davon. Uns war gar nicht klar, was passiert war, und wir suchten stundenlang nach ihr, weil wir Angst um sie hatten. Auch mehrere andere Schwestern verließen den Orden. Wir verabschiedeten uns nicht von ihnen, und man sprach nicht mehr von ihnen. Ich dachte oft an sie und fragte mich, ob sie wohl in der Lage waren, sich wieder in ihrer eigenen Kultur zurechtzufinden, Liebe zu finden, eine Familie zu haben oder ob sie ein Leben als Vertriebene führten?

In einem anderen Fall verbannte die Schwester, die die Befehlsgewalt über das Tahanan hatte, drei der männlichen Tuberkulosepatienten aus der Station, weil deren Verwandte ihnen nachts Essen gebracht hatten. Sie wussten nicht, wohin sie gehen sollten, hatten kein Transportmittel, also blieben sie vor dem Tahanan stehen – abgemagert, krank und blass in der Hitze, ohne Essen und Trinken. Ich ging zu der Schwester, um mich zu erkundigen, was passiert war, erhielt aber zur Antwort, dies gehe mich nichts an. Am späten Nachmittag hielt ich es nicht länger aus und gab ihnen aus der Küche etwas zu essen und zu trinken.

Dann begann die Kritik erneut.

Ob ich glaubte, die einzige Person zu sein, die wisse, was

Mitgefühl sei? Ob ich mich in Angelegenheit einmischen müsse, die mich nichts angingen?

Wenn ich einen anderen Menschen leiden sehe, dann wird dies sofort und auf der Stelle zu meiner Angelegenheit. Man kann sich nicht einfach umdrehen und so tun, als sehe man es nicht.

Etwa einen Monat nach diesen Vorfällen zeichnete sich ab, dass ich meine Position als Lehrerin der Novizinnen im ersten Jahr verlieren würde. Ohne mit mir darüber zu diskutieren, wurde mein Bettzeug aus dem Schlafsaal der Novizinnen entfernt und ins Haus der Professen gebracht. Im späteren Verlauf des Tages teilte meine Oberin mir mit, eine andere Schwester werde bald aus Indien eintreffen, um mich als Lehrerin zu ersetzen. Dies geschah nur wenige Wochen vor der Klausur der Professen, dem Zeitpunkt, zu dem die Novizinnen ihr erstes Jahr beenden würden, aber es wurde mir nicht erlaubt, bis zur normalen Übergabe weiterzumachen. Einige Tage darauf erhielt ich einen Brief aus Kalkutta mit der »guten Nachricht«, dass ich nicht mehr länger für die Novizinnen verantwortlich war.

»Sofern Gottes Wille dir die Kraft gibt, kannst du dich am Unterrichten beteiligen. Auf jeden Fall ruht die Last der Verantwortung nicht mehr länger auf deinen zarten Schultern. Zumindest nicht im Moment.«

Ich war achtundzwanzig. Meine Schultern waren nicht zart. Durch dieses Verbot, weiterhin zu unterrichten, fühlte ich mich ausrangiert und ausgeschlossen. Es traf mich ohne Angabe von Gründen, ohne weitere Erklärung. Als die neue Lehrerin der Novizinnen aus Indien eintraf, versuchte ich eine ordentliche und informative Übergabe vorzunehmen, aber sie lehnte es ab und wollte nichts von mir hören. Ich selbst erklärte mir die Entlassung mit dem damaligen Konflikt, als ich das Kind an einem Donnerstag ins Kinderheim aufnehmen wollte, und mit meinen Briefen. Ich hatte mich einer Vorgesetzten widersetzt und wurde deshalb offenbar für unfähig erachtet, Novizinnen zu unterrichten.

Man schickte mich nach Cebu, einer Insel etwa dreihundertzwanzig Kilometer südöstlich von Manila, und ich reiste dorthin in Begleitung einer anderen Schwester, die man von Binondo aus dorthin versetzte, weil sie mit ihrer Vorgesetzten, einer sehr zornigen Person, Schwierigkeiten gehabt hatte. Wir schleppten sehr viel Gepäck für die Schwestern in Cebu mit und waren in den überfüllten, schlafsaalartigen Schiffskörper eingepfercht. Wir blieben bei unseren Kisten, aber wann immer eine von uns wegen eines dringenden Bedürfnisses sich zu entfernen wagte, starrten unsere männlichen Mitpassagiere uns hinterher und pfiffen uns nach. Vermutlich waren wir ein komischer Anblick: zwei Nonnen, die vor der Autorität flüchteten, eine Filipina, die andere Australierin, gekleidet in indische Saris, die neben Kisten im Frachtraum eines Filipinoschiffes schliefen. Vielleicht haben sie auch gespürt, dass wir versagt hatten und abgewiesen worden waren. Als das Boot in Cebu, der Provinzhauptstadt, anlegte, trugen wir – ungeachtet unserer zarten Schultern – sämtliche Kisten hoch zum Kai.

Ich blieb fast drei Wochen in der Gemeinschaft von Cebu und begleitete die Schwestern mit dem Fahrrad auf ihren Besuchen in die verschiedenen Barackensiedlungen. Wir wohnten ganz in der Nähe des Ortes, wo der portugiesische Seefahrer Magellan im sechzehnten Jahrhundert an Land gegangen war, wenn auch das Kreuz, das den Anlegeplatz markierte, sich in der Stadt befand. Wer auch immer das arme Fischerdorf am Rande von Cebu »Alaska« nannte, muss Sinn für Humor gehabt haben, denn es war heiß wie ein Backofen. Die meisten unserer Nachbarn verdienten sich ihren Lebensunterhalt in der Trockenfischherstellung und indem sie Muscheln sammelten, Holz verkauften oder Recyclingprodukte wie Bierdosen sammelten und verkauften. Der Transport wurde überwiegend auf Pferdekarren erledigt, was in Cebu viel billiger war als in Manila. Ich ging mit zum Markt und half bei den Kindern, die sehr süß waren. Bei einigen Neueinlieferungen waren die Leiber jedoch aufgebläht von der Mangelernährung. Es gab auch viele Tuberkulosefälle in Cebu. Die Schwestern waren sehr bemüht, Land für ein Tahanan zu bekommen, stießen dabei jedoch auf heftigen Widerstand der örtlichen Beamten, die behaupteten, es gäbe keine armen oder im Stich gelassenen Menschen in Cebu, obwohl mindestens zehn Obdachlose, an Tuberkulose erkrankte oder verkrüppelte Menschen jede Nacht unter dem Vordach der örtlichen Kirche schliefen.

Die Rückreise nach Manila war weitaus angenehmer. Sechs von uns Schwestern waren die einzigen Passagiere in den Kabinen eines Frachtschiffs. Ich verfolgte den Sonnenaufgang von der Schiffsbrücke. Wir kamen an vielen hübschen kleinen Inseln vorbei und konnten Fischerdörfer sehen, die sich, gesäumt von Kokosnusspalmen, an der Küste aneinanderreihten. Ein paar Delfine schnellten vor dem Schiffskörper aus dem Wasser, als wollten sie uns jagen.

Im Dezember 1982 kam Mutter zur Profess. Während der Klausur arbeitete ich im Tahanan und war ausgeschlossen von den Treffen der Lehrerinnen, der Novizinnen und Seniorschwestern, obwohl ich das ganze Jahr über die Novizinnen unterrichtet hatte. Mutter forderte von uns ein tägliches Gebet an den Erzengel Michael, der für gewöhnlich geflügelt und mit einer Heugabel auf dem Kopf des Teufels stehend dargestellt wird. Ich hatte Schuldgefühle, weil ich weder an den heiligen Michael noch an den Teufel glaubte, der einer meiner Hauptratgeber zu sein schien. Mein Humor schien eine dunkle und zynische Färbung angenommen zu haben. Obwohl ich mit aller Kraft versucht hatte, das zu tun, was ich für gut hielt, fühlte ich mich als Versagerin und Ausgestoßene.

Mit nunmehr zweiundsiebzig Jahren bekam Mutter häufig einen roten Kopf und wurde kurzatmig, außerdem schwollen ihre Füße an. Diese Symptome deuteten auf eine Stauungsinsuffizienz des Herzens hin. Eines Abends nach dem Gebet ging ich zu ihr, um sie ins Professenhaus zu holen, damit sie dort einen Anruf aus dem Ausland annehmen konnte. Ich wartete auf sie und begleitete sie dann zurück zum Schlafsaal der Novizinnen, wo sie im Bett unter dem Moskitonetz sitzen blieb, weil sie im Liegen keine Luft bekam. Ich blieb neben ihrem Bett stehen, bis sie mich wegwinkte und flüsterte, es gehe ihr gut.

Beim Frühstück bekam Mutter Tee eingeschenkt. Das Salz wurde in einem ziemlich großen Glas über den Tisch gereicht. Mutter nahm zwei Teelöffel davon und schüttete es in ihren Tee.

»Trinkt Mutter ihren Tee mit Salz?«, fragte mich eine der

Schwestern. Sie ging wohl davon aus, Mutter übe auf diese Weise Buße. Als Mutter den Tee trank, hustete sie, wurde rot vor Lachen, weil sie das Salz mit dem Zucker verwechselt hatte. Eine derartige Bußübung wäre ihrem schwachen Herzen auch nicht bekommen.

Wir Schwestern wurden alle einzeln von Mutter empfangen, um unsere allgemeinen Bewilligungen zu erneuern. Als mein Termin näher rückte, wurde ich ängstlich wegen der Briefe, die ich nach Kalkutta geschickt hatte, aber auch, weil ich mir einredete, als Lehrerin der Novizinnen versagt zu haben. Nachdem ich mich vor sie gekniet und mit meiner Stirn den Boden berührt hatte, beichtete ich, wie es der Brauch war, »meine Fehler«, auch dies auf Knien. Dann teilte ich Mutter meine Zweifel und meine Meinungsverschiedenheiten mit meinen Vorgesetzten mit.

Mutter sagte: »Nimm, was immer Er gibt; gib, was immer Er nimmt. Ob du wissend bist oder unwissend, dazugehörst oder ausgeschlossen bist, gemocht wirst oder nicht, mit einem großen Lächeln. Mutter musste hierherkommen. Es war sehr schwierig, aber da ich hierherkomme und dies tue, muss ich auch Freude daran haben. Immer lächeln. Selbst wenn Jesus Mutter schlecht behandelt, ist das eine Privatangelegenheit zwischen ihm und mir. Keiner muss etwas davon erfahren; es ist eine Familiengeschichte. Wenn ich die Stirn runzle und ein trauriges Gesicht mache, werden alle sagen: ›Armes Ding, armes Ding.‹ Das ist alles, was du bewirkst. Wenn dein Herz recht und rein ist und du jemanden am Tor siehst, kannst du zu wiederholten Malen zu deiner Vorgesetzten gehen, wie die Frau im Evangelium. Wenn sie zornig wird, ist das ihre Sache, nicht deine. Wenn es so ist, dann sage der Schwester: ›Ich werde dem Kind etwas geben‹, gehorche ihr aber in allen anderen Dingen. Du bist zu sehr mit dir selbst beschäftigt, so beschäftigt, dass du von Jesus getrennt bist. Du hast keine Zeit zu beten. Du musst lächeln. Du gehörst zu Jesus, du bist sein Eigentum. Er muss dich benutzen können.

Ich verbiete dir, Schwester, wieder so zu denken und dich mit den Fehlern der anderen zu beschäftigen. Wenn du dies absichtlich tust, musst du es beichten. Du darfst nicht urteilen – dass jemand etwas Falsches tut, das du zwar erkennst, aber wofür du die Gründe nicht kennst. Ich rette mich auf diese Weise. Indem du urteilst, begehst du möglicherweise eine schwerwiegendere Sünde als die, die von ihnen begangen wird. Möglicherweise sagst du: ›Sie weiß nichts vom vierten Gelübde, sie hat es gebrochen‹, das ist ein Urteil. Du musst aufmerksam beten. Bei der Arbeit kannst du nicht immer denken – Gott, Gott, Gott, aber du erklärst eine Absicht: Jesus möge alles für dich sein. Wenn du jedoch betest, reicht die Absicht nicht. Dann ist deine ganze Aufmerksamkeit gefordert. Du musst wirklich beten. Sei demütig, Schwester, und Gott wird dich benutzen können. Was auch immer geschehen ist, wie immer es geschah, Gott erlaubt es, um dich demütig zu machen. Wenn du dich der Demut verweigerst, wenn du zornig und verbittert bist, wird Gott dich übergehen und seinen Versuch, dich demütig zu stimmen, aufgeben.«

Mutter gab mir mit auf den Weg, demütig zu sein und mich völlig zu vergessen, damit ich an die anderen nur Jesus weitergebe. Das war das letzte Mal, dass ich sie sah.

In dieser Nacht ging ich im Dunkeln hinaus und betete: »Gott, ich hoffe, du existierst, weil ich so nicht leben will, ohne dass dahinter ein Sinn steht. Wenn du keine Einwände hast, möchte ich weggehen.« Obwohl mir nie der Gedanke kam, mir etwas anzutun, war es mir doch gleichgültig, ob ich lebte oder starb.

9

Verbannt

»Ich kann nichts erkennen vor mir.
Wo, frage ich, liegt dein Pfad?«
Tagore, *Gitanjali XXIII*

Fünf von uns, unsere Oberin Schwester Dolores, Ling, Timothy, Paix und ich verließen Manila, um am 4. Dezember 1982 ein neues Haus in Hongkong aufzubauen. Mutter hatte beschlossen, Schwester Dolores solle sich darum kümmern und zugleich weiterhin Vorgesetzte der Region bleiben. Es war unklar, welche Art von Arbeit wir dort tun sollten, aber die Missionarinnen der Nächstenliebe hatten bereits ein Haus in Macao, und wir konnten dort so lange wohnen, bis wir ein neues Haus in Hongkong gefunden hatten.

Auf dem Flughafen nahmen die Beamten der Einwanderungsbehörde Schwester Timothy beiseite, weil sie ethnisch gesehen Chinesin war und es in ihren Reisedokumenten einige Unregelmäßigkeiten gab. Mehrere Stunden lang warteten wir auf dem Flughafengelände in der Angst, die Behörden hatten sie zurück nach Manila geschickt. Keiner konnte uns sagen, wo sie war. »Warten Sie einfach!«, sagte man uns. Schließlich erfuhren wir, dass Beamte sie zum Fährterminal von Macao gebracht hatten, also eilten wir durch die Stadt, um dort zu ihr stoßen. Glücklicherweise stammte Schwester Ling aus Hongkong und kannte sich aus.

Wir fuhren gemeinsam mit der Fähre los, deren andere Passagiere ihr Glück in der Spielbank von Macao suchen wollten. Wo wir auch auftauchten, überall wurden wir neugierig beäugt. Wir sprachen unsere üblichen Gebete an Deck der Fähre, während wir an Dschunken, Sampans und kleinen Inseln vorbeikamen. Ich wunderte mich, dass die Dschunken genauso aussahen wie auf den Briefmarken, die ich als Kind gesammelt hatte.

Die Schwestern in Macao arbeiteten in einem Heim für Senioren und Kranke, das ein Jesuitenpriester aufgebaut hatte, und machten außerdem Hausbesuche in einem heruntergekommenen Viertel am Meer, wo einige der Häuser auf Pfählen standen wie in Papua-Neuguinea. Sie kümmerten sich auch um Vorschulkinder und waren froh, dass wir ihnen dabei halfen, ihr Weihnachtsfest auszurichten und Geschenkkörbe zu verteilen.

Schon bald nach unserer Ankunft gingen wir in eine siebentägige Klausur, und ich zog mich oft aufs Dach des Hauses zurück. Nachdem ich meine ganze Kraft in den Tahanan, die Novizinnen und das Müllviertel Magdaragat gesteckt und Tagalog, die Sprache Manilas erlernt hatte, sollte ich mich nun mit Kantonesisch vertraut machen. Ich versuchte, meine Enttäuschung über meine Verbannung aus einer Gemeinschaft, die ich geliebt hatte, in den Griff zu bekommen und nach vorn zu blicken. Dazu füllte ich ein kleines Notizbuch mit Bibelzitaten, in denen es um Liebe, Gebet und die Antwort auf das Leid ging. Auf die erste Seite schrieb ich: »Um der Kritik zu entgehen, tue nichts, sage nichts, sei nichts«, dazu auch noch ein Zitat von Mutter: »Lass die Missionarinnen der Nächstenliebe keine Angst davor haben, demütig, klein und hilflos zu sein, um Gott ihre Liebe zu beweisen.«

Die Art und Weise, wie man mich vom Noviziat entfernt hatte, nagte an mir. Ich war in Ungnade gefallen, jedoch ohne konkreten Schuldvorwurf, außer dem ganz verschwommenen, meinen Stolz betreffend. Ich sagte mir, dass Zorn einer Ablehnung des Kreuzes gleichkam und ich ruhig bleiben musste und nicht aufbegehren durfte, wenn sinnlose Entscheidungen getroffen wurden. Ich wiederholte immer wieder eins von Mutters Mantras: »Wenn Gott es erlaubt, muss ich es auch akzeptieren«, während ich mir einzureden versuchte, dass ich nicht grundlos nach Hongkong geschickt worden war. Als unsere Klausur beendet war, fuhren Schwester Dolores und ich ständig mit der Fähre zwischen Macao und Hongkong hin und her, um das neue Haus fertigzubekommen. Einige amerikanische Schwestern des Maryknoll-Missionsordens in Kowloon luden uns ein, ein oder zwei Tage bei ihnen zu verbringen, wann immer es nötig war. Ihr religiöses Leben unterschied sich vollständig von dem der MNs, und sie brachten ihre Überzeugungen sehr aufrichtig und selbstsicher zum Ausdruck. Sie trugen keine Habits, lebten wesentlich freier, ohne genau festgelegten Tagesablauf und sagten mir, ich sei zu unterwürfig, was mit meinem Ruf bei den MNs nicht gerade im Einklang stand.

Mieten in Hongkong waren teuer, aber ein reicher Banker hatte Bischof Wu eine Wohnung zu unserem Nutzen vermacht. Schwester Dolores und ich besichtigten die Wohnung und vereinbarten mit dem Büro des Bischofs einige notwendige Veränderungen und Reparaturen. Wir wohnten in diesem Winter etwa einen Monat in Macao. Meiner Erinnerung nach war es in der frühmorgendlichen Dunkelheit, wenn ich meine Kleider im Eimer wusch, sehr kalt, und meine Finger waren so taub, dass ich die Wäscheklammern nicht richtig packen konnte. Während der Meditation hörten wir die vielen Menschen den Hügel zum Leuchtturm hinaufströmen, wo sie ihre morgendlichen Tai-Chi-Übungen machten.

Macao besteht aus drei kleinen Inseln, die durch Brücken miteinander verbunden sind. Kirchen, Festungsanlagen und Gebäude im portugiesischen Stil schmücken das Stadtzentrum. Unser Weihnachtspicknick veranstalteten wir auf Coloane Island, wo der heilige Francis Xavier starb, als er versuchte, nach Kanton zu gelangen, und besuchten dort die Messe in einer ihm zu Ehren erbauten Kirche.

Anfang Januar zogen wir in unsere Wohnung in Kowloon. Schwester Timothy blieb in Macao, weil sie kein Visum bekam, und eine indische Schwester, Diane, übernahm ihre Stelle. Unsere Wohnung befand sich im ersten Stockwerk direkt über einem Nudelladen mit Blick auf einen offenen Straßenmarkt, auf dem Schlangen, Frösche, Schildkröten, Pelzmäntel und alle nur erdenklichen Lebensmittel und Kleider verkauft wurden. Die Besitzer der Karren riefen ständig den Preis ihrer Produkte aus. Wir warteten immer, bis die Preise am Spätnachmittag fielen, dann gingen wir hinunter und kauften unser Obst und

Gemüse. In Hongkong bettelten wir nicht um unser Essen, denn für die Menschen der Marktstände hier wäre es nicht zu verstehen gewesen, dass Leute um etwas bettelten, ohne zu bezahlen. Eine meiner ersten Aufgaben bestand darin, die chinesischen Zeichen für die Zahlen zu lernen, damit ich die Preise lesen konnte und nicht betrogen wurde, wenn ich auf den Markt ging.

Eine der Schwestern unserer Gemeinschaft, Ling, war aus Hongkong gebürtig, und ein großartiger Mensch. Sie war still und spirituell, und ich hatte sie während unserer gemeinsamen Zeit sowohl in Melbourne als auch in Manila näher kennengelernt. Die Tatsache, dass sie Kantonesisch beherrschte, ermöglichte es uns überhaupt erst, herauszufinden, worin unsere Arbeit bestehen würde, denn anfangs wussten wir gar nicht, was zu tun war. Schwester Paix und Diane trafen sich mit den vielen philippinischen Hausmädchen, die in Hongkong arbeiteten, und begannen ein Netzwerk unter ihnen aufzubauen. Schwester Ling und ich machten Besuche in der Nachbarschaft. Die meisten Wohnungen in unserer Umgebung waren während der Arbeitszeiten verwaist, bis auf ein Zimmer im Stockwerk über uns, in dem zwei gebrechliche alte Frauen wohnten, die es nicht mehr verlassen konnten. Als wir das erste Mal an ihre Tür klopften, waren sie ein wenig misstrauisch, aber als Schwester Ling erklärte, dass wir direkt unter ihnen wohnten und unsere Nachbarn kennenlernen wollten, ließen sie uns in ihr nach Räucherwerk duftendes, vollgestopftes Apartment ein. Danach durfte ich viele Gespräche auf Kantonesisch verfolgen, und wir halfen ihnen oft bei ihren Erledigungen oder beim Kochen. Keine von beiden war in der Lage, nach unten zu gehen, und so waren sie regelrecht im zweiten Stock eingesperrt. Bischof Wu organisierte für uns Bewilligungen, das vietnamesische Flüchtlingslager Chimawan auf Lantau Island zu besuchen, was von Hongkong etwa eine Bootsstunde weit entfernt lag. Die Einwanderungsbehörde führte es wie ein Gefängnis. Es war von hohen Zäunen und Stacheldraht umgeben, und der Großteil der aus Südvietnam mit dem Boot geflohenen Menschen auf diesem überfüllten Gelände war sehr jung. Die Boatpeople hatten auf See Fürchterliches erlebt, viele von ihnen waren von Piraten gekapert und um das Wenige, das ihnen geblieben war, beraubt worden, während andere vergewaltigt und getötet worden waren. Die Menschen erzählten von der Freude und Hoffnung, die sie empfanden, wenn sie nach Monaten auf See mit Kindern an Bord und schwindenden Wasser- und Essensvorräten ein Schiff sahen – und von der unglaublichen Enttäuschung, wenn Schiff um Schiff vorbeifuhr und sie ihrem Schicksal überließ. In den Schlafsälen schliefen die Familien auf rechteckigen Plattformen, die wie Etagenbetten übereinander aufgebaut waren.

Im Lager begegneten uns viel Unsicherheit und wenig Hoffnung, obwohl die Leute sehr robust waren und praktisch ohne Hilfsmittel Schulen für ihre Kinder organisiert hatten. Ich unterhielt mich mit einem jungen Mädchen, das voller Leben und Enthusiasmus war und innerhalb von drei Monaten recht vernünftig Englisch gelernt hatte. Frankreich, Australien und England hatten sich bereit erklärt, einige der Flüchtlinge aufzunehmen, aber es wurde immer schwieriger, ein Visum zu bekommen. Vor Juli 1982 hatte das Land, unter dessen Flagge das Schiff fuhr, das die

Flüchtlinge gerettet hatte, sie immer auch aufgenommen, aber danach verweigerten ihnen Thailand, Singapur und Malaysia die Erlaubnis, an Land zu gehen.

Wir besuchten auch das Jubilee Camp in Shamshuipo in Kowloon, ein freies Lager für Flüchtlinge, die so früh nach Hongkong gekommen waren, dass sie Ausweise bekamen. Dort kümmerten sich die Bewohner um fünfunddreißig Kinder ohne Begleitung auf recht planlose Weise. Wir erkundigten uns, was an Kleidern benötigt wurde und wie man die Kinder in der Schule anmelden konnte. Eine der Jüngsten, Chien, war erst fünf Jahre alt und wirkte sehr verletzlich und einsam und kam jedes Mal zu uns gerannt, wenn wir das Lager besuchten.

Schwester Ling und ich hatten auch begonnen, ältere Leute, die auf der Straße lebten und unter dem Highway schliefen, zu besuchen. Abend für Abend kletterten sie zu ihrem Schlafplatz hoch in eine Höhle unterhalb der Straße. Wir brachten ihnen zwei Mal in der Woche Suppe und Brot, was in den Bussen kein leichtes Unterfangen war. Einige warteten dann schon immer auf uns und riefen uns, wenn sie uns von Weitem kommen sahen, zu, wir sollten uns beeilen. Eine neunzigjährige Frau, die unter dem Highway lebte, trug ständig ihre ganze Garderobe am Leib und sah wie ein großes, mobiles Bündel aus Secondhandkleidern aus. Ein Mann, der im Park lebte, erzählte Schwester Ling: »Ich habe meinen Job als Auslieferungsfahrer vor drei Monaten verloren, weil ich langsam erblinde. Ich kann aber noch Schatten erkennen, weshalb ich nicht um eine Blindenpension eingeben kann, und mit meinen siebenundsechzig bin ich noch zu jung für eine Alterspension.«

»Was ist mit Ihrer Familie?«, erkundigte sich Schwester Ling.

»Sie sind alle tot – sie starben in China«, erwiderte er.

Kurz nach unserer Ankunft feierten wir das chinesische Neujahrsfest, das am 9. Februar beginnt und zehn Tage dauert. Rote Girlanden, Schilder und Glückwünsche waren überall in den Straßen zu sehen. Auf dem Markt drängten sich die Leute, um Dahlien, Kamelien, Kirschblüten und *kalamansi* zu kaufen, Bäume voll kleiner orangefarbener Früchte. Unter Schwester Lings Anleitung bereiteten wir für die alten Leute unter dem Highway eine besondere Mahlzeit zu.

Die Maryknoll-Schwestern, bei denen Schwester Dolores und ich gewohnt hatten, unterhielten in Hongkong ein Krankenhaus und brachten uns in Kontakt mit ihrem häuslichen Pflegedienst. Wir begleiteten sie auf ihren Touren, wenn sie Verbände wechselten, Behinderte badeten oder Medikamente verabreichten. Wenn die Leute es wollten, besuchten wir sie und erledigten für diejenigen, die an ihre Wohnung gefesselt waren und keine familiäre Unterstützung hatten, die Einkäufe.

Eine Frau konnte nach einem Schlaganfall ihre rechte Körperseite nicht mehr benutzen und hatte Mühe, sich um ihre geistig zurückgebliebene Tochter mittleren Alters zu kümmern, also halfen wir ihr im Haushalt und beim Einkaufen. Für eine vierundneunzigjährige, allein lebende Großmutter erledigten wir ähnliche Aufgaben.

»Ich muss zur Bank gehen«, verkündete sie eines Tages unvermittelt.

»Sie sind sehr geschwächt. Ich glaube nicht, dass Sie es

so weit schaffen«, meinte Schwester Ling zu ihr. »Wir rufen besser ein Taxi.«

»Nein, ich möchte zu Fuß gehen«, beharrte sie. Als wir den Markt halb überquert hatten, bekam sie Probleme.

»Ich denke, wir sollten umkehren.«

»Nein. Ich muss zur Bank«, erwiderte sie stur.

Wir versuchten, ein Taxi anzuhalten, aber keines hielt. Dann beschlossen wir, sie im Feuerwehrsgriff zu tragen, mussten aber ein paar Mal stehen bleiben, um uns auszuruhen. Mehrere Marktleute scharten sich um uns und erteilten uns Ratschläge. Schließlich kam ein Polizist, um die Ursache der Störung zu ergründen, und trug die alte Dame dann Huckepack zur Bank, während wir zwei Schwestern ihm mit seinem Hut hinterherliefen. Für die Rückfahrt rief uns der Schalterbeamte ein Taxi.

Ein Diabetiker, der in einer Blechhütte in einem Barackenviertel namens Diamond Hill wohnte, konnte wegen seiner Beingeschwüre nicht gut laufen und lag den ganzen Tag auf einem Haufen alter Matratzen. Schließlich bekamen wir seine Erlaubnis, bei ihm sauber zu machen, warfen ein Dutzend verrottender Matratzen weg und stellten stattdessen ein Bett auf. Danach wurde er unter der Woche mit Essen auf Rädern versorgt, und wir besuchten ihn an den Wochenenden. Außerdem besuchten ihn auch seine Freunde wieder, da sie nun nicht mehr über diesen von Ratten verseuchten Schaumgummihaufen klettern mussten.

Schwester Dolores bekam eines Tages noch spät einen Anruf aus Kalkutta mit der Information, dass sechs Novizinnen auf ihrem Weg von Kalkutta nach Manila in wenigen Stunden einen Zwischenstopp in Hongkong einlegen würden. Wir eilten los, um ein paar Matratzen für sie zum Schlafen zu kaufen, ehe die Geschäfte zumachten, holten sie vom Flughafen ab und nahmen sie mit nach Hause, aber wir hatten kaum genug Platz, um sie unterzubringen. Ehe die Novizinnen wieder abflogen, schrieben wir am nächsten Tag Briefe an die Schwestern in Manila.

Schwester Dolores verteilte die Briefe, die wir bekommen hatten, darunter auch einen von Schwester Gabrielle, die mir mitteilte, sie sei überrascht, dass ich meinen Heimaturlaub noch nicht gemacht hätte, der eigentlich vor den letzten Gelübden hätte stattfinden sollen und mir gewährt worden war, ehe ich nach Hongkong kam. Ich hatte nichts davon erfahren, heim nach Australien reisen zu können. Sie teilte mir außerdem mit, dass man mich in Manila »fürchterlich« vermisse. »Die übliche Geschichte«, schrieb sie, »wir schätzen unsere Diamanten erst, wenn wir sie verlieren.« Ich freute mich darüber. Wie ein Diamant fühlte ich mich allerdings nicht.

Die Kirche von Hongkong bestand aus den Resten der katholischen Kirche des Festlands, aber nur wenige derer, die den Kommunismus überlebt hatten, zählten 1980 noch zu den Lebenden. Wir lernten Bischof Dominic Tang kennen, der erst kurz zuvor von der kommunistischen Regierung Chinas nach einer Haftzeit von zweiundzwanzig Jahren freigelassen worden war. Er war der Bischof von Kanton gewesen und deshalb als Kollaborateur mit den Imperialisten im Vatikan angesehen worden. »Ein ganzes Jahr lang sagte ich kein Wort«, berichtete er uns. »Und als ich wieder redete, klang meine Stimme fremd und unsicher. Ich war allein mit meiner Einsamkeit. Meine Wärter bewachten mich ständig, und wenn ich den Anschein machte zu beten oder ich mich erhob, um aus meinem kleinen Fenster hinauszuschauen, schrien sie mich an.« Doch trotz alledem hatte er ein Leuchten in seinen Augen und schien nun einen tiefen inneren Frieden gefunden zu haben.

»Wie wurden Sie befreit?«, fragte ich ihn.

»Ich bin nun achtzig Jahre alt und habe Krebs, und so denke ich, dass sie mich wohl nicht mehr als Bedrohung empfunden haben. Ich habe den Bischof hier sehr überrascht. Alle dachten, ich sei tot.«

Das Leben im Kloster war sehr belastend. Manchmal behielt Schwester Dolores uns zu Hause, um Töpfe zu putzen, die ihr aber nie sauber genug waren. Wir mussten Gewürze zermahlen oder Gebäck für die komplizierten indischen Gerichte zubereiten, die sie uns für gewöhnlich zubereiten ließ, aber wenn ich Essen für die Diabetiker in Diamond Hill oder die Leute unter dem Highway kaufen wollte, bekam ich Schwierigkeiten. Manchmal konnten wir unser Wort gegenüber den Leuten, denen wir halfen, nicht halten, weil Schwester Dolores etwas anderes für uns zu tun hatte und uns unsere übliche Besuchszeit nicht gestattete. Wie in Melbourne mussten die Leute auf uns warten und annehmen, dass wir sie vergessen hatten.

Weil sie die Vorgesetzte für die ganze Region war, unternahm Schwester Dolores Besuchsreisen zu den Schwestern in Japan und Korea. Wenn sie unterwegs war, fiel die Verantwortung mir zu. Schwester Ling versuchte überaus geduldig, uns Kantonesisch beizubringen, und wir machten lustige Fehler beim Versuch, unseren Worten die richtige

Tonhöhe zu geben. Ein Priester, der bei uns die Messe zelebrierte, fragte, ob er uns helfen könne.

»Habt ihr denn genügend Bücher?«, erkundigte er sich.

»Wir haben ein gutes Buch – es zeigt die chinesischen Schriftzeichen und die anglisierte Aussprache und Bedeutung, aber das nimmt meist Schwester Dolores mit. Wenn Sie uns ein paar Kapitel kopieren könnten, wäre das eine große Hilfe«, erwiderte ich.

»Das mache ich gern«, sagte er.

»Das wäre wunderbar. Dann könnten wir die Texte während der Busfahrten mitnehmen und in jeder freien Minute lernen.«

Als Schwester Dolores jedoch zurückkam, war sie wütend, dass ich dies in ihrer Abwesenheit eingefädelt hatte. Wieder eine hochrangige Entscheidung meinerseits, die sie so verärgerte, dass sie mir befahl, einen Lumpensack zu machen, der hinten auf dem Waschplatz für alte Stofffetzen aufgehängt wurde, die man zum Geschirrspülen verwenden konnte. Sie wies uns Schwestern häufig vor der ganzen Gemeinschaft zurecht und ließ sich über die verschiedenen Fehler und Charakterschwächen aus, die ihr aufgefallen waren, unter vier Augen jedoch war sie noch schonungsloser. Mein Zorn wurde dadurch nur noch größer, auch wenn ich ihn zu unterdrücken versuchte. Ich schrieb in mein Notizbuch:

»Halte Frieden mit der Schwester; lass dich durch ihre Worte des Zorns nicht stören. Entschuldige dich nicht. Was sie sagt, zählt nicht, es sei denn, sie ist ein Instrument des göttlichen Willens. Nichts ist zufällig. Sie ist hier, um deinen Glauben, deine Demut und deine Selbstkontrolle zu befördern. Die Wut und die Bitterkeit müssen einen Grund haben. Hilf mir, dass ich nicht daran zerbreche oder meine Liebe zu ihr.«

In Manila hatte Mutter mich gebeten, der Eintracht zu dienen, und ich hatte meine Worte kontrolliert und mich bemüht, meinen Ärger zu unterdrücken. Aber auch andere Mitglieder der Gemeinschaft hatten sie als schwierig empfunden und versucht, mit mir darüber zu reden. Eine Schwester wurde zornig, als ich eine Diskussion über Schwester Dolores' Verhalten abbrach, weil ich mich an Mutters Ermahnung erinnerte. Die Reaktionen wurden durch sie selbst und ihr Tun hervorgerufen, nicht durch mich. Nichtsdestotrotz beschuldigte sie mich, in der Gemeinschaft schlecht über sie zu reden und die anderen gegen sie aufzubringen, was nicht stimmte.

Eine Vorgesetzte benötigte keine Gründe oder Beweise für Beschuldigungen, aber mir war es nicht erlaubt, mich verbal zu verteidigen. Wurden negative Berichte nach Kalkutta geschickt, hatte eine Schwester keine Möglichkeit sich zu rechtfertigen, oftmals erfuhr sie nicht einmal, wessen sie beschuldigt wurde. Mutter sagte immer wieder, wir sollten falsche Beschuldigungen hinnehmen und uns nicht verteidigen, wie auch Jesus das getan hatte.

In ihrem Allgemeinen Brief vom 28.4.1983 verkündete Mutter dem Rest der Gesellschaft die Eröffnung des Hauses in Hongkong und bat uns, ein Leben größerer Liebe zu leben, indem wir unsere Herzen von lieblosen Gedanken und unsere Zunge von verletzenden Worten der Kritik und des Nörgelns befreiten. Sie verurteilte Wutanfälle und Temperamentsausbrüche.

Mutters Brief umfasste einen Zehn-Punkte-Plan, der zum Ziel hatte, die Liebe innerhalb der Gemeinschaft wachsen zu lassen. Zu diesem Plan gehörte auch, dass wir in unser Gebetbuch den Abschnitt abschrieben, wo der heilige Paulus an die Korinther schreibt: »Die Liebe ist langmütig und freundlich …« (1. Korinther 13,4–7), der auch in unserer Verfassung zitiert wird. Wir sollten täglich unser Gewissen erforschen, wie wir einander und die Armen lieben konnten, und unser diesbezügliches Versagen beichten. Nächstenliebe sollte das Thema unserer monatlichen Tage der Wiederbesinnung und unserer spirituellen Lektüre sein. Außer an Sonntagen sollten wir uns zusätzlich zehn Mal täglich züchtigen und eine besondere Wiedergutmachung leisten, wenn wir irgendein spezifisches Fehlverhalten entdeckten. Wir sollten unsere Zunge im Zaum halten; sollte jemand eine Sünde gegen die Nächstenliebe begehen, musste er die Gemeinschaft vor dem Abendgebet um Verzeihung bitten. Ein kleines Gebet mit der Bitte an Gott, unsere Liebe füreinander wachsen zu lassen, war dazu gedacht, es häufig während des Tages aufzusagen.

Mutter schlug einen Weg zur Verbesserung der Nächstenliebe vor, der uns noch weitere Unterwerfung, Prüfung und Selbstbestrafung abverlangte, als könnte körperlicher Schmerz uns von dem seelischen Schmerz ablenken, dem wir in vielen unserer Häuser ausgesetzt waren. Wenn ein Mensch glücklich ist, kann er sich auch den anderen mitfühlend nähern, aber das Gefühl niedrigen Selbstwerts, von Machtlosigkeit und Einsamkeit sorgt für schwärende

Feindseligkeit und Depression. Ich hatte gebetet, mich in Lektüre vertieft und den Ärger zu kontrollieren versucht sowie mich in Selbstverleugnung geübt, aber diese Praktiken machten mich nicht zum besseren Menschen. Die unaufhörlichen Bevormundungen und anti-intellektuellen Einstellungen verstärkten unsere Empfindsamkeit und leisteten emotionaler Unreife und Kleinlichkeit Vorschub.

Mutter Teresa arbeitete als Produkt ihrer eigenen Geschichte gemäß den Einsichten, die sie dank ihrer Kultur und ihrer Ausbildung bekommen hatte. Sie ließ nicht zu, dass die Zwischentöne des Lebens ihre Vision zerstörten oder ihre unbeugsame Entschlossenheit ablenkten. Wenn ein Gedanke ihre Überzeugungen unterminierte, wehrte sie ihn als eine Versuchung ab. Gott wollte entweder, dass etwas eintrat, oder ließ zu, dass es eintrat, und die göttliche Autorität erreichte dann über die religiöse Befehlskette die Vorgesetzte, deren »Wille« zu Gottes Wille wurde – selbst wenn der Führungsstil der Vorgesetzten barsch und diese uninformiert oder willentlich ignorant war. Mutter führte aus, dass Pontius Pilatus nur deshalb Autorität über Jesus hatte, weil Gott sie ihm erteilt hatte und Gottes Erlösungsplan sich erfüllte, obwohl Christus gekreuzigt wurde. Deshalb erlaube das Leiden »unter dem Gehorsam« einer Schwester teilzuhaben an der Passion Christi, und deshalb könnten Vorgesetzte sich auch nach Gutdünken gegenüber ihren Untergebenen verhalten.

In Hongkong hatte man mich zur Schatzmeisterin ernannt und mir die Aufgabe übertragen, die Buchführung zu erledigen. Schwester Dolores wollte eine große Geldsumme einer Bengalin der Mittelschicht geben, die einst im Waisenhaus von Kalkutta gelebt hatte, begründete jedoch nicht, warum ein solches Geschenk nötig war. Sie fragte mich nach meiner Meinung, da ich von diesem Geschenk Kenntnis haben musste, wenn ich Bilanz zog. Ich sagte, ich hielte es nicht für angemessen. Kurz darauf versetzte Mutter mich nach Bourke in Australien.

Später erfuhr ich, dass eine andere Professe die Gesellschaft in Bourke verlassen hatte und man mich als ihren Ersatz dorthin schickte, sodass meine Differenzen mit Schwester Dolores und meine Versetzung vielleicht in gar keinem Zusammenhang standen. Ich bekam jedoch nie eine Erklärung dafür. Ich hatte etwa sechs Monate in Hongkong gelebt.

Die Tatsache, ständig neue Sprachen lernen und sich den verschiedenen Kulturen und Aufgabengebieten anpassen zu müssen, erschwerte es einem, mit den willkürlichen Versetzungen zurechtzukommen. Wir Schwestern durften uns nicht selbst informieren oder die Bewilligung unserer Visa einholen, wie das bei erwachsenen Reisenden normal wäre. Man teilte uns mit, wann unsere Abreise sein sollte, und das war es. Man schickte uns mit einem Touristenvisum los, obwohl die Verantwortlichen wussten, dass wir ein Aufenthaltsvisum benötigten. Gott und der Bischof sollten dann am anderen Ende die Fäden ziehen, um alles zu legalisieren. So waren wir beispielsweise mit einem Touristenvisum nach Hongkong gekommen und hatten deshalb große Schwierigkeiten, einen Personalausweis und das richtige Visum zu erhalten, um hier arbeiten zu dürfen, weil diese Formalitäten vor unserer Ankunft hätten erledigt werden müssen. Sobald es bewilligt war, reiste ich schon wieder ab, und der ganze Prozess begann nun für eine andere Schwester von vorn.

In weniger als zehn Jahren hatte ich in fünf Ländern gelebt und mir die Grundlagen von zwölf Sprachen angeeignet. Und plötzlich war ich wieder unterwegs.

Ich war es leid, den seelischen Missbrauch spirituell zu verklären.

10

Bourke oder Fernab von allem

»Die Nacht ist schwarz, schwarz wie ein Stein.
Lass nicht die Stunden im Dunkeln vergehen.
Entzünde die Lampe der Liebe mit deinem Sein.«
Tagore, *Gitanjali XXVII*

Die Arbeit im Tahanan von Manila und im Magdaragat hatte mir das Leben erträglich gemacht und mir einen Sinn gegeben. So gern ich die praktische Arbeit dort geleistet hatte, so groß waren meine Schwierigkeiten gewesen, mit den anderen über meine Überzeugungen zu sprechen oder auch nur Religionsunterricht zu erteilen. Ich wusste nicht, welche Aufgaben mich in Australien erwarteten, ging aber davon aus, dass es für mich schwer werden würde, dort eine Missionarin der Nächstenliebe zu bleiben. Für mich war nun ein Punkt erreicht, wo ich einen täglichen Kampf um meinen Verbleib in der Gemeinschaft führte, und oftmals wollte ich ausbrechen. Aber ich hätte es als nicht richtig empfunden, meine vor Gott abgelegten Gelübde zu brechen, also gehorchte ich weiterhin meinen Befehlen.

Weil meine Versetzung so plötzlich kam, wusste meine Familie nichts von meiner Ankunft. Als ich endlich zu Hause war, ließ ich resigniert meinen Blick über die wartende Menge am Flughafen von Sydney schweifen, wohl wissend, dass keiner da wäre, um mich abzuholen. Im Pendelbus vom Flughafen konnte ich nicht in die angenehme Anonymität der Einheimischen schlüpfen. Man starrte mich in meinem Geschirrtuchgewand an wie eine Ausländerin. Nach dem Gewimmel der Marktstraßen von Kowloon empfand ich Sydney als so leer, dass ich glaubte, in der Stadt würde gestreikt.

Weil ich vor meinen endgültigen Gelübden nicht zu Hause gewesen war, wurde mir ein zweiwöchiger Besuch bei meiner Familie erlaubt, ehe ich mich in Bourke meldete. Ich hatte Mühe, mit den »neuen« öffentlichen Fernsprechern zurechtzukommen, schaffte es aber, Mama vom Bahnhof aus anzurufen. »Wer ist das denn, der mich Mama nennt?«, fragte sie verwirrt. Dann merkte sie, dass ich es war, und wurde sehr aufgeregt. Mama rief meine Schwester an, und gemeinsam holten sie mich vom Bahnhof in Picton ab. Judy war mittlerweile eine erwachsene Frau. Als ich damals mein Zuhause verlassen hatte, war sie erst zehn Jahre alt gewesen. Mama sah noch immer gleich aus. Ich fiel Mama und Judy um den Hals. Wir waren alle in Tränen aufgelöst. Ich konnte es kaum fassen, wieder zu Hause zu sein.

Es war großartig, wieder mit der Familie zusammen zu sein, aber der Sari sorgte dafür, dass ich meine Rolle nicht vergaß. Ich musste »treu und brav« meine Gebete verrichten, die täglich etwa drei Stunden in Anspruch nahmen. Mit meinen kurz geschorenen Haaren konnte ich nicht einfach in Zivilkleidung schlüpfen, und in meinem charakteristischen Habit fiel ich in unserer ruhigen Stadt auf dem Land auf. Man bat mich, an unserer Grundschule und an der katholischen Highschool einen Vortrag zu halten, und selbst in unserer Lokalzeitung erschien ein Artikel über mich. Ich erzählte Mama so gut wie gar nichts von meinen inneren Konflikten, weil wir mit Außenstehenden nicht über Privatangelegenheiten innerhalb der Gemeinschaft sprechen durften. Es war keine gute Planung, dass ich damals nach Hause kam, denn die Stadt hätte sonst vielleicht vergessen, dass ich Mutter Teresas Orden beigetreten war, und es wäre kein so großer Schock für sie gewesen, als ich letztendlich den Orden verließ.

Mein zweiwöchiger Urlaub verging wie im Flug, und schon war ich mit Mama auf dem Weg nach Bourke. Als wir uns der staubigen Stadt näherten, die an den Ufern des Darling River errichtet worden war, hörte das Buschland unvermittelt auf. Zu fünft, zwei Inderinnen, zwei Australierinnen und eine Filipina, lebten wir in einem Fertighaus am Stadtrand in der Nähe des Aborigines-Reservats, einer Anhäufung von Blechhütten und Anbauten. Viele Aborigines waren in richtige Häuser gezogen, aber noch immer lebten mehrere Hundert Menschen im Reservat unter notdürftigen Bedingungen. Unser großes Haus war in zwei Bereiche unterteilt, den Bereich der Schwestern und einen für die Arbeit reservierten Raum. Schwester Patience, die mit mir im Noviziat gewesen war, war die Oberin, und sie freute sich sehr, mich zu sehen. Ich kannte auch die drei anderen Schwestern dort, da ich sie in Manila ausgebildet hatte. Die Einheimischen nannten unsere Straße den »Crystal Highway«, weil der Glasbruch von Bier und Weinflaschen sich in den Schmutz eingegraben hatte und den Glitzereffekt einer Edelsteinstraße hervorrief.

Bourke war ein Kulturschock. Viele der Aborigines machten einen völlig verlorenen Eindruck, stritten und tranken ständig, und ihre Kinder wuchsen unter harten Bedingungen, aber völlig ohne jede Kontrolle auf. Schwester Patience war oft in Tränen aufgelöst und wusste sich keine Hilfe mehr. Nach den zwölf Jahren, die sie hier ihren Dienst versehen hatte, war keine Veränderung wahrnehmbar, aber die Kirche hatte den Leuten beigebracht, wie man Bingo spielte, eine Freizeitbeschäftigung, die wie das Kartenspiel viel Zeit in Anspruch nahm.

Am Morgen kümmerte ich mich immer um neun ältere Männer, sowohl Aborigines als auch Weiße, die in einer großen Wellblechhütte untergebracht waren. Einige von ihnen waren Farmarbeiter gewesen und groß und drahtig und hatten O-Beine vom Reiten. Ich wusch ihre Wäsche, badete einige von ihnen, kochte und machte sauber. Ich besuchte auch Familien und machte Einkäufe. Einige der Frauen waren im Mädchenheim von Cootamundra aufgewachsen, nachdem man sie aufgrund der rassistischen Regierungspolitik von ihren Familien getrennt hatte. Viele sagten, sie seien zu Hause weder vernachlässigt noch missbraucht, sondern nur weggebracht worden, weil ihr Vater Weißer war.

An den Nachmittagen kamen vierzig bis fünfzig junge Grundschüler zu uns, denen wir bei den Hausaufgaben halfen und mit ihnen Spiele machten. Darunter gab es ein paar harte Brocken, die die anderen Kinder schlugen und uns »verdammte Miststücke« nannten. Ein paar von unseren Kindern, vor allem Jungs, schnüffelten Klebstoff und steckten immer in Schwierigkeiten, wegen Diebstahls und tätlicher Auseinandersetzungen. Die Gerichte verurteilten sie zu Gefängnisstrafen, aus denen sie zornig und verhärtet zurückkehrten, ohne jede Perspektive. Mein Vokabular erweiterte sich, denn ich lernte, was eine »verdammte Fotze« war. Ein Kind steckte eine Machete in unseren Wassertank, und ein anderes raubte uns aus, während wir in der Messe waren. Andere konnten sich mit ein bisschen Nachhilfeunterricht in der Schule verbessern.

Über ein Alphabetisierungsprogramm arbeitete ich mit Aborigines-Frauen und brachte ihnen Lesen und Schreiben bei, gab aber auch Religionsunterricht in Engonia, etwa hundertvierzig Kilometer von Bourke entfernt. Nach Regenfällen war diese Fahrt ein Genuss, wenn gelbe und violette Wildblumen entlang der Straße blühten. Die Kinder in meiner Klasse waren gelenkige Energiebündel, die gern rannten, sangen und zeichneten, es aber hassten, längere Zeit still zu sitzen.

Leute aus unserer Gemeinde halfen uns Schwestern, indem sie uns Orangen, Kuchen und Kleider für unsere große Familie schenkten. Oft wurde an unsere Tür geklopft, wenn jemand ins Krankenhaus gefahren werden musste oder keinen Zucker oder kein Mehl mehr hatte. Jeden Morgen kamen die Kinder der Aborigines zum Vorschulunterricht bei Schwester Clara, der Filipinaschwester, und Schwester Shaddai, der Australierin. Sie badeten die Kinder und gaben ihnen zu essen, spielten und sangen mit ihnen.

Im Leben vieler Menschen in Bourke wirkten destruktive Kräfte unterschiedlicher Intensität. Alkoholismus führte zu Streitigkeiten und Krankheiten. Wenn es für Frauen und Kinder zu Hause zu gefährlich war, blieben sie häufig bei uns auf dem Vorschulgelände. Wir mussten unsere Türen vor den Drohungen und Obszönitäten verschließen, die man uns von draußen entgegenschleuderte. Ein Mann, ein Schafscherer, schlug seine Frau und verwundete dabei das Kleinkind, das sie im Arm hielt. Gut möglich, dass ihm die Nerven durchgegangen waren, denn es gab sehr große Spannungen zwischen australischen und neuseeländischen Schafscherern, wobei es nur vordergründig um die Kammgröße ging, denn es war ein Grabenkrieg um die Sicherheit von Arbeitsplätzen, der, wenn er überkochte, zu Raufereien und Brandstiftung führte.

Aber auch zwischen Aborigines und Weißen war die Stimmung angespannt. Schon bald nach meiner Ankunft in Bourke trat der Darling River über seine Ufer. Die ganze Ernte eines Honigmelonenfarmers wurde vom Regen vernichtet – obwohl es so viele beschäftigungslose Menschen in der Stadt gab, konnte er niemanden finden, der ihm half, seine Früchte schnell genug zu ernten, ehe sie schimmelten.

Einige der für die Aborigines gebauten Häuser wurden zerstört, weil zu viele Menschen in ihnen wohnten und die Streitigkeiten im Haus zu zerbrochenen Fensterscheiben und kaputten Paneelen führten. Die Weißen, insbesondere diejenigen, die in schlechten Wohnungen hausten, wurden wütend angesichts der Vernachlässigung und absichtlichen Zerstörung von neuen Häusern, die ihnen gefallen hätten. Ich dachte, es müsste einen Weg geben, die Wohnungspolitik anders zu gestalten, sodass die Aborigines sich ihre Behausungen selbst entwarfen, bauten und unterhielten, aber ich befand mich mitten in einer Kluft zwischen den Kulturen und zog die Feindseligkeit beider Seiten auf mich.

Unser normaler Umgang mit sozialen Problemen funktionierte hier jedenfalls nicht. Das Leben war weitaus komplexer als das freiwillige Modell »Du sollst nicht …«. In Hongkong setzten die Flüchtlinge Plastikblumen zusammen und bekamen Geld dafür, und ich überlegte, ob sich nicht auch eine einfache Produktion finden ließe, damit die Leute eine Aufgabe bekamen. Ich überlegte auch, einen Gemeinschaftsgarten anzulegen. Die Kinder im Outback waren durch Vernachlässigung und Missbrauch schon benachteiligt, ehe sie alt genug waren, um zu entscheiden, was richtig oder falsch war, denn in diesem Alter waren ihre Verhaltensmuster bereits festgelegt. Schon der Eintritt ins Leben verlief bei Weißen und bei Aborigines unter ungleichen Voraussetzungen. Viele Menschen in den »Reservaten« waren demoralisiert und hatten ihre »Träume« und »Traumpfade« verloren.

Ich versuchte, mich einzuleben, aber mir wurde immer klarer, dass mir in Australien ein Leben als MN nicht möglich war. Jahrelang hatte ich gerungen, aber jetzt, da ich mich »zu Hause« befand, wurde deutlich, dass ich am falschen Ort war. In meinem eigenen Land und meiner Kultur empfand ich die Diskrepanz zwischen meinen eigenen Werten und einem Leben als MN sogar noch stärker. Als ich in Manila arbeitete, lenkte mich der Kampf der Menschen auf dem Müllberg von meinem eigenen inneren Aufruhr ab – ihnen zu helfen, gab meinem Leben einen Sinn. In Bourke traten die Unstimmigkeiten noch deutlicher hervor. Ich hatte die Aufgabe, Aboriginekinder am Sonntag zur Messe zu holen, eine Schikane, wie ich heute erkennen kann. Ich wurde losgeschickt, um beim Metzger vor Ort um Fleisch zu betteln, als hätten wir kein Geld gehabt, es einfach zu kaufen.

Wieder teilte ich meine Verwirrung Schwester Gabrielle in einem Brief mit, die jedoch nicht wusste, was sie mir darauf antworten sollte, und mich tröstete, indem sie schrieb, wenn die Kreuzigung Christi zu Gottes Plan gehöre, dann auch diese kleineren Rückschläge, die wir alle einstecken mussten. Sie meinte, sie kenne die Gründe nicht, die zu meiner Versetzung nach Bourke geführt hatten, und wisse auch nicht, was zwischen Hongkong und Manila besprochen worden sei, schrieb, dass die Gemeinschaft eher durch Kräfte, die im Inneren wirkten, zerstört werden könne als durch äußere Angriffe. Sie ermutigte mich: »Verfolge deine Vision und halte deine Antennen intakt.« Ihre Antwort legte für mich den Schluss nahe, dass sie begriff, was ich durchmachte, und auch nicht der Meinung war, es läge an mir. Bis zu diesem Brief hatte jeder Versuch, mit meinen Vorgesetzten über meine Probleme zu reden, die ich mit der Gemeinschaft hatte, einen Vortrag über meinen Stolz, mein mangelndes Vertrauen und ungenügende Demut zur Folge gehabt. Ich hatte jegliches Vertrauen in die Art und Weise verloren, wie die Gemeinschaft geführt wurde. Im August 1983, zwei Monate nach meiner Rückkehr nach Australien, konnte ich meinen Wunsch, die Gesellschaft zu verlassen, nicht mehr länger unterdrücken und besprach mich eines Abends mit Schwester Patience. In Vorbereitung auf meinen zukünftigen Abschied hatte ich mir bereits die Haare wachsen lassen. Sie flehte mich an, es doch noch mal zu versuchen, und vereinbarte ein Treffen mit einem Priester, der meinte, dass mein Wunsch zu gehen, das Resultat eines »bösen Geistes« war. Ich glaubte nicht an böse Geister, und so fragte er mich: »Was möchten Sie denn tun, wenn Sie gehen? Wo würden Sie wohnen?« Ich wusste schon seit Monaten, ja, schon seit Jahren, was ich darauf antworten würde. Ich sagte ihm, ich würde mir in Sydney eine Wohnung oder ein Zimmer suchen und eine Ausbildung als Krankenschwester oder Ärztin anfangen, und ich würde mich für Austudy bewerben, ein Projekt, das minderbemittelten Australiern half, einen Abschluss zu bekommen.

Er belehrte mich: »Sie sollten sich auf ein Nichts reduzieren; nach der Logik des Evangeliums müssen Sie Ihr Leben verlieren, um es wieder zu finden. Ihre Idee, Medizin zu studieren, ist unrealistisch und nur eine versteckte Form von Stolz, um zu zeigen, dass Sie etwas leisten können, aber offen gestanden halte ich das für einen unmöglichen Traum. Sie reagieren nur auf das Gefühl, innerhalb der Gesellschaft versagt zu haben, aber vergessen Sie nicht, Gott benutzt die Schwachen, um die Starken zu verwirren.«

Schwester Margaret, die Vorgesetzte meiner Region, kam auf Besuch nach Melbourne und schrieb einen Bericht nach Kalkutta. Sie überredete mich, noch eine Weile länger zu bleiben, also schnitt ich mir wieder meine Haare, aber es war sinnlos. Ich konnte nicht bleiben. Während meiner Arbeit im Gemüsegarten hatte ich alles durchdacht: Ich wusste, dass ich gehen musste.

Ich suchte den Arzt wegen Schmerzen in meinem Nacken und meiner linken Schulter auf. Probleme hatte ich damit seit Manila, wo ich viele Säcke Maismehl auf dieser

Schulter hatte schleppen müssen. Wahrscheinlich eine Zerrung, Arthritis oder ein Muskelkrampf.

Der Arzt fragte mich ganz direkt: »Sind Sie glücklich?«

»Nein, bin ich nicht. Ich glaube nicht, dass ich noch länger als Schwester leben kann.«

Seltsamerweise verordnete er mir daraufhin Tabletten, die es mir unmöglich machten, morgens um zwanzig vor fünf aufzustehen.

Ich sprach mit Schwester Patience. »Schwester, ich möchte die Tabletten nicht nehmen, die der Arzt mir verschrieben hat.«

»Du musst, Tobit.«

»Es ist kein Medikament für meine Schulter. Es sind Beruhigungsmittel, weil der Arzt meint, ich sei verkrampft und verspanne deshalb meine Schulter. Ich werde morgens nicht wach wegen dieser Tabletten, Schwester, und für meine Schulter bringen sie gar nichts.«

»Dann geh noch mal zum Arzt, aber du musst sie einnehmen, bis er dir etwas anderes verordnet.«

Ich marschierte wieder zum Arzt.

»Wenn Sie glauben, der Schmerz in meiner Schulter und meinem Nacken sei nur seelisch bedingt oder dass man nichts dagegen machen kann, dann sagen Sie es mir. Ich kann die Tabletten nicht nehmen, die Sie mir verschrieben haben. Ich werde morgens kaum wach, wenn ich sie einnehme.«

»Warum haben Sie sie dann nicht einfach abgesetzt?«, fragte er mich verdutzt.

»Weil ich unter einer Vorgesetzten lebe, die alle Aspekte meines Lebens kontrolliert. Sie wusste, dass Sie mir Tabletten verschrieben haben, weil sie sie mir gekauft hat. Sie bestand darauf, dass ich sie einnehme, bis Sie was anderes sagen.«

Ich kehrte nach Hause zurück.

»Schwester, der Arzt hat gesagt, ich soll die Tabletten absetzen.«

Mein Onkel Toby und mein Jugendfreund Paul, beides Franziskanerpriester, besuchten mich Ende September und blieben ein paar Stunden, in denen wir am Flussbett entlang zum Reservat liefen. Ich kochte dort, wo die Männer untergebracht waren, Fish and Chips für meine Besucher, und sprach mit ihnen über mein Bemühen, eine Antwort auf die Verzweiflung der jungen Menschen zu finden, doch nicht über meinen eigenen Gefühlsaufruhr.

Die Briefe, die ich nach Hause schrieb, waren oberflächlich. Eine Weile hielt ich den Schein der Normalität aufrecht, aber diese Fassade sollte bald einstürzen. Mutter Teresa schrieb mir völlig unerwartet im Oktober 1983 und kündigte ihren baldigen Besuch an. Sie forderte mich wieder zur völligen Hingabe auf und zwang mich zu lieben, bis es wehtat. Mutter nannte mir in ihrem Brief als Ursache meiner Unzufriedenheit die von uns betreuten Menschen mit ihrer Sauferei und ihren Streitigkeiten. Es waren aber nicht die Menschen, sondern die Lebensweise, die ich nicht mehr aushielt. Dennoch hatte ich die Lektion gut gelernt, dass ich unwürdig und sündig war, weshalb es mir auch so schwerfiel, meinem eigenen Urteil genügend zu vertrauen, eine endgültige Entscheidung zu fällen.

Schwester Gabrielle schrieb mir: »Da gibt es jedoch eine Sache, die ich bei dir nicht verstehe – wenn Gott dir doch das ECHTE gibt, das Kreuz, warum kannst du es dann nicht annehmen?« Sie kam auf die dunkle Nacht der Seele zu sprechen, wie der heilige Johannes vom Kreuz sie lehrt, und sie meinte, dass auch ich diese Krisenzeit durchstehen müsse, um von Gott geläutert zu werden, und dass es eine Tragödie wäre, jetzt aufzugeben, da Gott mich zu einer tieferen Daseinsebene rief. Diese Idee war heimtückisch, denn sie schmeichelte mir. Doch mir war klar, dass ich weder besser noch heiliger wurde, sondern einfach zusammenbrach.

Schwester Patience, meine Vorgesetzte, wusste, dass ich labil war. Als sie erkrankte und ins Krankenhaus musste, übernahm ich zusätzlich zu meinen Aufgaben die ihren. Da ich häufig in der Stadt zu tun hatte und Schwester Patience die Kosten für eine Briefmarke nach Indien nicht auffallen würden, die ich pflichtschuldig ins Rechnungsbuch eintrug, bat ich diesmal nicht erst um Erlaubnis, Mutter schreiben zu dürfen, aus Furcht, man würde wieder Druck auf mich ausüben. Ich hatte schon zu oft nachgegeben.

Im November, kurz vor meinem neunundzwanzigsten Geburtstag, schrieb ich und bat, mich von meinen Gelübden zu entbinden. Die Gründe hätten eindeutiger nicht sein können. Ich verließ den Orden nicht wegen eines gelegentlichen persönlichen Zusammenpralls mit einer Vorgesetzten oder weil ich in Bourke unglücklich war, sondern wegen der restriktiven Strukturen und Verhaltensweisen innerhalb der Gemeinschaft. Meinem Gefühl nach verfehlte der Orden seine *Raison d'être,* Mitgefühl zu zeigen, und zwar sowohl für die eigenen Mitglieder wie auch für die Armen. Man hatte mich gelehrt, dass ein leidendes menschliches Wesen heilig war, die Verkörperung Christi selbst. Nichtsdestotrotz wurde von mir erwartet, das Flehen eines Mannes, dessen Freund inmitten von Methanolflaschen tot am Boden lag, zu ignorieren, sterbende Kinder wegzuschicken, einen Mann links liegen zu lassen, der an Ruhr erkrankt auf der Straße im Sterben lag, mich zu verschließen und zu gehorchen, egal was man mir befahl oder wie dumm der Befehl auch war. Der Orden verlangte von mir, auf selbstständiges Denken zu verzichten, zensierte alles, was ich las, betrieb eine Art von Gehirnwäsche, die mich fast schon in einen Automaten verwandelt hatte. Er verlangte von mir, auf mein Urteil und meine Unterscheidungsfähigkeit zu verzichten. Und er lehrte mich, die anderen nicht zu beurteilen und nicht aufzubegehren oder einzuschreiten, wenn etwas Grausames oder Ungerechtes geschah. Das verlangte er alles im Namen Gottes, der auch die Fäden hinter den Kulissen ziehen sollte, damit alles gut wurde.

Ich schickte den Brief an Mutter und hatte ziemliche Angst, dass mich Panik erfassen könnte, sobald ich ihn eingesteckt hatte, aber dazu kam es nicht.

Als Schwester Patience aus dem Krankenhaus entlassen wurde, ging ich zu ihr und sagte ihr: »Schwester, ich habe Mutter geschrieben und sie um einen Dispens gebeten. Ich kann so nicht weiterleben.«

Meine Vorgesetzte war tief erschüttert. »Ich habe mich so gefreut, als ich hörte, dass du kommst«, sagte sie. »Alle sagten, du seiest eine gute Schwester für hier und würdest uns helfen, aber jetzt bin ich sehr enttäuscht. Ich werde es den anderen Schwestern mitteilen müssen.« Ich hatte in der

Gemeinschaft von Bourke keine Probleme gehabt, und als mir klar wurde, dass die Schwestern in Kalkutta womöglich Schwester Patience für meine Entscheidung verantwortlich machten, stimmte mich das traurig. Zum damaligen Zeitpunkt wusste ich noch nicht, dass ich nach Bourke geschickt worden war, um eine andere Schwester zu ersetzen, die den Orden verlassen hatte, und auch nicht, dass bereits an die fünf oder sechs Schwestern davor die Gemeinschaft von Bourke verlassen hatten.

Ich schrieb Mama, dass ich den Orden verlassen wollte, und sie rief mich an, gleich, nachdem sie meinen Brief bekommen hatte, und unterstützte mich. Sie würde herkommen und mich abholen, sobald Mutter meiner Kündigung zustimmte. Auch mein Bruder Rod rief mich an und bot mir ein Zimmer in seinem Haus in Newtown an, falls ich nach meinem Weggang in Sydney bleiben wollte. Ich schrieb Mama: »Ich weiß wirklich nicht, was aus mir werden soll und wie meine Zukunft aussehen wird oder wo ich etwas falsch gemacht habe. Schwester Regina schrieb an Schwester Patience, ich würde alles negativ sehen, weil ich so sehr verletzt worden bin. Sie scheinen einfach nicht zu begreifen, was ich sagen möchte. Ich hoffe, dass es dem Willen Gottes entspricht, was ich tue – in diesem Fall wird er mich segnen und dennoch bei mir sein.«

Ich versuchte ganz normal weiterzuarbeiten, während ich auf Mutters Antwort wartete, aber es war schwer. Schwester Patience aß zwei Tage lang nichts und erschien auch nicht zum Gebet. Die Ironie wollte es, dass ich in ihrer Abwesenheit die Gemeinschaft führen musste. Ich dachte daran, einfach davonzulaufen. Schwester Rachael, eine der

Schwestern aus Ranchi in Indien, weinte die ganze Zeit, weil sie bei mir in Manila Novizin gewesen war und nun das Gefühl hatte, von mir fallengelassen zu werden. Noch während ich in Bourke war, schrieb sie mir eine Notiz mit den Worten, mein Plan verletze sie tief. Ich wünschte, es wäre vorbei.

An Neujahr 1984 war ich zum ersten Mal, seit ich der Gesellschaft beigetreten war, für ein paar Tage allein im Haus. Ich kümmerte mich um die alten Männer, während Schwester Patience mit den drei anderen Schwestern wegen zahnärztlicher und anderer Termine nach Dubbo fuhr. Als ich die Post abholte, lag darin ein an mich adressierter Brief von Mutter. Ich war davon ausgegangen, bis Ende Januar auf eine Antwort warten zu müssen, weil Schwester Margaret dann erst wieder in Indien zurückerwartet wurde, aber Mutter hatte mir bereits am 14. Dezember 1983 geschrieben, und ich bekam ihren Brief am 6. Januar 1984. Es waren genau elf Jahre seit meinem Eintritt in die Gemeinschaft.

Ich stand allein draußen, als ich den Brief las, der mir die Freiheit wiedergab. Ich las ihn schnell und geriet in Hochstimmung. Ich durfte gehen. Ich war so erleichtert, dass Mutter mich nicht aufforderte, noch zu warten, zu beten, Buße zu tun oder anderweitig das Unvermeidliche hinauszuzögern. Wäre dies der Fall gewesen, war ich entschlossen wegzulaufen. Ich hatte Mutter in meinem Brief daran erinnert, dass ich vor meinen letzten Gelübden in Kalkutta mit ihr gesprochen und so um eine Entlassung gebeten hatte, aber in ihrem Brief schien sie dies übersehen zu haben und fragte mich, warum ich über diese Angelegenheit nicht vor meiner endgültigen Profess mit ihr gesprochen hatte. Ihrer Meinung nach wollte der Teufel mich täuschen, indem er als ein »Engel des Lichts« zu mir kam, und sie schlug mir Gebete und Buße als Weg vor, seine »Tricks« zu durchschauen. Aber dennoch räumte sie widerwillig ein, dass das kanonische Recht mir eine einjährige Abwesenheit von der Gemeinschaft erlaubte, während der, wie sie schrieb, ich zu meiner eigenen Mutter zurückkehren könne. Obwohl ich fast dreißig war, schien sie glauben, ich bedürfte jemandes Fürsorge.

Als die Schwestern wieder zurückkamen, teilte ich ihnen mit, dass ich in wenigen Tagen weggehen würde, rief Mama an, die dann nach Dubbo kam, um mich abzuholen. Der Gemeindepriester, Vater Ebert, sorgte dafür, dass ich mir in einem Laden ein paar Kleider kaufen konnte, und gab mir fünfhundert Dollar mit der Bitte, sie ihm später zurückzuzahlen. Als er mir riet, gleich nach meinem Weggang einen Antrag auf Arbeitslosenunterstützung zu stellen, war ich enttäuscht, dass er zu glauben schien, ich würde mangels Fähigkeiten oder Qualifikation keine Arbeit finden.

Der Tag meiner Abreise kam. Die Schwestern hatten darum gebeten, dass Mama mich nicht in Bourke abholte und mich auch keiner hier in Zivilkleidung zu sehen bekam. Die Gemeinschaft war in Tränen aufgelöst, als ich mit Schwester Patience nach Dubbo aufbrach. Alle waren der Meinung, dass ich meine Gelübde verriet. Mama wartete in Onkel Johns Haus auf mich, der von Nowra hierhergezogen war, und nachdem ich dort ankam, zog ich Habit und Sari, die ich elf Jahre lang getragen hatte, aus und gab sie meiner Vorgesetzten zurück, um einen Rock und eine Bluse anzuziehen. Mein Haar war sehr kurz, und es war ein komisches Gefühl ohne den Sari. Schwester Patience war sehr durcheinander, und ich machte mir Sorgen, weil sie nun allein nach Bourke zurückfahren musste. Für mich war es ein traumatischer Tag gewesen. Johns Vorschlag an uns alle war, auszugehen und was zu trinken und zu essen. Ich hatte noch nie Alkohol getrunken und konnte die vergangenen elf Jahre nicht einfach abschütteln wie einen schlimmen Traum. Ich wäre lieber im Haus geblieben, aber wir gingen auswärts essen, und es war seltsam, und ich fühlte mich unsicher. Am nächsten Tag fuhren Mama und ich nach Sydney, wo Rodney mich in seinem Haus in Newtown willkommen hieß, einem ziemlich avantgardistischen Stadtviertel in der Nähe der Universität. Nach Moss Vale, meinem Zuhause, wollte ich nicht, denn dort hatte man mich erst kürzlich noch im Habit als Mitglied des Ordens einer »lebenden Heiligen« gesehen.

Die meisten Leute hatten ihre Zweifel, was meine Aussichten auf ein Medizinstudium betraf, und für 1984 war die Aufnahme ohnehin schon gelaufen. Noch immer entschlossen, es zu versuchen, schrieb ich mich für einen Fernkurs in Chemie und Physik auf Hochschulniveau ein und hoffte damit, meine Chancen zu verbessern, 1985 zum Medizinstudium zugelassen zu werden.

Rod führte mich durch das kosmopolitische Newtown, wo die Menschen sich exzentrisch kleideten und ihre Haare zu verrückten Frisuren stylten. In dieser flippigen Umgebung fielen meine sehr kurzen Haare gar nicht auf. Ich suchte verschiedene Läden auf, wo billige Secondhandkleidung verkauft wurde, um mir eine Garderobe zusammenzustellen, und hatte binnen einer Woche eine Arbeit als Hilfskraft in einem Pflegeheim für die Nachtschicht. Ich hatte der Oberschwester reinen Wein darüber eingeschenkt, woher ich kam, und da ich keine Qualifikationen und Referenzen vorzuweisen hatte, bewarb ich mich mit einem Brief des Gemeindepriesters von Bourke, der meine Geschichte bestätigte und sich für meinen Charakter verbürgte. Ähnlich der Arbeit, die ich im Tahanan geleistet hatte, half ich der examinierten Krankenschwester dabei, die Bewohner zu duschen, anzuziehen und sauber zu machen, bezog die Betten und servierte das Frühstück. Wahrscheinlich war es zu früh, um mit einer Arbeit anzufangen, aber ich wollte keine Stütze in Anspruch nehmen und verwendete Vater Eberts Geld dazu, mir Uniformen und ein Fahrrad zu kaufen, um von Newtown nach Redfern zu kommen, wo sich das Heim befand.

Unglücklicherweise fiel der Beginn meiner Nachtschicht mit der Sperrstunde der umliegenden Bars zusammen, und ich musste häufig betrunkenen Menschen aus dem Weg gehen, die mich auf dem Gehweg anpöbelten.

Schwester Patience war so freundlich gewesen, mir dreihundert Dollar zu geben, und sie schrieb mir, sie würden mich alle vermissen und das Haus sei so leer ohne mich. Eine andere Schwester schrieb: »Jetzt bin ich immer traurig. Etwas fehlt. Selbst das Gemüse und die Blumen im Garten fragen nach dir.« Sie bat mich, bald wieder zurückzukommen.

Ich wusste, dass ich nicht zurückkehren würde. Erleichtert, von der strengen Reglementierung und Kontrolle befreit zu sein, fühlte ich mich meistens euphorisch, wenn mich auch zu anderen Anlässen Leere und Einsamkeit überkamen. Es war, als wären die letzten elf Jahre meines Lebens einfach verschwunden. Ich stand wieder am Anfang. Es war nicht leicht, über das, was in den vergangenen elf Jahren passiert war, zu sprechen, denn es war eine so anders geartete Erfahrung. Nach den ersten paar Monaten jedoch ließ der Kontakt zum Orden nach, und obwohl ich meine Freundinnen in der Gemeinschaft, die Patienten und die anderen, mit denen ich zusammengearbeitet hatte, vermisste – weil sie mir einen Lebenssinn gegeben hatten –, dachte ich nie daran, zurückzukehren. In mir hob und senkte sich die Wutsäule wie der Grundwasserspiegel. Obwohl ich alles gegeben hatte, fühlte ich mich als Versagerin und machte mir Vorwürfe, charakterschwach zu sein und zu lange zu brauchen, um die eigene Stimme zu finden.

Aber ich hatte mich keiner verdächtigen Sekte, sondern einem katholischen Orden angeschlossen, gegründet von einer Nonne, die von der Kirche, die mich seit meiner Kindheit begleitete, als lebende Heilige eingestuft wurde. Sie war gesellschaftlich anerkannt und hatte 1979 den Friedensnobelpreis erhalten. Mutter war vertrauenswürdig, und ich war ihr auf die gleiche Weise gefolgt, wie ein Athlet die Befehle eines fordernden, aber talentierten Trainers befolgt, festen Glaubens, sie werde mich spirituell führen und mir dabei helfen, wenigstens einige Menschen aus der Sklaverei extremer Armut zu befreien. Doch ich verließ die Gemeinschaft desillusioniert und ohne Existenzgrundlage; dennoch war ich froh, nicht mehr der Anspannung, dem

Ärger und den Verletzungen ausgesetzt zu sein, die in einigen Häusern die Atmosphäre bestimmten, und fragte mich, wie ich das alles so lange hatte aushalten können. Von außen betrachtet, ergab es überhaupt keinen Sinn.

Meine Lehrerin der Tertianerzeit schrieb mir, dass die Tatsache, dass ich schon während dieser Zeit hatte aufhören wollen, aber dennoch blieb, ein Zeichen dafür sei, dass Jesus mich als Missionarin der Nächstenliebe haben wolle. Sie meinte, Gott könne seinen Willen umsetzen, indem er Pilatus, Herodes oder einen Pharisäer zu seinem Werkzeug machte, sofern ich nur mein Leben darbrachte, wie Jesus es getan hat. Sie sagte, Gott bitte mich, meine Pläne, Ärztin zu werden, aufzugeben, um eine einfache Helferin des Herrn zu sein. Sie bat mich darum zu sagen: »Ja, Herr.«

Doch sie argumentierten alle am Wesentlichen vorbei, ich verließ den Orden nicht, um Ärztin zu werden, aber wenn ich ihn verließ, dann musste ich etwas tun, und die Medizin hatte mich immer gereizt. Am 13. März 1984 schrieb ich an Mutter.

Meine liebste Mutter,

wie geht es dir? Wie du weißt, verließ ich mit deiner Erlaubnis Bourke am 9. Januar, und du gabst mir Zeit, bis zum April eine Entscheidung hinsichtlich meiner Gelübde zu treffen. Es steht bereits jetzt für mich fest, dass ich an meiner Bitte um einen Dispens festhalten werde, da es mir nicht möglich ist, mein Leben als MN fortzuführen. Ich habe viele Jahre lang gerungen und nur deshalb versucht, in diesem Leben durchzuhalten, weil ich glaubte, mich durch eine Abkehr von der Gemeinschaft vom Willen Gottes loszusagen. In meiner Arbeit und in meinem Studium habe ich jedoch neue Freude und Frieden gefunden. Sag mir bitte, Mutter, wie ich vorgehen muss, um den Dispens zu erhalten.«

Unsere Briefe kreuzten sich. Mutter schrieb mir, sie sei sich sicher, dass der Teufel, »der Vater der Lügen«, alles daransetze, um meine Berufung zunichtezumachen, und dass ich meine Entscheidung aus Stolz getroffen hätte. Sie fragte mich, was es mir bringe, alle möglichen Titel zu erringen, aber meine Berufung, »eine Braut des Gekreuzigten« zu sein, dabei zu verlieren. Sie bat mich, zurückzukommen, und versprach mir, mich in diesem Fall nach Afrika zu schicken, wo das Leid der Menschen mir helfen würde, wieder nach Hause zu kommen.

Zehntausende starben 1984 während der Hungersnot in Äthiopien. 1972 hatte die Hungersnot in Biafra meinen Beitritt ausgelöst. Im Fernsehen sah ich die Schwestern, die inmitten der Leidenden arbeiteten, und dachte mir, ich sollte bei ihnen sein, aber ich konnte nicht zurück und gab stattdessen den größten Teil meines Verdienstes an die Initiative »Freedom from Hunger«.

»Eine Braut des Gekreuzigten zu sein« war kein Leben mehr für mich. Ich wollte die Kluft zwischen Reich und Arm überwinden helfen und das Leid und die Not in der Welt lindern. Und ich stellte mich dabei glücklich den unvermeidbaren Schwierigkeiten, nicht aber künstlichem und unnötigem Durcheinander. Die rigide Struktur des Ordenslebens, nach der wir lebten, war unvereinbar mit dem gesunden Menschenverstand und prallte häufig mit den

Idealen von der Liebe und dem Dienst zusammen, zu denen wir uns bekannten. Jede Schwester hatte fraglos wie ein Soldat zu gehorchen. Einige der nach diesem System ausgebildeten Frauen waren wie emotionale Zeitbomben, randvoll mit unterdrücktem Ärger, verbittert und körperlich nicht auf dem Posten. Mir schien es eine Vergeudung des so bereitwillig hingegebenen Lebens zu sein, wenn der Mensch, der diesen Lebensweg gewählt hatte, nicht glücklicher und besser wurde.

Am 23. März 1984 schrieb ich Mutter noch einmal und bestätigte meine Entscheidung, den Orden zu verlassen. Ich machte deutlich, dass ich nicht um Dispens bat, weil ich einen bestimmten Beruf ergreifen wollte, sondern um ein Leben ohne Spannungen und den inneren Konflikt zu führen, dessen Ursache die Art und Weise der bei den Missionarinnen der Nächstenliebe ausgeübten Autorität war.

Drei Mal schickte Mutter die gleiche Karte mit dem Bild von Christus in seinem Leid, verstümmelt und mit Dornenkrone, darunter ihre handschriftliche Botschaft: »Sei die Eine.«

Mutter bat mich, das Leid in der Nachfolge Christi zu akzeptieren: »Als er gemartert ward, litt er doch willig und tat seinen Mund nicht auf wie ein Lamm, das zur Schlachtbank geführt wird; und wie ein Schaf, das verstummt vor seinem Scherer, tat er seinen Mund nicht auf.« (Jesaja 53,7) Ironischerweise waren die Bedingungen, unter denen die MNs litten, hausgemacht und setzten sich immer wieder von Neuem fort. Im Umgang mit ihrer Gemeinschaft kopierten junge Vorgesetzte ihre alten Vorgesetzten.

Ich verstehe nicht, warum Mutter nicht auf höflichen

Umgang miteinander achtete. Es sollte jedem Menschen möglich sein, seine Wahrheit aussprechen zu können. Opfer zu sein, ist kein würdiges menschliches Ideal. Demut ist nichts weiter als höflicher Umgang miteinander und Achtung des anderen.

Ich schrieb an den Papst in der mir von Schwester Frederick genannten Form, damals die Zweite in der Hierarchie des Ordens, und erhielt noch in diesem Jahr meinen Dispens.

11

Heraus aus Mutter Teresas Schatten

»Wer seine Hand an den Pflug legt und sieht zurück,
der ist nicht geschickt für das Reich Gottes.«
(Lukas 9,62)

Als ich die Gemeinschaft verließ, waren meine Träume und Ideale zwar erschüttert, aber noch intakt. Meinen neuen Bekannten erzählte ich nichts davon, dass ich eine Schwester von Mutter Teresa gewesen war, obwohl elf Jahre eine lange Zeit waren. Meinen Ausstieg in kurzen Worten zu erklären, war schwierig, und wenn die Leute erst einmal wussten, dass ich Nonne gewesen war, behandelten sie mich anders.

Manchmal schrieben mir meine Freundinnen aus der Gemeinschaft. Von Schwester Ling in Hongkong bekam ich einen rührenden Brief, sie schrieb, sie verstehe den Kampf und das Unverständnis, dem ich ausgesetzt war; sie bedankte sich bei mir und wünschte mir alles Gute. Eine andere Schwester, eine Australierin, erinnerte mich daran, dass ich ihr während ihrer ersten Tage im Tahanan geholfen hatte. Scherzend erzählte sie, dass ich ihr beigebracht hatte, ihren Sari anzuziehen, was sie aber dann noch einmal richtig lernen musste. Als sie krank war und nichts essen konnte, hatte ich ihr Vegemite – australischen Brotaufstrich – auf Toast gebracht, und sie sagte, das habe ihre Lebensgeister wieder geweckt. Wir ehemaligen Schwestern schienen alle ähnliche Erfahrungen gesammelt und gleichermaßen Angst, Verärgerung und Verwirrung erlebt zu haben.

Nach ein paar Monaten zog ich aus dem Haus meines Bruders aus und bezog ein Zimmer im Pflegeheim. Ich bewarb mich an sämtlichen Universitäten von Australien für ein Medizinstudium und außerdem in Sydney für ein Krankenpflegestudium. Ich brachte den auf zwei Jahre angelegten Fernkurs in Hochschulphysik und Chemie in einem Jahr zum Abschluss und dachte, dies würde mir den Einstieg ins Universitätsstudium erleichtern. Im Oktober kehrte ich nach Hause zurück, um bei meiner Mutter zu wohnen, und schrieb mich für die Examina an der Moss-Vale-Highschool ein, die im November stattfanden.

Wieder in meiner Heimatstadt, fühlte ich mich unwohl, denn immer wieder merkte ich, dass die Leute mich schief ansahen und dann in kleinen Grüppchen über mich redeten. In meiner Gemeindekirche bekam ich eine Panikattacke und musste die Messe verlassen, weil ich glaubte, die Wände würden mich erdrücken.

Nach meinen Prüfungen arbeitete ich als Hilfsschwester in einem Pflegeheim in Bowral in der Nähe von Moss Vale und wartete, bis in den Zeitungen die Aufnahmen in die Universitäten veröffentlicht wurden.

Kurz vor Weihnachten 1985 erhielt ich ein Anmeldeformular von der Studentenvereinigung der University of Queensland, ehe ich offiziell die Bewilligung eines Studienplatzes erhalten hatte. Da Medizin das einzige Studium war, für das ich mich im ganzen Land beworben hatte, konnte dies nur eins bedeuten – dass die Queensland University mir die Chance gab, Medizin zu studieren. Ich erhielt auch noch das Angebot für ein wissenschaftliches Krankenpflegestudium in New South Wales, aber mein Herz schlug für die Medizin. Nach Weihnachten traf das offizielle Angebot ein. Ich war sehr aufgeregt und fuhr zwei Wochen vor Semesterbeginn mit dem Zug nach Brisbane. Toby brachte mich vorübergehend in einem Apartment auf dem Gelände seines Mönchsklosters unter und half mir bei der Suche nach einer billigen Unterkunft – einem Zimmer in einer Pension.

Da ich bei Beginn meines Studiums dreizehn Jahre älter war als die meisten, wurde ich gefragt, ob ich in der Subquota sei, einem Einsteigerprogramm für reifere Studenten.

Unter den zweihundertzwanzig Studenten befanden sich etwa fünfzehn ältere, die aber alle schon einen Abschluss in Biochemie, Pharmazie, Mikrobiologie, Krankenpflege oder verwandten Bereichen hatten. Ich wusste nichts von der Subquota und hatte mich auch nicht als Studentin reiferen Alters, sondern als normale Studienanfängerin beworben. Der Computer hatte offenbar kein Programm, das mich ausgesondert hätte, und dieser Irrtum verschaffte mir den Einstieg in die Medizin auf der Grundlage meiner dreizehn Jahre alten Hochschulprüfungen, bei denen ich überdurchschnittlich gut abgeschnitten hatte. Erst in meinem zweiten Jahr fiel dem Dekan auf, dass er eine dreißigjährige Studienanfängerin im Kurs hatte.

In meiner Medizinausbildung musste ich wieder lernen zu denken, zu zweifeln und die Beweise zu analysieren, anstatt ungefragt hinzunehmen, was man mir sagte. Während meines ersten Jahrs war ich in der Gruppe der viel Jüngeren eine Außenseiterin. Doch langsam schloss ich Freundschaften mit einigen meiner Studienkollegen, und wir belegten gemeinsam Tutorien und Wahlpflichtfächer, machten zusammen Urlaub und halfen einander bei den Prüfungen. Zu meiner Gruppe gehörten die Kettenraucherin Kathy, ein kluger Kopf mit einem naturwissenschaftlichen Abschluss, Andrew *longus,* wie wir ihn nannten, ein großer Biochemiker, Andrew *brevis,* ebenfalls ein Naturwissenschaftler, Robyn, ein Mikrobiologe, Jean, Tuntuni und George, alles Studienanfänger. In den Ferien fuhren wir nach Stradbroke Island, Fraser Island und O'Reillys, ins Hinterland Gold Coast. Ich liebe den Busch und habe ihn während meiner Zeit bei der Gemeinschaft fürchterlich vermisst.

Im ersten Jahr kam ich in anorganischer Chemie ziemlich ins Schwimmen, weil ich lang vergessene Integralrechnungen benötigte, um Berechnungen anzustellen. Mit Müh und Not schaffte ich aber dennoch die Prüfung, weil ich die anderen Berechnungen ganz gut hinbekommen hatte. Während eines Spektometrie-Experiments vertraute ich einem achtzehnjährigen Mitstudenten an, dass ich während meiner Schulzeit Logarithmentafeln verwendet hatte und seine Hilfe benötigte, um die Funktionen auf dem wissenschaftlichen Taschenrechner nutzen zu können. Er war völlig perplex: »Wie kannst du so alt sein, dass du zur Schule gingst, als man noch keine Taschenrechner benutzt hat, und bist dennoch zum Medizinstudium zugelassen worden?« Als wir dann zu den klinischen Bereichen wie Anatomie, Physiologie und Psychologie kamen, hatte ich keine Probleme mehr.

Mit menschlichen Knochen, die aus meinem Rucksack herausragten, radelte ich täglich auf dem Fahrradweg, der sich längs des Brisbane River schlängelte, zu den Anatomiekursen. Die Geschichte des an Tuberkulose erkrankten Rikschaführers von Kalkutta aus Lapierres *Stadt der Freude,* der sein Skelett an einen Sanitätshändler verkaufte, um die Mitgift seiner Tochter bezahlen und das Hochzeitsfest ausrichten zu können, ließ mich nicht los. Der Mann starb kurz nach der Feier, und seine Leiche wurde abgeholt, damit Medizinstudenten wie ich Anatomie lernen konnten.

Als es um Parasitologie ging, erkundigte ich mich bei dem Vortragenden wegen einer »Freundin«, die sich in der Golfprovinz von Papua-Neuguinea mit zerebraler Malaria angesteckt hatte: »Sie streckte unwillentlich ihre Zunge heraus, und ihr Rücken bog sich durch, obwohl sie bei Bewusstsein war. Was geschah mit ihr? Ich habe darüber nichts in den Lehrbüchern gefunden.«

»Die Parasiten haben ihren Hirnstamm angegriffen«, erwiderte er. »Sie finden das im *Complete Oxford Text Book of Medicine.* Wie geht es Ihrer Freundin jetzt? Ein wenig abgeschlagen?« Spätere computergestützte Tests sollten zeigen, dass die weiße Materie meines Gehirns beschädigt war, obwohl ich keine dauerhaften körperlichen oder seelischen Einschränkungen spürte. Parasitologie war das erste Fach, in dem ich gut abschnitt. Ich war persönlich vertraut mit vielen dieser Krankheiten, und es interessierte mich. Die Auszeichnung, die ich dafür bekam, stärkte mein Vertrauen und sorgte in der Klasse für einen gewissen Status und Akzeptanz. Danach stellte ich meine Berufswahl nicht mehr infrage.

Trotz meiner Freude am Medizinstudium fehlte mir doch der jugendliche Schwung. In der Schule war ich voller Zuversicht gewesen, aber die Ordensgemeinschaft hatte mich gelehrt, an mir selbst zu zweifeln. Ich träumte davon, eine kompetente Landärztin zu werden, die operieren, anästhesieren, entbinden und mit jedem Notfall fertig werden konnte, aber ich war nicht in der Lage, diese Person zu werden. Ich war ängstlich, hielt mich in Kolloquien im Hintergrund und hoffte, der Tutor würde mich nicht auswählen, um etwas vorzuführen. Ich hatte Zweifel an meinem Können. Weil ich Angst hatte, dem Patienten durch meine Inkompetenz Schaden zuzufügen, kämpfte ich gegen meine religiöse Ausbildung und meine erlernte Hilflosigkeit an, aber die Selbstzweifel waren zäh. Ich hatte Schuldgefühle, wenn ich mit Freunden zum Essen ausging, und dachte dabei nur an die Geldverschwendung. Ich fand mich damit ab, Dinge, die ich brauchte, nicht zu besitzen. Als ich einmal einen Aufsatz zusammenzuheften versuchte, sagte ich mir: *Jetzt geh doch um Himmels willen und kauf dir ein Heftgerät!*

Am Ende meines ersten Jahres erhielt ich einen Brief von Mutter Teresa, in dem sie mir alles Gute wünschte und ihre Hoffnung ausdrückte, ich möge die vollen sechs Jahre bis zu meinem Medizinexamen durchhalten. Sie schrieb auch, es täte ihr leid, mich verletzt zu haben, indem sie meine Entscheidung, die Gemeinschaft zu verlassen, meinem Stolz zuschrieb. Sie habe damals das Gefühl gehabt, ich sei zur MN berufen und würde dies wegwerfen, nur um meinen eigenen Willen durchzusetzen. Dieser Brief tat mir gut, denn er zeigte mir, dass Mutter von ihrer früheren Haltung abrückte. Aber dennoch verwirrte es mich, wieso die Situation hatte so schiefgehen können. Mutter war eine gute Frau. Sie versuchte gemäß ihrem Glauben das Beste, und ich hatte auch mein Bestes getan. Bei so viel gutem Willen hätte ich erwartet, dass mein Versuch, mit ihr ein Leben im Dienste der Armen zu führen, sich gut entwickeln würde, aber die überkommenen Strukturen einer älteren Form katholischen Ordenslebens und unsere unterschiedlichen Weltsichten hatten das Versagen zwangsweise herbeigeführt.

In meinem zweiten Jahr an der Uni wurde mir ein kleines Apartment im Rückgebäude eines Hauses in Milton angeboten. Die Besitzer waren sehr nett, und wir wurden gute Freunde. In ihrem Garten gab es viele Vögel und Opossums.

Meine Schwester Judy hatte das ganze Jahr über gespart und gab mir Weihnachten Geld, damit ich mir medizinische Lehrbücher kaufen konnte. Ich arbeitete als Putzfrau, als Hilfspflegerin und Spülkraft in Pflegeheimen, um meine staatliche Ausbildungsförderung aufzubessern, da meine Bücher teuer waren. Damals unterstützte die Regierung Menschen mit niedrigem Einkommen, damit sie studieren konnten. Während der letzten beiden Jahre meines Studiums wurde daraus ein Darlehen, das ich nach meinem Abschluss zurückzuzahlen hatte. Ich konnte mir ein Auto leisten, einen alten Galant für etwa tausend Dollar, den meine

Freunde das Sumpfmobil nannten, weil ich die rostigen Stellen mit Spachtelmasse zugekleistert hatte.

Für zwei meiner Pflichtwahlfächer im Ausland bekam ich Stipendien, um nach Samoa und in die West-Sepik-Provinz von Papua-Neuguinea zu gehen, wo die Medizin auf einem sehr viel einfacheren Niveau unterrichtet wurde.

1988 kam Bruder Andrew nach Brisbane, um auf einer der katholischen Schulen einen Vortrag zu halten. Damals gehörte er schon nicht mehr zu den Missionaren der Nächstenliebe. Nachdem er einundzwanzig Jahre lang der Dienende Leiter des Ordens gewesen war, trat er 1987 zurück, um anderen Brüdern Gelegenheit zu geben, eine Führungsposition einzunehmen. Kurz nach seinem Rücktritt als Leiter des Ordens war er zu einer Zusammenkunft nach Amerika gerufen worden. In einem Brief an die katholische Zeitschrift *The Messenger* berichtete er, dass man ihn auf diesem Treffen mit einer Liste konfrontiert habe, auf der die Zeiten festgehalten waren, in denen er im Lauf von zwölf Jahren zu viel Alkohol getrunken hatte. Sein Problem schien nach dem Fall von Saigon seinen Anfang genommen zu haben, als seine Leute auf die Straße gesetzt worden waren und ein junger Auszubildender, der in seiner Obhut stand, erschossen wurde. Die meisten der Vorfälle, deren er beschuldigt wurde, lagen Jahre zurück. Er war nicht mehr Leiter der Missionare der Nächstenliebe, und seine neuen Vorgesetzten hatten Vorkehrungen getroffen, dass er nach dem Treffen direkt in ein Rehabilitationszentrum kam. Obwohl er zugab, bei einigen Anlässen zu viel getrunken und sich töricht benommen zu haben und somit ein schlechtes Beispiel gewesen zu sein, hielt er sich nicht für einen Alkoholiker, den man ohne jede Diskussion einfach in ein Rehabilitationszentrum stecken konnte. Zweifellos fühlte er sich überrumpelt. Er weigerte sich hinzugehen und verließ den Orden, den er über zwanzig Jahre lang geführt und dazu beigetragen hatte, dass er auf über fünfhundert Männer angewachsen war, die in dreißig Ländern arbeiteten. Seitdem sei er, wie er sagte, in einem sehr kleinen Boot unterwegs.

Während er zu den Menschen sprach, die sich in der Kapelle versammelt hatten, sah er müde und ausgezehrt aus, mit seinem grauen Bart und dem sich lichtenden Haar. Im Stil der Missionare der Nächstenliebe trug er noch immer ein Poloshirt mit einem links angebrachten Kruzifix. Ich hörte mir seinen Vortrag an und wartete gespannt auf irgendwelche Andeutungen, die seine eigene Desillusionierung und seinen Kampf betrafen. Es kamen keine – nur der Aufruf zur Schlichtheit, dass man sich nicht vom Materialismus und der Modernität beherrschen lassen sollte, um sich noch einen Blick für die Leidenden in unserer Mitte zu bewahren. Als durch und durch demütiger Mensch war er sich seiner eigenen Schwäche bewusst, aber auch der Tatsache, dass Labilität zum Menschsein dazugehörte. Von Mutter und der Hingabe seiner Brüder und Schwestern sprach er voller Bewunderung.

Ich war jedoch nicht bereit, Andrew zuzuhören, ohne die Fassade der Gemeinschaft infrage zu stellen, und sagte anschließend zu ihm: »Sie wissen, dass es nicht so ist, Andrew. Es ist ein Ideal, über das Sie reden, nicht die Realität.« Ich war noch immer wütend.

»Ich weiß, was Sie meinen. Menschliche Schwächen gibt

es überall, aber wir brauchen Ideale, die uns fordern und nach vorn bringen. Ohne die Inspiration der Heiligen unter uns könnten wir auch sicher und bequem hinter unseren Mauern und Toren bleiben. Wir sind aufgerufen, Christus ohne irgendetwas zu folgen.« In seinen Worten schwang Resignation mit, aber kein Zorn, und er war auch in keiner Weise defensiv.

Langsam integrierte ich mich wieder in das Leben in Australien. Meine Familie hatte mich zwar mit offenen Armen willkommen geheißen, aber einige unserer Verbindungen waren nach meiner zwölfjährigen Abwesenheit bröckelig geworden. Die Hochzeit meines Bruders Tony 1983 hatte ich verpasst, konnte aber mit Judy und Rodney deren Hochzeiten 1987 und 1989 feiern. Unser Onkel Toby war in allen drei Fällen der Pfarrer. Nachdem ich wieder Teil der Familie war, konnte ich die Geburten aller meiner acht Nichten und Neffen beglückwünschen. 1988 wurde Mama sechzig und feierte mit mir in Brisbane.

Meinen Teilzeit-Putzjob in einer Bibliothek der Universität musste ich im fünften Jahr meiner Ausbildung aufgeben, weil meine Kurse in Chirurgie, Geburtshilfe und innerer Medizin außerhalb der Stadt stattfanden. Um mich finanziell über Wasser zu halten, verpflichtete ich mich zu einem Praktikum auf dem Land.

Im Dezember 1990 hatte ich endlich alle Prüfungen abgelegt und machte meinen Abschluss in Medizin an der University of Queensland. Mama, Judy und Matthew – mein kleiner Neffe – kamen zur Feier. Beim Abschluss-Dinner genossen wir alle einen wunderbaren Abend.

Anfang des darauffolgenden Monats begann mein Praktikum als Ärztin am Toowoomba General Hospital. Während einer meiner ersten Nächte wurde ich in die Entbindungsstation gerufen, um ein Kind wiederzubeleben, das wie tot aussah, aber ich hatte Glück. Ich hatte auch Dienst, als die Opfer eines schweren Verkehrsunfalls eingeliefert wurden. Ein Mann war an einem Samstagnachmittag unterwegs gewesen, um den Freund seines Sohnes nach Hause zu bringen, als ein Sattelschlepper gegen seinen Wagen prallte. Beide Jungen waren etwa acht Jahre alt. Einer der beiden konnte nicht wiederbelebt werden; der andere hatte schwere Kopfverletzungen. Während sich ein erfahrener Arzt um den verletzten Jungen kümmerte, sah ich nach dem Vater.

»Mein Sohn?«, flehte er mich verzweifelt an.

Ich senkte meinen Blick. Der Mann verstand und fing an zu schluchzen. Der Tod hatte sein Leben erschüttert.

»Es ist doch nur ein verdammter Samstagnachmittag. Nur ein verdammter Samstagnachmittag«, wiederholte er. Er hatte den Rasen gemäht, war dann ins Auto gesprungen, und jetzt war sein Junge tot. Er konnte nicht glauben, dass die Welt sich an einem »verdammten Samstagnachmittag« so rapide verändert hatte.

Nachdem ich ihn untersucht hatte, ging ich zu der Kabine, in welcher der Fahrer des Sattelschleppers saß. Auch er war ein ganz gewöhnlicher Mann, der einer gewöhnlichen Arbeit nachging. Er war körperlich unverletzt, aber eine Unachtsamkeit für den Bruchteil einer Sekunde hatte viele Leben zerstört.

Als ich eines Tages auf der Chirurgiestation Visite machte, rief ein älterer Mann immer wieder: »Heilige Mutter Maria!«

Der Krankenhausarzt dachte, der Mann habe Wahnvorstellungen, aber ich erkannte ihn als einen der Männer, um die ich mich acht Jahre zuvor in Bourke gekümmert hatte.

1992, sieben Jahre nachdem ich den Orden verlassen hatte, besuchte ich erneut die Philippinen, um Schwester Regina wiederzusehen, zu der ich Kontakt gehalten hatte. Die meiste Zeit verbrachten wir gemeinsam. Ich half ein paar Tage im Kinderheim, und wir machten einen Ausflug zum prächtigen Vulkan Mayon, der im neunzehnten Jahrhundert ausgebrochen war und viele Menschen getötet hatte, und zu den Steinruinen an seinem Fuß. Leider hatte ich nur wenig Gelegenheit, mit Schwester Naomi zu sprechen, die in all den elf Jahren, die ich bei den MNs verbracht hatte, meine Freundin gewesen war.

Auf dem Heimweg nach Australien besuchte ich noch einmal Tondo und sah, dass die Tayuman Street noch chaotischer war als in meiner Erinnerung. Die Schwestern hatten expandiert und gegenüber der Kirche noch ein Haus dazubekommen. In einem kleinen Salon neben dem Tor hingen noch immer ein paar Fotos von mir an der Wand, die dazu dienen sollten, Berufungen zu ermutigen. Im Tahanan hießen die Mitarbeiterinnen mich willkommen und erinnerten sich noch der Kämpfe, die wir miteinander hatten, doch von meinen alten Patienten war keiner mehr da. Obwohl ich Tagalog nicht mehr flüssig sprechen konnte, verstand ich doch noch, was um mich herum geredet wurde. Als Schwester hatte ich mich in Manila zu Hause gefühlt, jetzt als Touristin kam ich mir vor wie eine verängstigte Ausländerin.

Nachdem ich meinen Dienst auf dem Land in Queensland absolviert hatte, zog ich hinunter an die Central Coast von New South Wales, wo meine Mutter und meine Schwester mit Familie lebten. Ich arbeitete für ein Diplom in Geburtshilfe am Gosford Hospital und begann dann meine Ausbildung als Allgemeinmedizinerin. Ich versuchte weiterhin, an das Evangelium zu glauben, das der Anker meines Lebens gewesen war, aber der Skandal wegen der weit verbreiteten Pädophilie innerhalb der Kirche verstörte mich so sehr, dass ich mich fragte, was unser Glaube und unsere Zeremonien wert waren, wenn sie zu Kindesmissbrauch führten.

Auch das Leid meiner Krebspatienten erschütterte meinen Glauben. Trotz der Fortschritte in der Medizin und der Palliativmedizin ließ sich das Leben für meine Patienten mit invasivem Krebs kaum erträglich gestalten. Ihre Nerven waren betroffen, anstelle ihrer Knochen hatten sie Tumoren, und ihre Organe versagten nach und nach ihren Dienst. Manchmal blieben als einzige Option die Verabreichung von Sedativa oder der Schmerz, und der Leidende konnte nur rufen: *»Eli, Eli, lama asabtani?«* … Das ist: »Mein Gott, mein Gott, warum hast du mich verlassen?« (Matthäus 27,46)

Selbst Jesus hatte Zweifel an Gottes Liebe zum Ausdruck gebracht, als er am Kreuz starb. In unserer Welt starben Kinder vor Hunger, und ihr Verscheiden blieb unbemerkt. Mich irritierten die Gebete der Gläubigen in der Kirche, und ich fragte mich, welchem Zweck sie dienten. Gott musste sicherlich nicht darum gebeten werden, das Leben eines Kindes zu retten oder es regnen zu lassen. Selbst Mutter Teresa wunderte sich über den Schmerz, den Menschen aushalten mussten. Während der Überschwemmungen in Andra Pradesh 1977, als Tausende zu Tode kamen und die Cholera ausbrach, sagte Mutter in etwa: »Gott versucht, uns etwas zu sagen, aber wir können nicht verstehen, was er sagt.«

Manchmal bekam ich kurze Nachrichten von Mutter, die mich nicht länger mit »mein Kind« ansprach, sondern mit »Tobit, Dr. Colette Livermore«.

Schwester Doreen, die 1976 mit Laras Gruppe ihre Profess abgelegt hatte, besuchte mich 1995 in Gosford, nachdem sie den Orden nach mehr als zwanzig Jahren verlassen hatte. Sie hatte sich zu einer sehr ängstlichen Person entwickelt, die kaum mehr etwas mit der jungen, begeisterungsfähigen Frau gemein hatte, an die ich mich erinnerte. Von der Gruppe der vier Australierinnen, die 1973 in den Orden eingetreten waren, war nur noch Anthea übrig.

Ich zahlte mein Haus in Gosford ab, hatte gute Freunde und war in der Nähe meiner Familie, aber irgendwie gehörte ich nicht hierhin. Ich war enttäuscht, niemanden gefunden zu haben, mit dem ich das Leben hätte teilen können. Weil ich mich nach meinen Erfahrungen in Bourke für die Gesundheit der Aborigines interessierte, las ich häufig Artikel, in denen es um die Probleme in den fernen Gemeinden ging; und weil ich wusste, dass es darauf keine raschen Antworten gab, beschloss ich, ins Northern Territory zu ziehen, wo ich eine Stelle im Katherine Hospital fand.

Ich fuhr die viertausend Kilometer von Gosford nach Katherine mit dem Auto. Die Sonnenblumenfelder der Darling Downs wichen dem trockenen Weideland um die

Minenstadt von Mount Isa. Es war Regenzeit, und ich hatte Glück, über die Brücke des Georgina River bei Camoweel zu kommen. Im Schritttempo fuhr ich die etwa zweihundert Meter des erst kürzlich eröffneten einspurigen Asphaltbands und dann über den Barkley Highway, der in den »Track« mündete, wie die Einheimischen den Stuart Highway nannten, der Adelaide und Darwin verbindet. Anschließend ging's etwa sechshundert Kilometer Richtung Katherine. Bald würde mein Leben als Ärztin im Outback beginnen.

12

Fliegende Ärztin

»Die Vergangenheit ist in uns
und nicht hinter uns. Nichts ist je vorbei.«
Tim Winton, *The Turning*

Das Territory ist ein weitläufiges, altes Gebiet ohne Besonderheiten, wo man für die Heucheleien und kosmetischen Verblendungen des Südens kaum Zeit hat. Das Leben hier verlief zum einen entspannter, war aber auch intensiver. Manchmal versammelte sich das Krankenhauspersonal auf einen abendlichen Drink auf dem Rasen unter dem aufmerksamen Blick der hier beheimateten Kragenechse und genoss die Kameradschaft der Menschen aus den unterschiedlichsten Ländern und Staaten. In der Katherine Gorge, wo der alte Fluss den zwischen Rot und Ocker changierenden Sandstein ausgehöhlt hat, bis nur noch Klippen an beiden Ufern übrig blieben, trieben Livingstonpalmen aus dem unwirtlichen Fels, und die Jawoyn-Aborigines nutzten die felsigen Überhänge als Kunstgalerien.

Ich fing im Krankenhaus als Stationsärztin an, wurde aber nach wenigen Monaten zum Air Medical Service versetzt, der das große Gebiet bis hinunter nach Eliot im Süden, nördlich bis zum Pine Creek und bis zu den Grenzen von Queensland und Western Australia versorgte. Unsere Arbeit war zweigeteilt: die Leitung der Kliniken für Allgemeinmedizin in fernen Gemeinden und einen telefonischen Notdienst mit Rettungsdienst für dieses Gebiet.

Wöchentlich oder vierzehntägig, je nachdem, wie gut wir besetzt waren, legte ich im Postflugzeug die fünfhundert Kilometer nach Kalkaringi-Daguragu zurück, um in der dortigen Aborigines-Siedlung drei Tage lang in einer Ambulanzklinik Dienst zu tun. Kezia, eine lebhafte Engländerin jamaikanischer Abstammung mit wilden Dreadlocks und einem breiten Lächeln, reiste mit mir, weil sie in Lajamanu arbeitete, etwa hundertfünfzig Kilometer weiter in südwestlicher Richtung.

In Kalkaringi hatte auch der Kampf der Aborigines für ihre Landrechte begonnen, als sie 1966 einfach von der berühmten Wave Hill Station, einer großen Viehzuchtfarm, weggelaufen sind. Die bisher mit Lebensmittelscheinen bezahlten Farmarbeiter forderten einen Lohn und die Rückgabe ihres angestammten Landes. 1973, in dem Jahr, als ich Mutter Teresas Orden beitrat, war Premierminister Gough Whitlam nach Daguragu gegangen und hatte in einer symbolischen Geste den roten Wüstensand aus seiner geballten Faust in die Hände von Vincent Lingari, dem Führer der Gurindji, rinnen lassen und auf diese Weise den Einheimischen einen Teil des Landes ihrer Vorfahren zurückgegeben.

»Hallo! Wen haben wir denn da?«, wollte Nora, die Klinikschwester, mit ihrer breiten schottischen Aussprache wissen, als sie mich aus dem Postflugzeug herauskommen sah. In den vielen Jahren, die sie auf der Wave Hill Station und in Kalkaringi Dienst tat, hatte sie viele Ärzte kommen und gehen sehen. Die Patienten warteten bereits vor der Klinik, als wir eintrafen: Diabetiker, dehydriert und unkontrolliert, hinkende Farmarbeiter, kranke Kinder, Frauen mit Wunden von Unfällen und häuslicher Gewalt. Entlassene Patienten und Mütter mit ihren Neugeborenen drängten in den Transporter der Klinik, der sie in die Stadt brachte. Nora wusste von jedem, wo er wohnte.

Anfangs verhielt mich ich etwas unbeholfen unter den Aborigines, musste erst eine weitere neue Kultur kennenlernen und mich dem Alltag dort anpassen. Die Menschen vermieden Blickkontakt, und ich lernte meinen Blick zu senken und zu sprechen, während ich wegsah. Manchmal hatte jemand den Namen *kulum,* der nicht ausgesprochen werden durfte, weil eine Person desselben Namens gestorben war. Diese Person musste dann eine Zeit lang mit einem anderen Namen angesprochen werden.

Am zweiten Tag meines Besuchs überquerte ich den Wattle Creek, um zu einer anderen Klinik in Daguragu zu gelangen. Ein Bulle und ein Esel warteten vor der Bäckerei neben der Klinik, um sich mit Brot oder Brötchen füttern zu lassen.

Die beiden Aboriginemitarbeiter des Krankenhauses, Double R – Robert Roy – und Helen, schafften magere Kinder und andere heran, von denen sie glaubten, dass sie untersucht werden sollten, und brachten sie im Fahrzeug zur Klinik. Das einfallsreiche und robuste Klinikpersonal im Outback vermag sehr gut mit Schlangen, Überschwemmungen, Autounfällen, Schlägereien und den meisten für diese Gegend typischen Katastrophen umzugehen. Gemeinsam führten wir regelmäßige Untersuchungen an den Kindern durch und notierten Größe, Gewicht, Hämoglobin- oder Blutwerte, ihre Blutdruckwerte und die Ergebnisse der Urintests. Wir überprüften ihre Ohren auf Perforationen, hörten ihre Herzgeräusche ab, untersuchten ihre Haut nach Wunden und übernahmen die Nachbehandlung, wenn sie zu einem Spezialisten mussten. Anhand einer Computerdatenbank ließ sich die Entwicklung der Kinder verfolgen. Benachteiligung und ein schlechter Gesundheitszustand unter den Aborigines Australiens sind ein sehr komplexes Problem. Doch das engagierte Outback-Personal mit seinen begrenzten Mitteln versuchte, dies zu ändern, auch wenn dies jahrelange Isolation und erschwerte Arbeitsbedingungen bedeutete.

Wenn ich meine Arbeit noch vor Sonnenuntergang beendet hatte, wanderte ich durch die Gemeinde, bewaffnet mit einem Stock und einem Stein, um mich vor den Hunden im Lager zu schützen, die immer auf der Suche nach einem leckeren Happen waren, und erklomm den nahe gelegenen Possum Hill, um zu verfolgen, wie die Sonne hinter dem Grasland mit seinem niedrigen Gebüsch, den kleinen Bäumen und den Schwärmen weißer Papageien unterging. Dabei hatte ich das Gefühl, hierherzugehören, vielleicht weil die Gegend den heißen, trockenen Ebenen rund um Leeton ähnelte. Vom Possum Hill konnte man kilometerweit sehen. Wegen der spektakulären Sonnenuntergänge grillten wir manchmal hier oben auf dem Kamm. Der Himmel war traumhaft schön – ein jettschwarzer Dom, geschmückt mit dem Diamantenschal der Milchstraße. Sternschnuppen trudelten vom Himmelszelt, und das Kreuz des Südens strahlte wie ein Schlapphut vom Nachthimmel.

Am Ende des dreitägigen Besuchs kehrten wir mit einem Charterflugzeug wieder nach Katherine zurück. Patienten, die keine dringende Einweisung benötigten, flogen mit uns, für gewöhnlich wieder von einem Sonnenuntergang begleitet, der einem die Sprache verschlug. Je nach Dienstplan hatte ich manchmal sofort Bereitschaft, wenn ich wieder in Katherine war, und dann ging mein Piepser, sobald unsere Maschine auf dem Rollfeld in Tindal zum Stehen kam.

Es gab viele Überführungen aus den unterschiedlichsten Ansiedlungen und Farmen: instabile Diabetiker, Kinder mit Lungenentzündung, Verletzungen nach Autounfällen und Krokodilangriffen, Farmarbeiter mit gebrochenen Beinen, Cowboys, die beim Rodeo verletzt wurden, und Frauen, die ein Kind bekamen.

Die andere Gemeinde, welche ich regelmäßig anflog, war Wulgar oder Beswick, eine kleine Ansiedlung von etwa vierhundert Menschen am Ufer des Waterhouse River, etwa hundert Kilometer südöstlich von Katherine. Hunderte Wildesel weideten entlang der Straße, und die Umgebung war wunderschön mit hufeisenförmigen Teichen oder Altwasserarmen, auf denen Wasserlilien schwammen. Ein großer See in der Nähe von Wulgar war von roten Sandsteinklippen umgeben, in die sich ein kleiner Wasserfall eingegraben hatte. Es war ein bevorzugtes Ausflugsziel für die Bewohner, um sich dort zu entspannen oder zu picknicken. Kleine Kinder fischten entlang der von Teebaumsträuchern gesäumten Ufer mit einer Schnur oder balancierten auf traditionelle Weise auf einem Bein mit einem Speer in der Hand, bereit, ihre Beute aufzuspießen.

In Wulgar waren hervorragende Künstler zu Hause. Männer fertigten Didgeridoos an, während ältere Frauen Kindern beibrachten, wie man *dilly bags* – kleine Beutel zum Aufbewahren von Lebensmitteln – oder Matten flocht. Dazu wurden erst die Fasern des Schraubenbaums entsprechend präpariert, dann setzte man sich zum Flechten unter einen Baum im Schulhof. Zum Färben wurden verschiedene Wurzeln und Knollen ausgekocht.

Wulgar war eine trockene Gegend, und ein fester Kern, der vorwiegend aus Männern bestand, wartete am Weiderost am Stadtrand auf die Bierdosen, die mit dem Taxi von Katherine kamen. Sie tranken stundenlang und schwankten dann in die Stadt, wo sie ausfallend und gewalttätig wurden. Viele Kinder hatten zu Hause Probleme und fehlten oft in der Schule. Bei meiner Schulreihenuntersuchung fiel mir auf, dass viele Kinder in der Mittel- und Oberstufe der Grundschule weder lesen noch schreiben konnten. Ältere Kinder hatten im Alter zwischen dreizehn und fünfzehn die Schule verlassen und waren immer noch Analphabeten, ohne Aussicht auf weitere Ausbildung. Da es keinen Schulbus gab, fiel es vielen Eltern in Wulgar schwer, ihre älteren Kinder zum Besuch der Highschool in Katherine zu bewegen.

Das Territory ist schön, aber voller Widersprüche. Rund um Katherine versammelten sich überall Gruppen in Parks oder auf den Mittelstreifen, um zu trinken. Gewalt, Autounfälle und versuchte Selbstmorde waren das Ergebnis von zu viel Grog, mit dem die Leute die Enttäuschungen betäubten. Es gab Vergewaltigungen, Notzucht an jungen Mädchen und einen Ausbruch von Bindehautentzündung, die, wie Tests bewiesen, von Gonorrhö stammte.

Ich kam in jede Gemeinde in der Umgebung von Katherine und bekam die Streitigkeiten mit, die in der Nachbarschaft ausgetragen wurden. Ich fragte mich: *Gibt es eine Möglichkeit, das Blatt für die nächste Generation zu wenden?* Die Australier entlang der südlichen Küstengegenden wissen wenig über die Kämpfe, die im fernen Australien ausgetragen werden, wo der Konflikt zwischen zwei Kulturen noch immer zu den Alltagserfahrungen gehört, und haben auch kein Verständnis dafür. Erst im vergangenen Jahrhundert verloren die Aborigines einen Großteil ihrer Population durch Krankheit, aber auch weil man ihnen ihr Land und ihre Nahrungsquellen wegnahm. Noch in den Dreißigerjahren wurden sie hingemetzelt – es war die Generation ihrer Eltern und Großeltern.

Die Mehrheit der Aborigines trinkt keinen Alkohol, aber für eine nicht ganz kleine Minderheit ist er ein ernsthaftes Problem. In Katherine gab es eine Gruppe von Streunern, die sich *long grass* nannten, viel tranken und im Freien lebten. Man konnte sie in den Parks sitzen sehen, wo sie tranken, grölten, alles verschandelten und die Stadtbevölkerung gegen sich aufbrachten. Ich behandelte einige Kinder wegen fötalen Alkoholsyndroms, magere Kinder, die Mühe hatten, in der Schule mitzukommen, wenn sie überhaupt hingingen. Schon vor der Geburt waren diese Kinder von sozialen Problemen geprägt worden, für die sie nicht verantwortlich waren – der Alkoholkonsum ihrer Mütter sorgte für eine mangelhafte Entwicklung ihrer

Körper und ihrer Gehirne. Tragischerweise ist die Wahrscheinlichkeit sehr hoch, dass auch sie betrunken auf dem Mittelstreifen von Katherine enden, missachtet vom Rest der Bevölkerung, mit eigenen Kindern, die auch wieder unterentwickelt sind.

Die Missionarinnen der Nächstenliebe kümmerten sich um zwanzig bis dreißig ältere Aboriginefrauen in Katherine, von denen einige blind oder verkrüppelt waren. Wenn ich keinen Dienst hatte, half ich ihnen am Sonntagmorgen beim Duschen, Saubermachen und Servieren des Mittagessens. Ich kannte Schwester Leena, die in Manila Novizin gewesen war, aber die anderen Schwestern aus Papua-Neuguinea, Australien, Indien und von den Philippinen waren mir unbekannt. Einige der Bewohnerinnen waren großartige Persönlichkeiten. Eine von ihnen, Doris, war Viehhirtin gewesen und hatte auf dem Pferderücken das Vieh zusammengetrieben, während sie ein Baby in einer *kawala* oder Rindentrage vor sich balancierte. Am Sonntagnachmittag kamen eine Zeit lang viele der *long grass* für eine Suppe und ein Sandwich zu den Schwestern, ich half beim Verteilen und kümmerte mich um ihre Wunden. Da die Lage wegen ihrer Trinkerei und ihrer Streitereien auf dem Hof jedoch unkontrollierbar wurde, hörten die Schwestern damit auf.

Im April 1997 starb Schwester Agnes, die als Erste Mutter Teresas Orden beigetreten war, an Krebs. Ihr Tod stimmte mich sehr traurig, da Schwester Agnes eine sanfte, stille Person gewesen war, die ich bewunderte, nachdem ich sie erst bei einem Besuch des Noviziats in Australien und später in Kalkutta kennengelernt hatte. Schwester Margaret, meine Vorgesetzte in Kerema, starb ebenfalls an Krebs. Auch bei einigen anderen Schwestern wurde Krebs festgestellt, und ich fragte mich, ob es womöglich eine Verbindung zwischen Krebs, Sanftheit und einem Leben als MN gab.

Auch Mutter Teresa starb, als ich in Katherine war – am 5. September 1997. Ich half den Schwestern, im Frauenheim einen Fernseher aufzustellen, damit sie ihr vom Militär eskortiertes Staatsbegräbnis und den Trauerzug durch die Straßen von Kalkutta verfolgen konnten. Mir kam es unpassend vor, dass eine bescheidene Frau, die den Friedensnobelpreis bekommen hatte, von Soldaten umrundet auf einer Lafette durch die Straßen getragen wurde. Aber ihr Leben war ein Paradox. Ich empfand ihr Hinscheiden als Verlust und wünschte, wir hätten einander besser verstehen können.

Während ich an der Central Coast lebte, hatte ich mich immer weiter von der katholischen Kirche entfernt, obwohl ich mit Mama gelegentlich noch zur Messe ging. In Katherine wurde ich wieder Teil der katholischen Kirche, schwankte aber weiterhin, weil die Gottesfrage für mich nicht geklärt war. Ich war mir unsicher, ob Gott existierte, fand aber, dass die Idee von Gott zumindest einen Funken Hoffnung barg. Ungeachtet der institutionellen Beschränkungen und des Verhaltens der Kirche zog mich der Geist der Gemeinde von Katherine wieder in ihren Schoß zurück.

1988 tobten dicht aufeinander zwei Zyklone um die Spitze von Nordaustralien, woraufhin der Katherine River anschwoll, am australischen Nationalfeiertag, dem 26. Januar 1998, einen Pegelstand von fünfzehn Metern erreichte und über die Ufer zu treten drohte. Der Pegelstand des Flusses schwankt während der Regenzeit immer stark, aber für gewöhnlich bewegt er sich bei sechs bis acht Metern. Um halb elf Uhr vormittags kam ich mit einigen der Aboriginefrauen aus dem Heim der MN zur Brücke zurück, weil sie das Hochwasser sehen wollten, und da hatte der Pegelstand bereits siebzehneinhalb Meter erreicht, ein gefährlich schnelles Anwachsen binnen weniger Stunden. Es war ein Feiertag, und da ich keinen Dienst hatte, hatte ich meinen Piepser nicht dabei. Um zu erfahren, was es Neues gab, rief ich Air Med an.

»Wo zum Teufel sind Sie?«, herrschte mein Chef mich an. »Wir suchen schon nach Ihnen.«

»Ich bin unten bei den ›Little Sisters‹« – wie die MNs genannt wurden.

»Gut, dann sagen Sie ihnen und ihren Leuten, dass sie sich zum Aufbruch fertig machen sollen. Holen Sie sich einen Wagen mit Allradantrieb vom Regierungshof und kommen Sie dann zur Unfallstation. Ich möchte, dass Sie mit den Patienten zur Tindal Air Force Base gehen. Wir evakuieren.«

Wir räumten das Krankenhaus mithilfe von Sanitätsfahrzeugen und Lastwagen des Luftwaffenstützpunkts. Der normalerweise friedliche Fluss stand kurz davor, über die Ufer zu treten, als wir durch die Stadt fuhren. East Katherine lag höher und wurde nicht überschwemmt, aber ansonsten war das Wasser überall. Die von der Überschwemmung betroffenen Bewohner zogen in Schulen, in die Häuser von Freunden, in Sportzentren auf der trockenen Seite der Stadt. Wir richteten uns mit dem Krankenhaus auf der Tindal Air Base ein. Kezia flog mit den Schwerkranken nach Darwin, erlebte aber ihre eigenen Dramen. In die Kabine des Flugzeugs war Rauch eingedrungen, und der Pilot musste bei schrecklichen Wetterverhältnissen eine Notlandung vornehmen. In dieser strapaziösen Woche erlitt einer unserer Patienten einen Herzanfall auf dem Rollfeld, ein anderes Flugzeug hatte Motorprobleme, und wir beluden ständig Flugzeuge bei strömendem Regen und schliefen kaum.

Das Zentrum der Gemeinde von Katherine wurde überschwemmt. Die Veranden im ersten Stock der Pubs wurden Anlegestellen. Woolworths, das Postamt und die ganze Mainstreet wurden von den Fluten überspült, die sich beidseits der Brücke kilometerweit ausdehnten. Die Katherine Gorge war keine Schlucht mehr, denn der Fluss stieg dort auf zwanzig Meter an. Die Hälfte der Häuser in der Stadt und fast alle Geschäfte wurden überschwemmt und Krokodile, von Kadavern angelockt, mitten in der Stadt gesichtet.

Rocky Ridge, ein hoch gelegenes Pflegeheim gegenüber dem Krankenhaus, war nicht evakuiert worden, da man dachte, es sei sicher vor dem steigenden Wasser, es war jedoch zu einer ungeschützten Insel geworden, und die Abwässer wurden über die Abflussrohre wieder nach oben gedrückt. Eine Rettungsmission wurde eingeleitet, und Hubschrauber kamen à la *M.A.S.H* einer nach dem anderen nach Tindal. Die Rotoren schwirrten im strömenden Regen, während wir halfen, die inkontinenten und verängstigten Patienten aus der Kabine zu holen und sie dann huckepack über das Rollfeld zu tragen.

Die MNs hatten nicht sofort reagiert, nachdem ich ihnen geraten hatte zu evakuieren, weil ihnen jemand von der Kirche gesagt hatte, es sei sicher und sie könnten bleiben. Offenbar waren sie von den zuständigen Behörden übersehen worden, da sonst alle Pflegeheime nach Tindal umgesiedelt worden waren, aber als das Wasser immer höher stieg, brachte die Polizei sie und ihre Mündel in einen Trakt eines Gymnasiums in East Katherine.

Am Dienstag bat mich Schwester Leena um Hilfe. Sie brauchten saubere Laken und Kleider zum Wechseln für die weiblichen Patienten. Ich war seit der Evakuierung am Montag nicht mehr in Katherine gewesen, beschloss aber, es zu versuchen, da einige Fahrzeuge nach East Katherine durchkamen. Die Schwestern hatten nur die Kleider, die sie am Leib trugen, und sehr wenige Leintücher für ihre Schutzbefohlenen. In der ersten Nacht hatten sie gar nicht geschlafen, da sie sich um dreiundzwanzig gebrechliche alte Frauen kümmern mussten, die die ganze Nacht schrien. Im Gymnasium waren Hunderte von Leuten untergebracht, und einige davon waren böse auf die Schwestern, weil deren Patientinnen so viel Lärm machten. Außerdem hatten die Schwestern Probleme, die Gebrechlichen zur Toilette zu führen. Am Mittwochabend kam ich mit ein paar Laken, die ich am Stützpunkt angefordert hatte, zu ihnen. Am Donnerstag brachten wir sie nach Tindal, und sie wurden zum Haus der MNs nach Darwin evakuiert.

Am Freitag war es wieder möglich, die Stadt zu betreten, doch ich fand nur Schlamm und verwüstete Häuser vor. Der Gestank war bestialisch, aber die Menschen verloren ihren Humor nicht. Jemand hatte ein Schild mit einem Pelikan mit Schlapphut in der Hauptstraße aufgestellt, der ein Plakat mit der Aufschrift trug: »Katherine, die saubersste Stadt des Northern Territory.« Ein anderer stellte ein Schild auf einen Stapel ruinierter Bücher: »Pulp fiction, einige ohne Umschlag, kein Umtausch oder Geldrückgabe.«

Mein Apartment war feucht und modrig und der Großteil meiner Bücher und Habseligkeiten zerstört. Über eine meiner Schallplatten kroch eine kleine Schildkröte. Mein Pick-up war zum Teil überschwemmt worden, und ich musste ein paar Wochen lang auf ihn verzichten, bis ein Mechaniker ihn wieder zum Laufen brachte. Ich hatte Fußbrand, weil ich ständig nasse Schuhe trug. Alle standen Schlange, um Lebensmittel zugeteilt zu bekommen, oder aßen die von der Feuerwehr angebotenen Gerichte. Ab dem 31. Januar waren die Piloten und die Flugzeuge von Air Med vorübergehend in Darwin stationiert, und für eine Weile stand das Personal von Air Med in Katherine nicht für Notfälle zur Verfügung, sodass wir uns um die betroffenen Kliniken und unsere eigenen Probleme kümmern konnten. Ich kam für eine Woche im Pilotenhaus unter, bis das Krankenhaus mir ein anderes Apartment zur Verfügung stellen konnte.

Am Samstag war ich die Erste, die das Haus der Schwestern betrat, da sie mit den Frauen aus dem Heim noch alle in Darwin waren. Alles war von einem dicken, übel riechenden Schlamm überzogen. Betten und Schränke waren umgefallen, Essen lag verfault im Gefrierschrank des Heims, und die Zäune waren niedergerissen worden. Dies alles wieder herzurichten, war eine gewaltige Aufgabe.

Stundenlang arbeitete ich daran, die wenigen Dinge, die den Schwestern gehörten, sowie die Bücher zu retten, und breitete sie dann auf den metallenen Bettgestellen zum Trocknen aus. Die Saris der Schwestern, die sie im Haus auf Leinen im Schlafsaal zurückgelassen hatten, waren nun braun vom Schlamm. Ich nahm sie zum Waschen in meine Übergangsbehausung mit und füllte deren Hof mit Wäsche und trocknenden Büchern und Papieren. Obwohl sie sich in Darwin befanden und sich nicht um das Haus kümmern konnten, hörte ich später, dass die Schwestern sich beschwert hatten, weil ich mich eingemischt hatte. Offenbar ist es mir nicht möglich, bei den MNs irgendwas richtig zu machen. Zu einer anderen Gelegenheit schaute ich nach den alten Damen in ihrem Heim und lieh ihnen meinen Pick-up, damit sie, obwohl ihr Lieferwagen kaputt war, dennoch ihr Picknick abhalten konnten. Als sie zurückkamen, erzählte mir eine der Schwestern, die Oberin sei aufgebracht, weil ich mein Mobiltelefon »ohne Erlaubnis« an der Steckdose in der Küche der alten Leute aufgeladen hatte. Ich hatte Bereitschaftsdienst bei Air Med. Bei beiden Anlässen hätte ich nur zu gern die Schwestern zur Rede gestellt, die Probleme mit mir hatten, aber meine Informantinnen baten mich, es nicht zu tun. Noch immer wurden bei den MNs unwichtige Dinge aufgebauscht und auf Umwegen Beschwerden in Umlauf gebracht, sodass sie nicht mehr direkt zurückverfolgt werden konnten. Da ich meine eigene Arbeit und selbst eine feuchte Wohnung hatte, verbrachte ich nicht allzu viel Zeit damit, über die Beschwerden nachzugrübeln, und war froh, nicht mehr dieser Art von Gemeinschaft anzugehören. Nach der Flut waren alle zum Umfallen müde. Von den Dingen, die mir gehörten, warf ich fast alles auf den Rasen vor meiner Wohnung. Die Armee half mit Planierraupen und Mülllastern und lud alles auf. In der zweiten Woche nach der Flut war der Pegelstand des Flusses wieder auf friedliche sechs Meter zurückgegangen. Unsere Gemeinden hatten schon vor der Flut genügend Probleme gehabt, jetzt wurde alles noch schwieriger. Die Kliniken in Beswick, Mataranka und Jilkmingan waren alle von der Überschwemmung betroffen. Kezia und ich versuchten dort, die Krankenakten und Medikamente zu retten und kaputte Arzneien und Akten in Säcke zu verpacken. Gesundheitsstationen, die nicht überflutet worden waren, waren ebenfalls betroffen, da ihr ärztlicher Dienst, die Post und die Lieferungen sich verzögerten. Wir hatten jede Menge nachzuholen.

Ein Jahr nach der Flut hörte ich bei Air Med auf und fing im Wurli-Wurlingjang Aboriginal Health Service in Katherine an. Von meinem Temperament her war ich eher für den Gesundheitsdienst als für Notfälle geeignet, eine Arbeit, die ich zu stressig fand. Mir sagte die präventive und allgemeinmedizinische Seite des Arztberufs mehr zu. Dort waren wir drei Ärztinnen in der Belegschaft, alles Frauen.

Ich arbeitete mit Doreen, einer jungen Neuseeländerin, die sich intensiv mit spirituellen Fragen auseinandersetzte. Sie war Buddhistin, und wir unterhielten uns über viele Dinge, wenn wir zu den wunderschönen Wasserlöchern und Kaskaden rund um die Katherine Gorge und die Edith Falls wanderten.

»Es kommt nicht darauf an, was du glaubst, solange es dir hilft, ein gutes Leben zu führen«, meinte Deidre, als sie mit ihrer Tochter Rosemary huckepack auf ihrem Rucksack durch den Busch streifte.

»Mir kommt es aber darauf an«, konterte ich. »Man kann nicht an etwas festhalten, nur weil es einem hilft. Man muss auch von seinem Wahrheitsgehalt überzeugt sein.«

»Woher soll man denn wissen, was wahr ist? Deine Wahrheit und meine Wahrheit sind verschieden. Aber bedeutet das, dass die eine weniger wert ist als die andere?«

»Wenn alles gleichermaßen wahr ist, bedeutet dies vielleicht, dass jeder Glaube gleichermaßen erfunden ist«, erwiderte ich. »Erfüllt nun eine persönliche Präsenz, nenne sie Gott oder wie auch immer, das Universum oder nicht? Entweder ist Gott in Jesus Fleisch geworden oder nicht. Entweder gibt es ein Leben nach dem Tod, oder wir hören auf zu existieren. Die Wahrheit ist nicht relativ.«

»Ich glaube einfach, wir können nicht mit Sicherheit wissen, was wahr ist. Wir können nur unser Leben bestmöglich führen. Wenn irgendwelche Lehren uns dabei helfen, gut zu leben, ist das schön«, betonte Doreen.

Wieder einmal befand ich mich in Aufruhr. Viele Jahre lang hatte ich den Gedanken unterdrückt, dass Er, der Yahweh, das bedeutet »ICH BIN«, genannt wurde, tatsächlich gar nicht existierte. Ich schrieb in mein Tagebuch:

»Wenn es keinen Gott gibt, bin ich allein; es gibt keine Kraft, die meinen Mangel an Kraft beseitigt; es gibt keinen

Grund, das nicht Liebenswerte zu lieben oder das Unverzeihliche zu verzeihen, kein Heilmittel gegen das Gift von Hass und Bitterkeit, keine Hoffnung für jene, deren Leben in Schmerz beginnt und endet. Wenn es keine Wahrheit gibt, beten wir die Leere an. Ich bin verloren, wenn es Dich nicht gibt.«

Im September 1999 fühlte man sich in Australien wie im Krieg. Jagdbomber vom Typ F-111 düsten schrill über den Himmel, und Hercules-Transportflugzeuge rumpelten über einen hinweg. Osttimor hatte am 30. August 1999 für seine staatliche Unabhängigkeit von Indonesien gestimmt, das 1975 ins Land einmarschiert war und es besetzt hatte, nachdem die Kolonialherren, die Portugiesen, sich zurückgezogen hatten. Als das Ergebnis der geheimen Abstimmung verkündet wurde, brach im Land ein Taumel aus Zerstörung und Gewalt los. Die Jakarta-freundlichen Milizen im Land, die von der indonesischen Armee unterstützt wurden, begannen zu randalieren und benutzten Kerosin-Tankwagen, um Schulen, Krankenhäuser und selbst Kirchen abzufackeln, in denen sich Schutzsuchende drängten. Ich hörte Radioberichte über Massenhinrichtungen. Dili, die Hauptstadt, stand in Flammen, und überall auf den Straßen lagen Leichen.

Die Timorer hatten vierhundert Jahre lang die Kolonialherrschaft der Portugiesen, 1975 einen Bürgerkrieg und daran anschließend fünfundzwanzig Jahre indonesische Herrschaft erduldet. Mit dem Gewaltausbruch, der dem Referendum gefolgt war, waren Tausende gezwungen, nach Westtimor zu flüchten. Familien wurden auseinandergerissen. Einige blieben in Dili, während andere in der Hoffnung, wenigstens ein Teil möge überleben, über die Grenze flohen.

Katherine ist ein Luftwaffenstützpunkt, und deshalb war die Angst hier groß. Würde es zu einem Krieg mit Indonesien kommen, wenn unsere Truppen im Rahmen internationaler Hilfe dort landeten? Wie sich herausstellte, gab es wenig Widerstand. Die Indonesier zogen sich hinter die Grenze von Westtimor zurück, und das australische Kommando unternahm keinen Versuch, die indonesischen Truppen zu umzingeln oder ihnen den Rückzug in ihr Heimatgebiet abzuschneiden. Hunderte von Flüchtlingen waren mit dem Flugzeug zu Lagern in Darwin gebracht worden. Die Menschen in Katherine sammelten Lebensmittel und schickten sie nach Osttimor und zu den Timorern in den Flüchtlingslagern von Darwin.

Anfang 2000 erhielt ich eine E-Mail von einem praktischen Arzt aus Darwin, der um freiwillige Ärzte warb, die bereit waren, in Osttimor zu arbeiten. Seine Frau Robyn war Verwaltungsbeamtin bei einer portugiesischen Nichtregierungsorganisation mit dem Namen OIKOS, die in Dili ihren Sitz hatte. Da ich in Wurli-Wurlijang noch unter Vertrag stand, sagte ich ihm erst für Juni zu. Als der Zeitpunkt näher rückte, zog ich aus meinem Haus aus und wohnte bei einer Freundin, bei der ich auch einige meiner Sachen lagern konnte.

Im Mai kam Bruder Andrew nach Katherine, um die Schwestern zu besuchen, und er sah bei diesem seinem letzten Besuch, während dem er in der Kirche einen Vortrag hielt und mit den Aborigines scherzte, noch ausgemergelter aus. Seine Einstellung hatte sich nicht geändert. Er misstraute den Mächtigen und denjenigen, die sich für gerecht hielten. Weil er sich den Sündigen und Schwachen verschrieben hatte, lebte er mit ihnen am Rande der Gesellschaft. Er war erst vor Kurzem aus Indien zurückgekehrt, wo er eine Messe am Grab von Mutter Teresa zum zweiten Todestag im Mutterhaus zelebriert hatte. Seine zwei Monate in Kalkutta, wo er sich mit Ruhr, dem feuchten Klima und der Enge herumschlagen musste, hatten an seinen Kräften gezehrt.

»Ich habe einen bohrenden Schmerz in meiner Magengrube«, sagte er. »Der will nicht weggehen.« Er brach am folgenden Tag auf, sodass ich keine ärztliche Untersuchung für ihn in die Wege leiten konnte, aber er versprach mir, in Melbourne einen Arzt aufzusuchen. Er ließ sich Zeit, diesem Versprechen nachzukommen, aber als er es dann tat, lautete die Diagnose Magenkrebs.

Ich hörte zwei Wochen vor meiner Abreise nach Osttimor auf zu arbeiten und fuhr hinunter nach Yuendemu, in die Wüste westlich von Alice Springs. Ich wollte die Kleinen Schwestern Jesu besuchen, die ich in Papua-Neuguinea und in Sydney kennengelernt hatte und die unter dem Volk der Walpiri lebten.

Eine der Schwestern in Yuendemu, eine Mathematikerin und Dichterin, arbeitete an der örtlichen Vorschule.

»Ich weiß nicht, ob es hier genauso ist«, sagte ich, als ich mit ihr zur Arbeit ging, »aber ich frage mich, wie man der Gewalt und der Verzweiflung in einigen dieser Gemeinden begegnen kann. Ich fühle mich sehr machtlos.«

»Die Menschen sind noch viel machtloser«, erwiderte sie.

»Wir versuchen hier, Brücken der Freundschaft aufzubauen, aber was das große Ganze angeht – es ist schwierig.«

»Einige Gemeinden haben ihre eigenen Lösungen, erfahren aber keine Unterstützung«, fuhr ich fort. »Viele der Frauen verfügen über große Fähigkeiten, haben aber nur wenig Rückhalt. Nicht einmal in einer großen Stadt wie Katherine gibt es ein Rehabilitationszentrum für Alkoholkranke. Oftmals sind es die alten Leute, welche die Familien zusammenhalten.«

»Ja, das ist hier genauso«, stimmte sie mir zu. »Häufig ziehen die Großeltern die Kinder auf. Viele der mittleren Generation kommen von ihrer Abhängigkeit nicht los.«

Auf dem Heimweg besuchte ich die MNs in Tennant Creek, und sie baten mich, die Nacht über bei ihnen zu bleiben. Die vor mir liegende Strecke nach Katherine war noch lang, und ich nahm das Angebot dankbar an. Ich konnte die Schwestern im Refektorium lachen und scherzen hören, während ich allein im Salon aß. Nach der Morgenmesse luden sie mich ein, mit ihnen zu frühstücken. Es war das erste Mal, seitdem ich den Orden vor siebzehn Jahren verlassen hatte, dass ich wieder mit den Schwestern aß. Eine von ihnen fragte mich: »Schwester, warum hast du uns verlassen? Selbst jetzt versuchst du, eine ähnliche Arbeit zu tun. Warum willst du nicht zurückkommen?«

Ich erzählte ihr kurz, wie ich die Sache sah, obwohl es mir schwerfiel, es in so knappen Worten zu schildern. Ihre Antwort überraschte mich.

»Mir ist etwas Ähnliches passiert, und das hat mich sehr aufgewühlt. Man hat mir nicht erlaubt, einen Mann aufzunehmen, der an Tuberkulose litt. Daraufhin bat ich darum, ihm Medizin und zusätzlich Essen für zu Hause mitgeben zu dürfen, aber die Oberin sagte wieder »Nein«, und ich konnte nicht verstehen, warum. Sie sagte, ich solle für ihn beten, und meinte, ich sei nicht die Einzige, derer Gott sich bedienen könne, um ihm zu helfen.«

Dann erzählten einige der anderen Schwestern ähnliche Geschichten. Ich war erleichtert, dass sie mir glaubten und meine Worte bestätigten, auch wenn sie sich weiterhin in der Lage sahen, im Orden zu verbleiben. Jeder findet seinen eigenen Weg auf der Suche nach dem Sinn und den für ihn besten Lebensweg. Es ist ein fortschreitender Prozess – wir können immer nur das Beste mit den zurzeit jeweils gültigen Einsichten tun.

Ich zog wieder einmal um, diesmal von Katherine nach Osttimor, wo der Hass das Leben in einem Teil der Welt wieder unmöglich gemacht hatte. Der Drang, einander und die Welt um uns herum zu zerstören, scheint unüberwindlich zu sein. Auch unsere großen Religionen sind offenbar machtlos dagegen. Mein Leben war immer noch mehr Frage als Antwort.

13

Ein verwüstetes Land

*»Ich bat, und das Kind starb dennoch; ich suchte,
aber ich fand nicht. Mein Gott, rief ich,
und es kam keine Antwort.«*

Anonymus

Am 22. Juni 2000 landete ich mit einem Militärtransporter in Dili.

Dili, das auf einem schmalen flachen Küstenstreifen erbaut war, lag eingezwängt zwischen dem gebirgigen Rückgrat des Landes und dem Meer. Am Flughafen wurde ich von Graham, dem Logistikbeamten von OIKOS, abgeholt, der portugiesischen Nichtregierungsorganisation, für die ich arbeiten würde. Wir fuhren an der Küstenstraße entlang, vorbei an vielen zerstörten Häusern. Am Strand spielten Kinder, sie winkten und riefen uns zu. Die majestätische Insel Atauro trieb wie ein malvenfarbenes Zirkuszelt mit Doppelspitze am Horizont, während an der Ostseite der Bucht eine Christusstatue aufs Meer hinaus Richtung Indonesien schaute. Die am Meer gelegenen Häuser der Reichen lagen in Trümmern, doch die UN und ausländische Regierungsorganisationen richteten sich einige für den eigenen Gebrauch her.

Als wir den Stützpunkt von OIKOS erreicht hatten, begrüßte mich Mica, eine portugiesische Ärztin, die hier die Einsatzleitung hatte. »Möchten Sie gleich morgen nach Aileu fahren?«, fragte sie mich.

»Ja, so bald wie möglich«, erwiderte ich.

»Dr. Hans ist dort schon seit ein paar Monaten«, sagte Mica. »Sie werden also nicht allein sein.«

Nach dem Mittagessen machte Graham mit mir eine Besichtigungstour durch Dili, damit ich mich zurechtfand. Wir kamen an der Motael Church in der Nähe des Hafens vorbei. »Hier hat der Trauerzug eines Mannes namens Sebastiao Gomes seinen Anfang genommen«, klärte Graham mich auf und deutete auf die weiße Kirche. »Er war ein Student, der von indonesischen Soldaten erschossen wurde. Das war der Anfang ...«

»Das Massaker von Dili?«

»Ja.« Er nickte.

»Wie viele kamen dabei um?«

»Schwer zu sagen – mindestens zweihundertfünfzig, und etwa genauso viele sind verschwunden. Manche sagen, viele Leichen seien einfach vor der Küste ins Meer geworfen worden. Außerdem wurden Hunderte verwundet. Ich kannte den Mann, der das gefilmt hat – Max Stahl. Er begrub den Film neben einem Grabstein auf dem Friedhof und holte ihn sich dann später wieder. Es war sehr gefährlich.«

»Und wie bekam er ihn aus dem Land?«, hakte ich nach.

»Nun, man erzählt sich, eine dänische Aktivistin habe ihn in ihrem Büstenhalter rausgeschmuggelt. Auf jeden Fall hat er der Welt die Augen für das geöffnet, was sich hier abspielte.«

Er gab mir einen Überblick über die Geschichte des Landes. Nachdem die Portugiesen im Anschluss an den Militärputsch in Lissabon 1974 nach und nach die Kontrolle über ihre Kolonien verloren, kam es zum Machtkampf der politischen Kräfte und Parteien in Osttimor. Die Fretilin, eine linke Partei, und die Falintil, deren militärischer Flügel, gewannen die Vormachtstellung und erklärten Osttimor im November 1975 für unabhängig. Im Dezember 1975 marschierte Indonesien in Osttimor ein, unterstützt von den USA, die in den Fretilin eine prokommunistische Gefahr sahen. Die Herrschaft der Indonesier war brutal, und mindestens hunderttausend Timorer starben entweder direkt als Kriegsopfer oder verhungerten, weil die Ernte und die Viehbestände zerstört worden waren. Die Falintil führten während der fünfundzwanzigjährigen Besatzungszeit einen Guerillakrieg gegen Indonesien, während Ramos Horta die Osttimor-Frage bei der UN lebendig hielt. Nachdem die Indonesier Lobato, den Vorsitzenden der Falintil, getötet hatten, übernahm Xanana Gusmao den Vorsitz. 1992 von den Indonesiern ins Gefängnis gebracht, wurde er 1999 entlassen und sollte später der erste Präsident des Landes werden. Aufgrund seiner Kolonialvergangenheit war Osttimor hauptsächlich katholisch geprägt, obwohl der traditionelle Glaube an einen himmlischen Gottvater und eine irdische Muttergöttin neben der christlichen Lehre weiterexistierte. Es gab auch ein paar Muslime in Osttimor. *Leste* ist das portugiesische Wort für »Osten«, und *loro'sae,* wörtlich Sonnenaufgang, bedeutete »Osten« auf Tetun. Deshalb wird Osttimor auch Timor Leste oder Timor Loro'sae genannt.

Wir fuhren an dem eindrucksvollen weißen Regierungspalast vorbei, auf dem die Fahne der Vereinten Nationen wehte und der das ansonsten heruntergekommene Stadtzentrum beherrschte. In der Nähe lag das vor der Küste vertäute schwimmende Luxushotel Olympia, die inadäquate Unterkunft der UN-Beamten und anderer Ausländer. Entlang der Küste verkauften kleine, aus Blech und roh behauenem Holz gezimmerte Läden Lebensmittel und Victoria-Bitter-Bier. Ein Stück weiter boten Fischer ihren Fang feil, den sie in Einbäumen aus dem Meer geholt hatten.

Dili war nur noch die ausgebrannte Hülle einer Stadt. Hätte sie ein Maskottchen gehabt, wäre dies der allgegenwärtige Kampfhahn gewesen, dessen rauer Schrei Tag und Nacht zu hören war. Der Verkehr war chaotisch. Soldaten aus unzähligen Nationen fuhren in Geländewagen der UN und weißen indischen Tatas durch die Gegend, während die Timorer sich in kleine Busse pferchten, die man *microlets* nannte. Manchmal saßen Mama, Papa und drei Kinder allesamt auf einem kleinen Moped. Moderne junge Mädchen in kunstvoll ausgebleichten, hautengen Jeans mischten sich mit traditionell gekleideten hageren Frauen in knöchellangen *lipas,* leuchtenden langärmeligen Blusen mit Stehkragen und Kopftüchern. Große schwarze Säue, deren Euter den Boden streiften, watschelten ohne Rücksicht auf die Autos über die Straße, um in offenen Abwaskanälen und im Müll zu wühlen. Auch Hühner und Ziegen liefen frei herum, während halb verhungerte apathische Hunde mitten auf der Straße saßen, ohne sich vom Verkehr irritieren zu lassen. Sobald die Autos anhielten, stürzten sich Kinder wie Fliegenschwärme darauf, um gegen eine Gebühr »Security« oder eine Wagenwäsche anzubieten, verteilten aber nur den Staub auf dem Fahrzeug und verschmierten die Windschutzscheibe mit dreckigem Abflusswasser.

Am nächsten Morgen fuhr Graham mich hinauf nach Aileu, das etwa eine Autostunde von Dili entfernt über eine gewundene Straße durch den Wald erreicht wurde. Während wir immer höher kamen, taten sich prächtige Panoramablicke auf Atauro und die nördliche Küstenlinie vor uns auf. Wir kamen an strohgedeckten Läden vorbei, die Palmwein und Bananen verkauften, aber auch an einem Bus, der umgestürzt halb über die Böschung hing, sowie an vielen ausgeweideten Behausungen, die an die kriegerischen Auseinandersetzungen erinnerten. Neben der Straße kämpften sich Kinder mit schweren Wasserkanistern oder den Produkten ihrer Gärten die steilen Abhänge hinauf. Aufgeregt schrien sie den Autos zu, die Kleinen sprangen auf und ab, lachten dabei übers ganze Gesicht und schrien »Hallo Mister« oder *Da,* was »Auf Wiedersehen« bedeutete.

Die Dorfbewohner sammelten Feuerholz auf den steilen Hängen, da es sonst keinen Brennstoff zum Kochen gab. Neben der Straße verkauften sie das Feuerholz in kleinen Bündeln sowie lange Pfähle, um daraus Hütten zu bauen. Infolgedessen waren die Abhänge kahl. Die anfängliche Entwaldung hatte mit den Bombardierungen und Entlaubungsmitteln während der indonesischen Invasion 1975 begonnen, aber heftige Regengüsse hatten die erodierten, ockerfarbenen Narben der Hänge erweitert und vertieft. Wir kamen an Bauern vorbei, die mit der Hacke ihre Felder bearbeiteten, um mit dem erhofften Regen darauf Mais anzubauen. Die Gebirgstäler waren für den Reisanbau kultiviert, oben in den Bergen wuchsen Mais, Tabak, Gemüse und Kaffee.

»Mist!«, fluchte Graham und trat auf die Bremse, als er beinahe einen *microlet* im toten Winkel übersehen hätte. »Man gewöhnt sich daran, wenn man lang genug lebt«, rief er. »Auf der Straße kommt es häufig zu Unfällen. Zum Glück fahren sie nicht schnell, obwohl einige der UN-Fahrer ein Albtraum sind.« Im Schritttempo passierten wir den nächsten Straßenabschnitt, der während der letzten Regenzeit teilweise weggebrochen war. Schließlich fuhren wir talwärts vorbei an strohgedeckten Hütten, Weihnachtssternbäumen und Kaffeebüschen, passierten die Kontrollpunkte der Falintil und erreichten schließlich Aileu. Neben einem kleinen weißen Haus gegenüber dem Markt von Aileu hielten wir an. Die Stadt selbst hatte eine Bevölkerung von über fünftausend Menschen und war Einzugsgebiet von vierzigtausend.

Doktor Hans hatte einen Besucher, Professor Max Kamien aus Westaustralien, den ich aufgrund seiner wissenschaftlichen Artikel in medizinischen Zeitschriften »kannte«. Wir unterhielten uns bei traditionell gebrühtem Kaffee, und Hans berichtete, wie die pro-indonesischen Milizen das Krankenhaus und die Poliklinik zusammen mit anderen Gebäuden während der Zerstörungswelle in Aileu niedergebrannt hatten, die auf das timorische Votum auf Unabhängigkeit gefolgt war. Als die Indonesier sich zurückzogen, standen nur noch wenige Gebäude. Es hieß, eine Frau sei in ihrem eigenen Haus ermordet und ihre Leiche in einen Wassertank geworfen worden. Er erzählte mir, er leite die Klinik von einem ausgebrannten Gebäude neben dem früheren Krankenhaus aus, das von OIKOS wieder aufgebaut werde. Es gab weder Strom noch Wasser dort.

Das Gesundheitssystem basierte auf Krankenambulanzen in den Dörfern, die von Krankenschwestern geleitet wurden. In unserer Klinik gab es an die zehn Krankenschwestern, aber Hans meinte, ihre medizinischen Kenntnisse und ihre Zuverlässigkeit seien unterschiedlich. Wir behielten in Aileu keine Patienten über Nacht, da wir dafür gar keine Räumlichkeiten hatten, und so wurden die schweren Fälle von den Bombeiros, einem kombinierten Feuerwehr- und Ambulanzdienst, ins Rot-Kreuz-Krankenhaus in Dili gebracht, sofern das Sanitätsfahrzeug einsatzfähig war. Seinem Ton entnahm ich, dass dies nicht oft der Fall war.

Am nächsten Tag zeigte Hans mir die Klinik, die nichts weiter als ein verfallenes, mit einem Vorhängeschloss provisorisch gesichertes Gebäude mit zugenagelten Fenstern war. »Doctora Fong, Doctora Fong«, stellte Hans mich immer wieder bei unserer Tour durch die Klinik vor. Ich dachte, er habe meinen Namen falsch verstanden, weil Fong weder Colette noch Livermore ähnelte. Aber dann wurde mir klar, dass *foun* das Tetunwort für »neu« war.

Die Klinik verfügte über Medizinschränke mit einigen grundlegenden Verbänden, Spritzen, Infusionen und Nadeln sowie Medikamenten und über ein paar alte Betten, aber es gab weder Laken noch Kissen, keine Stühle, Tische oder Regale. Es fehlte selbst an einfachster Ausstattung – keine Maßbänder oder Waagen, um die Babys zu wiegen.

Ich konnte weder einen Mopp noch einen Eimer finden, und ohne fließendes Wasser waren auch die Hygienestandards schlecht; überall lagen schmutzige Instrumente herum. Zwei robust wirkende Krankenschwestern der Klinik, Americo und Rogerio, begrüßten mich herzlich, waren aber im Umgang mit Dr. Hans sehr angespannt.

»Woher kommen Sie, *Doctora?*«

»Aus Australien.«

»Das ist sehr gut. Sie lange hier?«

»Ich weiß nicht. Ein paar Jahre, hoffe ich.«

»Jahre? Gut, gut, besser als ein Monat. Ärzte gehen weg sehr schnell.« Das stimmte mich ein wenig ängstlich, und ich fragte mich, was wohl der Grund für diese Fluktuation sein mochte.

Meinen ersten Samstagsdienst in der Klinik machte ich allein, ohne Krankenschwestern, und ich hatte Mühe mit der Sprache, da Hans übers Wochenende nach Dili gefahren war. Es war immer unklar, ob die Schwestern samstags arbeiteten, was zu einem ständigen Konflikt mit Hans führte.

Da die Klinik so schlecht ausgestattet war, war ich froh, dass ich mich gegen den Flughafenbeamten durchgesetzt und meine Arzttasche mit in die Transportmaschine genommen hatte, obwohl mein Gepäcklimit bereits überschritten war. Ich hatte mich mit dem UN-Protokoll für die Behandlung von verschiedenen Infektionskrankheiten gewappnet, insbesondere Malaria. Ein kleines Mädchen, das an diesem ersten Samstag kam, war etwa vier Jahre alt, wog aber weniger als ein australisches Einjähriges und war aufgrund der wiederholten Ausbrüche der Krankheit hochgradig anämisch. In der Gruppe der wartenden Patienten erspähte ich das vertraute gelbe T-Shirt der Clyde Fenton School in Katherine. Ein kleiner Kerl mit Gastroenteritis trug es wie ein Kleid, denn es reichte ihm bis über die Knie. Dies war wenigstens ein Beweis dafür, dass einige der Dinge, die wir gesammelt hatten, die Menschen erreichten.

Am Abend verlor ein Junge mit zerebraler Malaria das Bewusstsein. Ich behandelte seine Anfälle und brach dann zum ersten Mal mit ihm zusammen im Ambulanzjeep der Bombeiros auf. Es war eine fürchterliche Fahrt, und ich dachte, er würde unterwegs sterben. Doch wir brachten ihn lebend ins Krankenhaus, und wie ich hörte, hat er auch überlebt.

Kurz nach meiner Ankunft brach Dr. Hans zu einem »Urlaub« auf. Eine Weile hielt ich mich zurück, etwas Neues einzuführen, da er hier das Sagen hatte und ich ihn jederzeit zurückerwartete. Die Wochen dehnten sich zu Monaten, aber er kam nie zurück. Ich hörte, dass er für Shell arbeitete, bekam aber nie Gewissheit. Americo und Rogerio waren sehr engagierte Krankenschwestern, die während der Okkupation ihr Leben riskiert hatten, indem sie sich um die Leute kümmerten und ihnen eine medizinische Grundversorgung zuteilwerden ließen.

In Aileu hatte ich an vier Tagen in der Woche Ambulanz und fuhr dann mit dem mobilen Gesundheitsdienst zwei Mal die Woche in die umliegenden Dörfer. Nach etwa einem Monat wurde das Krankenhaus wieder eröffnet, aber Wasser und Strom gab es nur mit Unterbrechungen, und wir hatten noch immer viel zu wenig Betten und Mobiliar. Mithilfe der Krankenschwestern untersuchte ich etwa hundert Menschen am Tag. Wenn wir mit dem mobilen Gesundheitsdienst unterwegs waren, blieb ein Teil des Personals im Krankenhaus von Aileu. Im Wesentlichen behandelten wir Bronchitis, Wunden, Parasiten, Malaria, Gastroenteritis und Tuberkulose. Ich war viel mit Schwangerschaftsberatung und Entbindungen beschäftigt und führte Listen der Patienten mit Erkrankungen der Augen, des Herzens, mit orthopädischen oder Zahnproblemen oder HNO-Erkrankungen, damit wir, wenn die Teams der Gastärzte, Zahnärzte oder anderen medizinischen Fachkräfte von Australien herüberkamen, wussten, welche Patienten kontaktiert werden mussten.

Am 8. Juli 2000 erhielt ich einen Brief von Bruder Andrew als Antwort auf einen von mir, den ich ein paar Wochen nach meinem Eintreffen in Osttimor an ihn geschrieben hatte. Typischerweise erwähnte er seine Krankheit nicht, sondern schrieb, mein Brief habe ihn an die schrecklichen Zustände in Kambodscha erinnert.

Drei Monate später starb Andrew, am Festtag des heiligen Franz von Assisi 2000, in Melbourne. Ich mochte Andrew. Er war kein Heiliger, aber er war ein Mann, der sein Bestes tat, aber manchmal gegen den Fels der Kirche prallte oder über seine eigenen luftigen Ideale stolperte. Ich vermisste ihn und war sehr traurig, dass er am Ende ein Dasein am Rande führte. Aber dies war genau der Ort, wo er hatte sein wollen – in Gesellschaft der Armen und der Verlorenen.

Wie der größte Teil von Osttimor war auch Aileu gebirgig, und die Straßen waren gefährlich, vor allem nach heftigen Regenfällen. Unser mit Medikamenten und Verbandszeug beladener Allradwagen brach zwei Mal in der Woche zu den diversen Ambulanzstationen und Dörfern auf, wo uns oft schon Hunderte von Menschen erwarteten, von denen aber nicht alle ernsthaft krank waren. Eine Sprechstunde war zu einem so seltenen Ereignis geworden, dass die Dörfler sie einfach aufsuchen wollten, um sich für den Fall, dass sie in Zukunft krank würden, mit Medizin zu versorgen. Ich begann dann immer in meinem rudimentären Tetun mit dem Satz: »*Ita boot moras saida?* – Was fehlt Ihnen?«

Einige Leute hatten alle nur denkbaren Symptome – Kopfschmerzen, Fieber, Rückenschmerzen, wunde Beine, also stellte ich meine Fragen auf andere Weise, um zu erfahren, was das akute Problem war. Gastroenteritis, Lungenentzündung, Hautkrankheiten und Malaria waren die häufigsten Krankheiten neben unterernährten Kindern und Menschen mit Tuberkuloseverdacht. Sehr oft nahmen wir die Schwerkranken mit, um sie in der Stadt zu behandeln oder nach Dili zu schicken. Es kam auch vor, dass Leute am Straßenrand standen und uns für eine Diagnose auf der Straße heranwinkten. Wenn sie wussten, dass wir in der Gegend waren, holten sie mich auch zu Geburten. Manchmal kamen wir an Häusern vorbei, vor denen eine weiße oder eine schwarze Fahne am Straßenrand aufgestellt waren, um uns darauf aufmerksam zu machen, dass hier jemand gestorben war. Wenn wir das Haus kannten, gingen wir hinein, um zu kondolieren. Eine weiße Fahne signalisierte, dass ein Kind gestorben war, eine schwarze stand für einen Erwachsenen.

Schwestern des Maryknoll-Missionsordens – Dorothy, Nora, Susan und Teresa – wohnten in einem Teil des

Hauses des Gemeindepriesters, nachdem die Milizen ihr Kloster und ihre Klinik niedergebrannt hatten. In der geschwärzten Schale ihres früheren Wohn- und Arbeitsplatzes verkündete eine abgebrochene Plakette an der dachlosen Wand in Tetun: »Wir bedanken uns bei *Misereor,* die uns halfen, dieses Gebäude zu errichten.« Erst kurz vor der Zerstörung 1999 hatten sie dank der gesammelten Spenden vieler Menschen eine Klinik bauen können, doch nur um zusehen zu müssen, wie die willkürlichen Aktionen einiger weniger sie zerstörten. Verkohlte Nähmaschinen und Maßvorrichtungen lagen über den Boden verstreut.

Die Schwestern wurden meine Freundinnen und luden mich manchmal in ihr Haus zu einer Pasta, zu Fleischkäse und bei besonderen Anlässen zu gebratenem Hühnchen ein. Das war eine angenehme Abwechslung zu meiner täglichen Ration Eier, Gemüse und Thunfisch, den Dingen, die man auf dem örtlichen Markt bekam. Wenn ein Kind gestorben war oder ich einen schlimmen Tag in der Klinik hinter mir hatte, weil die Krankenschwestern nicht erschienen waren, ging ich zum Haus der Schwestern.

1999, während des Wütens der Milizen, hatte man sie schon für tot erklärt, und ich glaube sogar, dass man in Bandong, ihrem Einsatzort in Indonesien, eine Messe für sie gelesen hat. Sie waren zwar dem Tod sehr nahe gewesen und hatten auf ihrer Flucht nach Dili auf der von den Milizen kontrollierten Straße einige bedrohliche Begegnungen gehabt, aber sie überlebten und blieben ein paar Monate als Flüchtlinge in Darwin, wo sie bei den Schwestern von Our Lady of the Sacred Heart untergekommen waren.

Im September 2000 gedachte Osttimor derer, die ein Jahr zuvor umgekommen waren. Kleine Steinhaufen, geschmückt mit roten Bougainvilleen, markierten die Orte auf der Straße, wo jemand einen Toten zu beklagen hatte. Nachts leuchteten Hunderte von Kerzen auf den Gehwegen. Um diese Zeit luden die Schwestern mich ein, mit ihnen nach Suai zu fahren, in den Südwesten von Osttimor. Ich nahm mir für ein paar Tage frei und brach mit ihnen zu der langen Reise über die Berge und über die flache trockene Küstenebene im Süden auf. Bischof Belo leitete eine Zeremonie zur Erinnerung an die dortigen Massaker. Die Milizen hatten viele Menschen getötet, darunter auch drei Priester, und sie in der Kirche verbrannt. Zu meiner großen Überraschung traf ich Teresa Osland wieder, die mit mir in Beswick nach der Überschwemmung von Katherine zusammengearbeitet hatte und nun für Oxfam als Entwicklungshelferin arbeitete. Da unsere geplante Unterkunft sich als Schlag ins Wasser erwies, landeten wir bei ihr im Haus.

Vor der Kirche in Suai lag ein Kreis aus Steinen, von denen jeder einen Namen und manchmal auch ein Foto eines der etwa hundertsiebzig Menschen trug, die zu Tode geprügelt oder verbrannt worden waren. Die trauernden Familien beteten die ganze Nacht hindurch und brachten Blumenkränze und *tais* an den Altar, mit denen man die Toten umhüllt hätte, wenn ihnen eine angemessene Bestattung zugebilligt worden wäre. Die Verwandten klagten und beteten um den Steinkreis, der von Hunderten von Kerzen erstrahlte. Am nächsten Tag nahmen Tausende an der Totenmesse teil. Sargträger trugen ein tabernakelartiges Gebilde mit den Namen der Toten in einer Prozession von der Kirche, wo sie gestorben waren, hinaus zum Altar im Freien.

Zwei Tage später kehrte ich in die Klinik zurück und bekam großartige Hilfe von Sara, einer jungen Highschool-Absolventin, die meine Dolmetscherin und Tetun-Lehrerin wurde. Sie wohnte bei mir und half mir, die Kultur zu verstehen. »Wie war das letzten September in Dili?«, fragte ich sie.

»Es war wirklich entsetzlich«, erwiderte sie. »Überall brannte es. Keiner lächelte. Überall Rauch, Gewehrfeuer, Explosionen und Schreie. Wir konnten nicht schlafen. Die Leute rannten wild durcheinander. Eltern und Kinder wurden voneinander getrennt. Ich schlief bei meinen Freunden unter dem Bett im Haus der Christlichen Brüder. Die Milizen bedrohten die Leute mit Waffen und drangen gewaltsam in Häuser ein. Einige von ihnen waren vom indonesischen Militär, andere hatten die indonesische Flagge um ihren Kopf geschlungen. Ich sah die Milizen hinter meinem Haus. Sie schlugen an die Türen meiner Nachbarn, warfen mit Kerosinbomben, trennten die Stromleitungen durch und benutzten Granaten, um die Häuser zu zerstören. Ich verlor jegliche Hoffnung. Die Militärs suchten nach meinem Vater, um ihn umzubringen, weil er für die Unabhängigkeit war. Wir befanden uns in einer sehr gefährlichen Situation und fühlten uns dem Tode nah.«

Sara gehörte zu einer Gruppe, die zusammen mit Bruder Dan aus Australien und Vater Peter aus Indien nach Westtimor geflohen war. Dreiundzwanzig Menschen hatten sich in ein Allradfahrzeug gequetscht und den Milizen und den Straßensperren der Militärs getrotzt.

»Wir saßen sehr beengt in dem Wagen, und als wir nach drei Uhr morgens in Kupang ankamen, waren meine Beine taub, und ich konnte kaum mehr laufen«, erläuterte sie. »Unsere Rückkehr nach Osttimor fand unter großen Schwierigkeiten statt. Tausende Menschen waren dort. Es ging zu wie auf einem Markt. Wir mussten drängeln, um die Papiere zu bekommen. Wir warteten ohne Wasser in der Sonne. Bruder Dan hatte mir Geld gegeben, das ich sehr umsichtig für Essen und Wasser ausgab. Die Menschen verrichteten ihre Notdurft, wo sie gerade waren, und wir konnten nicht schlafen. Wir gingen nachts auf die Toilette. – Es war einfach nur schrecklich. Viele Menschen starben. Ich war traurig und weinte die ganze Zeit.«

Sara wurde in der Nähe von bewaffneten Soldaten jedes Mal sehr nervös und hatte Probleme beim Passieren der Kontrollpunkte. Zwei ihrer Verwandten in Dili waren umgekommen, und ihr Großvater war heftig geschlagen worden. »Wie geht es dir jetzt?«, fragte ich.

»Mir geht es gut. Manchmal bekomme ich noch Angst, vor allem wenn ich die Gesichter der Falintil und die Waffen sehe. In Aileu versuche ich, mich langsam an die Waffen zu gewöhnen. Aus Erfahrung weiß ich, was Leiden bedeutet, und ich denke jetzt mehr über mein Leben und meine Situation nach. Auch wenn es eine schmerzliche Erfahrung war, denke ich, dass ich doch auch viel daraus gelernt habe. Ich bin ernsthafter geworden. Ich weiß, wie Menschen sich fühlen, die keine Eltern mehr haben und um Essen und Kleidung betteln müssen. Wenn andere Menschen leiden, kann ich das nachempfinden. Davor bin ich ganz behütet aufgewachsen. Alles war in Ordnung. Wenn ich was essen wollte, war immer Reis da.«

Sara und ich arbeiteten gut zusammen, und ich befreundete mich mit ihrem Onkel, ihrer Tante und ihrer Familie, die in Asirimou lebten, einem Nachbarort von Aileu neben der Highschool, wo ihnen ein kleiner Laden am Markt gehörte.

Wenn ich etwa zwanzig Minuten den Berg hinauffuhr, sodass man einen Blick auf Dili hatte, bekam ich ein Funksignal für mein australisches Mobiltelefon, ansonsten hatten wir in Aileu keine Telefonverbindung außer den Satellitentelefonen der UN. Zu dieser Zeit versorgte Telstra Osttimor noch mit Telefondiensten. Es war bizarr. Ich hockte am Berg mit Blick auf Dili, manchmal bei strömendem Regen, umgeben von neugierigen Dorfkindern und strohgedeckten Hütten, und versuchte, ein Flugticket zu bestellen oder etwas mit einer australischen Behörde zu regeln. Einmal musste ich so lange warten, bis meine Batterie leer war, und so blieb mir nichts anderes übrig, als den Berg wieder hinunterzufahren, darauf zu warten, dass wir Strom hatten, die Batterie aufzuladen und am nächsten Tag einen neuen Versuch zu starten.

Ich hatte beschlossen, meinen Vertrag mit OIKOS nicht zu verlängern, da sich die Organisation bald aus Aileu zurückziehen wollte. Sara, meine Freundin und Übersetzerin, hatte ein Stipendium für ein Lehramtsstudium an der University of Newcastle bewilligt bekommen und würde bald nach Australien gehen. Die Maryknoll-Schwestern meinten, sie würden sich freuen, wenn ich mit ihnen in der Klinik *Uma Ita Nian* arbeiten würde, also wandte ich mich an PALMS, eine australische Freiwilligenorganisation mit Verbindungen zur katholischen Kirche, um zu sehen, ob sie mich unterstützen würden. Sie willigten ein, und ich kehrte nach Australien zurück, um Weihnachten mit meiner Familie zu feiern und im Januar 2001 an einem Orientierungskurs von PALMS teilzunehmen.

Der Vortragende, der über die Probleme der Aborigines sprach, schien keine Ahnung von deren Lebenswirklichkeit zu haben und vermittelte uns nur Plattitüden. Ein anderer Redner warnte davor, andere Kulturen »retten« oder ihnen »westliche Konzepte« überstülpen zu wollen. In Osttimor hatte ich Mühe gehabt, genügend Helfer zu bekommen. Würde man hier auf »westliche Konzepte der Verlässlichkeit von Zeitangabe und Arbeit« verzichten, hieße dies, dass Leute, die weite Entfernungen zurückgelegt hatten, vergebens auf das Eintreffen der mobilen Ambulanz warten könnten. Wenn die Mitarbeiter nicht kamen, gab es keine Ambulanz – und die Menschen starben an behandelbaren Krankheiten.

Das Nebeneinander von Reichtum und schwerer Armut hatte dazu geführt, dass sich unter den Timorern Enttäuschung breitmachte, verbunden mit dem Gefühl, verraten worden zu sein. Die Haltung gegenüber den *malaes* oder Ausländern veränderte sich während meines Aufenthalts, weil die gewöhnlichen Leute das Gefühl hatten, Außenstehende machten jede Menge Geld bei der UN, während die Timorern leer ausgingen. Das Wort *malae* klang bald schon wie ein Schimpfwort. Mutter Teresa war klug gewesen, von uns zu verlangen, dass wir arm unter Armen waren und so dicht wie möglich an den Menschen lebten. Die hoch bezahlten UN-Angestellten standen im Ruf, ineffizient und verschwenderisch zu sein.

Ich hatte meinen Pick-up, bepackt mit Büchern, einem Fahrrad und Küchenutensilien, mit dem Frachtkahn von Darwin nach Osttimor geschickt. Ich würde im Wohnbereich der Lehrer unterkommen, den die Schwestern wiederaufgebaut hatten: zwei aus Zement gebaute Doppelhaushälften mit einem Vorderzimmer, zwei Schlafzimmern und einer kleinen Küche. Mein Haus verfügte wie alle anderen über einen Tank im Badezimmer für das Wasser, das im gesamten Haushalt benötigt wurde, und eine Toilette. Die Wasserversorgung war dennoch schwierig.

Meine Jahre als MN hatten mich zu einer Expertin darin gemacht, sparsam mit Wasser umzugehen. In Dili kaufte ich mir einen Gaskocher, und Männer aus der Schreinerei der Schwestern bauten mir ein Bett und Schränke, sodass ich gut ausgestattet war.

Als ich bei den Schwestern zu arbeiten begann, war die Klinik noch immer provisorisch in einem beschädigten Schulgebäude untergebracht. Nach und nach nahmen wir die verschiedenen Tätigkeitsbereiche der Klinik wieder auf, die vor 1999 erfolgreich gearbeitet hatte. Mit dem Personal kam man gut zurecht, und es war sehr motiviert, sodass ich die Arbeit viel leichter fand als im Jahr zuvor. Wir hatten es mit allen gängigen Erkrankungen zu tun – Brust- und Hautinfektionen, TB, Malaria, Knochenbrüche und Schnittwunden –, unterhielten außerdem eine Sprechstunde für Schwangere, gaben an Frauen Nahrungsergänzungsmittel aus, nahmen Immunisierungen vor und verteilten Utensilien für eine sichere Geburt. Die Klinik der Schwestern kümmerte sich um sämtliche Tuberkulosepatienten der Gegend und gehörte einem Programm für ganz Osttimor an, das von der katholischen Hilfsorganisation Caritas finanziert wurde. Die Schwestern hatten ein System entwickelt, das die sechs- bis achtmonatige Tuberkulosebehandlung in den Dörfern überwachte. Ohne diese Freiwilligen, welche die Einnahme der Medikamente kontrollierten, wären alle Patienten gezwungen gewesen, in Aileu zu wohnen, da eine Unterbrechung der Einnahme von TB-Medikamenten eine resistente, nicht mehr behandelbare TB zur Folge hat.

Oftmals wurde ich von Leuten in der Nacht oder an Wochenenden gerufen. Die Klinik von OIKOS war vom staatlichen Gesundheitsdienst übernommen worden und nach einiger Zeit mit einem kenianischen und dann mit einem brasilianischen Arzt besetzt worden, aber es war nicht möglich, sich den Notdienst zu teilen, und die Ärzte waren an den Wochenenden oft gar nicht da.

Eines Nachts saß ich mit Rosa, die in einem kritischen Zustand war, im Fond eines Kleintransporters und fuhr auf dem schnellsten Weg nach Dili. Ihr Ungeborenes war tot und saß in ihr fest. Ich hatte sie an den Tropf gehängt, weil sie unter Schock stand, niedrigen Blutdruck hatte und kein Wasser lassen konnte. Ihr Ehemann Clementino erbrach sich seitlich aus dem Laster. Ich hatte sie mit einer Plane zugedeckt, aber es war dennoch bitterkalt. Ich blickte hoch zum majestätischen Sternenzelt, wo das Kreuz des Südens so strahlend leuchtete wie im Outback. *Bist du dort?*, fragte ich mich. *Kümmert dich unser verzweifelter Kampf ums Überleben?* Rosa wurde wiederbelebt und mit einem Kaiserschnitt von ihrem toten Baby entbunden. Sie bekam später ein gesundes Baby.

Am späten Morgen des 12. September kam Schwester Dorothy, eine New Yorkerin, mit ihrem Radio zur Klinik. Ihr Gesicht spiegelte traurige Bestürzung. Wir hatten nach der morgendlichen Visite und Essensverteilung gerade sauber gemacht und versammelten uns um sie und ihr knackendes Radio, um zu erfahren, dass Flugzeuge ins World Trade Center und das Pentagon geflogen waren, es viele Tote gab, aber keiner wusste genau, warum. Schwester Dorothys Bruder war gerade erst als Hauptmann der New Yorker Feuerwehr in den Ruhestand getreten, und sie wusste, dass einige seiner Männer umgekommen waren. Die Nachrichten versetzten die Schwestern, darunter drei Amerikanerinnen, in tiefe Trauer, die auch von uns anderen geteilt wurde.

Wenige Tage später erhielt ich durch die UN die Nachricht, zu Hause anzurufen. Ich fuhr hinauf zum »Telefonhügel« und rief Mama an. Mein Onkel Toby war überraschend in Singapur gestorben, und meine Familie hatte versucht, mich zu erreichen. Mama war verzweifelt, denn Toby war der jüngste und kräftigste unter den vier Geschwistern und war uns sehr nahe. Es war jedoch unmöglich, einen Flug nach Hause zu bekommen. »Ich verstehe ja, dass du wahrscheinlich nicht kommen kannst, aber wenn doch …«, bat sie. Ich wollte nur allzu gern bei ihr sein, denn als Großmama starb, war ich auch nicht bei ihr gewesen.

»Ich werde versuchen zu kommen, Mama, aber ich weiß noch nicht, wie.«

Ich fuhr nach Dili, hielt meinen Reisepass bereit und hoffte auf den ersten möglichen Flug nach Darwin, aber von dort gab es keine Anschlussflüge nach Sydney. Schließlich bekam ich einen Platz von Dili nach Denpasar und dann nach Sydney, aber ich hatte zu wenig Geld dabei. Der Inhaber des Reisebüros, der die Schwestern kannte, vertraute mir jedoch, und ich konnte fliegen.

In Sydney stellten sich die Beamten der Einwanderungsbehörde quer, indem sie meinen Pass einzogen, weil dieser in Katherine während der Überschwemmung leicht beschädigt worden und die Fotoseite leicht gebogen war. Bei meiner Abreise Anfang des Jahres hatte niemand was zu beanstanden gehabt, aber jetzt galten erhöhte Sicherheitsmaßnahmen. Ohne Schlaf und voller Anspannung schaffte ich es, eine Stunde vor dem Begräbnis zu Hause zu sein, das in der Mary Immaculate Church in Waverley stattfand, wo Mama geheiratet hatte und Toby geweiht worden war.

Rod holte mich vom Flughafen ab, und wir fuhren direkt zur Kirche. Ich umarmte Mama, die viel verletzlicher wirkte als jemals zuvor. Paul hielt zusammen mit einigen anderen Franziskanerpriestern die Messe, und Judys kleine Mädchen führten die Kollekte durch. Nach dem Begräbnis blieb ich bei Mama in deren Wohnung in einer Seniorenwohnanlage und unternahm mehrere Fahrten nach Sydney, bis ich einen neuen Pass bekam. Zum ersten Mal sah ich die Filmaufnahmen vom 11. September, die alle erschüttert hatten. Es kam mir unwirklich und unglaublich vor. Ich kaufte die Magazine *Time* und *Newsweek* und sammelte alle anderen Zeitungsausschnitte, die ich bekommen konnte, um sie den Schwestern mitzubringen.

Mama hätte gern gehabt, dass ich bis Weihnachten bei ihr blieb, weil sie Toby, der sie um diese Zeit immer besucht hatte, dann besonders vermissen würde, aber ich war entschlossen zurückzukehren. Zudem schien sie wohlauf und mit ihrer Töpferei und Malerei, den Enkelkindern und einem großen Freundeskreis gut beschäftigt zu sein.

Zurück in Osttimor erwartete mich eine Dürreperiode.

In der zweiten Hälfte des Jahres 2001 waren wir aus unserer ausgebrannten Schule in die neu aufgebaute Klinik umgezogen. Die Eröffnungszeremonie fand am 13. Oktober 2001 statt, und Bischof Belo kam, um sie zu segnen, ebenso die Vertreter der Caritas Norwegens und der Caritas Neuseelands, die Hauptsponsoren der Klinik. Das Personal begrüßte die Würdenträger herzlich, Schulkinder tanzten in traditionellen Kostümen mit Schwertern, Gongs und Trommeln, und ein kleines Mädchen rezitierte feierlich die Geschichte, wie die Schwestern – nur Frauen, allein, alt, mit weißen Haaren – tapfer nach der Zerstörung von 1999 zurückgekehrt seien, um ihre Klinik und ihr Haus wieder aufzubauen. Trotz aller Not hatten die Schwestern, ein lebhaftes und mutiges Trüppchen, in Osttimor durchgehalten.

Später im Jahr schickten mir meine Freundin Schwester Pat und eine Schwester vom Orden Our Lady of the Sacred Heart, die in Katherine arbeitete, zwei voneinander unabhängige Artikel von Albert Huart und J. Neuner aus der *Review for Religious.* Die Autoren, beides Jesuitenpriester, die Mutter spirituell gelenkt hatten, berichteten von privaten Briefen zur Gewissenserforschung, die Mutter Teresa in den Fünfziger- und Sechzigerjahren geschrieben hatte, und in denen sie ihr Gefühl der Einsamkeit und des Verlassenseins und ihres Kampfes gegen die Zweifel an der Existenz Gottes zum Ausdruck brachte. Mutter hatte darum gebeten, ihre Briefe zu verbrennen, was auch mit vielen geschehen war, aber einige hatten überdauert. Sie schrieb: »Wenn ich versuche, meine Gedanken zum Himmel zu erheben, ist dort eine so überzeugende Leere … Man sagt mir, Gott liebt mich – aber die Wirklichkeit besteht aus Dunkelheit und Kälte …« Ich empfand ein seltsames Hochgefühl, als ich diese Artikel las.

Sie hatte immer so sicher gewirkt, ja sogar dogmatisch, wenn sie mit mir sprach, und nie einen Zweifel zugegeben, aber diese Artikel offenbarten, dass Mutter »Dunkelheit, Kälte und Einsamkeit« erfahren hatte. Indem sie sich von aller menschlichen Liebe losgelöst hat, hatte sie versucht, sich mit ihrem ganzen Sein jeder Situation hinzugeben. Diese Anstrengungen hatten in ihr das Gefühl einer schrecklichen Leere und der Abwesenheit Gottes zurückgelassen, das sie, wie sie fürchtete, aus dem Gleichgewicht bringen würde. »Ihre Fröhlichkeit war ein Deckmantel für ihre Leere und ihr Elend.« Sie trug eine tiefe Einsamkeit in sich, und es bekümmerte sie, wenn Menschen ihr sagten, sie fühlten sich angesichts ihres »starken Glaubens« Gott nah. Sie fragte sich, ob sie womöglich die »Menschen täusche«. Sie hätte ihnen gern »die Wahrheit gesagt – dass ich keinen Glauben habe«, schwieg aber. Sie hatte das Gefühl, Jesus lasse sie allein durchs Dunkel gehen.

1959 schrieb Mutter Vater Picachy, ihrem Beichtvater, dem späteren Kardinal von Kalkutta, von ihrem Kampf. Sie habe »so viele unbeantwortete Fragen«, jedoch »Angst, diese aufzudecken – wegen der Blasphemie«. Sie betete: »Wenn es einen Gott gibt, möge er mir bitte verzeihen.«

Mutter starb als gläubige Frau. Sie hatte Angst, Gott könnte nicht existieren, in der Praxis jedoch schaltete sie diesen Gedanken aus, beichtete und tat Buße, um sich von diesen verstörenden Ideen zu befreien. Mutter Teresa *musste* eine Gläubige bleiben, dazu gab es keine Alternative. Der Glaube an Gott und das Bekenntnis zur katholischen Kirche waren die Essenz ihres Seins und ihrer Arbeit. Ihr geistiger Führer gab ihr die Schriften des Mystikers Johannes vom Kreuz zu lesen, und Mutter fand sich damit ab, dass dieses Gefühl des Verlassenseins Teil eines reinigenden, spirituellen Prozesses war, um ihr Ego abstreifen zu können. Ich hatte diese Werke 1981 während meiner Zeit in Kalkutta gelesen und mir daraus einzelne Abschnitte abgeschrieben.

»Um Freude an allem zu erreichen, begehre, Freude zu haben an nichts! Um alles zu besitzen, begehre, nichts zu besitzen! Um alles zu sein, begehre, nichts zu sein! Um alles zu wissen, begehre, nichts zu wissen!« Der Schlachtruf des heiligen Johannes vom Kreuz war *nada,* nichts, und das war es, was Mutter in sich fand.

Einen ähnlichen Kampf durchlitt die junge Theresa von Lisieux, Mutter Teresas Namenspatronin, vor ihrem frühen Tod an Tuberkulose. Beide Frauen führten Gottes Abwesenheit nicht auf natürliches Zweifeln zurück, sondern auf jene »dunkle Nacht der Seele«, während der der Leidende lernen muss, Gott nicht seiner Tröstung oder einer versprochenen Belohnung wegen zu lieben, sondern um seiner selbst willen. Als ich diese Artikel las, entstand in mir das

Bild von Mutter als einer überreizten, angespannten und gequälten Person, wie das Konzentrat aus einem psychologischen Dampfdrucktopf. Ein wenig menschlicher Trost und Entspannung hätten womöglich geholfen, aber sie erlaubte sich niemals eine Ruhepause.

In Osttimor wuchs meine Distanz zur katholischen Kirche. Eine Statue der Heiligen Muttergottes von Fatima wurde als Werbung für die Unabhängigkeit durchs Land geflogen, aber eine solche Transportmöglichkeit wäre niemals für eine Frau auf die Beine gestellt worden, die in einem abgelegenen Dorf im Kindbett zu sterben drohte. Ich hörte, wie ein wohlhabender timorischer Bischof seine Gemeinde während einer Predigt dafür rügte, dass die heilige Kommunion aus Plastikgefäßen und nicht aus Kelch und Ziborium verteilt wurde. Er fand, Jesus, der sich entäußerte, um ein armer Mensch zu werden, müsse in Gold gefasst werden. Doch die wöchentliche Kollekte seiner verarmten Gemeinde brachte nie mehr als zehn Dollar ein. Vielleicht hätte der Bischof einen Kelch stiften sollen, da das Volk sich ganz gewiss keinen leisten konnte. Der heilige Johannes Chrysostomus lehrte: »Er, der sagte: ›Dies ist mein Leib‹, sagte: ›Ihr saht mich hungrig und gabt mir nichts zu essen.‹ Ehrt ihn, indem ihr euren Besitz mit den Armen teilt, denn was Gott braucht, sind nicht goldene Kelche, sondern goldene Seelen.«

Ein Gemeindepriester hielt eine Predigt über die »Frau als Versucherin« und machte den Frauen Vorwürfe, die, wie er sagte, ihre Körper benutzten, um die Männer auf Abwege zu bringen. Er setzte keinen Kontrapunkt, erwähnte nicht das gewalttätige oder raubtierhafte männliche Verhalten. Eine Woche zuvor hatte ich ein vierzehnjähriges Mädchen behandelt, das von sechs Männern vergewaltigt worden war, zwei davon seine Verwandten. Dann kam ein Edikt der Kirche in Dili, wonach ausländische Ärzte den katholischen Glauben des Landes respektieren und keine Verhütungsmittel verschreiben sollten. Ich hatte erst kürzlich eine junge Frau behandelt, von der ich glaubte, sie werde vor meinen Augen verbluten. Ich mühte mich verzweifelt, die Blutung zu stillen, und sie überlebte, aber als alles vorbei war, fühlte ich mich körperlich elend. Die zwischen den »ehelichen Rechten« ihres Ehemanns und den Gefahren einer isolierten, oft nicht begleiteten Geburt gefangenen Frauen brauchten andere Lösungen.

Ich bewunderte die Arbeit und die Haltung der Schwestern des Maryknoll-Ordens, konnte mich selbst aber nicht mehr als Katholikin bezeichnen, obwohl ich noch immer in den Evangelien las, die mir Inspiration und Führung vermittelten. Ich ging nicht mehr zur Messe, dachte aber auf jede mir mögliche Weise an Gott.

Nach zweijähriger Vorbereitungszeit war es an der Zeit, dass die von der UN geführte Interimregierung die Kontrolle über Osttimor an den noch vor der Unabhängigkeit gewählten Präsidenten Xanana Gusmao übergab.

Am 20. Mai 2002 strömten die Menschen der umliegenden Dörfer in die Stadt, die Männer geschmückt mit Federkopfputz und silbernen Karibuhörnern, die Frauen in farbenprächtigen *tais.* Sie schlugen Gongs und Trommeln und tanzten und sangen dazu, während sie sich auf das Sportgelände zubewegten, wo die Feiern zum Unabhängigkeitstag stattfinden sollten. In Erwartung dieses Anlasses kaufte ich mir auf dem Markt eine Trommel *babadok* und nahm bei meinem Nachbarkind Carlos Unterricht, der mich allerdings für rhythmisch minderbemittelt hielt. Die Frauenkooperative vor Ort schmückte mich mit einem *tais,* mit dem Kopftuch konnte ich mich allerdings nicht anfreunden. Am Abend des Unabhängigkeitstags – ein Pfingstsonntag – fand eine besondere Messe statt, die gleichzeitig in allen Kirchen des überwiegend katholischen Landes abgehalten wurde. Die zuständigen Behörden in Dili verlangten allerdings, dass die Messe auf Portugiesisch und nicht im landesüblichen Tetun gehalten wurde, und so wurde die Feier eine ziemliche Enttäuschung. Der Priester, der fließend Tetun und Indonesisch sprach, hatte Schwierigkeiten, das Evangelium auf Portugiesisch zu lesen, und die Menschen waren ungewöhnlich leblos, weil bis auf einige alte *señoras* in der ersten Reihe keiner die Sprache verstand. Am Ende der Messe segnete der Priester die Fahne und überreichte sie Donna Maria Pas, der Distriktverwalterin. Ihr liefen Tränen übers Gesicht, als sie die rot-schwarzgelbe Flagge von Osttimor an Manaloi, den *katuas* oder Ältesten, überreichte, damit er sie bis Mitternacht bewachte, denn erst dann sollte sie gehisst werden.

»*Viva Timor Loro'sae!* – Lange lebe Osttimor!«, verkündete der Priester.

»*Viva!*«, rief die Gemeinde unter Tränen und Umarmungen. Es war ein ergreifender Moment der Hoffnung nach jahrelangem Kampf und Mangel. Auch die Schwestern des Maryknoll-Ordens waren in Tränen aufgelöst, denn sie hatten die Menschen schließlich durch die Jahre der

Angst und Einschüchterung begleitet. Schwester Susan, die im Jahr zuvor einen Schlaganfall erlitten hatte, hatte Mühe, das Gleichgewicht zu halten, als die Leute sich um sie scharten, um sie zu umarmen. Unglücklicherweise weilte Schwester Dorothy in den Vereinigten Staaten und verpasste die nächtliche Feier, die bis in den Vormittag des nächsten Tages dauerte, als um elf Uhr die offiziellen Unabhängigkeitsfeiern begannen.

Die portugiesischen Friedenswächter bewirkten ein kleines Wunder, indem sie es schafften, eine Satellitenschüssel aufzutreiben, mit deren Hilfe wir auf dem Fußballfeld von Aileu die Unabhängigkeitsfeier in Tasi Tolu, wörtlich Drei Seen, ein Gebiet am Stadtrand von Dili, als Direktübertragung sehen konnten. Während wir die Livesendung aus der Hauptstadt anschauten, erklang in Aileu der lange tiefe Laut der Karibuhörner, und Trommler verkündeten das Eintreffen von zweihundert traditionell gekleideten Kriegern aus dem Ort, die ihre neue Flagge von Timor Loro'sae auf das Fußballfeld trugen. Die timorische Polizei senkte respektvoll die UN-Flagge, und um Schlag Mitternacht im Einklang mit den Feiern in Dili sang die Menge zusammen mit Schulchören die neue Nationalhymne von Osttimor, während die neue Nationalflagge zum ersten Mal gehisst wurde. Es war ein sehr emotionaler Augenblick. Die ganze Nacht hindurch wurde getanzt und gefeiert, während die Krieger um die Fahnenstange bis zum Morgen Wache hielten und auf diese Weise ihre mühsam erkämpfte Unabhängigkeit sicherten.

Es dauerte nicht lang, bis die Probleme der neuesten Nation der Welt sich bemerkbar machten, aber allein um dieser Nacht willen schienen sich die langen Jahre des Kampfes gelohnt zu haben.

Portugiesisch wurde als Staatssprache festgelegt, obwohl nur eine Minderheit der meist älteren Menschen sie sprach. Es gab Probleme mit Wasser, Strom, medizinischer Versorgung, Jugendbanden, die in Dili randalierten, und Auseinandersetzungen mit Australien über Öl- und Gasrechte. Die Menschen hatten jedoch das Gefühl, dass es sich ohne Unterdrückung besser leben ließ.

Ich arbeitete weiterhin in der Klinik, besuchte Patienten, organisierte Schwangerschaftsbetreuung, half beim Ernährungsprogramm für die TB-Patienten und unterernährten Kinder, leistete Geburtshilfe und leitete die abgelegenen Ambulanzkliniken. Einmal wurde ich mit ärgerlich schwammigen Angaben zu einem Kranken gerufen, überbracht von einem Jungen auf einem Fahrrad. Ich sollte nach einem Kind in einem Dorf am Rande von Aileu sehen. Es war gegen zwei Uhr nachmittags, und ich war gerade auf dem Heimweg zum Mittagessen. Der Bote wusste den Namen des Kindes nicht und hatte auch nicht die leiseste Ahnung, worunter es litt, wusste aber, wo der Junge wohnte. Da es in Strömen regnete, lud ich das Fahrrad auf meinen Pick-up, und wir fuhren los. Er brachte mich zu einer sehr düsteren Hütte mit gestampftem Boden in Bandadato. Ein neunjähriger Junge hatte heftige Schmerzen, und sein Atem ging schnell. Er hatte kein Fieber, aber sein Leib war geschwollen und angespannt. Die Diagnose war unklar, aber ich war mir sicher, dass er operiert werden musste.

Ich sprach mit seinen Eltern und Nachbarn, die sich in diesem stickigen Raum drängten, und musste schreien, um mir bei dem prasselnden Regen Gehör zu verschaffen. »Wenn wir was für ihn tun können, dann muss Flaviano nach Dili.« Weder der Junge noch der Vater wollten, dass er dort hinkam. Rita, die Frau des Mannes, hatte bei der Geburt ihres letzten Kindes einen Schlaganfall erlitten, und sie meinten, sie nicht allein lassen zu können. Ich schlug vor, dass die Nachbarn und unsere freiwilligen Hilfskräfte für sie sorgen könnten, während sie weg waren, aber sie forderten: »Geben Sie dem Jungen eine Medizin.«

»Sie sehen doch, der Junge schreit vor Schmerz«, versuchte ich, sie zu überzeugen. »Da stimmt was nicht in ihm drin, in seinem Bauch. Ich habe keine Medizin, die ihm helfen könnte. Es ist nichts Einfaches wie Malaria.«

»Der Junge möchte nicht nach Dili«, erklärte sein Vater.

Ich machte ihm klar: »Sie sind der Vater, er wird gehen, wenn Sie ihn mitnehmen.«

Das Kind schrie und stöhnte unentwegt vor Qual. Ich hatte kein Narkotikum, und es konnte auch keins eingeführt werden, aber es war ohnehin besser, ihm keine Injektion zu geben, da man mich dann beschuldigen könnte, ihn getötet zu haben. Ich spürte, wie ich angesichts der Ausweglosigkeit der Situation wütend wurde. Schließlich willigten sie ein, dass er mit mir nach Dili fahren könne. Es dauerte lang, weil sie dem Jungen frische Kleidung anziehen wollten. Ich flehte sie an: »Auf die Kleider kommt es doch nicht an.«

»Wir können nicht in schmutzigen Kleidern nach Dili fahren«, bestimmte der Vater. Schließlich trug er Flaviano hinaus und bugsierte ihn auf den Rücksitz meines Autos. Ich war erst drei oder vier Minuten auf der schlammigen

Straße durch den Platzregen gefahren, als das Stöhnen aufhörte. Ich hörte sein Todesröcheln. Ich hielt an und drehte mich um. Der Junge war tot, starrte geradeaus und hatte Schaum vor dem Mund. Jeder Wiederbelebungsversuch wäre zwecklos gewesen. Wir kehrten um. Seine geistig etwas zurückgebliebene Schwester rannte fröhlich hinaus in den Regen und rief lachend: »Flaviano ist zurück. Er war nicht lang weg.« Sein Vater herrschte sie wütend an:

»*Is la iha* – er atmet nicht.«

Die Dörfler kamen wehklagend, schreiend und weinend zusammen. Bei einem Todesfall sangen die Frauen eine Geschichte und erzählten das Leben des Menschen. Bei diesem Trauergesang klagte ein Nachbar: »Die Ärztin sagte, es sei nichts, und nun ist er tot.«

Ich lebte allein in einiger Entfernung vom Haus der Schwestern. Ständig kamen Leute an meine Tür. Ich hatte viele Nächte hintereinander nur wenig Schlaf. Eines Donnerstags fuhr ich nicht wie sonst zu der mobilen Ambulanz, weil ich das Gefühl hatte, eine Pause nötig zu haben. Ich hatte vor, den Papierkram zu erledigen, Berichte an die WHO und das World Food Program zu schreiben, damit unser Ernährungsprojekt weiterlief. Ich redete mit einem TB-Koordinator, und die Tür zu meinem Haus stand offen. Eine Gruppe Frauen auf dem Heimweg von der Kirche erspähten mich, und eine Frau näherte sich der Tür und bat mich, nach ihrer kranken Mutter zu sehen. »Bitte suchen Sie die staatliche Klinik auf«, sagte ich. »Wir haben heute geschlossen.«

»Meine Mutter ist zu schwach, um zu laufen.«

»Rufen Sie die Bombeiros. Sie werden sie in die Klinik fahren.«

»Fila, diet! – Dann gehe ich jetzt nach Hause.«

Ich war wütend: »Ihre Mutter ist sehr krank, aber Sie wollen dennoch niemand anderen rufen.« Verärgert begleitete ich sie. Wir fuhren so weit es ging, dann gingen wir zu Fuß über die Felder bis zu einer strohgedeckten Hütte. Die schon betagte Mutter der Frau hatte eine Lungenentzündung. Ich gab ihr Penicillin. Im Haus gab es einen neunjährigen Jungen mit zerebraler Lähmung und schweren Zuckungen. Als ich ging, schenkten sie mir zwei Eier und ein paar Bananen.

Was geschieht hier mit mir?, fragte ich mich. Ich hatte das Gefühl, ein Anrecht auf einen freien Tag zu haben, um einem Zusammenbruch vorzubeugen, aber ich hatte an mich auch den Anspruch, auf die Bedürfnisse dieser Frau einzugehen, ohne verärgert zu sein. Eine Lösung dieses Problems sah ich nicht. Auch wenn ich nicht mehr an die Evangelien glaubte, sah ich in ihnen doch eine Anleitung, wie man sein Leben führen sollte, ein Destillat menschlicher Weisheit, doch ich begann nun selbst, dies anzuzweifeln. Ich konnte Mutter Teresas »Leben in vollkommener Hingabe« oder den Rat der Evangelien, dem zu geben, »der dich bittet« (Matthäus 5, 42), nicht leben, fragte mich aber, ob bedingungslose Liebe und Vergebung möglich waren oder ob sie das Individuum, das diesen Weg zu leben versuchte, vernichteten und zu einem Fußabstreifer machten.

Ich handelte immer noch nach dem Prinzip der MN, wonach das Leben mir etwas abverlangte, und ich verfügte auch über die Kraft und die Fähigkeit dazu. Man hatte mich gelehrt, »um nichts zu bitten und nichts zu verweigern«, »mit einem Lächeln zu nehmen, was immer Er gibt, und zu geben, was immer Er nimmt«. Diese Ratschläge waren im Kontext eines streng kontrollierten religiösen Lebens erteilt worden. Dabei wurde davon ausgegangen, dass die Kraft Gottes zur Verfügung stand. Wenn ich nicht zurechtkam, machte ich etwas falsch. Und obwohl ich meinen Glauben verloren hatte, handelte ich immer noch unter der Voraussetzung des Glaubens: »Ich vermag alles durch den, der mich mächtig macht« (Philipper 4,13).

Der große Hymnus des heiligen Paulus besagt, dass alles heroische Auftreten und sich selbst auferlegte Handeln sinnlos sei, sofern es nicht in der höflichen Liebe geschehe, die »langmütig und freundlich« ist (1.Korinther 13,4). Ich hatte noch keinen Weg gefunden, der mich vor Überarbeitung bewahrte.

Im Oktober 2002 war Captain Rodney Cocks, ein in Aileu stationierter australischer Militäroffizier der Vereinten Nationen, auf Urlaub in Bali. Er hatte gerade Paddys Bar verlassen, um ein Internetcafé aufzusuchen, als es hinter ihm eine Explosion gab und sämtliche Lichter ausgingen. Bald darauf gab es eine zweite, stärkere Explosion. Er rannte zurück in den Sari Club und suchte in dem dunklen, rauchigen Chaos nach seinen Kameraden, die er gerade erst verlassen hatte, und traf auf eine junge Balinesin. Obwohl der größte Teil ihres Körpers verbrannt war, lebte sie noch. Er blieb bei ihr und konnte auch eine Ambulanz für sie auftreiben, die sie ins Krankenhaus brachte, wo man um ihr Leben kämpfte. Viele verkohlte Leichen lagen um ihn herum. Unter ihnen war einer der portugiesischen Friedenswächter aus Aileu. Es war unbegreiflich, dass diese Dinge im Namen Gottes geschehen konnten, aber die Geschichte ist übersät mit ähnlichen Akten religiöser Gewalt. Nachdem ich davon gehört hatte, dachte ich: *Glauben hat Konsequenzen. Eine Wahrheit ist nicht gleich der anderen. Es ist besser, sich auf das zu beschränken, was man wissen und beweisen kann, als schreckliche Fehler in Gottes Namen zu riskieren.*

Ich hatte vorgehabt, 2003 für ein weiteres Jahr in Osttimor zu arbeiten, aber Judy schrieb mir in einer E-Mail, dass es Mama schlecht gehe und der Arzt sie darum gebeten habe, ihren Führerschein abzugeben, weil er davon ausging, dass sie an Alzheimer erkrankt war. Sie hatte ihre Handtasche verloren, vergessen, den Herd auszumachen, und konnte sich nicht mehr erinnern, wie sie von den Geschäften zurück nach Hause kam, ein Weg, den sie Hunderte Male zurückgelegt hatte.

Bereits einen Monat später brach ich einigermaßen abrupt auf. Der Abschied von den Schwestern fiel mir schwer, da ich drei Jahre in Osttimor gewesen war und ich sie als Teil meiner Familie ansah.

Wieder zurück in Australien, fiel es mir schwer, mich an das »normale« Leben zu gewöhnen. Es ist so einfach, heiße Duschen, Kühlschränke, Wasser aus dem Wasserhahn, zuverlässige Elektrizität, Supermärkte voll frischer Lebensmittel als gegeben hinzunehmen, aber gleich nach meiner Rückkehr fand ich das alles wunderbar.

Meine Schwester war mit ihren vier Kindern an die Central Coast gezogen, und Mama besaß ein Apartment für Selbstversorger in einer Seniorenwohnanlage in Bateau

Bay, New South Wales. In diesem Komplex gab es zwei Stufen der Pflege – die Wohneinheiten für die, die noch selbstständig für sich sorgen konnten, und einen Wohn-/Pflegebereich, wo die Bewohner mit Mahlzeiten und der jeweils benötigten Pflege versorgt wurden. Wegen ihres nachlassenden Erinnerungsvermögens fiel es Mama schwer, zu kochen und einzukaufen, und sie beschloss deshalb, aus ihrem Apartment aus- und in den Wohn-/Pflegebereich der Seniorenanlage einzuziehen. Judy und ich halfen ihr beim Umzug, aber es war nicht leicht, ihr Leben in ein kleines Zimmer hineinzustopfen, sie hatte so viele Dinge, die durchgesehen werden mussten: Bücher, Fotoalben, Töpferutensilien, Farben, Kunstbände, ein Spinnrad, Stoff und eine Nähmaschine. Ich wollte sie auf diesem letzten Teil ihrer Lebensreise begleiten, wie sie mich auf meiner begleitet hatte. Mein Auto und alles, was ich besaß, hatte ich in Osttimor gelassen, und ich musste eine Bleibe finden. Ich fand eine Souterrainwohnung in Bateau Bay in der Nähe von Mamas Einrichtung, zog für eine paar Monate dort ein und überlegte, wo ich arbeiten konnte.

In Osttimor hatte ich einiges über christliche Meditation gelesen, eine stille Form des Gebets, die auf der Wiederholung eines einzelnen Satzes beruhte, eine Technik, die ich als MN hilfreich gefunden hatte. Von Timor aus hatte ich mich per E-Mail für eine Klausur in Ballarat bei dem britischen Benediktinermönch Lawrence Freeman angemeldet. Da Menschen verschiedener Glaubensrichtungen daran teilnahmen, dachte ich, dort vielleicht Antworten zu finden. In der Stille der Klausur jedoch waren meine Gedanken in Aufruhr.

Während ich mir Lawrences Reflexionen zu den Geschichten der Evangelien anhörte, stellte ich fest, dass sie mir nicht mehr halfen. Ich glaubte einfach nicht mehr. In unserer Zeit rufen Seefahrer, wenn sie in einem kleinen Boot in ein schweres Unwetter geraten, Gott womöglich an, um dann doch zu kentern und zu ertrinken. Tote kleine Mädchen bleiben tot. In den Evangelien rügte Jesus uns oft wegen unseres mangelnden Glaubens und unserer Furcht. Darauf folgte dann immer ein Wunder, um die Glaubenslektion zu festigen, aber heute geschehen keine Wunder. Immer wieder ging ich mit mir ins Gericht.

Diese Dinge hat es natürlich nicht gegeben; magisches Denken ist etwas für Kinder; Gott ist kein Zauberer.

Schön, aber warum haben die Evangelien ihn dann als solchen dargestellt? Wenn diese kleineren Wunder symbolisch gemeint sind, gab es dann die Auferstehung? Wenn diese nicht in irgendeiner Form stattgefunden hat, es also kein Leben nach dem Tod gibt, fällt das Christentum in sich zusammen.

Wieder fragte ich mich, ob es wirklich Grund dafür gab, in Hoffnung zu sterben. Welche Fragmente des Evangeliums waren »wahr« im Sinne eines wirklichen Geschehens oder als zuverlässiger Führer für die Lebensreise?

Ich hatte erlebt, wie die Bibel benutzt wurde, um Leute, vor allem Frauen, zu ermutigen, sich eine Behandlung gefallen zu lassen, die sie nicht erdulden sollten. Man riet ihnen, ihr Kreuz zu tragen und sich im Leiden »darzubringen«, als ob Gott von uns verlangte, sich in Seinem Namen gefallen zu lassen, dass einen Rüpel schikanierten. Viele Christen auf den Philippinen und in Osttimor ertrugen ihre schlechte Behandlung auf diese Weise und hofften auf ein besseres Leben im zukünftigen. Mein Glaube verließ mich nach und nach.

Nach meiner Heimkehr suchte ich in Ourimbah einen Arzt auf, weil ich an der timorischen Version eines Delhi-Bauchs und schmerzenden Gelenken litt. Als ich aus der Praxis kam, hatte ich einen Job. Es dauerte ein paar Monate, bis ich mein Vertrauen in die Arbeit als praktische Ärztin wiedergewonnen hatte, denn sie unterschied sich hier sehr von der im australischen Outback oder in den Bergen Osttimors. Wenn ein Patient kam, der über Schmerzen hinter den Augen klagte, dachte ich als Erstes immer an Denguefieber, obwohl an der Central Coast eine Sinusitis sehr viel verbreiteter war. Ich frischte meine Kenntnisse über Menopause, Antidepressiva und Gewichtsreduzierung auf und gewöhnte mich langsam wieder an das Leben in Australien.

Ich zog aus dem Apartment aus und kaufte mir zusammen mit meiner Schwester ein Haus auf einem großen Grundstück. Heute lebe ich in der Erdgeschosswohnung, und Judy und die Kinder wohnen oben. Wir richteten für Mama ein Zimmer ein, damit sie uns an den Wochenenden besuchen konnte, aber nach zwei Jahren schaffte sie es nicht mehr, ins Auto ein- oder auszusteigen, und die Veränderung ihrer Umgebung verängstigte sie zu sehr.

Wir haben einen großen Garten, und die Buschhühner richten viel weniger Schaden an als die timorischen Wasserbüffel, die meine Versuche vereitelt hatten, in Timor einen Garten anzulegen.

Ich führe ein zufriedenes, erfülltes Leben, obwohl ich mich in mir nicht vertrauten gesellschaftlichen Situationen immer unbehaglich fühle, wenn das Gespräch auf mich kommt: »So, genug von mir, was ist mit Ihnen? Haben Sie Kinder?«

»Nein, habe ich nicht.«

»Aber Sie sind verheiratet?«

»Nein.« Darauf folgt peinliches Schweigen, oder die Person entfernt sich sogar. Worüber könnte man sonst reden?

Wie ich höre, karikiert man den praktischen Arzt gern als jemand, der nur Husten und Erkältungen behandelt, aber das ist weit gefehlt. Es ist ein Beruf, bei dem man vielen schrulligen Charakteren und Menschen begegnet, die körperlich und seelisch ums Überleben kämpfen.

Manchmal kehre ich nach Osttimor zurück, um die Klinik und die Schwestern zu besuchen. Der anderthalb Stunden dauernde Flug von Darwin nach Osttimor verschiebt auf dramatische Weise die Lebenswirklichkeiten. Die Reise in einem Passagierflugzeug, in dem Drinks und Schokoriegel verteilt werden, ist weitaus bequemer als in dem rumpelnden Militärtransporter. Die Zeitung von Darwin hat die immergleiche Schlagzeile eines weiteren Krokodilangriffs, während die *Timor Post* von timorischen Studenten berichtet, die zum Medizinstudium nach Kuba gehen. Neun kubanische Ärzte arbeiten nun in unserem kleinen Distrikt, aber medizinische Hilfe ist immer noch schwer zu bekommen.

Sara machte im April 2006 ihren Abschluss in Kunst

und Erziehung an der University of New Castle. Bald darauf kehrte sie in das chaotische Dili zurück, um dort an ihrer alten Schule zu unterrichten. Bruder Dan, der Sara und viele andere in die Freiheit befördert und ihr zu ihrem Studium in Australien verholfen hatte, wurde bei einem Motorradunfall schwer verletzt und bekommt seitdem seine Umgebung nicht mehr mit.

Gewalt im Inneren trägt zur weiteren Erschütterung Osttimors bei. Es gab so viel Hoffnung, als die timorische Flagge auf dem Fußballfeld von Aileu zum ersten Mal gehisst wurde, aber es braucht mehr als Reden und Feuerwerke, um eine Nation aufzubauen. Ich hoffe, Osttimor findet die Führung, die es verdient. Menschen an der Macht verlieren leider sehr oft den Kontakt zur Not der Armen. Jene, die gegen ihre Nachbarn gewalttätig geworden waren, hatte man nicht dafür zur Verantwortung gezogen, und Arbeitslosigkeit und Armut säen weiterhin die Saat der Armut. Es ist so einfach, alles niederzureißen und zu zerstören, aber es braucht Jahre, ein neues Land aufzubauen und zu hegen. Wir neigen dazu, auf das Drama und die Krise zu reagieren, aber die stillen Tode all jener zu übersehen, die sterben, weil es keine Straße oder kein Wasser gibt.

14

»Ich werde der Mutter Kirche Heilige geben.«

»Er hat mich geführt und gehen lassen in die Finsternis und nicht ins Licht ... Du hast Dich mit einer Wolke verdeckt, dass kein Gebet hindurchkonnte.«
Klagelieder Jeremias 3,2 und 44

Ich weiß nicht, was mich dazu veranlasst hat, im Oktober 2003 zur Seligsprechung von Mutter Teresa nach Rom zu fahren.

Im antiken Herzen der Ewigen Stadt spazierte ich über das Kopfsteinpflaster durch den Titusbogen aufs Forum, wo man Laurentius gegrillt hatte, weil er gesagt hatte, die Armen seien der Schatz der Kirche. Das Kolosseum und die nackten Katakomben legen Zeugnis von einem Volk ab, das voller Hoffnung gestorben ist.

Die *Scavi* oder Ausgrabungen tief unter dem Vatikan haben eine kleine Stadt mit alten Straßen und Fresken zutage gefördert, die sich in ihrem Originalzustand erhalten hat, begraben aufgrund von Erdarbeiten, die unter Konstantin, dem Kaiser aus dem vierten Jahrhundert, ausgeführt wurden, der die erste Basilika von St. Peter errichtete. Konstantin hat das Kreuz falsch interpretiert und es als Schlachtenstandarte benutzt. Vielleicht hatte er die Evangelien nicht gelesen. Seine Basilika begrub eine kleine Stadt und einen Knochenhaufen, die zu einem Mann namens Petrus gehörten, zusammen mit einem schmucklosen Idealbild.

Der auf dem Grundriss der von Konstantin erbauten Basilika errichtete barocke Petersdom war tatsächlich prächtig mit seinem Marmor, Messing und Gold, stand aber in starkem Kontrast zu den Ermahnungen der Evangelien: »Verkaufe alles, was du hast, und gib's den Armen, so wirst du einen Schatz im Himmel haben, und komm und folge mir nach.« (Lukas 18,22) Ich wollte am Fuß einer Säule ein wenig ausruhen, aber ein Wächter sagte mir, ich solle aufstehen. Christus sagte: »Kommet her zu mir, alle, die ihr mühselig und beladen seid; ich will euch erquicken.« (Matthäus 11,28) Mag ja sein, aber nicht hier. Die Basilika war kein heiliger Ort. Es war ein regnerischer Tag, also stellte ich mich an, um in die Kuppel von St. Peter zu entfliehen, wo ich in Augenhöhe des Buntglasfensters stand, das den Heiligen Geist abbildete. Es fiel nur wenig Licht in die dunkle Kirche.

Am Tag der Seligsprechung war ich zeitig auf und stellte mich in die Schlange, um mir einen guten Standort auf dem Petersplatz zu sichern. Bei meiner Ankunft in Rom hatte ich Schwester Regina angerufen und mit ihr vereinbart, mich gleich nach der Seligsprechung mit ihr zu treffen, doch sie war zusammen mit den anderen MNs im vorderen Bereich des Platzes und ich im hinteren Teil neben einem der Brunnen. Uns trennte ein undurchdringliches Menschenmeer, eingedämmt durch provisorische Metallgitter.

Nach der Zeremonie zur Seligsprechung hielt ich mich

im Umfeld des Doms auf, weil ich hoffte, einige Schwestern zu treffen, die ich kannte. Sie waren zum Mittagessen alle ins Paul VI. Auditorium gegangen, und farbenprächtige Schweizer Garden sicherten den Eingang. Ohne Ausweis kam keiner hinein. Also wartete ich vor dem Tor zum Auditorium und hoffte, jemanden zu treffen, der für mich eine Nachricht an Schwester Regina überbringen konnte. Meine Tertianerlehrerin näherte sich dem Tor. Ich rief sie beim Namen. Sie sah mich argwöhnisch an. Ich sagte: »Tobit.«

Es war eine peinliche Situation. »Hallo, wie geht es?«, fragte ich.

»Gut, ich bin im Aufbruch«, erwiderte sie.

»Kannst du mich reinlassen?«

»Nimm einfach diesen Ausweis, dann lassen sie dich rein.« Es war ihr eigenes Ticket mit dem blauen Erkennungsmerkmal, das mich als MN-Schwester aus der Gemeinschaft von Primavale auswies.

Die Schweizer Garde achtete nicht darauf, dass ich kein Habit trug, da ich im Besitz eines Ausweises war. Ich betrat das Auditorium, wo Hunderte von Schwestern vieler Nationalitäten sich versammelt hatten. Anfangs erkannte ich niemanden, aber dann entdeckte ich Schwester Regina, die mit der für sie typischen Energie den Gang entlangeilte. Bevor sie nach Rom kam, hatte sie in einem abgelegenen Teil von Tansania gelebt, nahe der Grenze zu Ruanda. Die aufgedunsenen Leichen, die nach den tragischen Massakern die Flüsse und Wasserfälle hinuntertrieben, hatten ihr arg zugesetzt. Sie hatte sich um Menschen mit Aids im fortgeschrittenen Stadium gekümmert, die in von den Schwestern und Dorfbewohnern errichteten Lehmhütten lebten.

Wie erhofft, traf ich viele der Frauen, die ich während meiner Zeit im Orden kennengelernt hatte, obwohl ich enttäuscht feststellen musste, dass Gabrielle, Naomi und Ling der Seligsprechung nicht beigewohnt hatten.

Am Nachmittag sah ich die Premiere von *Mother Teresa: The Legacy*, ein Film von Ann und Jeanette Petrie. Die Filmvorführung verzögerte sich durch eine amerikanische Politikerin, die dem republikanischen rechten Flügel zuzuordnen und begeisterte Bush-Anhängerin war und von einem amerikanischen Erzbischof vorgestellt wurde. Anstatt kurz den Film anzukündigen, erzählte sie über eine halbe Stunde lang von Präsident Bushs Agenda für die Welt und sagte wenig über Mutter Teresa. Selbst Schwester Regina war verärgert. Als der Film dann endlich losging, sah man Archivaufnahmen von Mutter Teresa, die direkt in die Kamera sprach, dazu Filme aus ihrem Leben. Sie hatte noch dieses »gewisse Etwas« – das Leuchten in ihren Augen, ihr Lächeln. Als eine Frau der Tat hatte sie auf eine leidende Welt reagiert, ein Mensch ihrer Zeit. Zum ersten Mal jedoch entdeckte ich das Aufblitzen ihres Egos, als sie vor den männlichen Geistlichen, die ihr Hindernisse in den Weg legten, ihre Sache verteidigte und auf die Errungenschaften ihres Ordens hinwies.

Zwei Tage vor der Seligsprechung Mutter Teresas sollte Johannes Paul II. mehrere Männer, darunter auch den Erzbischof von Australien, George Pell, zu Kardinälen ernennen. Im *L'Osservatore Romano* forderte der Papst alle diese Männer auf, Bischöfe der Seligpreisungen zu sein, wie es das Evangelium für die Armen im Geiste, die Barmherzigen und diejenigen reinen Herzens vorsieht. Am Welternährungstag ermahnte er die Christen, sich für die Hungernden in der Welt einzusetzen. Nach der Messe zur Feier der Elevation der Kardinäle in ihren fürstlichen Rang drängten sich viele Menschen auf dem Pflaster gleich hinter den Kolonnaden des Petersplatzes. Ein neues Mercedesmodell mit Chauffeur und einem aristokratischen Kardinal in seiner roten Robe als Passagier raste von den Feierlichkeiten davon und hätte beinahe ein paar Gläubige über den Haufen gefahren. *So stellte ich mir eine Seligpreisung nicht vor.* Es gab Kirchenvertreter, deren Verhalten paradox war, sie priesen das in den Evangelien verankerte Ideal der Armut und den Dienst an den Armen, handelten aber nicht danach.

Von Rom aus fuhr ich weiter nach Assisi, der Heimat des heiligen Franziskus, des Helden meiner Kindheit. Als ehemaliger Soldat wurde er zu einem Mann des Friedens, der Armut und ein Naturliebhaber. Obwohl durch die wunderschöne Stadt mit ihren Steinmauern die Touristen strömten, bewahrte sie seinen Geist. Unser Gästehaus befand sich gegenüber der Basilika San Francesco mit Blick auf das umbrische Tal. Die Kuppel der Basilika von Santa Maria degli Angeli leuchtete in der Ferne. Sie umschloss die winzige Kapelle von Portiuncula, wo Franziskus gestorben war. Wenn der Glockenklang sich im Tal ausbreitete, erstrahlte der Kreuzgang vor der Basilika des heiligen Franziskus im goldenen Schein der untergehenden Sonne. Ich stand in der Morgendämmerung auf und ging über das Steinpflaster zur Basilika. In den Blumenbeeten, die den Rasen des Vorhofs umgrenzten, stand PAX – FRIEDEN. Um diese Tageszeit waren keine Touristen unterwegs. Ich umrundete ungestört die riesige Kirche, während die Mönche in ihren braunen Kapuzenkutten die Morgenandacht in einer Seitenkapelle sangen. Ich musste an meinen Onkel Toby denken und stieg dann hinab in die Krypta, in der Franziskus begraben war, um dort ganz still eine Weile sitzen zu bleiben und den Code des Lebens zu knacken, dem Unverständlichen einen Sinn zu geben.

Im frühmorgendlichen Sonnenschein stieg ich die schmalen gepflasterten Gassen hoch. Geranientöpfe, Mosaike der Muttergottes und Friedensfahnen in Regenbogenfarben schmückten die Fassaden der Häuser. Hinter den Bogentoren der Stadtmauer säumten farbenfrohe Herbstbäume die Straße, die zu einem Olivenhain führte, der San Damiano umgab, wo Klara, die Franz gefolgt war, ihr karges Kloster hatte. Im späteren Verlauf des Tages stieg ich weiter hinauf auf den Hügel zu der schlichten Einsiedelei aus Stein, die um die Höhle herum erbaut war, in die Franz sich zum Beten geflüchtet hatte. Die Tauben auf dem Ziegeldach gurrten leise. Unter uns floss der Bach unter der gebogenen Steinbrücke hindurch und weiter in ein kühles Waldgebiet. Der Geist von Franz klang noch immer in mir nach.

In anderen Städten wie Venedig, Siena, Ravenna, Florenz und Padua sah ich, wie die Kirche ihre Heiligen, die in ihrem Leben allem Materialismus abgeschworen hatten, ehrte, indem sie Teile ihres Körpers in goldenen Reliquienschreinen verwahrte und um ihre Gräber Basiliken errichtete. Als ich nach Rom zurückkehrte und durch die vatikanischen Souvenirshops schlenderte, fiel mir auf, dass auch Mutter Teresa feilgeboten wurde. Statuen und Medaillons waren ihr zu Ehren gegossen worden, und Stücke ihres Habits in laminierten Karten wurden als Reliquien vertrieben.

Auf dem Campo dei Fiori, dem Blumenmarkt, dachte ich darüber nach, wieso die Vertreter einer Kirche auf eine Weise handeln können, die ihren eigenen Lehren absolut konträr war. Damals um 1600 band die Kirche, die sich das »Liebe deine Feinde« auf die Fahne geschrieben hat, den nackten, geknebelten Dominikanermönch Giordano Bruno auf einen Scheiterhaufen und verbrannte ihn im Namen Gottes bei lebendigem Leib. Sein Verbrechen bestand darin, dass er Zweifel an den katholischen Doktrinen wie etwa der Eucharistie hatte und dem kopernikanischen Weltbild, wonach die Erde sich um die Sonne dreht, nicht abschwor. Seine düster brütende Statue beherrscht die Stände der Blumenverkäufer.

Ich traf mich mit Schwester Regina und half ihr ein paar Tage lang, eine Abendmahlzeit für heimatlose und staatenlose Menschen auszurichten, die in einem Kellerraum in Nähe der Stazione Termini verteilt wurde. Einige Männer, hauptsächlich aus Osteuropa und Russland, bekamen auch ein Bett in einem angeschlossenen Gebäude, dem Obdachlosenheim vergleichbar, das wir gemeinsam in Melbourne geführt hatten. Tagsüber führte Schwester Regina mich durch San Gregorio, wo sich die Schwestern um gebrechliche und bedürftige Männer kümmerten, die in einem Klostertrakt in Nähe des Kolosseums und der Ruinen der Diokletianthermen aus dem Jahre 306 v. Chr. untergebracht waren. Die Schwestern hatten die Hühnerställe und Vorratsräume der Mönche in ein Kloster verwandelt.

Ironischerweise benutzten die Schwestern in Rom Computer, um an Mutter Teresas Heiligsprechung zu arbeiten. Ich bin mir sicher, dass sie das nicht für gut befunden hätte, und ich sehe sie direkt vor mir, wie sie hineinstürmt und die Kabel herausreißt. »Schwestern, wir haben uns dafür entschieden, diese Dinge nicht zu benutzen«, würde sie sagen. »Ihr solltet euch schämen, reicher als Christus und unsere Leute zu sein.«

In ganz Rom warben Flugblätter für Fabrizio Costas Filmversion von *Mutter Teresa,* die von Olivia Hussey gespielt wurde. Als ich den Film später in Australien sah, empfand ich ihn als misstönend. Eine weitere Hauptrolle übernahm darin ein Priester, der eine sehr enge Beziehung zu Mutter und den Schwestern hat, mir war jedoch nicht klar, wen dieser repräsentieren sollte. Er aß im Film regelmäßig im Refektorium der Schwestern, was im wirklichen Leben nie vorkam. Der Film stellte alle Auszubildenden, die den Orden wieder verließen, als verdorbene Frauen hin, die nicht über das nötige Rüstzeug verfügten.

Nachdem ich den Orden verlassen hatte, war ich wie ein Mensch gewesen, der sich ohne Kompass zurechtfinden muss. Die ultimative Frage für mich lautete, ob Liebe oder Chaos das Universum regiert. Mutter erfuhr Dunkelheit und Schatten in ihrem Leben, Leere und das Gefühl der Nutzlosigkeit, und diese Erfahrungen waren echt und keine erfundene spirituelle Versuchung.

Anders als Mutter kam ich zu dem Schluss, dass es keine göttliche Anwesenheit gibt, die alles richtet. Nur die Liebe der Menschen und die Schönheit der Natur geben uns Hoffnung. Wir müssen ihn aushalten, wie Mutter gesagt hat, »diesen schrecklichen Schmerz des Verlusts … dass Gott nicht Gott ist, Gott nicht wirklich existiert«. Was am Ende zählt, ist, dass wir versucht haben, einander zu lieben.

Mutter erinnerte mich an den Maori-Häuptling in dem neuseeländischen Film *Whale Rider*. Er war vornehm in der reichen Tradition seiner Vorfahren erzogen worden, aber diese alten Lehren machten ihn auch engstirnig. Er war blind für die Fähigkeiten seiner Enkelin, weil in seiner Vorstellungswelt diese Qualitäten bei einem Mädchen nicht vorkommen konnten. Die katholischen Glaubenstraditionen und die Spiritualität, die Mutter übernommen hat, waren zugleich ihre Stärke und ihre Schwäche. Sie war eine Visionärin, aber die Tradition machte sie für einige Bereiche blind. Viele Frauen hatten Schaden genommen, indem sie versuchten, ihr zu folgen, und den Orden verwirrt und desillusioniert, zornig und niedergeschlagen verlassen. Andere mühten sich, dem treu zu bleiben, wovon sie glaubten, dass Gott es so wollte. Für einige ging diese Treue auf Kosten ihrer eigenen Persönlichkeit.

Die repressive Disziplin im Orden hat einigen seiner Mitglieder geschadet, aber auch den Armen, denen zu helfen er sich verpflichtet hat. Wir neigen dazu, andere so zu behandeln, wie wir selbst behandelt wurden, und die Missionarinnen der Nächstenliebe wurden von einer ganzen Reihe von Skandalen erschüttert. So wurde beispielsweise eine Schwester strafrechtlich belangt, weil sie die Hand eines Kindes verbrannt hatte. Solange die menschlichen Bedürfnisse der Schwestern nicht anerkannt werden und es ihnen nicht erlaubt ist, selbst zu denken und zu lernen, wird es auch diese Probleme geben. Mutters Nachfolgerin,

Schwester Nirmala, steht in dem Ruf, mitfühlend zu sein und einen Weg des gegenseitigen Respekts und der Verantwortung eingeschlagen zu haben. Aber im Kern von Mutter Teresas Orden steckt ein Paradox. Couragiertes Mitgefühl war die Tarnung für eine Organisation, die blinde Unterwerfung und Unterdrückung des Intellekts verlangte. In meiner Zeit bei ihr habe ich gelernt, alle Ideen einer Prüfung zu unterziehen, darunter auch die Wertvorstellungen, die meine Kultur mir bei meiner Geburt mitgegeben hat, und den vorherrschenden Sittenkodex und die Vorurteile zu hinterfragen, die jede Gesellschaft durchsetzen. Güte kommt nicht durch Gehorsam, sondern indem man sich selbst mutig treu bleibt. Ich habe gelernt, auf der Hut zu sein, wann immer eine Gruppe von mir fordert, mich meiner Vernunft zu entledigen.

Mein Besuch in der Heiligen Stadt trug zu einer weiteren Lockerung des Glaubens bei, auf den ich mein Leben gegründet hatte. Meine Überzeugungen hatten mich vor der Verzweiflung bewahrt, selbst wenn ich oft Angst hatte, sie könnten nicht stimmen. Ich hatte auch immer gedacht, die Gesellschaft sei ärmer ohne die Ideale, die Empathie und die im Christentum verankerte Ethik, von der Kunst, Architektur und Musik inspiriert wurden. Aber wenn es einen Gott gibt, dann ist dieser Gott Liebe und Wahrheit, und ER/SIE müsste keine Angst vor Fragen unseres winzigen menschlichen Intellekts haben. Für die Kirchen und andere Zentren der Religiosität ist es an der Zeit, auf blinde Anhängerschaft und Zustimmung zu verzichten, denn die Menschen können ihre Sinne nicht mehr länger dem Irrationalen unterordnen. Wie kann beispielsweise die Verwendung eines Kondoms schlimmer sein, als andere mit AIDS anzustecken? Die Kirche benutzt die Waffen der Zensur und der Exkommunikation, um Abweichler zum Schweigen zu bringen. Das ist unnötig, denn die Wahrheit kann sich in einer offen geführten Debatte sehr wohl selbst verteidigen.

Das wissenschaftliche Credo lehrt uns, dass vor vierzehn Milliarden Jahren das absolute Nichts war. Unerklärlicherweise tauchte dann ein äußerst heißes, dichtes »Etwas« – Materie – auf, explodierte und weitete sich zu der beinahe unendlichen Masse des Kosmos aus. Vor etwa vier Milliarden Jahren begann sich unser kleiner unbedeutender Planet abzukühlen. Atome verbanden sich, Moleküle bildeten sich. Durch willkürlichen Zufall und natürliche Auslese entwickelte sich Leben, komplex und schön, in seinen unzähligen Formen. Es fällt schwer hinzunehmen, dass diese raffiniert strukturierte Welt ein Zufallsprodukt war, dass der Mensch das Ergebnis unbelebter, gleichgültiger evolutionärer Kräfte ist, eine Ansammlung von Molekülen, die es so weit gebracht haben, sagen zu können: »Ich bin.« Meine Gedanken zielten darauf, dass Gott womöglich die Lücke zwischen dem Nichts und dem Sein überbrückt hat.

Die Welt ist wunderbar, aber auch gleichgültig. Unschuldige werden verletzt, verhungern, werden durch Krankheiten vernichtet. Die Sanftmütigen erben die Erde nicht, sie sind enteignet. Mag ein Spatz auch nicht zu Boden zu fallen, ohne dass der Himmlische es weiß, scheint das bei Millionen von Kindern anders zu sein. Die christliche Antwort lautet, es gibt Hoffnung jenseits des irdischen Leids im Versprechen und in der Glückseligkeit des ewigen Lebens, und Tod und Leiden seien Irrtümer, die durch die Sünde in die Welt gekommen sind. Klar ist jedoch, dass jedes Lebewesen seine ihm bemessene Lebensspanne hat; Verfall und Krankheit waren immer schon Teil der Weltordnung. Zerstörung ist eine unausweichliche Folge der naturimmanenten Kräfte. In der Tierwelt gehören Beuteverhalten und Leid zum Netz des Lebens. Und nichts davon ist eine Folge von Sünde, wie es das Christentum erklärt.

Wenn man den Eckstein der Auferstehung herausschlägt, fällt das ganze Hoffnungsgebäude in sich zusammen. Jeglicher Glaube an eine irgendwie geartete Form göttlicher Anwesenheit wurde mit dem Tsunami am 2. Weihnachtstag 2004 gründlich weggespült. Ohne Glauben kam ich mir vor wie auf einer beschwerlichen Reise mit falschem Kartenmaterial – verloren.

Als ich auf der Suche nach einem glaubwürdigen Standpunkt die alternativen Glaubenssysteme durchforstete, stieß ich auf Deismus, Atheismus, Hedonismus und Konsumismus, die allesamt unbefriedigend waren, und entwickelte mich nach und nach zu einer Agnostikerin. Aufgrund unseres begrenzten Wissens hielt ich die absolute Gewissheit, dass es keinen Gott gab, für unmöglich. Glaube war mein Wesenskern – ohne ihn fühlte ich mich hohl.

Trotz des Hohngelächters all jener Intellektuellen, die sich über die »Religionsfanatiker« lustig machen und Religion zum Virus und »Wurzel *allen* Übels« erklären, kann Glaube schön sein. Ich habe diese Schönheit erfahren. Glaubt Richard Dawkins denn allen Ernstes, dass es ohne Religion das Böse auf der Welt nicht gäbe? Wollen diese eifrigen Atheisten die zahllosen heroischen und aus Mitgefühl geborenen Taten religiöser Menschen als wertlos und krank abtun? Der Frieden in der Einsiedelei von Assisi, der gregorianische Gesang, die großen Sakralbauten der Welt sind Ausdruck einer Schönheit, die aus den Tiefen der Seele hervorsprudelt – sie sind harmonisch und nicht pathologisch.

Ich teile nicht die anmaßende Zuversicht der Wissenschaftler, die uns lehren, dass die Wissenschaft zu gegebener Zeit alle Fragen des Lebens beantworten werde. Womöglich gibt es gar keine Antworten auf die Fragen, warum wir leiden und sterben, doch wie der Auschwitz-Überlebende Victor Frankl lehrte, hängt die mentale Gesundheit eines Menschen davon ab, ob er einen Sinn im Leben findet. In irgendeiner Form ist der Glaube menschlichen Kulturen immanent. Das Gehirn selbst hat sich dahin entwickelt, Glaubensinhalte zu erschaffen; es muss an etwas glauben, wenn nicht an eine Gottheit, dann zumindest an Fakten und Ideen. Ich fürchte, dass durch die Niederlage des despotischen Deismus ein chaotischer, egozentrischer Materialismus freigesetzt wird. Im Schlamm religiöser Scheinheiligkeit und Intoleranz sind Goldstücke begraben, aus denen sich Reflexionen und Erfahrungen von Tausenden von Jahren herauslesen lassen. Wir verzichten auf diese Einsichten auf eigene Gefahr. Das Glück lässt sich nicht so einfach packen – es muss erst in Liebe, Dienst und Mitgefühl gesteckt werden, ehe es wahrhaft erworben werden kann.

Zwanzig Jahre lang hatte ich so weitergemacht wie in meiner Ordenszeit und niemals irgendwo dazugehört. Die Überzeugungen, die mein Leben gestützt hatten, waren weggebrochen. Ich war an einem einsamen Ort gestrandet und suchte noch immer nach einem Ausweg. Eins weiß ich aber mit Gewissheit, dass die Kluft zwischen den Reichen und den Armen ein kritisches Problem für unsere Welt darstellt. Extreme Armut ist der Feind des Friedens. Wir vergeuden mehr, als wir geben. Der Reichtum, der uns zufließt, verseucht, wenn wir ihn nicht kontrollieren, die Welt und wird uns zerstören.

Vor langer Zeit schon ermahnten die Propheten die Reichen: »Brich dem Hungrigen dein Brot, und die im Elend ohne Obdach sind, führe ins Haus! Wenn du einen nackt siehst, so kleide ihn und entzieh dich nicht von deinem Fleisch und Blut. Dann wird dein Licht hervorbrechen wie die Morgenröte … und dein Dunkel wird sein wie der Mittag.« (Jesaja 58, 7–8,10)

Selbst heute haben wir diese Lektion noch immer nicht gelernt. Es klingt so einfach: »Denn ich bin hungrig gewesen, und ihr habt mir zu essen gegeben …« (Matthäus 25,35) – aber es kann auch zu Problemen führen, wie eine durch Hilfe bedingte Abhängigkeit und Bevormundung. Ich weiß, dass die elf Jahre, in denen ich mich bemüht habe, nichts weiter als ein Tropfen waren, der im Ozean der Not verschwand, ohne die Oberfläche zu kräuseln. Und auch nachdem ich die MNs verlassen hatte, war es mir schwergefallen, eine Balance zwischen Geben und Nehmen zu finden, zwischen den Bedürfnissen der anderen und meinen eigenen. Das Friedensgebet des heiligen Franziskus, das ich als MN immer wieder aufgesagt habe, fordert uns auf, eher zu lieben, anstatt geliebt zu werden, eher zu geben, anstatt zu bekommen. Ich fühlte mich schuldig, dass ich meine Liebe wenigstens manchmal erwidert haben wollte. Und ich stellte mir die Frage, ob es ethisch vertretbar war, mich in den Ferien oder bei einer Reise nach Übersee zu vergnügen, während andere Hunger litten. Wenn ich diese Gedanken unterdrückte, lief ich Gefahr, ins andere Extrem zu verfallen und mich von den Armen ganz abzuwenden.

Ohne den Glauben an ein Leben nach dem Tod wird die Suche nach einer gerechten Welt umso dringlicher. Die Aufgabe, die wir einst Gott übertragen haben, wird nun zu unserer. Anstatt für die Hungrigen und für den Frieden zu beten, muss jeder von uns sich entscheiden, was er tun kann, um die Probleme von Hunger und Krieg anzugehen. Wie Mahatma Gandhi sagte: »Sei du die Veränderung, die du in der Welt zu sehen wünscht.« Der Himmel ist eine heimtückische Idee, die den Tod für die Politiker und Generäle, die die Armeen dieser Welt befehligen, akzeptabler macht und für die Selbstmordbomber, die sich und andere töten in der Hoffnung, ins Paradies zu kommen.

Ich habe meinen Pazifismus revidiert, der auf der Ermahnung der Evangelien beruhte, seine Feinde zu lieben, und kam zu dem Schluss, dass die Menschen Gewalt anwenden müssen, um sich vor völkermörderischer Wut zu schützen. Wie können wir angesichts des Holocaust, von Ruanda oder Pol Pot passiv bleiben? Wieso sollten die Timorer nicht auf den Tod Zehntausender während der indonesischen Besatzungszeit reagieren? Das Dilemma war nur, wie man auf das Böse reagieren soll, ohne selbst böse zu werden.

Sinn finde ich nun in der Schönheit und in der Freundschaft, aber ich weiß, dass diese so kurzlebig sind wie ich selbst. Wahrhaftig und mitfühlend zu leben, lautet das Credo meines spirituellen Agnostizismus. Ohne die Hoffnung, die sich auf ein Leben nach dem Tod gründet, bleiben einem als einzige Mittel für den Umgang mit dem ultimativen menschlichen Mysterium von Leid und Tod Stoizismus, Courage und Mitgefühl. Unsere Zivilisation muss sich als Erste mit dem Leben und dem Tod ohne religiöse Überzeugungen und Zeremonien auseinandersetzen. Obwohl der religiöse Glaube in unserer Gesellschaft noch immer eine Rolle spielt, können immer mehr Menschen nicht mehr glauben, und dies wird unsere Kultur und die Art und Weise, wie wir unsere Kinder unterrichten und wie wir mit den großen Herausforderungen des Lebens umgehen, tiefgreifend verändern. Meine Mutter wünscht eine katholische Beerdigung, was für mich in vielerlei Hinsicht schwierig werden wird, weil mein Glaube gestorben ist.

Eine meiner frühesten Erinnerungen an Mama ist die, dass sie mich in Leeton durch den Garten führt und mir die Blumen zeigt und »hübsch« sagt. Seit 2003 hat Alzheimer ihre Erinnerung ausgehöhlt. An den meisten Tagen jedoch erhellt sich ihr Gesicht noch immer, wenn sie mich über den Korridor auf sich zukommen sieht. Sie hatte sich immer wieder nach ihrer eigenen Mama und ihrem Papa erkundigt und gewundert, warum diese sie nicht besuchten, aber gnädigerweise ist auch diese Erinnerung verblasst. Es kam mich hart an, ihren Kummer immer wieder aufs Neue zu schüren, indem ich ihr erklärte, sie seien tot, und so wich ich am Ende zu einer Entschuldigung aus, um diesen Moment zu überbrücken. Ich hatte sie zuvor noch nie angelogen.

Solange sie noch in der Lage war, ins Auto zu steigen,

blieb sie an den Wochenenden bei uns und aß mit uns, streichelte den Hund und spielte mit ihren Enkelkindern, aber im Lauf des Tages wurde sie von Fantasiegebilden und Ängsten heimgesucht, die sich nicht verjagen ließen. Die alten Sorgen unserer Kindheit quälten sie. »Haben wir die Rechnungen bezahlt?« »Wo sind die Jungs?« »Warum hast du sie nicht abgeholt?« Bei einer Gelegenheit hatte sie während der zwanzig Minuten, die ich brauchte, um von ihrem Heim, wo ich sie abgeliefert hatte, wieder nach Hause zu kommen, acht Nachrichten auf meinen Anrufbeantworter gesprochen. Sie klang ängstlich, wie verlassen, und ihre Stimme war brüchig.

»Ich habe überlegt, ob du vielleicht zu mir kommen könntest. Ich fühle mich so allein. Ich weiß nicht, was los ist. Ich weiß nicht, was ich machen soll … Schade, dass du nicht da bist. Ich möchte dich nicht beunruhigen, aber irgendwas stimmt nicht. Ich habe von keinem was gehört, seit ich hier angekommen bin … Ich komme mir vor, als hätte man mich vergessen. Ich rufe an, um zu erfahren, wie es dir geht … Ich habe überlegt, was passiert ist und ob ich nach Hause gehe. Wenn du mich anrufen könntest, wäre ich wirklich froh.« Die Nachrichten setzten sich in einem stetigen flehenden Sermon fort, der mich hilflos machte, weil ich erst vor einer halben Stunde bei ihr gewesen war. Das war, als sie noch wusste, was ein Telefon war und wie man die automatische Nummernwahl betätigte.

Zwei Jahre später war sie sich ihrer Umgebung nicht mehr in dem Maße bewusst, dass sie von Angst hätte gequält werden können. Sie scheint jetzt glücklich zu sein. Jedes Mal, wenn wir sie sehen, ist der Erinnerungsfaden schwächer. Ihre Sprache ist zu einem Wortsalat zusammenhangloser Sätze geworden.

»Warum starrst du mich an, weil du keine Haare hast? Es wird wieder wachsen. In Rosa ist es besser. Ich möchte es wärmer haben, ich möchte hungriger sein, ich möchte müde sein. Wo ist meine Mutter? Weißt du, wo sie ist? Sie muss viel zu lesen haben, um ständig das Richtige zu tun. Colette! Kannst du schon laufen? Du musst laufen. Es gibt da ein Beet voller Blumen, aber sie sind nicht im Wasser. Du hast wunderschöne Augen. Deine Augen sind herrlich, als könnten sie die Welt sehen. Und was kann ich sehen? Sechsundzwanzig. Er hat keine Bananen. Ich muss jetzt zu diesem Picknick, weil ich meine prächtigen Kinder sehen muss.«

Manchmal muss man sie zum Essen auffordern; manchmal verfällt sie in leeres, undurchdringliches Starren und erkennt uns nicht. Ihre Welt ergibt keinen Sinn mehr, und was sie durchmacht, lässt mich das Alter fürchten. In dieser zweiten Kindheit gibt es keine Hoffnung auf Jugend. Mama hat keine Kontrolle über ihre Körperfunktionen mehr; ihr Schlaf ist gestört, und sie läuft sehr unsicher. Wie in der Kindheit ist sie einem Zyklus von Baden, Füttern und Waschen unterworfen, und sie empfindet auch Trennungsangst.

Der Glaube gab mir einmal eine Schutzmaßnahme gegen die Verzweiflung in die Hand. Er stellte eine Belohnung für ein gut gelebtes Leben in Aussicht und das Versprechen endgültiger Gerechtigkeit. Wäre der Glaube wahrhaftig, könnte er Antworten auf viele Fragen geben. Aber es gibt keine Antworten. Alles, was ich tun kann, ist mit dem Schweigen, dem Unbekannten, der Grausamkeit, dem Tod und alledem, wofür es keine Erklärung gibt, zu leben und auf diesem Weg das Bestmögliche zu tun. So versuche ich nun, mein jugendliches Ideal zu verwirklichen. Oftmals ist es notwendig, Dinge zu akzeptieren, die man nicht ändern kann, anstatt vergeblich gegen sie anzugehen.

Ich bin mir nicht mehr sicher, was einen zum guten oder heiligen Menschen macht. Ich bin mir des Lebens nicht mehr sicher, das mir so flüchtig erscheint, oder der Liebe, weil ich mich einsam fühle. Ich kämpfe gegen die Beschränkungen eines anderen Zeitplans – des Terminkalenders meiner Praxis – und versuche, ihn pünktlich einzuhalten, ohne den Menschen das Geschenk der Zeit vorzuenthalten. Das Gesundheitssystem ächzt unter dem Gewicht unbefriedigter Bedürfnisse. Als junger Mensch dachte ich, die Bedingungen würden sich im Lauf meines Lebens verbessern. Ich gehöre zu den Glücklichen in einem glücklichen Land, aber noch immer fällt es vielen Menschen schwer, weiterzumachen.

Ich sitze auf der Veranda meines Hauses, in den Händen eine Tasse süßen, heißen Tee, und verfolge, wie in den Bäumen schlagartig das Vogelleben zum Ausbruch kommt. An den Wochenenden arbeite ich im Garten und versuche, die Vielfalt der natürlichen Vegetation gegen die Monokultur von zähem Liguster und Wandelröschen wiederherzustellen, die in unserem Häuserblock Einzug gehalten hat. Ich weiß, dass sich im Frühling die Königspapageien mit ihrem rot und grün aufblitzenden Gefieder wieder vor meinem Fenster einfinden und unsere zurechtgestutzten Obstbäume noch kräftiger als zuvor austreiben werden. Die kahlen

Winterzweige im Obstgarten werden blühen und im Sommer Früchte tragen.

Die Reise ist alles, was bleibt, diejenigen, die wir entlang des Wegs lieben, sind unsere größte Freude. Der Weg ist beschwerlich, und deshalb bemühe ich mich, Mut und Mitgefühl zu lernen.

Ich lerne langsam, aber die Hoffnung hat Bestand.

Anmerkung der Autorin

Richard Dawkins stellt in seinem Buch *Der Gotteswahn* die Frage, ob der religiöse Glaube, der vieles Großartige der menschlichen Kultur hervorgebracht hat, die grundlegende Quelle des Bösen in der Welt ist. Ein solcher Titel ist kaum wissenschaftlich oder objektiv. Würde die Welt, sofern wir jeglichen religiösen Glauben eliminieren könnten, dadurch besser oder schlechter?

Die Verwerfungslinien, welche den Gläubigen vom Nicht-Gläubigen, den Reichen vom Mittellosen trennen, gehen kreuz und quer durch unsere Welt. Ich gehöre zu einer Generation des Übergangs. Obwohl ich in den Glauben hineingeboren wurde, werde ich als Nicht-Gläubige sterben. Viele andere verlieren ihren Glauben und stehen dem Nichts gegenüber. Diejenigen, die an ihrem Glauben an Gott festhalten, werden von den Tröstungen der Religion auch weiterhin getröstet werden: dem Leben nach dem Tod und letztendlicher Gerechtigkeit; andere ziehen sich dagegen hinter die Bastionen des Fundamentalismus zurück und halten an unangefochtenen Dogmen fest.

Meine Suche nach dem Sinn hat mich vom Glauben zum Agnostizismus geführt. Sie hat mich auch direkt mit der Qual all jener konfrontiert, die in äußerste Armut hineingeboren wurden.

Dies ist ein Bericht über meine Zeit im Orden von Mutter Teresa, der Missionarinnen der Nächstenliebe, und meine anschließende mühsame Auseinandersetzung mit den Paradoxien, die mir dort begegnet sind. Dieses Buch zu schreiben, war ein langer Weg. Ich legte es beiseite und kam im Lauf von vielen Jahren doch immer wieder darauf zurück. Mein Bericht beruht auf meinen Tagebucheinträgen und den Briefen, die ich meiner Mutter als MN geschickt habe. Einige der Ereignisse liegen schon mehr als dreißig Jahre zurück, aber ich habe sie in den von der Erinnerung und der persönlichen Perspektive gesetzten Grenzen so wahrheitsgemäß wiedergegeben, wie es mir möglich war. Die Dialogpassagen sind notwendigerweise rekonstruiert und keine wörtlichen Zitate. In einigen Fällen habe ich absichtlich darauf verzichtet, zu verdeutlichen, welche Schwester es war, die etwas schrieb, sagte oder tat. Zum Schutz ihrer Privatsphäre habe ich die Namen der meisten Schwestern verändert oder gar nicht erwähnt. Meine Erinnerungen an die Unterhaltungen und Gespräche, die ich mit Mutter Teresa führte, beruhen auf Aufzeichnungen aus dieser Zeit. Im Manuskript beziehe ich mich auf Briefe, die ich von Mutter Teresa erhalten habe, und auch auf die Korrespondenz mit anderen Schwestern. Den Inhalt dieser Briefe habe ich paraphrasiert und nur Schlüsselbegriffe und Schlüsselsätze wiedergegeben. Ich habe auch aus Mutters Briefen an ihre geistigen Führer zitiert, auf die erstmals in den Artikeln in *The Review for Religious,* September – Oktober 2001, eingegangen wurde und die dann vollständig in Kolodiejchuks *Komm, sei mein Licht! Die geheimen Aufzeichnungen der Heiligen von Kalkutta* erschienen sind.

All jenen Menschen, die mich ermutigt haben, an meinem Schreiben festzuhalten, danke ich sehr, vor allem Kathryn Anderson und der von ihr geleiteten Entrance Writing Group mit ihren Kommentaren und Vorschlägen. Auch Catherine Hammond vom NSW Writers Centre verdanke ich wertvolle Ratschläge. Viele Freunde haben mich trotz meiner Rückschläge ermutigt weiterzumachen.

Ich denke, dass meine Geschichte für alle gläubigen Menschen heutzutage relevant ist, da sie denselben Fragen und Nöten begegnen werden wie ich. Und ich hoffe sehr, dass dieser Bericht andere in ihrem Kampf gegen die Forderung blinden Glaubens und Gehorsams zu helfen vermag, auf dass sie ihrem Wesen treu bleiben und einen neuen Weg zu einem wahrhaftigen Leben finden.

Colette Livermore 2008

Danksagung

Bedanken möchte ich mich bei:

meiner Familie, vor allem meiner Mutter, die starb, als ich letzte Hand an dieses Buch legte; sie sind alle immer mit ihrer Liebe und Unterstützung für mich da gewesen;

Mary Cunnane für ihr Verständnis und ihr Vertrauen in mein Manuskript, das eine Publikation ermöglicht hat; und ihrer Assistentin Isobel Wightman für ihre freundliche Unterstützung;

Random House, weil der Verlag das Risiko eingegangen ist, das Buch einer unerfahrenen und unbekannten Autorin zu veröffentlichen;

den Schwestern der Missionarinnen der Nächstenliebe, die das Heilige in den Armen und an den Rand Gedrängten noch immer erkennen und mit Liebe auf sie zugehen;

meinen Freunden, die mit unendlicher Geduld das Auf und Ab beim Entstehen des Buches begleitet haben;

Marella Hogan dafür, dass sie unsere Schulzeit so penibel festgehalten und mich in Papua-Neuguinea besucht hat.

Bibliografie

Beatificazione di Madre Teresa di Calcutta, Piazza San Pietro, 19 Ottobre 2003, Tipografia Vaticana

Doig, Desmond, *Mutter Teresa: ihr Leben und ihr Werk in Bildern,* Freiburg, Basel, Wien 1977

Frankl, Viktor, *Der Mensch vor der Frage nach dem Sinn,* München 2008

Die Bibel, nach der Übersetzung Martin Luthers, Stuttgart 1985

Hitchens, Christopher, *The Missionary Position: Mother Teresa in Theory and Practice,* Verso, London-New York 1995

Huart, Albert, Mother Teresa: *Joy in the Night,* in *Review for Religious,* p. 494–502, September–Oktober 2001

Kolodiejchuk, Brian, *Komm, sei mein Licht! Die geheimen Aufzeichnungen der Heiligen von Kalkutta,* München 2007

Lapierre, Dominique, *Stadt der Freude,* München 1996

Leonard, Tracey, *The Full Catastrophe,* Hodder 1999

Missionaries of Charity, *Constitution of the Missionaries of Charity,* 1980

Muggeridge, Malcolm, *Mutter Teresa, Ein Leben für die Ausgestoßenen,* Freiburg, Basel, Wien 1984

Neuner, J., *Mother Teresa's Charism,* in *Review for Religious,* p.479–493, September–October 2001

Sebba, Anne, Mother Teresa: *Beyond the Image,* Weidenfeld & Nicholson 1997

Tagore, Rabindranath, *Gitanjali,* Leipzig 1914, und *Gitanjali,* Opfergesang, Bremen 2002

Travers-Ball, Ian (Brother Andrew), Letter in *The Messenger* Januar–Februar 1988

Travers-Ball, Ian (Brother Andrew), *The Song of a Wounded Healer,* Privately Published, Gracewood 2002